第三届河北禅宗文化论坛论文集

禅宗文化研究 2

黄夏年 主编

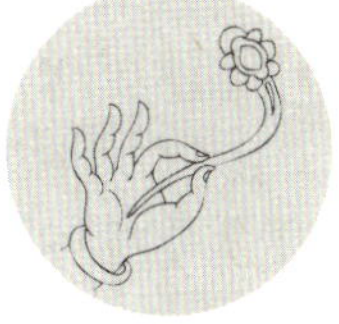

中原出版传媒集团
大地传媒

大象出版社
·郑州·

图书在版编目(CIP)数据

禅宗文化研究. 2 / 黄夏年主编.— 郑州 : 大象出版社 ,2014. 10
(第三届河北禅宗文化论坛论文集)
ISBN 978-7-5347-8167-4

Ⅰ. ①禅… Ⅱ. ①黄… Ⅲ. ①禅宗—宗教文化—中国—文集 Ⅳ. ①B946. 5-53

中国版本图书馆 CIP 数据核字(2014)第 202800 号

禅宗文化研究 2
黄夏年 主编

出版人 王刘纯
责任编辑 王大卫
责任校对 钟 骄
封面设计 付锬锬

出版发行 大象出版社(郑州市开元路 16 号 邮政编码 450044)
发行科 0371-63863551 总编室 0371-65597936
网 址 www.daxiang.cn
印 刷 郑州文华印务有限公司
经 销 各地新华书店经销
开 本 890mm×1240mm 1/32
印 张 11.75
字 数 315 千字
版 次 2015 年 10 月第 1 版 2015 年 10 月第 1 次印刷
定 价 34.00 元
若发现印、装质量问题,影响阅读,请与承印厂联系调换。
印厂地址 郑州市金水区柳林镇马林工业园
邮政编码 450046 电话 0371-65642565

目　录

南朝十地学的一个侧面
——以法安的“解十地义”为中心

张文良

自《般若经》《本业经》，特别是《十地经》在中土翻译出来之后，表达大乘菩萨道的内容和修行阶位的“十地”思想就在中国佛教界流传开来。围绕“十地”的内涵以及“十地”概念与“十住”“五忍（四忍）”“法身”和“顿悟”等概念之间的复杂关系，中国南北朝佛教界有诸多争论。透过这些争论，我们可以看到，“十地”概念与“佛性”“一乘”等概念一样，是当时佛教界所关心的焦点问题之一。

在《十地经论》译出（516年）之后，由于地论宗的发达，对于“十地”概念的解说代不乏人。但在《十地经论》译出之前，中国佛教界又是如何理解“十地”概念的呢？以往由于材料的阙如，我们只能在《涅槃经集解》等著作中找到零星材料，看不到关于“十地”的较为完整的论述。这种情况随着《敦煌秘笈》的问世有所改变。在《敦煌秘笈》271号《不知题佛经义记》的卷二中，有“中寺法安法师解十地义”的内容。① 这段内容既有法安对“十地”义的直接阐述，也有

① 参见《敦煌秘笈》（财团法人武田科学振兴财团，2011年3月15日刊行）影片册4，羽271-10页至羽271-13页。以下引文的页数以此为准。

与其他法师之间的往复论辩，比较完整地记录了法安关于“十地”的思想，是我们了解5世纪末南朝佛教“十地”思想的重要资料。

根据《高僧传·释法安传》的记载，中寺法安法师(451~496)出生在北朝，早年曾师事白马寺慧光，精于佛性义，卓有才名。后在湘州(今湖南省一带)、番禺(今广东省)等地讲经。永明年(483~493)中，住建业(今南京市)的中寺，讲《涅槃经》《维摩经》《十地经》和《成实论》，并著《净名经义疏》《十地经义疏》和《僧传》五卷。① 从这些僧传材料可以看出，法安是当时活跃于南北朝的义学高僧。从法安讲《十地经》并著《十地经义疏》看，他对《十地经》有专门的研究。其所著《十地经义疏》虽然已经不存，但从“中寺法安法师解十地义”的内容中可以窥见其“十地”思想的概要。

除了法安法师，在“中寺法安法师解十地义”的部分还出现了灵味宝亮法师、柢洹惠令法师、灵基光泰法师、天安智藏法师等人的名字。其中，宝亮和智藏，分别在《高僧传》和《续高僧传》中有其传记，根据传记的资料，他们在讲《涅槃经》的同时，也讲《十地经》，智藏似乎还曾著《十地经》义疏。② 从法安与这些法师的辩论中，我们也可以看出这些法师是如何理解“十地”的。

---

① 《高僧传·释法安传》：“释法安，姓毕，东平人，魏司隶校尉轨之后也。七岁出家，事白马寺慧光为师。光幼而爽拔，博通内外，多所参知。安年在息慈，便精神秀出。时张永请斌公讲，并屈召名学。永问斌云，‘京下复有卓越年少不?’斌答，‘有沙弥道慧、法安、僧拔、慧熙’。永即要请，令道慧覆涅槃，法安述佛性。神色自若，序泻无遗。永问并年几。慧答十九，安答十八。永叹曰，‘昔扶风朱勃年十二能读书咏诗，时人号才童。今日二道，可曰义少也’。于是显誉京朝，流名四远。迄至立年，专当法匠。王僧虔出镇湘州，携共同行。后南适番禺，正值攸公讲《涅槃》。安问论数番，攸心愧让席。停彼两周，法事相继。永明中，还都止中寺。讲《涅槃》《维摩》《十地》《成实论》，相继不绝。司徒文宣王及张融、何胤、刘绘、刘瓛等并禀服文义，共为法友。永泰元年，卒于中寺，春秋四十有五。著《净名》《十地》义疏并《僧传》五卷。”(《大正藏》第50册，第380页上)

② 《高僧传·释宝亮传》：“讲《大涅槃》凡八十四遍，《成实论》十四遍，《胜鬘》四十二遍，《维摩》二十遍，其大小品十遍，《法华》《十地》《优婆塞戒》《无量寿》《首楞严》《遗教》《弥勒下生》等，亦皆近十遍。”(《大正藏》第50册，第381页下)《续高僧传·释智藏传》：“凡讲大小品、《涅槃》、《般若》、《法华》、《十地》、《金光明》、《成实》、《百论》、《阿毗昙心》等，各著义疏行世。”(《大正藏》第50册，第466页下)

以下，以法安的“解十地义”为中心，对南朝的“十地”思想略作考察，并从一个侧面对中国早期华严思想的特征略作概括。

一、“共地”还是“但菩萨地”

关于十地说在印度佛教中的起源和演变，已经有诸多先行研究。如对于诸多经典中出现的十地说，山田龙城概括为“本业十地”（《菩萨本业经》中的十地说）、“般若十地”（《般若经》中的十地说）和“华严十地”（《华严经》中的十地说）①，而荒牧典俊则概括为“本生十地”（《大事》中的十地说）、“般若十地”“本业十地”和“华严十地”②。水野弘元认为《十住断结经》和《菩萨璎珞经》在从小乘十地说向大乘十地说转化过程中发挥了重要作用。③ 平川彰则从“地的发达”的角度对“地”的观念的起源和发展进行了详细考察，认为阿毗达摩佛教中就已经有了后来的十地说特别是“般若十地”的雏形。④ 关于南朝的十地思想的概论，则有池田宗让的相关研究。⑤ 这些研究是我们考察法安的十地说的重要前提。

根据上述研究，诸种十地说是随着佛教思想的发展而逐渐增广而成，因而在各经典中出现的“十地”说并不是截然分开而是有重叠和交叉的，如《般若经》中既有“般若十地”说，也出现了“华严十地”

---

① 山城龙城：《大乘佛教成立史论序说》，平乐寺书店，1959 年。

② 荒牧典俊：《十地思想の成立と展开》，《讲座大乘佛教 3——华严思想》，春秋社，1983 年。

③ 水野弘元：《菩萨十地说の发展について》，《印度学佛教学研究》通号 2，1953 年。

④ 平川彰：《地の思想の发达と三乘共通の十地》，《印度学佛教学研究》通号 26，1965 年。

⑤ 池田宗让：《南朝佛教における十地学の倾向》，《山家学会纪要》通号 3，2000 年。

的名字。① 在《华严经》中，在“华严十地”之外，还在“十住品”中将“般若十地”的内容纳入其中。将“华严十地”介绍到中国并确立其在诸“十地”说的殊胜地位的是鸠摩罗什翻译的《十地经》和《大智度论》。特别是在《大智度论》中出现了对“十地”说的分类。龙树根据修行主体的不同将“十地”说分为两种，即凡圣共修的“共地”与菩萨专修的“但菩萨地”，所谓“共地”即从“乾慧地”到“佛地”的“般若十地”；而“但菩萨地”则是欢喜地、离垢地、有光地、增曜地、难胜地、现在地、深入地、不动地、善根地、法云地，即《十地经》中所说的“十地”。②

在中国的南北朝时期，除了《大智度论》中对“十地”的分类，还出现了另外的分类。如僧宗在《涅槃经集解》中就提出“小乘教十地”和“大乘十地”的分类。这种分类不是从修行主体的角度来区分，而是从教理的角度来区分，即“小乘教十地”“有因果两别”，而“大乘十地”则“无因果异”③。在《大智度论》中，“但菩萨地”的修行主体是菩萨，而“大乘十地”的修行主体既包括菩萨又包括阿罗汉。

法安在关于“十地”的概说中云：

> 十地者，即万行之总称也。行者始终，凡有三时。自住前心，谓之凡夫。凡夫有二种：初十心以前为外凡夫，第二十心为种性地，第三十心为解行地。此二地通为内凡夫也。登六住以上，是为圣人。智周德备，谓之极果。就登圣土，未至极果以

---

① “舍利子！极喜地极喜地性空故，极喜地于极喜地无所有，不可得，极喜地于离垢地、发光地、焰慧地、极难胜地、现前地、远行地、不动地、善慧地、法云地无所有，不可得。”（《大正藏》第7册，第119页上）

② 《大智度论》卷四十九：“地有二种：一者但菩萨地，二者共地。共地者，所谓乾慧地乃至佛地。但菩萨地者，欢喜地、离垢地、有光地、增曜地、难胜地、现在地、深入地、不动地、善根地、法云地。”（《大正藏》第25册，第411页上）

③ “昔小乘教中十地，有因果两别。从性地至八忍地，皆是须陀洹向。今大乘十地，无因果异。”（《大正藏》第37册，第437页上）

还，制（剬）为十地。（羽 271-10）

根据法安以上对“十地”概说可以看出，法安所理解的“十地”有广义的“十地”和狭义的“十地”两种。广义的“十地”就是指一切“万行”，既包括凡夫的修行也包括圣者的修行。而狭义的“十地”则是指“六住”位之上的圣人即菩萨的修行。这种从修行主体的角度对“十地”的把握显然与《大智度论》的“共地”“但菩萨地”之说有相通之处。只是从“十地”的名称判断，法安所说的“十地”是《六十华严》的“十地”，而《大智度论》的“十地”则是《十地经》的“十地”。法安的“十地”说是对《六十华严》的“十地”说的阐释。

“种性地”的说法，是《般若经》中所说的“般若十地”的第二地，按照《毗尼母经》的说法，“种性地”是声闻众的境界，是得到“须陀洹”果的罗汉的境界。① 而“解行地”出现于《般若经》，被称为“胜解行地”，是“欢喜地”之前的阶位，但对其内涵并没有明确地说明②，而在《楞伽经》中，“解行地”则与通达人无我和法无我的“无相智”联系在一起。③ 对凡夫的内涵，各经典的解说各有不同。法安结合“种性地”“解行地”来定义凡夫，是为了凸显圣人的独特地位。在“般若十地”中，修行主体包括凡夫和圣人，两者之间的连续性受到重视，而“华严十地”的出现则彰显了凡夫与圣人之间的非连续性的一面。

显示法安“十地”观特征的，还有这里出现的对“十地”与“十住”的明确区分。表达大乘菩萨修行阶位的概念，最早的是《兜沙

---

① “云何名种性地？有人在佛边听法，身心不懈，念念成就。因此心故，豁然自悟，得须陀洹。须陀洹者，善法之种性也。”（《大正藏》第 24 册，第 801 页中）

② “若菩萨摩诃萨为疾证得一切智智，与诸有情作大饶益，常勤修学若胜解行地、若极喜地、若离垢地、若发光地、若焰慧地、若极难胜地、若现前地、若远行地、若不动地、若善慧地、若法云地、若等觉地，心无退转，是菩萨摩诃萨安住精进波罗蜜多。”（《大正藏》第 7 册，第 1015 页上）

③ “菩萨摩诃萨知此智相，即能通达人、法无我，以无相智于解行地善巧观察，入于初地得百三昧。”（《大正藏》第 16 册，第 605 页中）

经》的"十法住"的说法。[1] "住"(vihāra)是源于佛陀游行教化,反映了早期大乘菩萨追慕佛陀的形迹而修行的愿望。而在"本业十地类"经典[2]出现之后,"地"(bhūmi)成为表示菩萨修行阶位的重要概念。但即使在"本业十地类"经典中,"地""住"概念也是混用的,并没有严格加以区分。东晋时期的思想家支遁最早提到菩萨修行的阶位也是"十住"而非"十地"。这种倾向在"华严十地"思想出现之后才发生了变化。在《六十华严》中,本业十地类经典的内容成为《华严经》中的"净行品"和"菩萨十住品""如来光明觉品"等的内容,在此之外,又增加了"菩萨十地品",从而将"十地"与"十住"区别开来。即以"十住"作为到达"十地"的预备阶段,只有"十地"所代表的"十地菩萨"才是唯一的菩萨道。[3]

法安在这里提到的"六住"位应该是指《般若经》中出现的"般若十地"中的"离欲地"。按照《大智度论》的解释,"般若十地"中的初地(乾慧地)和第二地(性地)为凡夫地,"八人地""见地""薄地""离欲地""已作地"为声闻地,其上则分别为辟支佛地、菩萨地和佛地。而法安将"离欲地"作为圣人的起点,显然与《大智度论》的说法是不同的。而且,按照《六十华严》的说法,"华严十地"的初地就已经高于声闻和辟支佛,"般若十地"中只有"菩萨地"和"佛地"才与"华严十地"相当。法安所说的作为修行主体的"圣人"似乎包括声闻、辟支佛,而这与《六十华严》的说法即只有菩萨是"十地"修行的主体显然不同。

法安在论述第五地"难胜地"时亦云,"此地多通世事、医方、工

---

① 《大正藏》第10册,第445页上。

② 本业十地类经典,包括《内习经》(2世纪,严佛调)、《本业经》(3世纪,支谦)、《求佛经》(3世纪,聂道真)、《行道经》(3世纪,竺法护)、《十住经》(4世纪,只多密)、《断结经》(4世纪,竺佛念)、《璎珞经》(4世纪,竺佛念)。

③ 在中国的语境中,由于"十住"与"十地"长期混用,所以即使在《华严经》出现之后,鸠摩罗什等依然使用"十住"来翻译"十地"。最典型的是《十住经》和《十住毗婆沙论》的译名。

巧等，此等是世人所知而不及菩萨，唯六住以上乃能胜之，故以难胜为名”，这也显示出法安把修行主体限定于“六住位”以上的圣人。然而，法安在谈到“十地”所对治之惑时云：

> 有十阶故，言有十地。何以言之？行者之惑，大判有三：一者最重，能润恶业，受三途之生，即经论所谓见谛惑也。二者次重，能润善业，能受人天之生，即经论所谓思惟惑也。三者最轻，能润变易之生，即《胜鬘经》所谓无明住地惑也。对治此惑，必资明解。惑既有三，解亦如之。（羽 271-10）

按照《佛性论》的解释，“见谛惑”是“学道凡夫”所应对治的烦恼，“思惟惑”是“有学圣人”所应对治的烦恼，而“无明住地惑”则是阿罗汉所应对治的烦恼。① “初地”至“七地”菩萨对治“不净地惑”，而“八地”至“十地”菩萨则对治“净地惑”。如果按照《佛性论》的说法，那么法安所说的“十地”的修行主体只是“凡夫”“有学”和“罗汉”，甚至完全不包括“菩萨”，这显然与《六十华严》关于“十地”修行主体的说法不同，也与法安上述说法（六住位以上的圣人）不同。

如何解释这种看似矛盾的现象呢？如上所述，法安所说的“十地”包括广义的“十地”和狭义的“十地”两种。广义的“十地”包括大小乘、凡夫和圣人的一切修行，修行的目标是对治一切烦恼，所以才有上述对治“见谛惑”“思惟惑”和“无明住地惑”的说法。而狭义的“十地”则专指《六十华严》中的十地。由于《十地经》特别是《六十华严》的译出和传播，“华严十地”作为最高的“十地”的观念已经得以确立。但法安和当时的南朝的法师们还有以“华严十地”统摄一切修行的明显意图。而这种观念或许与当时广泛流行的《涅槃

---

① 《佛性论》卷四：“二由一惑者，即罗汉由无明住地故不净。三由二惑者，谓见谛、思惟。即有学、圣凡。夫学道凡夫由见谛烦恼故不净，有学圣人由思惟烦恼故不净。”（《大正藏》第 31 册，第 807 页下）

经》的有关内容有关系。《涅槃经》中除了菩萨的修行的内容，也有大量阿罗汉修行的内容。如《涅槃经》“如来性品”中就提到有四种人能够“怜悯世间，为世间依，安乐人天”，即“有人出世具烦恼性”“须陀洹人、斯陀含人”“阿那含人”“阿罗汉人”。① 在《涅槃经集解》中，僧宗对此解释云：“声闻位中，始于内凡夫，终阿罗汉也。菩萨位中，始于住前，终期十地。取少分相似，相拟配也。”②宝亮则云：“罗汉断三界结尽，而习气未除，以类十地菩萨，断色心粗障乃尽，而色心集起之源未断，以为类也。”③智秀则云：“罗汉是四果之极，十地是万行之极，义是同也。”④可见，在当时，将阿罗汉的“四果”与菩萨的“十地”相比类是普遍的做法。通过法安对“华严十地”的修行主体的界定可以看出，他并没有如《六十华严》那样将修行主体严格限定在“菩萨”，而是将阿罗汉、辟支佛甚至凡夫也包括在内。如果用《大智度论》对“十地”的分类法来说，那么法安将“华严十地”视为“共地”而非“但菩萨地”。

二、十地与四忍

如平川彰所指出的，“地”的观念与“心所法”“禅定”“证悟”等修行实践联系在一起，而“十地”主要是作为修行者“证悟”的阶段而被组织起来。⑤ 而荒牧典俊则认为包括《华严经》在内的初期大

---

① 《大般涅槃经》卷六：“善男子，是大涅槃微妙经中有四种人，能护正法，建立正法，忆念正法，能多利益。怜悯世间，为世间依，安乐人天。何等为四？有人出世具烦恼性，是名第一。须陀洹人、斯陀含人，是名第二。阿那含人，是名第三。阿罗汉人，是名第四。是四种人，出现于世，能多利益，怜悯世间，为世间依，安乐人天。”（《大正藏》第12册，第396页下）

② 《大般涅槃经集解》卷十五，《大正藏》第37册，第436页中。

③ 《大正藏》第37册，第436页下。

④ 同上。

⑤ 平川彰：《地の思想の发达と三乘共通の十地》，《印度学佛教学研究》通号26，第293～298页。

乘经典都是建立在引导修行者如何进入三昧和“无生法忍”之中的“原宗教体验”，因而“十地”说与“无生法忍”具有内在联系。①

在《仁王般若经》中出现了“伏忍”“信忍”“顺忍”“无生法忍（无生法乐忍）”和“寂灭忍”的“五忍”说，以此概括诸佛菩萨所修“般若波罗蜜”。但在鸠摩罗什所译《仁王般若经》中，“五忍”中的后四忍与“十地”的对应关系并不固定，既有与“华严十地”相对应的说法，也有与“般若十地”相对应的说法。② 到不空所译《仁王护国般若经》中，后四忍与“华严十地”的对应关系才得以明确。③ 在《六十华严》中，菩萨在第七地得“无生法忍”进而进入第八地即“不动地”。此外，菩萨被认为在“第六地”证得了“顺忍”。但《六十华严》中并没有出现“伏忍”“上上无生忍”和“寂灭忍”的说法，也没有言及“忍”与其他诸“地”之间的关系。

法安提出，在“华严十地”中，菩萨分别以“初忍”“中忍”和“上忍”（“无生法忍”）分别对治上面提到的“见谛惑”“思惟惑”“无明住地惑”：

> 一一忍中，各为三地。依忍下品为初地，中品为二地，上品为三地。顺忍下品为四地，中品为五地，上品为六地。无生忍下品为八地，中品为九地，上品为十地。（羽 271-10 至羽 271-11）

---

① 荒牧典俊：《十地思想の成立と展开》，《讲座大乘佛教 3——华严思想》，第 101～102 页。

② 鸠摩罗什译《仁王般若经》卷二：“复次，胜达菩萨，于顺道忍……修习无量功德故，即入斯陀含位”，“复次，常现真实住顺忍中……证阿那含位”，“复次，玄达菩萨，十阿僧祇劫中，修无生忍，法乐忍者……住第十地阿罗汉梵天位”。（《大正藏》第 8 册，第 832 页上）

③ 不空译《仁王护国般若经》卷二：“复次，信忍菩萨，谓欢喜地、离垢地、发光地……复次，顺忍菩萨，谓焰慧地、难胜地、现前地……复次，无生忍菩萨，谓远行地、不动地、善慧地……复次，寂灭忍者，佛与菩萨同依此忍，金刚喻定，住下忍位，名为菩萨，至于上忍，名一切智。”（《大正藏》第 8 册，第 836 页下）

而且，法安还将“无生法乐忍”与“无生法忍”区别开来，认为它们分别是菩萨在“第七地”和“第八地”所证得的智慧：

> 其第七一地，对治二、四中间之惑。二、四中间之惑，即爱乐果地功德之情也。治此惑地之解，谓之无生法乐忍。谓之法乐者，后所治受名也。体深于顺忍，有同于无生，故复以无生言之。（羽 271-11）

在这里，法安的立场有两点值得注意：一是其关于“忍”与“十地”的关系的说法与《仁王般若经》相近，而与《六十华严》的说法相距较远。特别是把“依忍”“顺忍”和“无生法忍”分别分为上、中、下三品，并将其与“十地”中的九地一一相匹配的说法，显然与《仁王般若经》的“五忍”说之间存在结构上的相似性。二是法安对诸“忍”的定义及其与“十地”之间的关系的认识有其独特性，与《仁王般若经》的说法也有很大差异。

这种差异首先在于，法安将《仁王般若经》的“五忍”简化为“四忍”，去掉了代表地前位的“伏忍”和代表佛位（包括菩萨位）的“寂灭忍”，认为“无生法忍”的上品就是最高的十地菩萨的境界。与此同时，将“无生法乐忍”独立出来，代表“第七地”所证得的智慧。“无生法乐忍”对治对果地功德的执着，彰显般若智慧。法安突出“无生法乐忍”，显示出他对般若空观的重视。同时，关于“无生法忍”属于第几地的智慧，各经典的说法不同。《仁王般若经》认为“无生法忍”属于第七、第八、第九地的智慧，而《六十华严》则认为“无生法忍”是“第七地”的智慧。但法安导入“无生法乐忍”的说法之后，就将“无生法忍”视为第八、第九、第十地的境界，这是关于“十地”说的新解释。

法安“四忍”说的另一个特征是“依忍”说。法安认为之所以称为“依忍”，是因为修行者不能靠自力证得真理，而需要依靠老师的指导。而只有到“顺忍”阶段，才能不再依靠老师而依靠自力而随顺真理。“依忍”的说法本身既不见于《仁王般若经》和《六十华严》，也不见于其他经论，可以说是法安独创的说法，而且法安对“依忍”和“顺忍”的内涵的解释也很独特。如果与前面的“见谛惑”“思惟惑”和“无明住地惑”联系起来，这里的“依忍”似乎暗示修行主体是声闻众，而“顺忍”的修行主体是辟支佛。这与法安将“华严十地”视为凡圣同修的“共地”的立场是一致的。

三、顿悟与十地

十地说是讨论菩萨如何通过修行而最终证得无生法忍、达到佛的境界的学说，在这个意义上，十地说代表着一种渐修和渐悟的理念，即强调修行和觉悟皆是一种历时性的过程，而不是超时间的顿悟。但在《般若经》中，“十住”的次第性格被相对化了，因为从无所得空的立场看待“十住”或“十地”，“十住”和“十地”都只是“名字”，都“悉无所有”“悉不可得”。[①] 在中国，最早对“十住”做出评论的东晋的支遁在《大小品对比要抄序》中称“十住”为“妙阶”，而从般若智慧的立场看，“妙阶则非阶”，而且“十住之称，兴乎未足定号”，即“十住”之所以有“十住”之名称，是由于其基础是超越阶梯的领域即“空”。[②] 南北朝时期的中国思想家也意识到菩萨“十地”应该与阿罗汉“四果”之间不同，如上所述，僧宗就认为小乘的“十地”是因果相异的。这里的“相异”就包含了因果异时、先因后果，即将小乘众的修行视为由因至果的过程。而大乘的“十地”则没有因果之异，即因果是一体的，即因即果，从初地到第十地并不是从因

---

① “正真观之，悉无所有，悉不可得。其欲逮得第一住者，亦不可得，至于十住，亦不可得。……须菩提，其第一住，但名字耳。第一住但名字耳，为不可得。上至十住，亦复如是。”(《大正藏》第 8 册，第 200 页中)

② 《大小品对比要抄序》：“是故妙阶则无阶，无生则非生。妙由乎不妙，无生由乎生。是以十住之称，兴乎未足定号，般若之智，生乎教迹之名。”(《大正藏》第 55 册，第 55 页上)

至果的过程。

这种对修行和证悟的阶段性和非阶段性的思考，与众生的觉悟是渐悟还是顿悟的问题相关。众所周知，在5世纪的前半叶，关于“顿悟”问题，中国佛教界存在着“小顿悟”和“大顿悟”之争。主张“小顿悟”者有僧肇、支道林等。他们主张在《十住经》的“十地”中，七地之前是渐修而至，在第七地，菩萨已经证得“无生法忍”，诸结顿断，即是顿悟。① 而主张“大顿悟”者有鸠摩罗什、道生等。他们主张因为能悟之照、所悟之理皆不可分，“以不二之悟，符不分之理”，所以只有进入第十地，达到理和智的完全统一才能称为顿悟。②

那么，法安是如何看待“十地”与“顿悟”的关系呢？

法安思考“顿悟”问题是与烦恼的对治联系在一起的。法安将烦恼分为“性障”和“称起”，所谓“性障”即“无明住地惑”，而“称起”则是四住地惑。关于“性障”和“称起”的关系，法安与宝亮之间有如下问答：

又问：“此二惑为前后异起，为一念备之？”

答曰：“一念悉有。”

又问：“二惑相殊，云何通在一念也？”

答曰：“称起之惑，必依无明为根，故不相离。”

又问：“起比同者，亦应俱断。”

答曰：“称起惑，无偏断之义。凡断惑者，莫非见理。见理者，必除无智，故智断惑之时，亦必同去也。”(羽271-11)

---

① 《三论游意义》：“用小顿悟师有六家也。一、肇师；二、支道林师；三、真安埵［瑶］师；四、邪通师；五、匡山远师；六、道安师也。此师等云：七地以上悟无生忍也，合年天子；竺道师用大顿悟义也，小缘天子，金刚以还皆是大梦，金刚以后乃是大觉也。”(《大正藏》第45册，第121页下)

② 《肇论疏》：“顿悟者两解不同：第一，竺道生法师大顿悟，云：夫称顿者，明理不可分，悟语照极，以不二之悟，符不分之理。理智恚释，谓之顿悟。……什师注云：树王成道，小乘以三十四心成道，大乘中唯一念豁然大悟，具一切智也。”(《续藏经》第150册，第850页上~下)

关于“性障”和“称起”的关系，法安还用根本和枝条、水和波浪的关系来比喻，以说明二者共存于一念之中，不相分离。既然两种烦恼发生之时同时而起，那么断灭之时两者是否同时而灭呢？法安认为原则上两种烦恼是同时而灭。因为“惑”与“智”相对，断惑就意味着“见理”，既然已经“见理”，消除了“无智”，自然意味着一切惑得以断灭。法安这里实际上也是将“理”和“智”视为全一的、不二的存在，正因为“理”和“智”都是不可分的，一旦证得“智”就意味着一切烦恼的断灭。这一立场与鸠摩罗什和道生的“大顿悟”说相接近。

关于“十地”与断惑之间的关系，法安和宝亮之间有如下问答：

> 又问：“此之无智，既即是无明住地，便初地之时，已断之也。”
>
> 答曰：“然。”
>
> 又问：“何故云八地已上方断也？”
>
> 答曰：“得名在后也。何以言之？初地虽已微断，少不足言。称起相粗，断义易显，故初以断四住地为言，后方粗断无明之称。”（羽 271-11）

按照《大智度论》的说法，菩萨入“初地”就可以证得不生不灭之理，得“无生法忍”。① 但法安却认为菩萨到“第八地”才能得“无生法忍”，断“无明住地”之惑。宝亮问，既然有经论认为“初地”时已经断“无明住地”之惑，为什么你又说在“八地”之上才断“无明住地”惑？法安回答道，“惑”有“粗”“细”之分，“称起”属于“粗”惑，而“性障”属于“细”惑。“粗”惑容易断，而“细”惑则不容易断。说“初地”已经断“无明住地”惑，实际上是指在“无明住地”惑之上所

① “非以智慧观故，令无生得是无生无灭毕竟清净，无常观尚不取，何况生灭？如是等相，名无生法忍。得是无生忍故，即入菩萨位。”（《大正藏》第 25 册，第 662 页中）

生的“称起”之惑断。“无明住地”惑虽然也有所断，但分量很小，不足以说此惑已断，只有在八地之后，才能说“无明住地”惑已断。如上所述，关于在第几地获得“无生法忍”，《大智度论》《仁王般若经》和《六十华严》的说法各有不同，法安的说法也与各经论不同。法安虽然力图将这些不同的说法进行汇通，但法安的解释显然缺乏说服力。

如上所述，“小顿悟”和“大顿悟”的区别，主要在于“小顿悟”主张在“第七地”就可以获得“无生法忍”，断除一切烦恼，获得彻底的觉悟，而“大顿悟”则主张只有到“第十地”才能获得“金刚喻定”，断除一切烦恼。法安虽然承认“第七地”的特殊地位，但认为“第七地”获得的只是“无生法乐忍”，而非“无生法忍”。从这个意义上说，法安的主张显然与支道林等的“小顿悟”说不同。关于“第七地”的特殊性，法安与天安智藏之间有如下问答：

> 天安智藏问曰：“说烦恼三重，可以三忍别诸地。今远行独立，亦治二四之间。若以三重或称间义云何？”
>
> 答曰：“所谓三重，就其轻重也。此三重中，前二重同是称起，俱惑三界，所以通谓秽。八地以上，称起已止，法身自在，可以称为净国。法爱者，犹是称起之余，故障翳法身。未起故，不在净国。已免三界故，又非秽国。居净秽之中，故间义以生。然则间义起于二国，不由于二重也。”（羽 271–12 至羽 271–13）

法安认为，“第七地”即“远行地”是一个过渡性的阶位，但这种过渡性不是指它是“见谛惑”“思惟惑”与“无明住地惑”之间的过渡，而是指它是由“秽国”向“净国”的过渡。所谓“秽国”即还有“称起”惑的三界，亦即“初地”到“第六地”的诸地；而“净国”则是“称起”惑已经灭除，唯有法身。“第七地”已经没有“三界”之惑，但还有“称起”惑的余习，所以既不在“秽国”也不在“净国”，而在净秽之间。关于“第七地”尚有烦恼余习的说法，在《六十华严》中就出现过，但《六十华严》主张“第七地”已经获得“无生法忍”。法安主张在“第八地”才能获得“无生法忍”、进入“净国”，实际上弱化了“第七地”在“华严十地”中的地位。

法安否定了以“第七地”为“顿悟”之阶位的思想，那么法安是否主张“第八地”的“顿悟”呢？法安和宝亮之间有如下问答：

> 又问：“若以根本未尽枝条犹起者，则金刚心时，称起方尽耳。”
>
> 答曰：“如彼浪依水面，在洋溢之时。川竭池涸，虽池中余潦，不能起浪。八地以上，虽有无智，事同地潦，不复能生称起之惑。故金刚心时，无复可断也。”（羽 271–12）

宝亮的问题是说，既然作为根本的“无明住地”之惑没有断灭，则作为枝条的“称起”之惑还会生起，那是不是说只有到“第十地”的金刚心时，“称起”之惑才能断尽呢？宝亮之所以有这样的疑问，是源于法安对“性障”与“称起”之间关系的论述。如前所述，法安主张“性障”与“称起”的关系如树木的根本与枝条的关系一样，是生则俱生、灭则俱灭的关系。如果这种说法成立，那么在逻辑上，只有在作为“性障”的“无明住地”之惑得到断灭的“第十地”，“称起”之惑也才能断灭。对此，法安的回答又是暧昧的。即法安一方面承认在“第八地”之后，还有“无智”的存在，但又认为它们如同地沟里的浅水翻不起波浪一样，这些“无智”也不能生起“称起”之惑。因此，在“金刚心”（“第十地”）已经没有“称起”之惑可断。在这里，表面上看，法安对宝亮的疑问给出了否定的回答，似乎是肯定“第八地”的特殊地位，但因为法安承认“第八地”之后仍然有“无智”的存在，所以从逻辑上讲，“第八地”之后仍然还有烦恼的种子，只是这些烦恼不再现行而已。要彻底断灭一切烦恼，仍然要到“第十地”。

法安将“第十地”视为“大顿悟”的立场还可以从其对“佛心”的解释中看出：

问曰："若此一念万重必备者，亦应以一念明心，通翻(断)此惑也。"

答曰："亦然。佛心是也。"

……

又问："夫一念痴心，更无异体。若一念明解，便应令达一念痴暗，岂得一体之中，一念之中，但去其粗，不去其细也？若有粗细之殊、灭有先后者，则不得为一体念也。"

答曰："一念明解，全达痴暗者，佛心是也。初无漏心，但除其粗不及其细者，解力弱也。佛心一念，苞十地万阶之解。既许之矣，何故犹疑无明一念备多重之惑也？若许初无漏心解浅而不达深者，则亦应许初心除粗不灭细也。"(羽 271-12)

在这里，法安通过对"痴心""初心"和"佛心"的对比说明：(1)正如"痴心"一念具备一切烦恼一样，"佛心"一念断灭一切烦恼；(2)"初心"因为解力薄弱，所以只能灭除"粗"惑而不能灭除"细"惑，佛心一念则兼灭一切"粗""细"之惑；(3)"初心"以下诸"地"所面对的烦恼有"粗""细"之分，断灭烦恼有先后之差，但"佛心"一念则包含"十地"万阶之解。也就是说，在"佛心"之前修行是一种"渐修"，所灭烦恼由"粗"到"细"，是一种历时性的过程。而"佛心"则是超越一切粗细、先后等分别的境界。

法安在"十地义"中虽然没有明确提到"顿悟"的概念，但通过他对烦恼的分类、对"第七地""第八地""第十地"是否断灭一切烦恼的论述，可以看出他对"顿悟"的基本立场。一方面，法安意识到"第七地"和"第八地"在"十地"中的特殊地位，强调"第八地"已经没有烦恼的现行，但另一方面他又认为即使到"第八地"仍然有"无智"，只有到"佛心"才能断灭"粗""细"一切烦恼，超越一切分别。可见法安的基本立场是"大顿悟"，但其中也包含他对"小顿悟"的独特理解。

四、小结

综上所述，法安对“十地”的解释主要围绕三个问题而展开，即“十地”与烦恼(惑)的关系、“十地”与智慧(忍)的关系以及“十地”与断惑的关系。就“十地”与烦恼的关系而言，法安认为修行者在“十地”修行中依次对治“见谛惑”“思惟惑”和“无明住地惑”，最终克服一切“性障”和“称起”，即一切烦恼的现行和种子，达到佛的境地。三种“惑”的说法原本是指阿罗汉等的修行所对治的对象，法安将其与“十地”联系起来，显示出法安将“十地”的修行主体扩大到了阿罗汉等在内的圣者。

关于“十地”与智慧的关系，法安认为“十地”分别与依忍(下品、中品、上品)、顺忍(下品、中品、上品)、无生法乐忍和无生法忍(下品、中品、上品)相匹配，“第十地”即证得无上“无生法忍”的菩萨的境地。“四忍”的说法显然受到《仁王般若经》的“五忍”说的影响，但“无生法乐忍”是法安的独特说法，显示出法安比之“第七地”更重视“第八地”，而这也与《六十华严》的立场不同。

关于“十地”与断惑的关系，法安认为，虽然“无明住地”惑与“称起”惑如根本与枝条、水与波的关系一样是须臾不可分的，但“初无漏心”因为“解力”弱故，不可能断灭一切烦恼，而是先断“粗”惑(“称起”惑)再断“细”惑(“无明住地”惑)，只有“佛心”可以断灭一切惑。这一问题与中国佛教史上的“小顿悟”和“大顿悟”问题联系在一起。法安的立场与主张“第十地”断一切惑的“大顿悟”说相接近。

法安所说的“十地”虽然出自《六十华严》，但他对“十地”的解释却与《六十华严》的说法有很大差异。其思想更多地受到《涅槃经》和《般若经》的影响。特别是法安以“四忍”说解释“十地”，显示出他以不可得空观来把握“十地”的基本立场。这与般若学在南朝的流行有很大关系。但由于法安还没有明确的判教思想，没有将不同的大小乘经典序列化，所以他在援用其他大乘经典的说法来解释《六十华严》的“十地”时就难免带来理论上的矛盾。如在《佛性论》中，“三惑”是指阿罗汉等在修行中所对治的对象，而法安直接拿来说明“十地”菩萨的对治对象。在与宝亮等其他僧人的问答中，法安虽然力图消除这种矛盾，但由于对不同经典在整个大乘佛教体系中的位置没有清晰的认知，所以给出的答案没有说服力。这种状况在中国华严宗的判教思想创立之后才在理论上得到解决。

（张文良，中国人民大学佛教与宗教学理论研究所研究员）

附录

中寺法安法师解十地义

夫设名树教，旨(?)趣不同，所(其)以广叹极果，为生欣乐之情，是故备陈万行，为示趣果方法。十地者，即万行之总称也。行者始终，凡有三时。自住前心，谓之凡夫。凡夫有二种：初十心以前为外凡夫，第二十心为种性地，第三十心为解行地。此二地通为内凡夫也。登六住以上，是为圣人。智周德备，谓之极果。就登圣土，未至极果以还，制(剬)为十地。地以能生长为义，此十阶之行，能生极果故，故以言之。夫声闻心局禅于速涉，故为立四果，以示其心息。大士清旷，不惧长途，故不制果，直称因相。地由因也，不言十因而言十地者，以众地体相，广大能生，力旷普载，众生为含识所依。因地亦然，总万行为体，是其大广能生极果，是其力强，兼济群品，是其能载。因则不然，故不言之也。

有十阶故，言有十地。何以言之？行者之惑，大判有三：一者最重，能润恶业，受三途之生，即经论所谓见谛惑也。二者次重，能润善业，能受人天之生，即经论所谓思惟惑也。三者最轻，能润变易之生，即《胜鬘经》所谓无明住地惑也。对治此惑，必资明解。惑既有三，解亦如之。此解能安前理，谓之为忍。初忍最劣，明少昧多，故夺其见名，以依（忍）为称。称依（忍）者，凭师受之，未能自了之名。中忍转胜，心调顺理，故以顺为名。顺者，舍师从理之称也。上忍最深，心与理冥，故假以前境为名。无生者，前境空寂之称也。

一一忍中，各为三地。依忍下品为初地，中品为二地，上品为三地。顺忍下品为四地，中品为五地，上品为六地。无生忍下品为八地，中品为九地，上品为十地。其第七一地，对治二、四中间之惑。二、四中间之惑，即爱乐果地功德之情也。治此惑地之解，谓之无生法乐忍。谓之法乐者，从所治受名也。体深于顺忍，有同于无生，故复以无生言之。此忍所以不开为三，但为一地者，以爱法之心，本非正结，犹是前惑余行，不口多行，所以不足为三，但为一地，并前为十地也。第一曰欢喜。以初登圣境，始出凡界，特欣所遇，故以为名。第二曰离垢。十恶垢也，大判品三，初地除上，二地除中，所去已多，故受离名。第三曰明。得十二门禅故，心解虑静。心解虑静故，初忍满足。心静解足故，以名为明也。第四曰炎。因前为名也。如灯烛永明，不及内炎。明四地之明，有感于前，故以炎为名也。第五曰难胜。此地多通世事、医方、工巧等，此等是世人所知而不及菩萨，唯六住以上乃能胜之，故以难胜为名也。第六曰现前。此地洞解因缘之空，如在目前，故以为名也。第七曰远行。六地终心，始出三界，未足称远。七地之行，乃合斯称，故以为名也。第八曰不动。入大寂灭，通达色难，过心意之境，绝动求之念，故以为名也。（第九名善慧。通达心难，成就四辩。又无生之慧，有善于前，故以为名）第十曰法云。惠解深明，达心色集起。前第九曰地，谓之善惠。从内解受称。今此法云，以外益为名。外益弘旷，若云雨之无边，故以法云为称也。

灵味宝亮问曰：“惑心之起，为正惑一境，为通迷万法？”

答曰：“惑大判二种：一谓性障，一谓称起。性障者，直是无明障解而已，即无明住地惑也。称起者，就此惑上，更起重惑，即四住地惑也。语无明住地，则通迷万境；论四住地惑，则随心所取。如显彼不此，则是正在一法。”

又问：“此二惑为前后异起，为一念备之？”

答曰：“一念悉有。”

又问：“二惑相殊，云何通在一念也？”

答曰：“称起之惑，必依无明为根，故不相离。”

又问：“起比同者，亦应俱断。”

答曰：“称起惑，无偏断之义。凡断惑者，莫非见理。见理者，必除无智，故智断惑之时，亦必同去也。”

又问：“此之无智，既即是无明住地，便初地之时，已断之也。”

答曰：“然。”

又问：“何故云八地已上方断也？”

答曰：“得名在后也。何以言之？初地虽已微断，少不足言。称起相粗，断义易显，故初以断四住地为言，后方粗断无明之称。”

又问：“经云‘以下二智，断上上烦恼’，云何一念无漏，粗细兼除也？”

答曰：“伐其根本，则枝条自亡。断惑之时，正是灭彼无智耳。无智既去，则贪嗔无所复依，故义言断之也。”

又问：“若根倾则枝从者，思惟中惑，亦应俱尽。”

答曰：“如浪之依水而起，水旷则浪大，水夹则浪小。夹水犹在，故不无小浪。初无漏虽渐灭，无智正可去。称起之尘者犹多，故思惟之惑未皆去也。”

又问：“若以根本未尽枝条犹起者，则金刚心时，称起方尽耳。”

答曰：“如彼浪依水面，在洋溢之时。川竭池涸，虽池中余潔，不能起浪。八地以上，虽有无智，事同地潔，不复能生称起之惑。故金刚心时，无复可断也。”

柢垣惠令问曰：“若起一念惑，惑一切法者，于第一义理，深浅具迷。若深浅具迷，惑有轻重浅深也不？”

答曰：“万惑同以不了为性，所以一念备含。何以言之？当一念起时，无一了性，岂不是通惑万境也。”

问曰：“若此一念万重必备者，亦应以一念明心，通翻（断）此惑也。”

答曰：“亦然。佛心是也。”

又问：“始起无偏，何不备翻？”

答曰：“明力弱也。”

又问：“若一念明弱，不能皆翻者，一念之惑，亦应弱故，不得轻重必备。”

答曰：“惑不弱也。何以言之？此明所以弱者，以所见者少而迷者多也。一念惑中，都无微解，云何亦谓之弱也？”

又问：“夫神识之体，昧则称暗，明则称解，岂得一心之惑苞备万重，一念明心唯之一品？解惑应等，而今大殊，求之于心，良可骇异。若然者，三途重因，亦应备苞轻业也。若为明弱，不能通翻惑者，云一念之善，消无量恶，以金叠为譬者，此何言哉？”

答曰：“凡夫一念之惑含万重之暗，何异佛果一念之解苞十地之明也。初明之力不能顿翻诸暗，亦犹障金刚之暗不能通迷众境耳。伦例尽然，有何可异。若谓重恶亦苞轻罪者，此则不然。何以言之？此称起惑耳。倚伏相譬，不得同时。故贪中无嗔，嗔中无贪，岂得类彼性惑，同其相该也？金叠之譬，亦就此耳，故并非其证也。”

灵基光泰问曰：“所言一念无智倍含万重者，为同品齐类？为殊类异品也？”

答曰：“异品也。何以言此？一念之惑，通障十地。十地之智，既有深浅，故此惑从之有轻重。轻重虽殊而同在一念也。”

又问：“殊体异念者，皆念万重也，亦有差品不同也？”

答曰：“念念之中，皆备万重也。”

又问：“就皆备万重中，无复轻重也？”

答曰：“在凡夫则然，就圣则有渐去之义，前后有异也。”

又问：“就圣有异，为故是凡夫之无殊者？为成圣之后别更起也？”

答曰:“犹是先惑续起至今耳。但登圣则稍预其分,与万重有毁,故言异也。”

又问:“所谓毁者,为众念之中齐毁其分?为令除彼念此,念犹存也?”

答曰:“众念之中,同去其粗分也。”

又问:“夫一念痴心,更无异体。若一念明解,便应令达一念痴暗,岂得一体之中,一念之中,但去其粗,不去其细也?若有粗细之殊、灭有先后者,则不得为一体念也。”

答曰:“一念明解,全达痴暗者,佛心是也。初无漏心,但除其粗不及其细者,解力弱也。佛心一念,苞十地万阶之解。既许之矣,何故犹疑无明一念备多重之惑也?若许初无漏心解浅而不达深者,则亦应许初心除粗不灭细也。”

天安智藏问曰:“说烦恼三重,可以三忍别诸地。今远行独立,亦治二四之间。若以三重或称间义云何?”

答曰:“所谓三重,就其轻重也。此三重中,前二重同是称起,俱惑三界,所以通谓秽。八地以上,称起已止,法身自在,可以称为净国。法爱者,犹是称起之余,故障翳法身。未起故,不在净国。已免三界故,又非秽国。居净秽之中,故间义以生。然则间义起于二国,不由于二重也。”

又问:“六住之极细,沙数之极粗,二品相邻,差降理迮。今称起法爱,粗细云何?若同四住之细,则秽国所拘。若微于此细,则无明住地摄。无明住地摄,则净境所除。唯欲不由轻重,立法爱为中间,而轻重理迮,净秽无间,云何?”

答曰:“此爱由是四住之余分,称起之种类也。以其不系三界,故非秽国所摄。非秽国所摄,故居二者之间。是则唯二惑相邻,其地甚迮。以三界为秽国,则无伤其中间义。”

又问:“蒙惑两开而答喻者一,恐彼开未开,此亦还开。何耶?既云不系三界,便轻于四住之极细,则免此秽域,入彼净境。岂有法爱与恒沙烦恼同轶,而别有非净秽果也?”

答曰:“云离四住之极细及免此秽域,斯则可也。便令入彼净境,事则不然。何以言之?既有余分,必须穷断,岂得称起便登圣境?若须识其果相,当试言之。夫四住地,或系缚三界,若能尽之,则趋入涅槃。所谓中间之惑,不能留之也。大士持以慈力,以之受生。生之既为物,岂得超离三界?但以因非系法,故果亦非系。非系而生,故净秽所不摄耳。《地经》云:‘如转轮王见诸贫苦,虽无之而犹是人身。’推此言之,则七地之果,犹在三界。但以不系故,为中间义也。难者责唯应二,囿不许复中间义故。解者正存显中,不复备陈彼此耳。然则本自不闭,何谓未开?唯欲总事管钥,务谨开闭,而出不由户者,曾不顾之如何?”

《大乘起信论》中真如与无明关系问题探析

何石彬

一、引言:《大乘起信论》作为禅宗经典

以《涅槃经》《楞严经》《圆觉经》《大乘起信论》等为主要经典依据的性宗①一系,在中国佛教中占据着重要的乃至主导的思想地位。至隋唐时期,中国佛教趋于成熟,其最为显著的标志是具有中国本土特色的佛教宗派——天台宗、华严宗、禅宗及净土宗的正式建立和不断发展。宋元以降,天台、华严二宗因其未能完成从学院化思想体系向生活化修行方式的转化而未能很好地适应中国传统社会及广大社会人群的需求,逐渐变为少数学养深厚的佛教僧人及

① 为了论述方便起见,本文采取了将佛教理论分为性、相二宗的分类方式。所谓性宗,是相对于主张阿赖耶识缘起论的相宗而言,其主要理论特征是主张真如缘起论,具体包括天台、华严、禅、净诸宗。可以说,这是最具中国思想特色的佛教理论成果,也是佛教中国化的理论结晶。当然,其与相宗的阿赖耶识缘起论并不存在根本矛盾,二者的区别仅在于以真与妄两个不同的侧面来说明自心与诸法及其关系。从根本上说,二者有如一体之两面,是可以相互融通的。这种融通性在蕅益智旭等高僧那里体现得尤为明显。

在家学者深思精研的宗派，其受众范围日益缩小；而禅、净二宗则因其日益生活化的修行方式及大众化的语言表达而为广大社会人群所喜闻乐见，成为最能代表中国佛教文化特色的两大宗派。特别是禅宗，在弘传过程中不断调整自己的经典所依和弘法方式，至唐末，禅宗在中土南北各地迅猛发展，其中最具代表性的是禅门四大宗风——“德山棒，临济喝，云门饼，赵州茶”。其中“临济喝”与“赵州茶”均建立于燕赵大地，集中反映了这一时期禅门思想的主要风格与特色。日本佛学家阿部正雄认为，在六祖慧能①之后，中国最具代表性的禅师有两位，即临济义玄与赵州从谂。前者代表了智慧，后者代表了慈悲②；而智慧与慈悲为佛教思想之双翼，换言之，智悲双运作为佛陀之本怀，亦为贯穿于印度佛教、汉传佛教、藏传佛教的各个宗派的根本精神。

禅宗在佛教中国化的历程中，其弘法方式及宗风调整的一个重要方面，就是其经典所依的变化。从中土禅宗初祖菩提达摩③到四祖道信，对于学人的勘验及学人证悟后的自我勘验，主要是以《楞伽》印心；而自五祖弘忍开始，《金刚经》成为禅宗的核心经典。同时，在禅宗与华严、天台等同属于性宗一系的其他宗派的不断交融过程中，以及禅宗学人融通其他诸宗而导归于禅法修证的过程中，禅宗的教典所依也在不断地丰富和变化，至禅宗发展的后期，禅宗学人除择取禅宗语录中的话头进行观照以为入门之方便（即所谓“看话禅”）外，借教悟宗亦成为禅法修行的一个重要方面。至明末，还出现了以云栖袾宏、紫柏真可、憨山德清、藕益智旭等在佛教内部通宗、通教而融禅、净、密为一体，在三教关系上以佛教根本理论为本而贯通儒、释、道的一大批优秀的高僧。这种修行模式和思

① 慧能，或作“惠能”，本书为统一起见，除了引文不加变动，直接引述，其他地方一概写为“慧能”。

② 参见魏建震：《河北佛教文化传承与特色》，《河北学刊》2012 年第 6 期。

③ 达摩，或作“达磨”，本书为统一起见，除了引文不加变动，直接引述，其他地方一概写为“达摩”。

想风格一直延续到近现代，其中最具代表性的人物当推虚云老和尚以及依止其座下而依教修行的诸位当代禅门领袖。在上述思想背景下，禅宗最终形成了一个以“禅宗七经”（包括《心经》《金刚经》《圆觉经》《楞伽经》《楞严经》《维摩诘经》和《六祖坛经》）为中心的经论修学系统，而《大乘起信论》正是深入修学上述经典的主要入手方便。因此，本文拟对《大乘起信论》的核心理论问题——真如与无明的关系以及与之相关的理论辩难——真如缘起论之“三大难”进行集中讨论，以期增进对禅宗根本精神、内在修学规律以及宗门与教下、习教与参禅的关系等问题的理解。不当之处，敬请各位师长予以斧正。

性宗思想的核心为真如缘起论或如来藏缘起论，其理论重点是解决以下问题：通过真如与无明的相互关系来说明世间诸法差别的内在根源；以真如佛性为根本依据来说明众生终当成佛的可能性和必然性；通过无明的不断息除和真如佛性的圆满呈现而安立修道的次第。可见，真如与无明的关系问题成为贯穿于性宗染净因果理论始终的一个关键性问题。在性宗的弘传过程中，真如与无明的关系问题也成为真如缘起理论的重大难题，性宗学人将其总结为真如缘起的“三大难”，即真妄别体之难、真前后妄之难与悟后却迷之难。

这三大理论难题的提出源于《圆觉经》。在《圆觉经》第四《金刚藏章》中，金刚藏菩萨向世尊提出三个问题：(1)众生既本来成佛，何故复有一切无明（相当于真前妄后之难）？(2)若诸无明为众生本有，因何缘故如来复说本来成佛（相当于真妄别体之难）？(3)十方众生本来成佛而后起无明，则一切如来何时复生一切烦恼（相当于悟后却迷之难）？世尊并未对这些问题直接给予哲学理论上的回答，而是通过一系列的譬喻说明：用生死轮回的相对分别心，并不能切实了解圆觉的绝对境界；如来的妙圆觉心是一种超越了轮回与涅槃、无所谓成佛与不成佛的绝待境界，这种境界只能通过修行证知，而不能以思维心加以测度。也就是说，问题的关键在于能认识的主体方面，而不在于所认识的问题本身。由此，世尊指出应

“先断无始轮回根本”,“若能了此心,然后求圆觉”(《圆觉经》第四《金刚藏章》),强调了修证的重要性。可以说,世尊的这一回答是宗教的、实践的而非哲学的、思辨的,其着力点并不在于对问题具体内容的辨析,而在于对问题本身的消解。而《大乘起信论》作为性宗具有纲要性质的重要论点,则试图通过严整的哲学体系的建立,从理论思辨的角度对这些难题加以解决。

二、关于真妄别体之难

在《大乘起信论》的真如缘起说中,本体的真如由于无明的缘而起动,成为阿黎耶识,由此而显现宇宙万有的差别之相。这里的问题是:真如与无明的关系如何?如果无明完全外在于真如,真妄完全别体,那么就会构成一个真妄二元论的理论框架,这无疑从根本上破坏了真如缘起论体系的彻底性和完整性。但如果说真如与无明是完全同一的,那么世间万有差别的产生原因就无从解释,以无明息除、真如呈现为主旨的修道次第也难以安立。《大乘起信论》解决这一问题的理论基础是“一心开二门”中心真如门与心生灭门互融互摄、不一不异的辩证关系。心真如门与心生灭门皆依众生的一心而建立,二者的关系并非分别摄取世间法与出世间法,而是二种门“皆各总摄一切法”,两者是“不相离”的。也就是说,心真如门与心生灭门并非一心的两个部分,而是一体的两面观:心真如门从真如绝对的本体角度观察一心,心生灭门从生灭和合的现象角度观察一心,从而形成了一体的两义。从不一的角度来看,心真如门显现的是染净通相,只显示真如之体,而不显示相、用;心生灭门显现的是染净别相,俱显真如本体的体、相、用三者。从不异的角度来看,心真如是“一法界大总相法门体”,心真如门与心生灭门皆依真如本体而建立,一切生灭现象并不在真如之外,真如本体之外更无别体可言。

在“一心开二门”的理论框架下,《大乘起信论》进一步讨论了真如与无明不一不异的相依关系:首先将真如分为离言真如与依言真如两个层面,所谓离言真如指不生不灭、超言绝虑的绝对本体,是不可言说、不可思维,亦无一切境界差别之相可言的。在依言真如的层面,真如与无明相待而安立,两者相互和合而为阿黎耶识,从而构成了世间万有差别生起的枢纽。对于无明依于真如存在的不一不异的关系,《大乘起信论》用方向与迷于方向的譬喻加以说明:真如本觉相当于东西南北的方向,无明不觉则相当于对方向的迷失。迷失方向不能等同于方向本身,而离开方向又没有迷失方向可言。由此看来,真如与无明虽然是非一非异、相待而存在的,但两者并非完全对等的关系:无明固然依于真如而存在,但不可反过来说真如依于无明。这就保证了无明息除而真如本体圆满显现的出世间因果建立的可能性。

但至此仍有一个问题需要解决:清净平等的真如是如何产生无明妄动和万有差别之相的?对这一问题,《大乘起信论》并未直接用真妄同体的理论模式加以解决,而是提出了无明与妄法无体的理论:“当知世间一切境界,皆依众生无明妄心而得住持。是故一切法,如镜中像,无体可得,唯心虚妄。以心生则种种法生,心灭则种种法灭故。”由众生之无明妄心而生起的一切诸法差别有如镜中的影像,本无体可言,因而更谈不上其体性与真如本体是一是异的问题。而世间诸法差别既然是由于无明妄心而生、而住的,那么以虚妄之心来追问世间诸法差别的来源问题就无异于头上安头、梦中说梦,必然是徒劳无功的;解决问题的关键仍在于脱却生死轮回的迷心。可见,《大乘起信论》与《圆觉经》《楞严经》等性宗经典的理论归宿是完全相同的。

三、关于真前妄后之难

心性本净、无明依真如而起是性宗的根本宗义。由此而有清净无染的真如性体因何而有无明妄念产生的诘难。但这一疑问的提出，毋宁说是源于对性宗理论本质和理论路线的一种误解。从《大乘起信论》的理论思路出发，可以从以下几个方面对这一问题进行具体的分疏：

其一，性宗讲心性本净、真如本有而无明本无，是站在缘起论的立场，而非从发生论的角度讨论问题。佛教的缘起论是以承认事物的无始性存在为前提，从事物的现实性存在出发，探究事物产生的条件、原因以及事物相互作用的基本规律；而发生论则预设了事物产生的起点，由此而探讨事物从无到有的发生原理和发展过程。具体到《大乘起信论》而言，乃是以众生现有的真妄和合的一念心为基点，分析众生解脱成佛的内在本体依据（本觉），真如与无明互熏而产生宇宙万有差别之理，以及由在缠的真如超越为出缠的真如而实现圆满解脱的可能性和必然性，而并非先预设了一个只有真如本体而无无明和宇宙万有存在的"原初状态"，再来讨论无明与山河大地是如何产生的。因此，"心性本净"之"本"是从本体意义上而言，而非就时间性存在而论。正是由于对性宗缘起论、本体论的命题作了一种发生论的误读，才有了"无明因何而起"的疑问。

其二，从真如的基本内涵来看，在离言真如的层面，真如表现为超言绝待的绝对理体，在这一层面，不容许有任何对待性的存在，从这个意义上说，真如本有而无明本无，因此也就无从讨论无明之有无与如何而有的问题。当然，此处的"本有"与"本无"也是就本体论的意义而言，并非指现实存在中的有无。在依言真如的层面，真如与无明相互对待而安立，离开了无明就无所谓真如，反之亦然。因此，也就不存在真如与无明孰先孰后的问题。

其三，就现实的时间性存在而言，无明与真如同样是一种无始的存在。《大乘起信论》云："又心起者，无有初相可知。……是故一切众生不名为觉，以从本来念念相续未曾离念故，说无始无明。"也就是说，在无始以来刹那生灭的众生心中，本觉与不觉相待而有，并不存在一个仅有本觉而无生灭心的"初始状态"。坚持生灭心的无初相与无明的无始性，可以说是对缘起论根本理论原则的贯彻。

无明的存在既然是无始的，自然也就不存在“无明因何因缘而起”的问题。

四、关于悟后却迷之难

所谓悟后却迷之难，是说既然真如因无明而起动，产生众生与妄法，那么在无明息除、真如圆满呈现而成佛后，是否会再起无明而产生众生妄法？悟后却迷的可能性如果存在的话，成佛的意义就会受到质疑，真如缘起论的理论根基也会因此而发生动摇。但从《大乘起信论》的真如与无明关系论来看，出缠的真如复起无明的可能性是决然不存在的，其理由主要基于真如与无明的不同性质：

第一，真如为众生心之性体而无明无体。诘难者的一个重要理论依据是：真如与无明既然都是无始的，自然都应是无终的；如果说无明有终，则不可不说其有始。这一推理的前提是将真如与无明放到了同等的理论层面上。但从《大乘起信论》的理论立场来看，真如与无明的本质是截然不同的：真如乃真妄和合的众生心之性体，故自然是不生不灭、无始无终的；无明则纯为妄法，本无体可言，无体之物在息除后决无复起之理。由于二者体性殊异，所以不能以真如的无始无终来否定无明的无始有终。

第二，真如的起动是他动的而非自动的，即真如须待无明之缘才能起动。无明乃无始的存在，故为迷的第一原因；如果断灭此第一原因的无明而达于出缠的无垢真如，已无可起动之缘，故决无再度迷入生死轮回之理。对此，《大乘起信论》用水因风动的譬喻加以说明：“以一切心识之相，皆是无明，无明之相，不离觉性，非可坏非不可坏。如大海水因风波动，水相风相不相舍离，而水非动性，若风止灭，动相则灭，湿性不坏故。如是众生自性清净心，因无明风动。心与无明俱无形相，不相舍离。而心非动性，若无明灭，相续则灭，智性不坏故。”心性之水由于无明之风的作用而产生波动，但就如海水的性质是湿性的一样，众生自性清净心的自体是智性的而非动性的，所以当真如起动的外缘——无明被彻底息除之后，真如本身决无自动之理，而其本有的智性则不会坏失。这样，本与无明相依而存的在缠真如如何脱离无明而成为独立自存的出缠真如的问题就得到了解决。

从真如与无明的关系来看，《大乘起信论》对性宗的佛学思想作了纲要性、体系化的总结，在坚持佛教缘起论理论原则的前提下，对性宗的一些理论难题作了理论上的剖析与解答。就真如缘起论的根本立场而言，其理论体系可以说是完整而彻底的。

（何石彬，《河北学刊》杂志社）

《六祖坛经》中的自性观、般若观及禅宗三关与《般若波罗蜜多心经》之对照发明

明　尧

在2012年冬季湖北黄梅第三届禅文化高峰论坛上，笔者曾提交了《修行过程中关于“自性”的种种“见刺”——对〈六祖坛经〉“自性”概念的重新解读》一文。今年春，笔者应江西抚州大金山禅寺常住邀请，为江西尼众佛学院学生，作《禅宗六代祖师传灯法本》系列导读，其中涉及禅宗三关的问题，于是，在借鉴前文的基础上，写作此文。与前文相比，其中某些观点，可能在理解和叙述方面，更准确、更符合实际一些。

一、《六祖坛经》中的般若自性观

从修行的角度来看，整部《六祖坛经》（以下简称《坛经》），可以说主要是围绕两个问题在展开：

一是“什么是自性”，也就是“什么是道”。

二是“如何顿悟见性”，也就是“如何悟道证道”。

关于什么是自性，讲的是修行的理论基础，相当于本体论；关于

如何顿悟见性，讲的是修行的用功方法，相当于方法论。

这两个方面的内容，合在一起，用一句话来概括，就是无心合道。道就是自性。无心就是般若。只有般若才能与自性相应。

（一）自性观——什么是道——借功明位

自性之体，本来是无形无相、迥绝名言、不可说的，但是，为了接引学人，又不得不说，所以，不得已，古来的明眼善知识只能勉强从其“相、用”的角度来对它进行描述。古人把这种开示方法称为“借功明位”。功，就是功能、妙用。位，就是本体、体性。

1.自性的三个层面——体大、相大、用大

关于什么是自性，《般若品》中讲得最充分，大体说来，包括三个层面的含义，大致相当于《大乘起信论》中的“三大”和天台宗的“三谛”。

首先，自性是无形无相的，其性本空，无有一法可得。这是自性真空的一面，属于“体大”，相当于“空谛”。

> 心量广大，犹如虚空，无有边畔，亦无方圆大小，亦非青黄赤白，亦无上下长短，亦无瞋无喜，无是无非，无善无恶，无有头尾。诸佛刹土，尽同虚空。世人妙性本空，无有一法可得。自性真空，亦复如是。（《般若品》）

其次，自性又是包罗万象的，无一法不在其中，一切都是自性的显现。这是自性的假有的一面，属于“相大”，相当于“假谛”。

> 世界虚空，能含万物色像。日月星宿、山河大地、泉源溪涧、草木丛林、恶人善人、恶法善法、天堂地狱、一切大海、须弥诸山，总在空中。世人性空，亦复如是。（《般若品》）

再次，自性虽然能生一切法、能含一切法、周遍一切处，但是，它于一切法自在无染，去住自由，不落二边。这是自性的本觉妙用的一面，属于“用大”，相当于“中谛”。

> 自性能含万法是大。万法在诸人性中。若见一切人恶之与善，尽皆不取不舍，亦不染著，心如虚空，名之为大，故曰摩诃。(《般若品》)
>
> 心量广大，遍周法界；用即了了分明，应用便知一切。一切即一，一即一切，去来自由，心体无滞，即是般若。(《般若品》)

可见，六祖在谈“自性”的时候，是兼顾了体、相、用三大，圆融了空、假、中三谛，举一即三，举三即一；而并不是单纯地强调其“无有一法”的空性这一面，也不是简单地把自性作为“本觉”的平等不二之觉照当作自性的全部。六祖所说的“见性成佛”，就是要如实地证得自性的这个“圆融的三谛”，而不是停留在因地功夫上的“无分别之觉照”，或者“空无一物”的境界上面。

2.自性是圆融不二的

根据上述自性三个层面的含义，我们确信，自性非空非有，非善非恶，非垢非净，非常非无常，“说似一物即不中”，我们只能勉强用“圆融不二”这个词来描述它。在《坛经》中，六祖反复强调了自性的这种超越于二边的“不二”之特性。如：

> 印宗又问：“如何是佛法不二之法？”惠能曰：“法师讲《涅槃经》，明佛性是佛法不二之法。如高贵德王菩萨白佛言：犯四重禁，作五逆罪，及一阐提等，当断善根佛性否？佛言：善根有二：一者常，二者无常。佛性非常非无常，是故不断，名为不二。一者善，二者不善，佛性非善非不善，是名不二。蕴之与界，凡夫见二，智者了达其性无二。无二之性即是佛性。”(《行由品》)
>
> 善恶虽殊，本性无二；无二之性，名为实性。于实性中，不染善恶，此名圆满报身佛。(《忏悔品》)

学道之人，一切善念恶念，应当尽除。无名可名，名于自性；无二之性，是名实性。于实性上建立一切教门，言下便须自见。（《顿渐品》）

明与无明，凡夫见二；智者了达其性无二。无二之性，即是实性。实性者，处凡愚而不减，在贤圣而不增，住烦恼而不乱，居禅定而不寂。不断不常，不来不去，不在中间及其内外，不生不灭，性相如如，常住不迁，名之曰道。（《护法品》）

总之，自性并不等于内外二分中的内（内在的主观的心）、自他二分中的自、色心二分中的心、能所二分中的能、善恶二分中的善、染净二分中的净、常与无常二分中的常、动与不动二分中的不动，实际上，它已经超越了内外、自他、色心、善恶、能所乃至主客观的二边分别，是一个内容无限丰富的"宝藏"，故又称"如来藏"。华严宗则称它为"一真法界"，并用四法界、十玄门等义理之开合，来揭示它的圆融无碍的丰富内涵。

3. 自性不等于灵魂

谈到"自性佛"或"即心即佛"的时候，受习惯性的二边思维之影响，很多人都会下意识地把"自性"（或说"真心"）看作暂时寄居在我们肉体中的某种看不见的灵体，即所谓的"灵魂"。

一般而言，人们在理解灵魂的时候，大多是从肉与灵相对待的角度出发：肉体是无常的，有生灭的，灵魂是永恒的，不生不灭的；肉体是灵魂的暂时的舍宅或衣服，是灵魂的外壳，灵魂才是内在真正的主人；灵魂是某种精神的灵体，而肉体则是物质的（色法）。

所以，当我们这样来理解自性的时候，实际上，就已经落在了内外、色心、生灭与不生不灭等二边当中。

实际上，人们所说的灵魂，就是第八识，而第八识恰恰是自性常住真心的迷的状态（见相二分已立，已然执见分为内自我，执部分相分为我的身体）。古人认为这恰恰是生死轮回的根本。长沙景岑禅师有一首偈子，就是针对这种观点的：

学道之人不识真，只为从来认识神。
无量劫来生死本，痴人唤作本来人。

另外，前面所引六祖“蕴之与界，凡夫见二，智者了达其性无二。无二之性即是佛性”，以及自性“不在中间及其内外”等说法，也是对这种观点的破斥。五蕴身心和包括山河大地在内的十八界，这一切全是自性的产物，都是幻生幻灭的，与自性是一体不二的，犹如波与水的关系，非波外有水，亦非水外有波。

4.梦幻喻

自性的这种“不二”性，其实从教下来理解，并不困难。教下讲，我们的常住真心因最初一念妄动，产生了见相二分，因为不觉的缘故，妄执见分为实有的内自我，执相分为实有的我体及实有的外在山河大地，并由此而进一步产生自他、内外、色心、心境、能所、善恶、染净等二边分别，重又迷上加迷，分别取舍，爱憎烦恼由是而生，辗转无尽，这就是所谓的生死轮回。

凡、圣的区别仅在于迷悟之间。犹如做梦，凡夫在做梦的时候，不知身在梦中，执梦中之我为实有，执梦中的山河大地为实有，执梦中的内外、自他、色心、心境、能所、善恶、染净等二边也是实有的，而等到醒来之后，反观梦中的一切，才发现，原来梦中的我是假的，梦中的山河大地也是假的，梦中所现的内外、自他、色心、心境、能所、善恶、染净等二边分别，也全是假的，都是唯心所现。

所以，修行人中，凡是不能够从不二的角度来理解自性，落在空有、色心、自他、内外、善恶、染净等二边对立当中的，宗门中一概称之为“瞌睡汉”“尿床鬼子”，又称“担板汉”。

（二）《坛经》中的般若观——如何合道——借位明功

自性既然如此玄妙，不可思议，那我们后天该如何“用功”，才能顿悟见性呢？在这里，古人所用的开示方法就是“借位明功”，就是从体性的特征入手，开示与体性特征相应的后天观行之方法。

既然自性是不二的，借用天台宗的说法，就是三谛圆融。很显然，后天的观法也必须是不二的，借用天台宗的说法，就是一心三观。这个观法就是般若。

般若以自性为体，自性以般若为用。自性须借后天的般若观照才能得到开显。

那么，究竟什么是般若呢？

在《坛经》中，六祖反复提到“无相、无念、无住”，以及“一行三昧”“一相三昧”等概念，其实，这些都是般若的代名词，或者说，是从不同的角度对般若之含义所作的展开。

从六祖的开示中可以看出，与自性观相应，般若观亦有三个方面：

1.无念——证体大——般若三昧。

2.无相——证相大——一相三昧。

3.无住——证用大——一行三昧。

这三个方面，是从不同的角度对般若之描述：无念是从能观智的角度讲般若；无相是从所观境的角度讲般若；无住是从智境一如的角度讲般若。故三者名异而实同，皆为圆融不二，一中有三，三中有一，一即是三，三即是一。就究竟所破而言，破人我空称之为无念，破法我空称之为无相，空有不二、妙用自在称之为无住。

下面，我们来看看六祖是如何开示上述“三无”和“三昧”的：

> 善知识！我此法门，从上以来，先立无念为宗，无相为体，无住为本。无相者，于相而离相；无念者，于念而无念；无住者，人之本性，于世间善恶好丑，乃至冤之与亲，言语触刺、欺争之时，并将为空，不思酬害，念念之中，不思前境。若前念、今念、后念，念念相续不断，名为系缚。于诸法上，念念不住，即无缚也。此是以无住为本。（《定慧品》）
>
> 善知识！智慧观照，内外明彻，识自本心。若识本心，即本解脱。若得解脱，即是般若三昧，即是无念。何名无念？若见

一切法，心不染著，是为无念。用即遍一切处，亦不著一切处。但净本心，使六识出六门，于六尘中无染无杂，来去自由，通用无滞，即是般若三昧，自在解脱，名无念行。若百物不思，当令念绝，即是法缚，即名边见。善知识！悟无念法者，万法尽通；悟无念法者，见诸佛境界；悟无念法者，至佛地位。（《般若品》）

若欲成就种智，须达一相三昧、一行三昧。若于一切处而不住相，于彼相中不生憎爱，亦无取舍，不念利益成坏等事，安闲恬静，虚融澹泊，此名一相三昧。若于一切处，行住坐卧，纯一直心，不动道场，真成净土，此名一行三昧。（《付嘱品》）

善知识！一行三昧者，于一切处，行住坐卧，常行一直心是也。《净名经》云：直心是道场，直心是净土。莫心行谄曲，口但说直，口说一行三昧，不行直心。但行直心，于一切法勿有执著。（《定慧品》）

以上引文皆是《坛经》中读者耳熟能详的段落，文字虽然浅显，但是，它们对自性般若之真精神的把握是非常透彻和圆满的。此处就不再啰唆了。

二、六祖悟道的三个阶段

为了更好地把握自性观和般若观之精神，更好地把握宗门之修证理路，我们现以六祖悟道的三个阶段为例，再做一点展开说明。我们将发现，六祖悟道的三个阶段，与自性之体大、相大、用大以及般若之无念、无相、无住（或者说般若三昧、一相三昧、一行三昧）是对应的。这对我们准确地理解“禅宗三关”非常有帮助。

（一）六祖悟道的第一个阶段

六祖初次开悟，是在卖柴时，闻客人诵《金刚经》而引发。

惠能于市卖柴。时有一客买柴，使令送至客店。客收去，惠能得钱，却出门外，见一客诵经。惠能一闻经语，心即开悟，遂问客诵何经，客曰："《金刚经》。"复问："从何所来，持此经典？"客云："我从蕲州黄梅县东禅寺来。其寺有五祖忍大师，在彼主化，门人一千有余。我到彼中礼拜，听受此经。大师常劝僧俗，但持《金刚经》，即自见性，直了成佛。"（《行由品》）

当时六祖到底悟到了什么呢？虽然六祖只是说"惠能一闻经语，心即开悟"，再没有就开悟的内容和细节做进一步的展开说明，但是，从他后来到黄梅，与五祖的一番对话中，我们还是可以窥探出他当时的所悟。

至黄梅，礼拜五祖。祖问曰："汝何方人，欲求何物？"惠能对曰："弟子是岭南新州百姓。远来礼师，惟求作佛，不求余物。"祖言："汝是岭南人，又是獦獠，若为堪作佛？"惠能曰："人虽有南北，佛性本无南北；獦獠身与和尚不同，佛性有何差别？"五祖更欲与语，且见徒众总在左右，乃令随众作务。惠能曰："惠能启和尚，弟子自心常生智慧，不离自性，即是福田。未审和尚教作何务？"祖云："这獦獠根性大利！汝更勿言，着槽厂去！"（《行由品》）

从这段经文中可以看出，六祖所悟，不仅是在理论上坚信"一切众生皆有佛性"，更重要的是，他一刹那间已经安住在无分别心之般若观照当中了，即与自性的妙用——"本觉"相应了。"弟子自心常生智慧，不离自性"一句，透露的正是这一消息——

其一，"常生智慧"。"常"意味着不间断，包括睡梦的时候，时刻现前，可见这个智慧已经不是"有为"的了，而是进入无为、无心的状态。

其二，其"智慧"是"不离自性"的。不离自性，意味着背尘合觉,照体独立(不粘着尘境),处于平等、包容、无分别、无取舍之智光中,不属于见闻觉知(因为见闻觉知是生灭法,是分别法。有分别取舍即是背觉合尘,即是迷失了自性),不被诸境所转,尤其是无梦无醒时亦能作主(如果说在梦中、在无梦无醒时不能作主,则说明这个能观的心不是真的)。

六祖所说的"弟子自心常生智慧,不离自性",所揭示的正是开悟的初关景象:根尘迥脱,照体独立,作为第六意识的分别我法二执和第七意识的俱生我执已经被打破了(这就是"六七因中转"),安住在平等无分别的无心之觉照(平等无分别智)中。修行人到此,只能算是得个入处,真正的修行才开始。此时虽然粗重的分别妄想已经不起,但是微细和极微细的执五蕴万法为实有的坚固妄想仍然存在,理事二边没有打破,色心二边犹存,所以还需要进一步用功,让定慧等持的功夫更深入、更精微,更具有穿透力。

(二)六祖悟道的第二个阶段

六祖悟道的第二个阶段,见于他针对神秀禅师所作的"菩提本无树"一偈。

神秀受五祖吩咐,苦心费力地作了一首偈子——"身是菩提树,心如明镜台;时时勤拂拭,勿使惹尘埃",因为不自信(有怀疑恰好说明所见不真),趁夜静更深,偷偷地把它写在步廊的墙壁上。对神秀的偈子,五祖的反应是:

> 祖已知神秀入门未得,不见自性。天明,祖唤卢供奉来,向南廊壁间绘画图相,忽见其偈,报言:"供奉却不用画,劳尔远来。经云:'凡所有相,皆是虚妄。'但留此偈,与人诵持。依此偈修,免堕恶道;依此偈修,有大利益。"令门人:"炷香礼敬,尽诵此偈,即得见性。"祖三更唤秀入堂,祖曰:"汝作此偈,未见本性,只到门外,未入门内。如此见解,觅无上菩提,了不可得。无上菩提,须得言下识自本心,见自本性不生不灭;于一切时中,念念自见,万法无滞,一真一切真,万境自如如。如如之心,

即是真实。若如是见，即是无上菩提之自性也……”（《行由品》）

两天后，六祖在槽厂舂米，见有一位童子在唱诵神秀的偈子，一听便知神秀“此偈未见本性”，于是央求童子带他来到廊壁前，也作了一首偈子，请张日用代书在神秀偈旁：

菩提本无树，明镜亦非台；本来无一物，何处惹尘埃。（《行由品》）

对这首偈子，五祖的反应是：

江州别驾张日用替惠能书偈已，徒众总惊，无不嗟讶；各相谓言：“奇哉！不得以貌取人。何得多时使他肉身菩萨！”祖见众人惊怪，恐人损害，遂将鞋擦了偈，曰：“亦未见性。”众以为然。次日，祖潜至碓坊，见能腰石舂米，语曰：“求道之人，为法忘躯，当如是乎！”乃问曰：“米熟也未？”惠能曰：“米熟久矣，犹欠筛在。”祖以杖击碓三下而去。（《行由品》）

这里的本来无一物，非指虚无，乃指五蕴的实有性被空掉了。

这一阶段，六祖证悟到了什么呢？证悟到五蕴皆空，也就是说，执五蕴为实有的坚固妄想已经被打破了，不仅俱生我执被破除，俱生法执亦被破除。古人云，“若人识得心，大地无寸土”，“虚空粉碎，大地平觉”。《楞严经》中讲：“汝等一人，发真归元，此十方空，皆悉销殒，云何空中，所有国土，而不振裂？”这皆指万法的实有性被破。这是开悟的重关景象。

有人认为，五祖说六祖的这首偈子“亦未见性”，只是掩盖之辞，是为了保护六祖，实际上，六祖已经开悟了。这种说法未必符合实际。因为证得了诸法无实有的空性之后，尚有空有等二边还没有超越，还不能起用；虽然能摄事归理，但还没有达到理事无碍、事事无碍的境界。所以，还需要进一步超越。

（三）六祖悟道的第三个阶段

六祖悟道的第三个阶段，见于他听五祖讲《金刚经》时，一口气说出了“五个何期”。

> 惠能即会祖意，三鼓入室。祖以袈裟遮围，不令人见，为说《金刚经》。至“应无所住而生其心”，惠能言下大悟：一切万法不离自性！遂启祖言：“何期自性本自清净！何期自性本不生灭！何期自性本自具足！何期自性本无动摇！何期自性能生万法！”祖知悟本性，谓惠能曰：“不识本心，学法无益。若识自本心，见自本性，即名丈夫、天人师、佛。”（《行由品》）

“何期自性本自具足”“何期自性能生万法”，说明六祖不仅证得了万法唯心所现并非实有的空性，同时还悟得自性之理体能生一切法、能摄一切法、能转一切法之全机大用，而并没有住在空寂的境界中。

“一切万法不离自性”，说明自性并不是空无一物的死寂，而是能生一切万法的宝藏，它能遍摄一切万法，能够自在地转一切万法而如如不动，能够自由地出入红尘，行化世间，即所谓的“入廛垂手”，此时，世间与出世间、烦恼与菩提、轮回与解脱、生死与涅槃、佛与众生等二边分别彻底被打破了。这正是开悟的末后牢关景象。

至此，六祖所证，是真正的三谛圆融的自性佛。这与觉林菩萨偈所言完全一致。《华严经》“觉林菩萨偈”云：

> 心如工画师，能画诸世间，五蕴悉从生，无法而不造。
> 如心佛亦尔，如佛众生然，应知佛与心，体性皆无尽。
> 若人知心行，普造诸世间，是人则见佛，了佛真实性。
> 心不住于身，身亦不住心，而能作佛事，自在未曾有。

若人欲了知，三世一切佛，应观法界性，一切唯心造。（《华严经·夜摩宫中偈赞品》）

这首偈子，把“见佛”和“了佛真实性”的标准讲得非常清楚，那就是能够如实地证知“诸世间”是由人的“心行”所造（而非心外之实有），并能够享受“心不住于身，身亦不住心，而能作佛事，自在未曾有”的喜悦。

依上所述，六祖悟道之三个阶段，与其自性观、般若观，存在着一一对应的关系，试表述如下：

1.体大—无念—依能观智而言—般若三昧—初关—根尘迥脱（破俱生我执）—平等无分别智。

2.相大—无相—依所观境而言——相三昧—重关—大地平沉（破俱生法执）—空观智。

3.用大—无住—依智境一如而言——行三昧—牢关—入廛垂手—中道智。

从这里，我们可以看出，《六祖坛经》中所使用的概念“无念”“无相”“无住”以及“般若三昧”“一相三昧”“一行三昧”，虽然都是般若之异名，但是，所称谓的角度和所证的境界并不相同，并非随意乱用。这一点，读者宜三思！

三、禅宗三关与《般若波罗蜜多心经》之契合

宗门有三关之说，由来已久。清代以来，教界有不少人士，或依教下经论，或依祖师语录，纷纷对三关的内容进行不同的解说，因为角度不一样、证悟缓急之不同，故开合亦有所异，但其基本的精神大体是一致的。

现将三关之不同说法，列表如下：

	初关	重关	牢关
依相宗说	破第六分别我法二执	破俱生我执	破俱生法执
依三谛三观说	证空谛	证假谛	证中道谛
依《大乘起信论》说	体大	相大	用大
依华严四法界说	理法界	理事无碍法界	事事无碍法界
雍正皇帝说	前后际断，照体独立，悟空寂之自性	大死大活，从空性起妙用，色空不二	扫除悟迹，任运无为

关于禅宗三关的理解，笔者认为，应当依六祖悟道的三个阶段为准，也就是说：

初关，根尘迥脱，照体独立，破俱生我执，平等无分别智现前。

重关，证万法唯心之空性，破俱生法执，空观智现前。

牢关，由空返有，不住寂灭，全体起用，悟无悟迹，归无所得，入不二法门。

一般所说的开悟，指初关；也有人认为，破重关才算开悟；更有人认为只有破了末后牢关才算开悟。此皆应机而设，不必争执。总之，要令学人“未入门者入门，已入门者上上增进”，扫除悟迹。

笔者之所以要以六祖悟道之三个阶段作为划分宗门三关的标准，不仅因为他是禅宗的实际创始人，同时，这种划分，与《般若波罗蜜多心经》（以下简称《心经》）是完全吻合的，非笔者一时之妄言也。

现依《心经》，随文拣择如次——

观自在菩萨，行深般若波罗蜜多时，照见五蕴皆空，度一切苦厄。

【按】此修行成佛之总纲，亦是本经之大纲。

1.行深般若波罗蜜多——观行的内容、方法、下手处、用功原则。

2.照见五蕴皆空——所证的内容，破俱生我法二执，乃自受用。

3.度一切苦厄——悟后起用，行菩萨道，圆行六度，圆满报化身，乃他受用。

整个《心经》皆依此三句展开。

舍利子，色不异空，空不异色，色即是空，空即是色，受想行识亦复如是。

【按】释般若观行之内容，包括用功方法、下手处及用功原则。

这一段经文，囊括了一切修行法门，南传的四念处法门，天台的大小止观法门，净宗的念佛法门，密宗的持明法门，乃至禅宗的默照和参究，皆一一摄于此中。《楞严经》中的二十五圣之圆通亦被包含于其中。

下手处：选取五蕴中的一端，如观受，观息，观心念，观音声，乃至观不净，等等。

观行方法：观五蕴之空性，即观其无常、无我，如观心念之无常、无我、虚妄之了不可得，等等。

观行原则：不落空有二边，不取舍，依平等包容无分别之原则而照之。

观行的结果：随着观照能力的深入，首先破分别我法二执及俱生我执，令平等无分别智现前，其次是破俱生法执。

后面的经文皆与此一一对应。

舍利子，是诸法空相，不生不灭，不垢不净，不增不减。

【按】破分别我法二执及俱生我执，得平等无分别智。此乃宗门之初关景象。对应于《坛经》中的“体大”“无念”“般若三昧”。

是故空中无色，无受想行识，无眼耳鼻舌身意，无色声香味触法……无智亦无得。

【按】证诸法空性，破俱生法执，得空观智，重关景象，对应于《坛经》中的“相大”“无相”“一相三昧”。

以无所得故，菩提萨埵，依般若波罗蜜多故，心无挂碍……究竟涅槃。

【按】转身起用，入廛垂手，行菩萨道，圆满报身。与下文皆为末后牢关。对应于《坛经》中的“用大”“无住”“一行三昧”。

三世诸佛，依般若波罗蜜多故，得阿耨多罗三藐三菩提。

【按】向上一路（全超向上），扫除悟迹，断凡圣相，归无所得。

可见，《心经》中的功夫次第是非常分明的。

这样从功夫的角度来解读《心经》，作为大乘佛教修行总纲的《心经》，其作为“般若之心”的核心价值可以得到充分的显示。惜乎过去罕有人从功夫的角度如此解读《心经》。

不仅如此，上面从六祖悟道之三个阶段所引得的禅宗三关之说，与后来的宗门巨匠云门文偃、圆悟克勤等人的主张亦是完全一致的。

张商英居士在荆州的时候，与圆悟克勤禅师有过一段法缘。

一日，克勤禅师造访张商英居士，大谈《华严经》宗旨，云：“华严现量境界，理事全真，所以即一而万，了万为一，一复一，万复万，浩然莫穷。心佛众生三无差别，卷舒自在，无碍圆融。此（按：指理事无碍的境界）虽极则，终是无风匝匝之波。”

张商英听了，不觉移榻近前。

克勤禅师讲完这段话之后，便问："到此，与祖师西来意是同是别?"

张商英道："同矣!"

克勤禅师道："且得没交涉!"

张商英遭克勤禅师否定之后，面带愠色。

克勤禅师并不在意，继续点拨道："不见云门道，山河大地无纤毫过患(按:初关。俱生我执已破，方能目中之山河大地无纤毫过患，故云)，犹是转句(按:转者，转身也，转生死向涅槃之谓)，直得不见一色(按:重关。已经证万法唯心之空性，故云)，始是半提，更须知有向上全提时节(按:末后牢关。从空起用，圆修六度，悟无悟迹，归无所得，故云)。彼德山、临济岂非全提乎?"

张商英这才心悦诚服，连连点头称是。

第二天，克勤禅师又谈起理法界、事法界、理事无碍法界、事事无碍法界等四法界。当谈到理事无碍法界时，克勤禅师便问："此可说禅乎?"

张商英道："正好说禅。"

克勤禅师笑道："不然，正是法界量里在(按:还是落在理事等名相差别当中)，盖法界量未灭。若到事事无碍法界，法界量灭，始好说禅:如何是佛? 干屎橛。如何是佛? 麻三斤。是故真净偈曰:'事事无碍，如意自在。手把猪头，口诵净戒。趁出淫房，未还酒债。十字街头，解开布袋。'"张商英听完这一段开示，如醍醐灌顶，赞叹道："美哉之论，岂易得闻乎!"

从上面所引资料中，我们可以确定，云门文偃禅师所说的"山河大地无纤毫过患"，是初关景象，相当于理法界;不见一色，是重关景象，相当于理事无碍法界;向上全提时节，是牢关景象，相当于事事无碍法界。

为了帮助读者有一个整体的印象，现将前面所述之各部分的核心内容，再依次整合对应如次:

1.能观智—无念—体大—理法界—初关—根尘迥脱(破俱生我

执)—平等无分别智—般若三昧—云门“山河大地无纤毫过患”—《心经》“是诸法空相,不生不灭……不增不减”。

2.所观境—无相—相大—理事无碍法界—重关—大地平沉(破俱生法执)—空观智——相三昧—云门“不见一色”—《心经》“是故空中无色,无受想行识……无智亦无得”。

3.智境一如—无住—用大—事事无碍法界—牢关—入廛垂手—中道智——行三昧—云门“向上全提”—《心经》“菩提萨埵……究竟涅槃,三世诸佛……得阿耨多罗三藐三菩提”。

余论:宗门做功夫的四个阶段

联系六祖悟道的三个阶段以及三关之说,宗门之功夫,一般说来,会经历四个阶次:

(1)做有为的平等观行功夫,破第六意识的分别我法二执,功夫成片。属事一心,与事法界相应。此一阶段,属于下手处。因为有能所,有间断,有走失,非为见道。

(2)功夫纯熟后,根尘迥脱,照体独立,破俱生我执,无为的平等性智常现在前,不间断,不走失,然理事、心境二边犹在,只是得个入门处,初关。与理法界相应。

到了此阶段,闭关专修是非常必要的。

(3)照见五蕴皆空,破俱生法执,即证得诸法的空性(虚幻性),重关。与理事无碍法界相应。

到了此阶段,回到尘世中,在日用中起修,是必不可少的。

(4)由体起用,能生一切法,能转一切法,圆修六度,破凡圣相,入不二门,末后牢关。与事事无碍法界相应。

以上四个阶次之划分,对于处在实际用功夫中的修行人来说,或许有一定的指导意义。

(明尧,河北禅学研究所)

临济义玄的禅学思想

伍先林

临济义玄禅师(? ~867)继承了洪州宗从马祖道一(709~788)、百丈怀海(720~814)至黄檗希运(? ~850)一脉相承的禅法思想,开创了后来的临济宗,他是禅宗临济宗的实际创始人。根据各种灯录和史料记载,义玄俗姓邢,曹州南华县(在今山东定陶之南)人,"幼而颖异,长以孝闻",出家后广究佛教三藏和经论,既而到各处参学。后蒙黄檗希运禅师印可,遂于唐大中八年(854),至镇州(今河北正定县)临济院,广接徒众。① 义玄禅师在河北大地弘扬其具有鲜明的生活禅特色的临济宗风,对于河北佛教禅宗的发展具有非常重要的推动作用,临济禅风对于当时以及后世的禅宗发展都具有非常重要而深远的影响。在禅宗五家(即沩仰宗、临济宗、曹洞宗、云门宗和法眼宗)宗派中,临济宗对后世的影响可以说是最为久远的,这与临济宗创始人义玄本人阐扬的禅风具有直接的关系。本文试图从以下几个方面具体地探讨临济义玄的禅学思想特征。

---

① 见《镇州临济慧照禅师语录》,《大正藏》第47册,第506页下。

一、求取真正见解

所谓“真正见解”，就是正确的见地和见解。佛教非常重视“真正见解”的重要性。在原始佛教特别提倡的“正见、正思维、正语、正业、正命、正精进、正念、正定”的“八正道”之中，“正见”就居于首要地位。对于佛教信徒的日常行为规范来说，“正见”可以说就是正确的指导思想。在佛教戒、定、慧的三学之中，“正见”主要也应该属于“慧”的范畴。按照传统的通途佛教的观点，真正见道以后才能有正见。而在佛教的各个宗派之中，慧能禅宗是特别强调在日常生活中顿悟见性或见道的。也就是说，慧能禅宗是非常强调顿悟见性而获得正见的。沩山灵祐就曾对仰山慧寂说“只贵子眼正，不说子行履”①。当然这只是沩山一时的善巧方便之说，沩山是想指出获得正见的重要性，并不是说践履不重要。对于佛教禅宗来说，只有在正见的指导下，才能有正确的行履。而且如果获得了正确的见解，就必然会有正确的行履。

临济义玄显然是继承了原始佛教重视“正见”以及慧能禅宗强调顿悟见性、获得正见的思想传统，非常重视在日常生活和禅行中获得“真正见解”的重要性，他曾宣称：

> 今时学佛法者，且要求真正见解。若得真正见解，生死不染，去住自由，不要求殊胜，殊胜自至。②
>
> 道流，切要求取真正见解，向天下横行，免被这一般精魅惑乱。③
>
> 大德，莫错。我且不取尔解经论，我亦不取尔国王大臣，我

---

① 《潭州沩山灵祐禅师语录》，《大正藏》第47册，第578页中。

② 《镇州临济慧照禅师语录》，《大正藏》第47册，第497页上~中。

③ 《镇州临济慧照禅师语录》，《大正藏》第47册，第497页下。

亦不取尔辩似悬河，我亦不取尔聪明智慧，唯要尔真正见解。①

夫出家者，须辨得平常真正见解，辨佛辨魔，辨真辨伪，辨凡辨圣。若如是辨得，名真出家。若魔佛不辨，正是出一家入一家，唤作造业众生，未得名为真出家。②

在临济义玄的时代，由于慧能禅宗特别是马祖洪州宗在天下广为流行，禅宗的教学方法发生了很大的改变，禅宗学人表达自身禅学见地的禅机逐渐盛行。这其中自然是鱼龙混杂，临济义玄在这种禅学背景下特别强调要求取真正见解，自然也具有一定的时代针对性的意义。临济义玄认为，"真正见解"与世俗地位无关，甚至与外在形式上是否出家也无关联，与世间的聪明智慧也无直接的关联。按照佛教禅宗的观点，"真正见解"是与顿悟见性相应的见地。它不仅仅是一种外在的知识和见解，更是与内在的整体性的人格有关。吴汝钧先生认为："所谓'真正见解'，并不是一种学说，也不是一套理论。这不是从学说、理论或概念处讲。所谓真正见解，即是真正的自己，要人在自己的生命中树立起真正的自我，树立起自己的主体性。这真正见解是从'真我'或'主体性'处讲。临济认为人在日常生活的各个方面，都不应人云亦云，而当有自己的见解。所谓自己的见解，即是要有自己的表现、自己的方向。这是要你寻得真正的自我，树立起自己的主体性，才可达到。临济又教人不要追随别人所树立的权威(authority)，不论是祖师或是佛。这些所谓权威，都是外在的，与自己主体性的树立并无关系。"③在临济义玄看来，如果能获取真正见解，树立自己的主体性，那么就可以"生死不染，去住自由"，超越生死相对性的伪、凡、魔的相对性境界，进入绝对自由的真、圣、佛的绝对本体境界。临济义玄关于求取"真正见解"的说

---

① 《镇州临济慧照禅师语录》，《大正藏》第47册，第502页下。

② 《镇州临济慧照禅师语录》，《大正藏》第47册，第498页上。

③ 吴汝钧：《临济禅》，《狮子吼》杂志第33卷第6期，转引自 http://read.goodweb.cn/news/news_view.asp? newsid=79586。

法也在一定程度上恢复了原始佛教的平实风格。

二、无依道人

那么,什么是临济义玄要求学人所求取的真正见解呢?据《临济语录》载:

> 问:如何是真正见解?师云:尔但一切入凡入圣,入染入净,入诸佛国土,入弥勒楼阁,入毗卢遮那法界,处处皆现国土,成住坏空。佛出于世,转大法轮,却入涅槃,不见有去来相貌,求其生死了不可得。便入无生法界,处处游履国土,入华藏世界,尽见诸法空相,皆无实法。唯有听法无依道人,是诸佛之母。所以佛从无依生。若悟无依,佛亦无得。若如是见得者,是真正见解。①
>
> 古人云:平常心是道。大德,觅什么物?现今目前听法无依道人,历历地分明,未曾欠少。尔若欲得与祖佛不别,但如是见,不用疑误。尔心心不异,名之活祖。②

杨曾文先生分析认为:"义玄所谓的真正见解主要有两点:一是发挥大乘佛教的佛性学说,宣述佛在自身自心,不必外求,甚至形象地称自身所具有的佛(佛性、本心)是'无位真人';二是依据般若'空'的思想,认为世界一切事物和现象皆空无自性,不仅不应执著外在事物(色法),连自己的自性及一切感性认识(心法)也不应执著。"③通观义玄的说法,义玄在上述表达中要说明的是,我们的心性本体是一切万法的清净本源,心性本体是"入凡入圣,入染入净",

① 《镇州临济慧照禅师语录》,《大正藏》第47册,第498页中~下。

② 《镇州临济慧照禅师语录》,《大正藏》第47册,第499页下。

③ 《唐五代禅宗史》,中国社会科学出版社,1999年,第446页。

是入一切法，是遍于一切万法的。心性本体虽然贯通于一切相对性的万法，但却不依执于一切相对性的万法，因为心性本体是能照见一切万法的空寂无依之相的。临济义玄将这个贯通于一切相对性的万法，而又能照见一切万法空寂无依之相，因而不依执于一切相对性万法的心性本体生动形象地称为“无依道人”或“无位真人”①。所谓“真正见解”，就是要能够在日常生活的一切时和一切处中“心心不异”而毫不间断地体认到我们内在的心性或佛性本体——“无依道人”或“无位真人”，无依道人就是佛，无依道人的境界就是佛的境界。无依道人也就是“真正见解”的体现者。

临济义玄非常强调“无依道人”的清净本源性、超越相对的无依无住性和纯粹的主体性，他说：

> 大德，尔且识取弄光影底人是诸佛之本源，一切处是道流归舍处。是尔四大色身，不解说法听法；脾胃肝胆，不解说法听法；虚空，不解说法听法。是什么解说法听法？是尔目前历历底，勿一个形段孤明，是这个解说法听法。若如是见得，便与祖佛不别。但于一切时中，更莫间断，触目皆是。只为情生智隔，想变体殊，所以轮回三界，受种种苦。②
>
> 尔要与祖佛不别，但莫外求。尔一念心上清净光，是尔屋里法身佛；尔一念心上无分别光，是尔屋里报身佛；尔一念心上无差别光，是尔屋里化身佛。此三种身，是尔即今目前听法底人。只为不向外驰求，有此功用。③

---

① 如临济义玄说：“但有声名文句，皆是梦幻。却见乘境底人，是诸佛之玄旨。佛境不能自称我是佛境。还是这个无依道人，乘境出来。若有人出来问我求佛，我即应清净境出。有人问我菩萨，我即应慈悲境出。若有人问我菩提，我即应净妙境出。有人问我涅槃，我即应寂静境出。境即万般差别，人即不别。所以应物现形，如水中月。”（《镇州临济慧照禅师语录》，《大正藏》第47册，第499页上）这也是说明，作为绝对性本体的“无依道人”是贯通于一切相对性的境法，但它自身却是无依、无住于相对性境法的。

② 《镇州临济慧照禅师语录》，《大正藏》第47册，第497页中~下。

③ 《镇州临济慧照禅师语录》，《大正藏》第47册，第497页中。

尔若欲得生死去住,脱著自由,即今识取听法底人,无形无相、无根无本,无住处,活泼泼地。应是万种施设,用处只是无处。所以觅著转运,求之转乖。号之为秘密。①

唯有道流目前听法底人,入火不烧,入水不溺,入三涂地狱,如游园观,入饿鬼畜生,而不受报。②

佛教追求的最高人格理想就是佛的境界。然而临济义玄很少直接提及在一般人心目中神圣而高远的佛,他更多提到的是具体的“人”或“无依道人”。他认为“目前听法底人”“弄光影底人”就是诸佛之本源,或者说“目前听法底人”就是佛。由于“目前听法底人”就是义玄当时说法的具体对象,因而“目前听法底人”也就是指当前的具体现实之人。“目前听法底人”的当前一念清净心就是法身佛,当前一念无分别心就是报身佛,当前一念无差别心就是化身佛。三身佛是三位一体的,也就是说,佛就体现在具体现实之人的当前一念心上。在当前一念心上体现了佛的境界的人就是无依道人或无位真人。无依道人是“无形无相、无根无本,无住处,活泼泼地”,是“目前历历底,勿一个形段孤明”,“解说法听法”者。这就是说,无依道人是纯粹的主体性,它就体现在日常生活的活泼泼的无染无住的见闻觉知活动之中,“但于一切时中,更莫间断,触目皆是”。而且无依道人是像佛一样“入火不烧,入水不溺,入三涂地狱,如游园观,入饿鬼畜生,而不受报”,“生死去住,脱著自由”,因而无依道人是超越了万法的相对性拘限,超越了生死的轮回,获得了绝对自由的境界。

在传统的通途佛教中,要达到高远而神圣的最高果位——佛的境界,必须要经过五十二位渐修的修行阶位。而临济义玄直截了当地认为,不脱离日常生活的无依道人就是佛的境界,而且主张要“坐

① 《镇州临济慧照禅师语录》,《大正藏》第47册,第498页下。

② 《镇州临济慧照禅师语录》,《大正藏》第47册,第500页上。

断报化佛头”，认为“十地满心犹如客作儿，等妙二觉担枷锁汉，罗汉辟支犹如厕秽，菩提涅槃如系驴橛”①。这些都充分地体现了临济义玄顿悟禅的特色。吴如钧先生也认为，无依道人或无位真人“代表着临济禅的理想人格。在大乘佛教，所谓理想人格，指人透过各种学习和实践，最终所达到的理想人格境界。传统上大乘佛教都以菩萨(biodhisattva)作为理想人格，但临济却不言菩萨，而提出‘无位真人’。他的目的是要使这种理想人格与我们日常和生活有一更加密切的关系。因为菩萨一向予人一高高在上的印象，没有什么亲切感，很多人更把菩萨当作神灵或偶像来崇拜，这都是一知半解的做法。为了避免这种情况出现，临济重新提出一种理想人格的观念，即是无位真人。所谓无位真人，直接的意思是指人最纯真的状态。当人在最纯朴、最直截了当的时候，便是真人。‘无位’即是无一切世俗的名利、权位之类的相对性格的东西，从一切名利、地位权势这些世俗事物与观念中剥落开来，透显出人的本来面目。这当然是以佛性作为其内在的基础，无论是对世俗事物的超越，或是本来面目的透显，都是从佛性处讲，是直下从佛性处开显出来。这是在行动上无任何的拘束、来去自在的一种人格。这或可说是最能直截了当体现人的最高体性(highest subjectivity)的一种人格。这便是无位真人。我们要注意临济这种说法的特别涵意，他不依着大乘佛教的传经说菩萨……他是要将无位真人这种理想人格与现实接上紧密的关系。他认为人能将佛性这宝藏直截了当地表现出来，便是理想人格，是无位真人。这本来是非常简朴的事，我们不应把理想人格看成是高高在上、遥不可及的东西”②。吴如钧先生指出了临济的无位真人与我们日常生活的紧密联系性。事实确实如此，临济的无位真人或无依道人不是抽象而高远的概念，它是不脱离我们具体的

---

① 《镇州临济慧照禅师语录》，《大正藏》第47册，第497页下。

② 吴汝钧：《临济禅》，《狮子吼》杂志第33卷第6期，转引自 http://read.goodweb.cn/news/news_view.asp? newsid=79586。

日常生活的。

临济的无位真人或无依道人作为纯粹的主体，它不是与客体平行而二元相对的主体性，而是作为一切境法（客体）之本源的绝对本体性的纯粹主体。作为一切境法（客体）之本源的绝对本体性的纯粹主体是体现在具体的当前一念之心的。对此，临济曾反复宣称说：

是你目前历历的，勿一个形段孤明。

即今目前孤明历历听者，此人处处不滞。

只你目前用处，始终不异，处处不疑。

现今目前听法无依道人，历历地分明，未曾欠少。

是你目前用的，与祖佛不别。

还是道流目前灵灵地照烛万般，酌度世界的人。

目前用处，更是阿谁？

有人解者，不离目前。

即今与么驰求的，你还识渠么？活泼泼地，只是无根株，拥不聚、拨不散。求着，即转远；不求，还在目前。

还是你目前昭昭灵灵，见闻觉知照烛的。

只你面前听法底是也。

唯有听法无依道人。

即今识取听法的人。

你只今听法者，不是你四大，能用你四大。

是你如今与么听法的人。

你今听法的心地。

今听法道人，用处无踪迹。①

---

① 转引自（日）柳田圣山《临济的说法及其在思想史上的意义》（吕有祥译），http://read.goodweb.cn/news/news_view.asp? newsid=79706。

透过上面临济义玄的反复宣说，我们可以发现，为了表达的直接性、有效性和简洁性，临济义玄经常以当前的具体的“人”这一更为简短有力的称呼代替“无依道人”。确实，当前的具体的“人”比“无依道人”更为简洁有力地表达了不脱离当前日常生活的绝对本体或纯粹主体。这样，临济就以不脱离日常生活的当前具体的活生生的“人”的概念取代了传统佛教的神圣高远的“佛”。或者说，在临济义玄的禅学里，“人”就是绝对本体或纯粹主体，具体的活生生的“人”具有与传统佛教最高理想境界的“佛”等同的意义了。临济义玄的这种思想充分体现了慧能禅宗不脱离日常生活而见性成佛的特点，是慧能禅宗顿悟禅高度发展的产物。

由于临济义玄高度重视“人”的价值，因而日本著名佛教学者铃木大拙先生(1870~1966)在《临济的基本思想》中认为，“人”的概念是全书(即《临济语录》)的关键，也是真正禅宗精神的核心。日本著名佛教学者柳田圣山先生(1922~2006)也认为，“人”的思想的确是临济义玄佛教的特色，它贯通于整个《临济录》。临济义玄的佛教，可以说是最开放活泼的。在临济义玄之前，神会和宗密所说的“知之一字，众妙之门”，是在“知”中确认人心的本质，这在一定程度上猜中了包括凡圣在内的大众的本质，应给予高度评价。但是，“知”毕竟是抽象的、哲学性的；而临济义玄的“人”却是具体的、主体性的，因而是最生动活泼的。此外，正如众所周知的，南宗坐禅的落脚点在于见性。见性，就是见自性、了知自己。那么，从了知自己这一点来说，和上述“知”的本质是相通的；从被了知的自己来说，接近于临济义玄所说的“人”。但是，“见性”和“知”是静态性的，远比不上“人”的活动性。还有一点要指出的就是，临济义玄以前的传统佛教学者，把佛教的主体真性称为法性、真如，或佛性、如来藏等；而去掉关于佛教主体真性的种种施设，直接在现实具体的人中把握佛教主体，则是从临济开始的。临济义玄以传统佛教不常使用的“人”这个日常用语，来把握佛教主体的本质。临济义玄所说的“人”主要具有两大性格，即“活泼泼地”活动性格，以及“昭昭灵灵地”“孤明历历地"将一切相展现在眼前的性格。由于临济义玄的禅是活泼泼的"人"的禅,因而临济义玄的禅是不拘一格的自由的禅,具有独自的个性,是最高妙的禅。可以说,临济义玄的历史地位在于他最具有人间性,这一点远远超过他作为临济禅祖师的地位。作为对人性的探索,临济义玄的佛教可以说是最高明的,同时又是彻底寓于具体日常生活之中的。从这一点来说,"在中国佛教漫长的历史发展中,临济义玄和他的禅可以说是最为杰出的。……这是因为没有人像临济义玄那样,从人的立场出发,深入窥视展现人的本性、高扬人的价值,而这正是临济义玄禅的本质特征和归宿"①。当然,临济义玄阐扬"无位真人"佛教学说的目的,不是仅仅在于简单地肯定"人"活动的现实世界,而是在于彻底否定一切实体观念的严格的实践。这种分析和评价应该说是有一定依据的。

"无依道人""无位真人"或"人"可以说是临济禅的核心,临济义玄的禅学高度重视"无依道人""无位真人"或"人"的价值,临济义玄经常在说法中向学人提举关于"无依道人"或"无位真人"的话头,据《临济语录》记载:

> 上堂云:"赤肉团上有一无位真人,常从汝等诸人面门出入,未证据者看看。"时有僧出问:"如何是无位真人?"师下禅床把住云:"道,道!"其僧拟议,师托开云:"无位真人是什么干屎橛!"便归方丈。②

临济义玄对学人说,我们的身体和肉体中有一无位真人,经常通过我们身体的六根而活动,并且发生神妙的作用。临济义玄还要求学人们要仔细体察自身内在的无位真人。这就是临济义玄在提

① [日]柳田圣山《临济的说法及其在思想史上的意义》(吕有祥译),http://read.goodweb.cn/news/news_view.asp? newsid=79706。

② 《镇州临济慧照禅师语录》,《大正藏》第47册,第496页下。

示学人,无位真人就体现在日常生活的当下,要在当前的日常活动中直接地体认它。有个学僧听了临济义玄的言语后,就问临济义玄:什么才是无位真人? 这个问话本身就已经错过一着了。因而临济义玄听了学僧的问话后,马上就下禅床抓住他,反逼问他道出如何是无位真人。学僧刚要犹豫而思考,临济马上就托开他,并说,无位真人是什么干屎橛! 学僧犹豫而思考,是落入了二元相对性和对象化的思维方式,将"无位真人"想象成一种相对性的殊胜和神妙境法。而临济义玄说"无位真人是什么干屎橛",就是要以"干屎橛"这种肮脏、卑微的境物来打破学僧对于殊胜、神妙的相对性境法的执著,让他在当前而直下体认到活泼泼的贯通于一切境法,而又超越一切境法相对性执著的绝对本体性和纯粹主体性的"无位真人"。

三、确立自信不受人惑

临济义玄认为,我们如果能够获取真正见解,把握住自身纯粹主体性的无位真人,那么我们就可以在日常生活和禅行中真正地树立起自己的主体性,确立自信而不受人惑,他曾说:"道流,切要求取真正见解,向天下横行,免被这一般精魅惑乱。无事是贵人。但莫造作,只是平常。"① 又说:"佛者,心清净光明,透彻法界,得名为佛。"②"真佛无形,真道无体,真法无相。三者混融,和合一处。"③"佛者,心清净是;法者,心光明是;道者,处处无碍净光是。三即一,皆是空名,而无实有。如真正学道人,念念心不间断。自达磨大师从西土来,只是觅个不受惑底人。"④

传统的通途佛教都称佛、法、僧为佛教三宝,僧是与佛、法并列的,是佛与法在具体的社会现实之人中的体现。而临济义玄特意不

① 《镇州临济慧照禅师语录》,《大正藏》第47册,第497页下。
② 《镇州临济慧照禅师语录》,《大正藏》第47册,第502页中。
③ 《镇州临济慧照禅师语录》,《大正藏》第47册,第501页下。
④ 《镇州临济慧照禅师语录》,《大正藏》第47册,第501页下~502页上。

说“僧”，而以“道”替代“僧”，认为“道”就是佛与法在具体社会现实之人中的贯彻、体现和落实，而且认为佛、法、道是三位一体的，佛、法、道三者都是无形和无相的。“道”是具有中国传统思想文化特征的一个非常重要的概念和范畴，临济义玄以“道”取代“僧”，并将“道”与传统佛教的重要概念“佛”“法”并列，这既表明了临济义玄是深受中国传统思想文化的影响，也体现了临济义玄作为一个佛教禅宗僧人的特色。临济义玄认为，佛法大道就体现在当前一念清净、光明而又处处无碍之心上，禅宗的大意就是要让此清净、光明而又处处无碍之一念心在日常生活的一切时和一切处中保持念念相续，让此一念心不因惑乱而间断。临济义玄说：“道流，尔欲得如法，但莫生疑。展则弥纶法界，收则丝发不立。历历孤明，未曾欠少。眼不见，耳不闻，唤作什么物？古人云：‘说似一物则不中。’尔但自家看，更有什么，说亦无尽，各自著力。”①“心法无形，通贯十方。在眼曰见，在耳曰闻，在鼻嗅香，在口谈论，在手执捉，在足运奔。本是一精明，分为六和合。一心既无，随处解脱。山僧与么说，意在什么处？只为道流一切驰求心不能歇，上他古人闲机境。道流，取山僧见处，坐断报化佛头，十地满心犹如客作儿，等妙二觉担枷锁汉，罗汉辟支犹如厕秽，菩提涅槃如系驴橛。何以如此？只为道流不达三祇劫空，所以有此障碍。若是真正道人，终不如是。但能随缘消旧业，任运著衣裳，要行即行，要坐即坐，无一念心希求佛果。缘何如此？古人云：若欲作业求佛，佛是生死大兆。”②

“心法无形，通贯十方。在眼曰见，在耳曰闻，在鼻嗅香，在口谈论，在手执捉，在足运奔。本是一精明，分为六和合”，“展则弥纶法界”，这些语言都说明，佛性（心法）本体是活泼泼地贯通于一切境法的，绝对本体性或纯粹主体性的心法本体是一切境法的清净本源。然而，心法本体虽然是活泼泼地贯通于一切境法，但是心之本

① 《镇州临济慧照禅师语录》，《大正藏》第47册，第503页上。

② 《镇州临济慧照禅师语录》，《大正藏》第47册，第497页下。

体同时又能够照见一切境法以及心法本身的空寂和虚无之性，即“收则丝发不立”，“说似一物则不中”。因而对于已经顿悟心性本体的人来说，他就既能够止歇驰求心，能够无心无事，“一心既无”，又能够“随处解脱”，能够随顺心性本体本来具有的活泼泼的妙用，“随缘消旧业，任运著衣裳，要行即行，要坐即坐”。值得注意的是，临济义玄是以当前一念心将心性本体的这两个方面特征有机地统一起来了，他是将“空”与“有”都统一于当前一念心之中了，或者说临济义玄将佛性本体之“有”与般若性空之“无”统一于当前一念心之中了。临济义玄鼓励学人对于自身具有心性本体意义的当前一念心不要有疑惑，要有自信和信心。他曾向参学者苦口婆心地反复强调和宣传说：

> 道流，是尔目前用底与祖佛不别。只么不信，便向外求。莫错！向外无法，内亦不可得。尔取山僧口里语，不如休歇无事去。①
>
> 佛法无用功处，只是平常无事，屙屎送尿，著衣吃饭，困来即卧。愚人笑我，智乃知焉。古人云：向外作功夫，总是痴顽汉。尔且随处作主，立处皆真。境来回换不得。纵有从来习气、五无间业，自为解脱大海。②
>
> 如山僧指示人处，只要尔不受人惑，要用便用，更莫迟疑。如今学者不得，病在甚处？病在不自信处。尔若自信不及，即便茫茫地，徇一切境转，被他万境回换，不得自由。尔若能歇得念念驰求心，便与祖佛不别。尔欲得识祖佛么？只尔面前听法底是！学人信不及，便向外驰求。③
>
> 如大器者，直要不受人惑，随处作主，立处皆真。但有来

---

① 《镇州临济慧照禅师语录》，《大正藏》第47册，第500页下。
② 《镇州临济慧照禅师语录》，《大正藏》第47册，第498页上。
③ 《镇州临济慧照禅师语录》，《大正藏》第47册，第497页中。

者，皆不得受。尔一念疑，即魔入心。如菩萨疑时，生死魔得便。但能息念，更莫外求，物来则照。尔但信现今用底，一个事也无。尔一念心生三界，随缘被境分为六尘。你如今应用处，欠少什么？①

心法无形，通贯十方，目前现用。人信不及，便乃认名认句，向文字中求，意度佛法。天地悬殊。②

由于具有心性本体意味的当前一念心既有贯通一切境法的活泼泼的妙用，同时又能照见一切境法以及心法本身的空寂无相，因而临济义玄宣扬“确立自信，不受人惑”，其主要含义也就是启发和劝导学人，既要随顺自心本体的空寂无物之相，不再向外或向内求法，止歇念念驰求心，要“休歇无事”，同时又要不受惑乱而怀疑自心的妙用，不要脱离自心的纯粹主体性，被一切境法所转而不得自由自主，要在不脱离日常生活的当下而直下承当自心本体，要确信作为自心本体的当前一念心具有活泼泼的无穷妙用，要自信“心法无形，通贯十方，目前现用”“目前用底与祖佛不别”“要用便用，更莫迟疑”。如果要用临济义玄本人一句精练的话来概括“确立自信，不受人惑”的内容，那就是他所说“但信现今用底，一个事也无”这一句话。而且临济义玄也经常喜欢用“平常无事”“随处作主，立处皆真”③这些具有高度精练概括性的话语来说明“自信自主，不受人惑”的境界。为此，临济义玄还根据他的“自信自主，平常无事”的思想批评了在当时还有一定影响的对于坐禅修行过于执著的北宗

① 《镇州临济慧照禅师语录》，《大正藏》第 47 册，第 499 页上。

② 《镇州临济慧照禅师语录》，《大正藏》第 47 册，第 498 页上。

③ “平常无事”的命题主要是在继承了马祖洪州宗“平常心是道”“无心是道”等一系列思想的基础上而提出的。“随处作主，立处皆真”的提法则主要是受僧肇《肇论》“不动真际，而为诸法立处。非离真而有立处，立处即真”等命题的启发，这也说明了临济义玄是非常善于继承和总结前人的禅学智慧的。

神秀的禅流遗风。①

本来,无论是大乘佛教,还是原始佛教,都是非常重视"信"在修行实践中的重要作用。原始佛教的"五根"修行法是"信根、勤根、念根、定根和慧根","五力"修行法是"信力、勤力、念力、定力和慧力"。我们可以发现,无论是"五根"还是"五力","信"都是居于首要地位的。大乘佛教则有五十二位的修行阶位,即十信、十住、十行、十回向、十地、等觉和妙觉,"十信"也是居于五十二位的初首地位。大乘佛教的重要经典《华严经》曾有"信为道元功德母,长养一切诸善法"这样一段话,可见大乘佛教的代表性经典《华严经》是极为推崇和提倡"信"的重要性的。

临济义玄特别强调"自信"的说法,显然是继承了原始佛教和大乘佛教的思想,与原始佛教和大乘佛教对于"信"的重视是一脉相承的。但是,与原始佛教和大乘佛教的传统通途佛教相比,在临济义玄的禅学思想体系里,"信"具有更为崇高的地位。因为在临济义玄的禅学思想里,"信"就是"自信"或"信自",而"自"就是自心,就是自心本体。"信"是由自心本体所发出,"心"的对象又是自心本体自身。这也就是说,在临济义玄关于"自信"的禅学思想体系里,"信"的本身也是直接上升到了本体性的高度,具有本体性的意义了。临济义玄继承和发展了慧能禅宗不脱离日常生活而顿悟见性、自证自心本体的思想,因而临济义玄的"自信"说,更强调要在不脱离日常生活的当前一念心中,自证和发挥自心本体本来具有的一尘不染而又活泼泼的妙用。因而,临济义玄的"自信"说,与传统佛教

---

① 如临济义玄曾以慧能南宗"平常无事"的思想批评对于坐禅修行过于执着的北宗神秀的禅流遗风时说:"尔诸方言道,有修有证。莫错,设有修得者,皆是生死业。尔言六度万行齐修,我见皆是造业。求佛求法,即是造地狱业,求菩萨亦是造业,看经看教亦是造业。佛与祖师是无事人。所以有漏有为,无漏无为,为清净业。有一般瞎秃子,饱吃饭了,便坐禅观行,把捉念漏,不令放起,厌喧求静,是外道法。祖师云:尔若住心看静,举心外照,摄心内澄,凝心入定,如是之流,皆是造作。是尔如今与么听法底人,作么生拟修他证他庄严他!渠且不是修底物,不是庄严得底物。若教他庄严,一切物即庄严得。"(《镇州临济慧照禅师语录》,《大正藏》第47册,第499页中)

对于“信”的重视程度相比，更加突出了“信”的崇高地位，更特色鲜明地体现了慧能禅宗顿悟禅注重实践和简易直截的思想特色，也可以说是慧能禅宗顿悟禅高度发展的产物。

我们可以发现，在临济义玄关于“无依道人”或“无位真人”的说法里，主要是提炼和突出了“人”的地位和重要性。而在临济义玄关于“自信”的说法里，主要是提炼和突出了“用”的地位和重要性。其实，在临济义玄的禅学思想里，“人”与“用”是完全相通的，都是为了表示绝对本体性或纯粹主体性就是体现在不脱离日常生活的当前一念心之中。① 因而吴如钧先生认为，临济义玄说“‘要用便用’，所谓用即是表现。你要如何表现，便能如何表现。顺应着你原来主体性的方向去做，不再因为别人的引诱、影响而迟疑不决。……临济认为人若不能挺立自己的主体性，便会缺乏自信，易受人愚弄和迷惑，由是一切行为活动都只有随着别人及外在事物流转，忘失自己，不能表现出真正自我”②。方立天先生认为：“临济宗人的心性命题，一方面着重否定外在于生命，外在于心的超越理想，否定念念向外驰求，力主超佛越祖，肯定现实的人和人心的无限价值，强调禅的真正理趣内在于众生的生命之中，必须向内自省，重视

---

① 吴经熊先生认为，临济极力阐扬充满“自信”的“无位真人”，这和西方哲人爱默森（Emerson）鼓吹的“最根本的自我”极为相似：“爱默森像临济一样，鼓吹自恃和自信，并强调这个自恃、自信的自我，不是形体的我，而是根本的我……爱默森说：‘在我们研究了自信的理由后，便可以解释为什么由个人原始行动会引发了这种磁性的吸力。但什么才是可以作为普通信赖基础的最根本的自我呢？这是一颗没有视差、不能计量而使科学受挫的星辰，它美丽的光芒照透了繁杂不净的行为。如果它没有一点独特之处，试问它的本性和力量又是什么呢？这问题使我们归根究底地去探索那种被称为自发或本性的天赋、道德和生命的本质。我们称这种根本之智为直觉，称学习得来的为教授。那个分析所不能及的最后力量就是万物的共同根源，在平静时从灵魂深处，我们不知如何地透出了那种存在感，它是和万物、时空、人类一体共存的，显然，它就是和生命及一切存在同一根源的。’”爱默森“所谓‘最根本的自我’、‘这颗没有视差、不能计量而使科学受挫的星辰’，正是临济的‘无位真人’，有时称为‘无依道人’或简称为‘此人’”。（参见吴经熊《禅学的黄金时代》，海南出版社，2009 年，第 155～156 页）

② 吴汝钧：《临济禅》，《狮子吼》杂志第 33 卷第 6 期，转引自 http://read.goodweb.cn/news/news_view.asp? newsid=79586。

开发现实人的‘活泼泼地’创造精神;一方面又注重超越经教,独立穷究人生的奥秘,直观体认宇宙的真实,在禅修中普遍运用棒喝方式,甚至呵祖骂佛等种种在一般人看来是超常、反常的做法。这是佛教内部涌现出来的一种新的人文主义人生观,其核心思想是对主体内在个性和外在行为的充分尊重。”①这些分析和评价应该说是很有见地的。

综上所述,义玄禅师在河北大地弘扬其具有鲜明的生活禅特色的临济宗风,对于河北佛教禅宗的发展具有非常重要的推动作用,临济禅风对于当时以及后世的禅宗发展都具有非常重要而深远的影响。本文从“求取真正见解”“无依道人”和“确立自信,不受人惑”等几个方面具体探讨了临济义玄禅学思想。本文认为,在禅宗的五个宗派里,临济宗最为系统全面而又具体鲜明地体现了慧能禅宗不脱离日常生活的当前一念心之中而体悟心性本体的思想特色,临济宗在禅宗五个宗派之中影响最为久远,这些都与临济义玄本人的禅学思想具有直接的关系。

(伍先林,中国佛教文化研究所哲学博士)

① 《中国佛教哲学要义》上卷,中国人民大学出版社,2002 年,第 499~500 页。

临济义玄与洪州禅

欧阳镇

临济义玄(? ~866,一说约 787~约 867),俗姓邢,曹州(治所在今山东菏泽)南华人。幼负出尘之志,及落发进具,便开始前期的求学生涯。他参学诸方,这里的"诸方",主要是指江西境内的宜春地区,学习的内容为洪州禅法。约在会昌二年(842)辞别江西黄檗山,游方各地,后至镇州,住真定(今河北正定)临济院,临济义玄在后期从事的佛教活动就是别创禅宗临济宗。在禅宗五家中,临济宗最具中国禅的特色,产生的影响最大,延续的法脉时间最长,因此临济义玄禅师作为开创临济一系的初祖,功绩卓著,铃木大拙在《禅与西方思想》中称他是"中国禅宗思想史上第一位禅师"。临济义玄作为佛教界的一位伟大禅师,我们从他的求法悟道、弘扬禅法以及创宗立派来看,都是与江西洪州禅分不开的。

一、参学洪州禅而悟道

临济义玄前期在江西求学洪州禅,他参学的禅师主要是黄檗希运和高安大愚,这两人当时都在江西弘扬洪州禅法。临济义玄来往于这两位禅师之间,终于悟法得道。整个过程是先参学黄檗希运禅师,再拜访高安大愚,最后得到黄檗希运禅师的印证。

1.问法于黄檗

临济义玄参学洪州禅,首先是追随黄檗希运禅师。黄檗希运(? ~855),福州人,幼年在福建黄檗山(在今福清县)出家,后到洪州参访怀海,并从他受法,成为洪州禅的重要继承者。希运后来到洪州高安县的黄檗山(本名灵鹫峰,在今江西宜丰县)的寺院聚徒传法,因称黄檗和尚或黄檗禅师。《临济录》的勘辨和行录中有不少临济义玄在黄檗希运身边参禅、学法相类似的记载:

> 师初在黄檗会下,行业纯一。首座乃叹曰:"虽是后生,与众有异。"遂问:"上座在此多少时?"师云:"三年。"首座云:"曾参问也无?"师云:"不曾参问,不知问个什么?"首座云:"汝何不去问堂头和尚,如何是佛法的的大意?"师便去,问声未绝,黄檗便打。师下来,首座云:"问话作么生?"师云:"某甲问声未绝,和尚便打,某甲不会。"首座云:"但更去问。"师又去问,黄檗又打。如是三度发问,三度被打。师来白首座云:"幸蒙慈悲,令某甲问讯和尚。三度发问,三度被打。自恨障缘,不领深旨,今且辞去。"首座云:"汝若去时,须辞和尚去。"师礼拜退。首座先到和尚处云:"问话底后生,甚是如法,若来辞时,方便接他,向后穿凿成一株大树,与天下人作荫凉去在。"师去辞黄檗。檗云:"不得往别处去,汝向高安滩头大愚处去,必为汝说。"①

这段话的大意是,临济义玄起初只是在黄檗希运门下随大众参侍,有一次首座鼓励他上前问话,接个机缘。临济义玄问黄檗希运:什么是祖师西来意? 这是禅门中的一般所问的话头。黄檗希运就打,临济义玄三问,三次挨打。临济义玄向首座辞行,说道:承您激

① 杨旭主编:《宜春禅宗祖师语录》,宗教文化出版社,2012年,第81页。

励我问话，受赐三棒，但只怪我太愚笨，不能领悟，我再到他方行脚去了。首座急忙去告诉黄檗希运说，临济义玄虽然是新来的，但很有特点，他来辞行时请您再接他一把。第二天，临济义玄向黄檗希运告别，黄檗希运说，你可以去参大愚和尚。“三度发问，三度被打”，给临济义玄留下了深刻的印象，他曾回忆道：“我二十年在黄檗先师处，三度问佛法的大意，三度蒙他赐杖，如蒿枝拂着相似。”①当问道临济的宗风时，临济义玄也常常是以此作答，问：“师唱谁家曲，宗风嗣阿谁？”师云：“我在黄檗处，三度发问，三度被打。”②从这里，我们可以看到洪州禅法接引学人的特色，洪州禅法的这种接引学人的方式可以说是临济义玄以后倡导棒喝作风的重要来源。

2.开悟于大愚

黄檗希运指示临济义玄到“高安滩头”参谒大愚禅师。那么，“高安滩头”在哪里？大愚是谁呢？高安在唐代是隶属于洪州的县之一，是筠州的治所，地域相当于现在江西省的高安县与宜丰县。大愚禅师以山寺名为自己的号，是马祖弟子之一的庐山归宗智常的弟子。关于大愚，黄檗希运在一次上堂说法时提到过，说：“余昔时同参大寂道友名曰大愚。此人诸方行脚，法眼明彻，今在高安，愿不好群居，独栖山舍。与余相别时叮咛云：‘他后或逢灵利者，指一人来相访。’”③因有这一因缘，黄檗希运举荐临济义玄前去学法也就顺理成章，加之这期间，临济义玄仍在江西求学洪州禅法。

临济义玄拜访大愚禅师实际上有两次，第一次的情况是这样的：于是，师（义玄）在众闻已，便往造谒。既到其所，具陈上说。至夜间，于大愚前说《瑜珈论》，谈唯识，复申问难。大愚毕夕，悄然不对。及至旦，来谓师曰：“老僧独居山舍，念子远来，且延一宿，何故

---

① 杨旭主编：《宜春禅宗祖师语录》，宗教文化出版社，2012年，第64页。

② （唐）慧然集，杨曾文编校：《临济录》，中州古籍出版社，2001年，第7页。

③ （南唐）静、筠二禅师编撰，孙昌武、[日]衣川贤次、[日]西口芳男点校：《祖堂集》卷十九《临济和尚》，中华书局，2001年，第855~856页。

夜间于吾前无羞惭，放不净？”言讫，杖之数下，推出，关却门。① 这次拜访大愚禅师并没有达到悟道的目的。

第二次临济义玄拜访大愚禅师的情况，《临济录·行录》与《祖堂集·临济传》的记述虽详略不同，但基本情节是一致的。大致情形是：

> 来日，师（义玄）辞黄檗，黄檗指往大愚。师遂参大愚。愚问曰："什么处来？"曰："黄檗来。"愚曰："黄檗有何言教？"曰："义玄亲问西来的的意，蒙和尚便打。如是三问，三遭被打。不知过在什么处？"愚曰："黄檗恁么老婆，为汝得彻困。犹觅过在。"师于是大悟，云："黄檗佛法，也无多子。"愚乃搊师衣领云："适来道我不会，而今又道无多子，是多少来？是多少来？"师向愚肋下打一拳，愚托开，云："汝师黄檗，非干我事。"②

这段话大概的意思是说，义玄见到大愚，大愚问："什么地方来的？"义玄说从希运处来。又问："希运有什么指教没有？"义玄就说了三问三度被打的事，并说不知自己错在什么地方。大愚说，这个希运，真像个老太婆，还对你那么亲切叮嘱，你真是太笨了，还来问我错在哪儿。义玄顿时大悟，说道，原来希运的佛法也不过如此。大愚一把抓住他说，你这个尿床鬼，刚才还说不会，现在又这样说，你究竟知道了什么道理，快讲快讲！义玄捣了大愚一拳，回见希运。希运说，怎么这么快就回来了？大愚说什么了？义玄告诉他大愚所说，希运说，这老东西，下次见到他，我要痛打他一顿。义玄说，还等下次？现在就打。接着就给希运一拳。希运哈哈大笑，印可了义玄。这里《临济录·行录》与《祖堂集·临济传》都略去具体过程和细节，只是比较集中地记述义玄在大愚处得到启悟的大略情况。总

---

① 杨旭主编：《宜春禅宗祖师语录》，宗教文化出版社，2012年，第392页。

② 杨旭主编：《宜春禅宗祖师语录》，宗教文化出版社，2012年，第393页。

的来说，有这么两点：(1)大愚向临济义玄解说黄檗希运对他提问佛法问题，三度施之以棒，是一种如同老妇教导子女那样热切心肠、启发诱导的方式，只是他不理解罢了；(2)义玄说“黄檗佛法，也无多子”，表示他已经领会“以心传心”“直指人心，见性成佛，不在言说”①的禅宗宗旨。义玄对大愚诱导他得悟，“入佛境界”是十分感激的，认为此恩是终身难以报答的。据《祖堂集·临济传》，义玄在开悟后又回到大愚身边，侍奉大愚，经十余年。大愚临迁化时，嘱师云：“子自不负平生，又乃终吾一世，已后出世传心，第一莫忘黄檗。”②其中的“莫忘黄檗”，是高安大愚禅师告诫临济义玄今后弘扬禅法要以洪州禅为中心而已。

3.印证于黄檗

临济义玄在黄檗希运和高安大愚禅师的接引下，终于走出了知解葛藤，领略到禅的大机大用，因此，临济义玄的开悟，是黄檗、大愚共同铸造的结果。这一点，临济义玄本人也是认可的。《临济录》记载，临济义玄向众僧谈到自己的开悟经历时说：“后遇大善知识，方乃道眼分明，始识得天下老和尚，知其邪正，不是娘生下便会，还是体究练磨，一朝自省。”③这里的“大善知识”实际上就是指黄檗希运和高安大愚禅师。但临济义玄在这两位禅师那里接受的教导方式并不相同，“黄檗山头，曾遭痛棒。大愚肋下，方解筑拳”④。正是这两种不同的教导方式共同运用，加速了临济义玄的开悟。这种联合培养的学子，也会遇到一个问题：义玄嗣法于谁，是黄檗还是大愚？为了回答这个问题，我们不妨先来看沩山灵祐与仰山慧寂的一段对话。沩山灵祐曾问仰山慧寂：“临济当时得大愚力？得黄檗力？”仰山云：“非但骑虎头，亦能把虎尾。”⑤举要言之，黄檗当头三棒，断其

---

① 《黄檗山断际禅师传心法要》，《大正藏》第48册，第384页上。

② 杨旭主编：《宜春禅宗祖师语录》，宗教文化出版社，2012年，第392页。

③ 《大正藏》第47册，第500页中。

④ (唐)慧然集，杨曾文编校：《临济录》，中州古籍出版社，2001年，第6页。

⑤ 《大正藏》第47册，第505页上。

妄执妄想，婆心急切；大愚肋受三拳，开其灵窍本心，诲导恩深。从沩山灵祐与仰山慧寂的对话看不出问题的明确结果，只是一种模棱两可的态度。虽然如此，但是禅林一般认为义玄是黄檗希运禅师的弟子，在其门下得到了传心法印。这种观点是可以站得住脚的：一是有史料的依据。《临济录》《景德传灯录》和嗣祖沙门本宗撰写的《临济义玄禅师传略》《正法眼藏禅宗佛祖源流》一致认定：黄檗希运递传临济义玄禅师，义玄乃黄檗希运法嗣。《祖堂集》也明断："临济和尚嗣黄檗，自契黄檗锋机。"又说义玄"于镇府匡化，虽承黄檗，常赞大愚"。二是有客观的事例。一则："师栽松次，黄檗问：'深山里栽许多作什么？'师云：'一与山门作境致，二与后人作标榜。'道了，将镢头打地三下。黄檗云：'虽然如是，子已吃吾三十棒了也。'师又以镢头打地三下，作嘘嘘声。黄檗云：'吾宗到汝大兴于世。'"①二则："师一日辞黄檗，檗问：'什么处去？'师云：'不是河南，便归河北。'黄檗便打，师约住与一掌，黄檗大笑，乃唤侍者：'将百丈先师禅板、机案来。'师云：'侍者，将火来。'黄檗云：'虽然如是，汝但将去，已后坐却天下人舌头去在。'"②在禅宗南宗看来，这两则事例都是黄檗希运默许临济义玄悟境的表现。

临济义玄以后弘扬佛法以及创宗立派都进一步印证他是黄檗的法嗣。临济义玄离开黄檗，至河北住院，"师后住镇州临济，学侣云集。一日，谓普化、克符二上座曰：'我欲于此建立黄檗宗旨，汝且成褫我。'二人珍重下去"③。另据唐公乘亿《魏州故禅大德奖公塔碑》(《文苑英华》卷八六八)记载，碑文说："禅大德玄公者，即临济大师也。和尚一申礼谒，得奉指归，传黄檗之真筌，授白云之秘诀。""我欲于此建立黄檗宗旨"和"传黄檗之真筌"等语，就非常明确地宣告他是继承了黄檗的法嗣，同时也印证了黄檗希运的早期预言：

---

① 杨旭主编：《宜春禅宗祖师语录》，宗教文化出版社，2012年，第82页。
② 杨旭主编：《宜春禅宗祖师语录》，宗教文化出版社，2012年，第83页。
③ (宋)普济著，苏渊雷点校：《五灯会元》，中华书局，1984年，第645页。

"吾宗到汝,大兴于世。"临济义玄弘扬黄檗希运的禅法不遗余力,取得了重大的成就,受到世人的高度称赞。"他(指黄檗希运)的法嗣有临济义玄,睦州陈,千顷楚南等十二人,而以义玄最为特出。"①"使得黄檗的禅法发扬光大,而又卓然有成的是临济义玄。"②当然,临济义玄在弘扬黄檗希运禅法的基础上,也吸收了其他禅师的思想,《人天眼目》卷一载:"山僧(指临济义玄)佛法的相承,从麻谷和尚、丹霞和尚、道一和尚、庐山与石巩,一路行遍天下。"这里提到的几位都与洪州禅一系有着或多或少的关系。临济义玄吸收其他禅师的思想为他建立黄檗宗旨进而创立临济宗创造了有利的条件,"临济宗是继沩仰宗以后于晚唐时形成的又一个宗派,也从南岳系流出,创始人为百丈的再传、黄檗的高足临济义玄"③。

二、承续洪州禅的思想

临济义玄是在上承南宗慧能—南岳怀让—马祖道一—百丈怀海—黄檗希运的禅法的基础上创立临济宗的。这就是说,临济义玄是继承洪州禅法创立临济宗派的。从上面的叙述来看,临济义玄禅师问法、开悟、印证等都与洪州禅密不可分。而且临济义玄在北方弘法的支持者普化和尚也是洪州禅系的僧人。"普化和尚嗣法于马祖弟子幽州盘山宝积禅师,在辈分上相当于义玄的师叔,在表现上带有某种神秘的色彩。义玄生前与他接触较多,彼此关于禅法的交谈蕴含机辩和情趣。……与义玄同时代的有属于马祖法系的沩山灵祐、仰山慧寂等人,石头法系的有洞山良价、夹山善会、德山宣鉴、雪峰义存等人。义玄与他们之中的部分人或通过他们的弟子有过联系。"④因此,可以说,临济义玄的思想主要源于黄檗希运及马祖

① 中国佛教协会编:《中国佛教》,知识出版社,1982年,第231页。

② 镰田茂雄著,关世谦译:《中国禅》,深圳弘法寺,2008年,第158页。

③ 洪修平著:《中国禅学思想史纲》,南京大学出版社,1996年,第205页。

④ 杨曾文著:《唐五代禅宗史》,中国社会科学出版社,1999年,第357~358页。

道一禅师的其他弟子,是承接了南岳怀让—马祖道一—黄檗希运的禅法。那么,我们不禁要问:临济义玄禅师承续了洪州禅的哪些思想呢?依据史料和前人的研究成果,可归纳为如下三点:

一是建立黄檗宗旨。《临济录》是记载临济义玄的简历和禅话的集录。从《临济录》及其诸序所记录的文字来看,临济义玄的基本理论直接承袭自黄檗希运,其意图在于建立黄檗宗旨。在《临济录》中就强调指出:"今欲建立黄檗宗旨,汝切须为我成褫。"①刘泽亮认为:"临济义玄欲建立黄檗宗旨,给后世留下了一部《临济录》。"②并详细分析道:"细品《临济录》所载的内容,反映的是处于原发期的临济宗对于洪州禅系尤其是黄檗禅思想的概括、总结与完善。其禅法主张在黄檗希运的《传心法要》和《宛陵录》中基本上都可以找到原型;深察临济初衷,义玄是在经过黄檗数次婆心开示而开悟之后,自觉地以'建立黄檗宗旨'为己任:'师见普化乃云:我在南方驰书到沩山时,知你先在此住待我来。及我来得汝佐赞。我今欲建立黄檗宗旨,汝切须为我成褫。普化珍重下去。克符后至,师亦如是道。符亦珍重下去。'可以说,《临济录》的主旨就在于建立黄檗宗旨,黄檗希运和临济义玄是临济宗的共同创立者。"③在这里,不但提出《临济录》的主旨就在于建立黄檗宗旨,而且进一步指出黄檗希运和临济义玄是临济宗的共同创立者。其主要的理由是:"《临济录》是对'黄檗宗旨'八字宗纲的诠释。临济禅有两大理论基础:大乘佛性论思想与大乘般若思想。体现为黄檗希运的八字宗纲,就是'即心是佛,无心是道'。这八字既是洪州、黄檗禅的理论宗纲,也是临济宗立宗最基本的依据。……《临济录·语录》在在处处都是黄檗这一宗旨的注脚。……临济的这些开示直接就是黄檗禅的翻版。师

---

① (唐)慧然集,杨曾文编校:《临济录》,中州古籍出版社,2001年,第49页。

② 刘泽亮:《〈临济录〉与黄檗宗旨》,《厦门大学学报》(哲学社会科学版),2006年第5期。

③ 刘泽亮:《〈临济录〉与黄檗宗旨》,《厦门大学学报》(哲学社会科学版),2006年第5期。

徒之语，如从一口出。黄檗、义玄之语同、意同、心同。……《临济录》‘说佛’与‘杀佛’之说也是承袭黄檗‘即心是佛，无心是道’的理路而来。……‘黄檗宗旨’在临济禅学中是一以贯之的。临济‘棒喝交施’的传释论及无位真人说均是建立在黄檗八字宗纲之上的，且直接与黄檗的传释说与自由论一脉相承。”①

这种共同创立临济宗派说不敢苟同，因为这两位禅师是师徒关系，在思想上存在着继承不足奇怪，创立临济宗派是临济义玄到北方弘法后的事情，在时间上的跨度已经很大，不是两位禅师同时进行的举措。因此，笔者认为，临济义玄建立黄檗宗旨，创立临济宗派，只是对黄檗禅继承和发展的结果。关于这一点，临济义玄不仅对黄檗禅作了扬弃，而且建立起自宗完整的思想体系和门庭施设。在扬弃黄檗禅上，陈金凤认为：“黄檗希运禅风峻切为义玄临济宗所继承而且有所发展。《祖堂集》卷十九说，义玄‘自契黄檗机锋，乃阐化于河北，提纲峻速，示教幽深’。义玄正是发扬光大了黄檗宗旨，吸收并扬弃黄檗禅学的产物，将黄檗禅学向更高的境界拓展，成就了禅宗中独树一帜的临济宗旨。”②正如有的学者指出：义玄临济宗的禅法虽然在具体的表述与关注的问题上，与黄檗禅有所差异，但本质上没有多大改变。事实上，义玄全盘学习了希运禅法，自觉以“建立黄檗宗旨”为己任，继承和发展了希运“无心是道”说和“逍遥”意境论，建立起自宗完整的思想体系和门庭施设。③

二是强调自信自悟。临济义玄承续洪州禅的思想，不仅仅是为了建立黄檗宗旨，而更加突出的是表现在强调自信自悟。临济义玄强调自信自悟，是“临济宗继承了马祖的禅法特色，把惠能禅学中蕴

---

① 刘泽亮：《〈临济录〉与黄檗宗旨》，《厦门大学学报》（哲学社会科学版），2006 年第 5 期。

② 陈金凤、赖国根、邓伟、严岗著：《宜丰禅史》，宗教文化出版社，2011 年，第 110～111 页。

③ 赖永海主编：《中国佛教百科全书》（历史卷），上海古籍出版社，2000 年，第 205 页。

含的对人的肯定进一步发挥了出来”[1]。具体说来,有这么几点:其一是人皆有佛性。临济义玄认为人皆有佛性。杨曾文教授在研究临济宗时得出这样的结论:“综合前面的章节所述,从马祖到希运的洪州禅法在两个方面是基本一脉相承的:一、强调人人皆有佛性,说‘即心是佛’,有意改变把佛性、清净本性说得过于脱离现实世界、普通民众的倾向,更着重讲佛性(心)存在于现实世界的一切地方、一切现象之中,所谓‘立处皆真’,人人是佛;二、主张通过取得对世俗世界‘空寂’的认识,‘离一切相’,在心识中断除所有是非、善恶、有无等的差别观念,取消各种取舍的意向,以达到与清净无为的真如佛性相契合的精神境界。这种说法给予人们选择在家还是出家,理解和决定如何修行的问题,提供了极大的伸缩性和灵活性的空间。义玄将此两点继承下来,不仅在阐述中有新的发展,而且在传授禅法和接引学人方面提出自己一套做法,形成了具有强烈个性的临济禅法和临济门风。”[2]临济义玄在强调人皆有佛性的基础上,却否定了动物、植物有佛性。“义玄只承认天地之间只有人是有自性的,人是天地间最为尊贵的生灵,动物、植物没有自性,也就是说,人是具有佛性的而且是唯一具有佛性的种属。这是与洪州禅反对牛头禅‘青青翠竹,尽是法身;郁郁黄花,无非般若’之说相一致的。”[3]其二是心即是佛心。临济义玄在继承心即是佛心思想的基础上,更加突出人的“自信”,如:“义玄临济宗继承马祖道一、黄檗希运等人‘汝今各信自心是佛,此心即是佛心’,‘心外无别佛,佛外无别心’等思想,但更突出的是众生的‘自信心’。这可以说是义玄的继承与创新。”[4]又如:“临济义玄虽自言:‘山僧佛法,的的相承,从麻谷和尚、丹霞和尚、道一和尚、庐山拽石头和尚’到黄檗希运、石巩慧藏。但

---

① 洪修平著:《中国禅学思想史纲》,南京大学出版社,1996年,第206页。

② 杨曾文著:《唐五代禅宗史》,中国社会科学出版社,1999年,第347~348页。

③ 杜寒风:《临济义玄门庭施设宾主句探真》,《宗教学研究》1997年第4期。

④ 陈金凤、赖国根、邓伟、严岗著:《宜丰禅史》,宗教文化出版社,2011年,第95页。

纵观他的禅学思想，是在继承马祖道一、黄檗希运这一禅系而建立起来的。马祖道一常对禅众说：‘汝今各信自心是佛，此心即是佛心’，‘心外无别佛，佛外无别心’。临济在这一思想上更加突出‘自信’，并强调‘求真正见解’。他认为禅者不能得道的原因，‘病在不自信处’，即‘不自信’马祖道一所说的‘自心是佛’，所以，他告诫学者，‘尔与祖佛不别，但莫外求’，‘大器者，要不受人惑，随处作主，立处皆真，但有来者，皆不得受’。”①其三是平常心是道。临济义玄倡导的“立处皆真”的自悟，就是直接来自洪州禅“平常心是道”思想。陈金凤在分析洪州禅的基础上认为：“很显然，这种‘立处即真’或‘立处皆真’的自悟，是对洪州禅‘平常心是道’思想理论的继承和发展，其结果是使禅僧在宗教实践中，把禅与日常生活更加普遍地联系起来。”②无独有偶，李肖也指出：“义玄继承和发挥了洪州马祖道一的‘平常心是道’或‘触类是道’思想，进一步提出‘立处皆真’的命题，大力提倡主体的随时随地自觉、自悟。”③“临济禅法主要包括‘心法’、‘无位真人’、‘树立自信’、‘立处皆真’等，这些禅法是对洪州禅法、黄檗禅法的继承和发展。”④临济义玄强调自信自悟，“义玄将解脱的关键立定于‘自信’，这意味着他不再如其师希运那样一般地反对求知求解，而是把禅的全部意义归结到人的自信上，这是中国禅宗思想史上的一大突破”⑤。

三是主张无心无事。临济义玄承续洪州禅的思想，如果说在禅法理论上是建立黄檗宗旨、强调自信自悟的话，那么在禅法的修行观上就是主张无心无事。临济义玄主张无事，有一段很有说服力的

---

① 黄夏年主编：《禅宗三百题》，上海古籍出版社，2000 年，第 58 页。

② 陈金凤、赖国根、邓伟、严岗著：《宜丰禅史》，宗教文化出版社，2011 年，第 94 页。

③ 李肖：《临济义玄禅学思想述评》，《法音》2007 年第 8 期。

④ 陈金凤、赖国根、邓伟、严岗著：《宜丰禅史》，宗教文化出版社，2011 年，第 88 页。

⑤ 陈金凤、赖国根、邓伟、严岗著：《宜丰禅史》，宗教文化出版社，2011 年，第 93 页。

表述:“义玄力主‘无事’之说。他说:‘佛法无用功处,只是平常事,屙屎送尿,著衣吃饭,困来即卧’,‘求心歇处即无事’。义玄这一说法与马祖道一的‘著衣吃饭,长养圣胎,任运过时,更有何事’的说法,如同一口而出,这是临济禅对洪州禅说的‘平常心是道’的继承。关于‘一精灵分为六和合’,义玄则是继承了黄檗希运的学说。义玄认为:‘心法无形,通贯十方,在眼曰见,在耳曰闻,在鼻嗅香,在口谈论,在手执捉,在足运奔。本是一精明,分为六和合,一心既无,随处解脱。’”①

从这一段话可以看到,临济义玄主张无事是由洪州禅说的“平常心是道”思想演变而来,这与临济义玄强调自信自悟也是相统一的。临济义玄主张无心无事,追溯其源头还在于洪州禅。有两段话可以说明这一点,其一是:“在修行观上,义玄强调了无修之修,主张平常心,做无事道人。这也不出马祖、百丈的看法。”②其二是:“那种与‘本心’佛性相冥符的境界是什么样的境界呢?义玄继承了黄檗希运之说,标出‘无心’二字。”③临济义玄主张无心无事,最终成为其求取“真正见解”,以及建立自宗完整的思想体系和门庭施设等的重要依据。赖功欧先生在谈到临济义玄求取“真正见解”时认为:“临济义玄的这种致思取向,可追溯至他的老师黄檗希运那里,黄檗希运倡导的自心是佛、无心是道;心本是佛、佛本是心的崭新理念,是临济义玄求取‘真正见解’的源头。”④临济义玄继承洪州禅的思想,在平常心是道、无心是道的思想基础上,又提出“一念心清净即是佛”的命题的。由于“他受希运‘本源清净心’说的影响,提出以‘心清净’的概念取代‘如来藏’概念,以便更易为普通禅僧所把握;

① 黄夏年主编:《禅宗三百题》,上海古籍出版社,2000年,第58页。

② 赖永海主编:《中国佛教百科全书》(教义、人物卷),上海古籍出版社,2000年,第319页。

③ 吴立民主编:《禅宗宗派源流》,中国社会科学出版社,1998年,第207页。

④ 赖功欧:《临济禅法的禅思取向——“直正见解”》,《教育文化论坛》2011年第4期。

同时,他又继承和发展希运'无心是道'说和'逍遥'意境论,建立自宗完整的思想体系和门庭施设"①。

总之,临济义玄承续洪州禅的思想,集中体现在三个方面,即建立黄檗宗旨、强调自信自悟和主张无心无事。这三个方面概括起来就是,前两个方面为洪州禅法思想的承续,第三个方面为洪州禅修行观的继承。因此,可以概括为"临济义玄有《镇州临济慧照禅师语录》传世,主要阐发马祖以来人佛无二的禅学思想和随缘任运的修行观"②。正是由于临济义玄承续洪州禅的思想,为他酝酿创建临济宗做好了充分的准备工作。

三、创新洪州禅的禅修理念和接引方式

临济义玄承续洪州禅的思想,并不是简单的翻版,而是有所创新。其创新的结果,"裴休曾说,希运的禅'其言简,其理直,其道峻,其行孤'(《传心法要序》)。与之相比,义玄的禅更要胜过一筹"③。这不仅表现在禅修的理念上,而且体现在接众方式上。

在禅修的理念上,临济义玄对洪州禅的创新主要表现在以下四个方面:

一是汲取其精华,并加以活用。"临济宗在五宗七家中立宗最早,影响也最大,这跟临济禅师的禅法思想(包括教法思想)有直接的关系。临济禅师的禅法属南岳马祖禅系,它继承和融合了马祖道一、百丈怀海和黄檗希运等诸位祖师的禅法之精华,并加以活用,既有正面的开示,方便初学者树立宗门的正知正见,找到修行的下手处,同时又有丰富多彩的接人手段,令学人直趋向上一路。"④临济义玄对不能活用的现象给予了批评:当时"很多修行人,不知道佛法

① 李肖:《临济义玄禅学思想述评》,《法音》2007年第8期。
② 洪修平著:《中国禅学思想史纲》,南京大学出版社,1996年,第206页。
③ 李肖:《临济义玄禅学思想述评》,《法音》2007年第8期。
④ 兀斋:《〈临济禅师语录〉导读》,《禅》(网络版),2012年第6期。

是一期之应病与药，重在解粘去缚、透三句外，归无所得，却在经论中求出路，在文字知见中讨活计，以为那个就是真正的佛法，结果离自己的本分越来越远。临济禅师在他的示众法语中，多次谈到这一现象……这种死于句下，不得活用的情况，在马祖和其他祖师的语录中也屡屡提及到。比如，马祖开示他的弟子亮座主、点化某讲经僧，以及后来的船子和尚度夹山等著名公案，都反映了这种现象"①。

二是创造性诠释。刘泽亮从体与用的关系对临济义玄创造性诠释洪州禅进行了较系统的论述。他首先分析临济义玄与洪州禅的体用关系，指出："临济施设与黄檗宗旨是用与体的血肉关系。执皮肉而失其骨髓，死在临济句下，临济宗徒剩躯壳，是杀临济而非活临济；由皮肉而达神髓，由骨髓而有皮肉之用，不拘滞泥执于成句，才是活临济，才是临济思想影响不断拓展的奥秘所在。临济对黄檗希运禅法及后世对临济禅的创造性诠释，蕴含着丰富的方法论启示。"②其次明确揭示了创造性诠释的内容。一是对黄檗著作的诠释。他说："临济义玄在黄檗给予洪州禅风以厚实的理论诠证的基础上，沿着黄檗所导引的大机大用方面，将黄檗宗旨提升到了一个新的高度。从这个意义而言，临济宗的发展历史，正是黄檗宗旨的逻辑展开。换句话说，临济宗是黄檗禅在理论上的展开，在历史上的内在发展，构成为完善黄檗禅的一支有机、有力的重要力量。因此，从这个意义说，《临济录》确实是在建立'黄檗宗旨'，是对《传心法要》和《宛陵录》的诠释。这里反复强调黄檗禅学对临济义玄思想的影响以至一致，并不意味着试图抹煞临济义玄在禅学思想发展过程中的独特贡献和历史功绩。恰恰相反，'黄檗山高，便敢当头捋虎；滹沱岸远，亦能顺水推舟'。黄檗禅的生命正是仰赖临济义玄这

---

① 兀斋：《〈临济禅师语录〉导读》，《禅》（网络版），2012 年第 6 期。

② 刘泽亮：《〈临济录〉与黄檗宗旨》，《厦门大学学报》（哲学社会科学版），2006 年第 5 期。

样‘出格见解’的禅僧大德及其对大机大用的系统、灵动的运用，方才得以弘传、延续至今而不衰的。”①二是对传释对象更为细密的分疏。他认为：“在心体论上，义玄虽有不少的论述，但相形之下，他对希运的心体论的着力阐述似无更多的补充和阐释，而他的独特贡献正是体现在对传释对象更为细密的分疏之上。《临济录》中黄檗宗旨部分即绍述《传心法要》‘即心是佛，无心是道’理论宗纲的部分，与后世所谓的临济施设是体与用的关系，是一体的，不可分割的。”②三是得出创造性阐释的结论。他总结说：“从总体而言，《临济录》既有直截了当的谆谆教诲，也有透过机锋的玄言妙语、直下承当的棒喝。因此，‘临济施设’有体有用，体用一如，在《临济录》中是一个统一、完整的体系。其‘体’承袭黄檗希运的《传心法要》，其‘用’则光大黄檗希运的大机大用，从而形成了一整套血肉联系的禅法体系。”③正是由于“《临济录》对黄檗禅的创造性阐释，属于神形兼得。唯其如此，才有临济的创宗及临济宗风的形成”④。

三是形成了一整套禅法体系。临济义玄结合洪州禅的思想形成了一整套具有实践意义的禅法体系。“义玄以希运‘即心是佛，无心是道’为基础，在阐扬心法的实践中创造性地总结出一套机用，这些机用既是对希运禅法的拓展，又是黄檗宗旨、临济禅法的重要组成部分。”⑤

四是提出独特的见地。临济义玄对洪州禅在禅修理念上的创

---

① 刘泽亮：《〈临济录〉与黄檗宗旨》，《厦门大学学报》（哲学社会科学版），2006年第5期。

② 刘泽亮：《〈临济录〉与黄檗宗旨》，《厦门大学学报》（哲学社会科学版），2006年第5期。

③ 刘泽亮：《〈临济录〉与黄檗宗旨》，《厦门大学学报》（哲学社会科学版），2006年第5期。

④ 刘泽亮：《〈临济录〉与黄檗宗旨》，《厦门大学学报》（哲学社会科学版），2006年第5期。

⑤ 刘泽亮：《〈临济录〉与黄檗宗旨》，《厦门大学学报》（哲学社会科学版），2006年第5期。

新，突出表现在他提出了“真正见解”和主张“超佛越祖”的思想上。关于“真正见解”，“义玄在承继祖师禅法思想的基础上，极力破斥外求之心而提出‘真正见解’思想，正是对前人思想的发扬”①。主张“超佛越祖”，这是由于“在义玄看来，人的命运是掌握在自己手里的。人们不仅不要盲从权威，而且还要胜过他人，超越佛祖。自怀海、希运以来，禅宗人就提出超过祖师的主张，到了义玄时代，更是明确地主张‘超佛越祖’，从而高扬了人的主体精神”②。

临济义玄对洪州禅在禅修理念上的创新，都是在洪州禅，尤其是在黄檗禅的思想理论基础上而形成的，因此，从一定意义上可以说：“黄檗希运对临济宗的贡献，成为了临济义玄禅思取向及其创新的源头。”③临济义玄尽管是站在前辈巨人肩膀上进行禅修理念上的创新，但也表现了他具有超人的智慧，因而被赞叹为“临济不愧是‘见过于师’、‘顶门具眼’的出格禅僧，黄檗乃传其得人”④。

临济义玄创新接引手段和方式与洪州禅也存在着一定的关系。

首先，临济义玄直接承续黄檗禅法的接机方式。从他外出参学和接机来看，处处标榜自己是黄檗禅法的继承人。他到径山、三峰、翠峰等地都是如此，如：“黄檗令师到径山，乃谓师曰：‘汝到彼作么生？’师云：‘某甲到彼自有方便。’师到径山，装腰上法堂见径山，径山方举头，师便喝。径山拟开口，师拂袖便行。寻有僧问径山：‘这僧适来有什么言句，便喝和尚？’径山云：‘这僧从黄檗会里来。尔要知么？自问取他。’径山五百众太半分散。”⑤“到三峰，平和尚问曰：

① 陈金凤、赖国根、邓伟、严岗著：《宜丰禅史》，宗教文化出版社，2011年，第94页。

② 李肖：《临济义玄禅学思想述评》，《法音》2007年第8期。

③ 赖功欧：《临济禅法的禅思取向——“直正见解”》，《教育文化论坛》2011年第4期。

④ 刘泽亮：《〈临济录〉与黄檗宗旨》，《厦门大学学报》（哲学社会科学版），2006年第5期。

⑤ 杨旭主编：《宜春禅宗祖师语录》，宗教文化出版社，2012年，第80页。

‘什么处来？’师云：‘黄檗来。’”[①]“到翠峰，峰问：‘甚处来？’师云：‘黄檗来。’”[②]甚至以后到河北，依然如故，如：“自契黄檗机锋，乃阐化于河北，提纲峻速，示教幽深。”[③]从他以后接机传法来看，临济宗卷舒擒纵、杀活自在的宗风是与黄檗希运分不开的。唐公亿乘《魏州故禅大德奖公碑塔》言：“禅大德玄公者，即临济大师也。和尚（兴化存奖）一申礼谒，得奉指归，传黄檗之真筌。”五峰普秀《临济慧照玄公大宗师语录序》亦言：“黄檗山高，便敢当头捋虎；滹沱岸远，亦能顺水推舟。”这正是对黄檗与临济禅法关系的另一种形象概括。总之，义玄临济禅风与希运黄檗禅风一脉相承，临济禅是黄檗禅的发展与创新。[④]

这里所说的兴化存奖（830~888），俗姓孔，生于蓟县，于三河县出家，大中五年（851）受具足戒，大约在咸通元年（860）参礼义玄成为弟子，并侍奉义玄传法，直到义玄去世。兴化存奖依然承续黄檗禅法的接机方式，也是“传黄檗之真筌”。因此，可以说，“福州出身的大汉（黄檗希运），才是推展临济义玄大禅匠的原动力，在此以后也出现很多具有独特个性的禅匠”[⑤]。

其次，临济义玄在继承的基础上又有所创新。从他的棒喝接机手段来说，虽然在形式上仍然沿用黄檗手段，但是在运用上却有所创新。棒喝是禅宗师徒传授佛法的一种方式，棒喝的施用始于唐代德山宣鉴与黄檗希运。由于“义玄的峻烈机锋受希运影响很大”[⑥]，临济义玄提倡的棒喝接机手段即源于黄檗希运，“希运的禅风即是沿这一思想基础出发，主张‘心即是法、法即是心’，为反对以‘见闻

---

① 杨旭主编：《宜春禅宗祖师语录》，宗教文化出版社，2012 年，第 84 页。

② 杨旭主编：《宜春禅宗祖师语录》，宗教文化出版社，2012 年，第 84 页。

③ （唐）慧然集，杨曾文编校：《临济录》，中州古籍出版社，2001 年，第 51 页。

④ 陈金凤、赖国根、邓伟、严岗著：《宜丰禅史》，宗教文化出版社，2011 年，第 110~111 页。

⑤ 镰田茂雄著，关世谦译：《中国禅》，深圳弘法寺，2008 年，第 157 页。

⑥ 赖永海主编：《中国佛教百科全书》（教义、人物卷），上海古籍出版社，2000 年，第 318 页。

觉知为心'，有时也以打、棒、喝等为接机的方便。后来临济的宗风，即渊源于此"①。而且深得黄檗棒喝之髓，"临济宗向以'门庭峻峭，孤硬难入'而著称。这种以棒喝著称的宗风直接来自义玄在黄檗门下的亲证。'为一大事因缘，依栖黄檗山中。三度参请，三度被打。后向高安滩头大愚老师处，始全印证。''黄檗山头，曾遭痛棒。大愚肋下，方解筑拳。饶舌老婆，尿床鬼子。这风颠汉，再捋虎须。岩谷栽松，后人标榜。镢头劚地，几被活埋。肯个后生，驀口自掴。辞焚机案，坐断舌头。'义玄深得黄檗棒喝之髓，以'棒喝示机'闻名于禅界"②。临济义玄对待棒与喝采取了两种不同做法，在棒的方面，基本沿用黄檗希运的方式，但在喝的方面却有所创新。"义玄在临济院接引弟子时，也袭用希运'当头一棒'的接引法，同时伴之一声大喝。"③这"一声大喝"却包含了一定深义，虽然"棒的方法承自黄檗希运；而喝，他是自有其独到见解的"④，这也体现了"义玄的作略多与马祖无异，尤以棒喝为最，以喝用得最普遍"⑤。最后"临济对喝的灵动运用，形成了一套'喝'的系统理论：'有时一喝如金刚王宝剑，有时一喝如踞地金毛师子，有时一喝如探竿影草，有时一喝不作一喝用，汝作么生会？僧拟议，师便喝。'这种细密的分析与区分以及实际的灵活运用，是在黄檗喝问的基础上细加体证而加以系统化的结果"⑥。这种"在施教方式上，采取较为激烈的喝打形式，并大力发展和完备了马祖禅接引学人的方式，形成闻名于禅林的临济施

---

① 中国佛教协会编：《中国佛教》（第二辑），知识出版社，1982年，第231~232页。

② 刘泽亮：《〈临济录〉与黄檗宗旨》，《厦门大学学报》（哲学社会科学版），2006年第5期。

③ 陈金凤、赖国根、邓伟、严岗著：《宜丰禅史》，宗教文化出版社，2011年，第106页。

④ 李肖：《临济义玄禅学思想述评》，《法音》2007年第8期。

⑤ 赖永海主编：《中国佛教百科全书》（教义、人物卷），上海古籍出版社，2000年，第320页。

⑥ 刘泽亮：《〈临济录〉与黄檗宗旨》，《厦门大学学报》（哲学社会科学版），2006年第5期。

设。从马祖禅系发展到义玄时，门庭施设已非常严密而完整，这些接机施设不但表现了义玄独特的禅学思想，而且也体现了此宗颇具特色而又灵活的接引方式，因此自古以来就颇为禅林所重视"①。

棒喝之法，是临济义玄建立黄檗宗旨过程中不断丰富、总结出的对机方法。他在运用棒喝接待学人时，对其所问不作正面答复，在他只用棒打的基础上，又加一声大喝，使对方猛然醒悟，心明则言并展示，智达则语必投机，万法于一言，截众流于四海。在他的接引之下，开悟者不可胜数，得法并行化一方的著名弟子有二十余人。在这种"接机方式上，方会亦承继由黄檗所开创的禅悟不离日用的理路，对临济宗风作进一步的拓展"②。方会是临济宗分化后的杨歧派创始人，可以说是临济义玄的法嗣，他对临济宗风的拓展，也说明这种棒喝之法是随着接引对象的不同而有所变化的，不是一成不变之法。其变化之目的与当初临济义玄所奉行的宗旨一样："黄檗于义玄有亲传亲授之恩，然知恩报恩，非泥著师法，以传衣钵为能事，而是要使众生开示悟人佛之知见。"③同时，也要看到棒喝之法的正面作用和负面倾向。在正面作用方面，"临济的棒喝渗透着强烈的自信自足，洋溢着寻求真正见解的主体精神。这是反对传统禅宗在经卷、佛菩萨面前萎顿、卑琐，试图得道成佛的黄檗宗旨的生动体现"④。这是每一位学人都需要的。另一方面，临济宗人强调"立处皆真"，比早期洪州宗更加突出了主体的自主作用，从而使禅宗更为大众化和生活化了。由此导致在教学方法和禅修方式上也就更凌厉了，在方法上更灵活了，从而埋下了后来呵佛骂祖、拳打棒喝的狂禅的根子。⑤ 这种负面倾向，是每一位学人所应注意和防范的。

---

① 邱环著:《马祖道一禅法思想研究》，巴蜀书社，2007 年，第 270 页。

② 刘泽亮:《〈临济录〉与黄檗宗旨》，《厦门大学学报》（哲学社会科学版），2006 年第 5 期。

③ 吴立民主编:《禅宗宗派源流》，中国社会科学出版社，1998 年，第 205 页。

④ 刘泽亮:《〈临济录〉与黄檗宗旨》，《厦门大学学报》（哲学社会科学版），2006 年第 5 期。

⑤ 李肖:《临济义玄禅学思想述评》，《法音》2007 年第 8 期。

临济义玄禅师接众，素以喝著称，除了用喝，他还有三玄、三要、四句等方便施设，以接引不同来机。他接引门人的手段，总的来说，都是继承和发展洪州禅的结果。临济义玄的“《临济录》在心体论上并没有新的创造，几乎完全承袭了《传心法要》的思想，但在机用上却开掘出了一番新的气象。这就是临济义玄要建立、发明的黄檗宗旨，一种实质性的建设与发明”①。正是由于临济义玄在禅修理念和接引方式的创新，为他创建临济宗派奠定了充分必要的条件。

（欧阳镇，江西省社会科学院宗教研究所研究员）

① 刘泽亮：《〈临济录〉与黄檗宗旨》，《厦门大学学报》（哲学社会科学版），2006年第5期。

贯休、齐己与石霜庆诸
——禅宗灯史上的一桩公案

胡大浚

晚唐著名诗僧贯休的生平经历,诸史传多有记载,尤明晰可据者,为昙域《禅月集序》及赞宁《宋高僧传·梁成都府东禅院贯休传》。赞宁,湖州德清(今浙江县名)人,出家杭州灵隐寺,吴越王钱镠署为两浙僧统,其时距贯休谢世仅十余年,于贯休生平无疑是熟知的。《宋高僧传》修于宋初太平兴国七年至端拱元年(982~988),与贯休生活时代间距七十年,亦有助于史实的澄清。昙域是贯休门弟子,《禅月集》的编集、撰序均遵师嘱所为,于贯休生平,所述尤其不能违背师意。今天根据贯休存世的七百多首诗歌,对昙域《禅月集序》、赞宁《宋高僧传》所述生平,件件可以落实,更可佐证其记载不虚。本来作家传世诗文乃研究作家生平最有力的证据,许多口传、书载恍惚之事往往由它廓清。我们在依据存世诗歌、史传记载清理诗人贯休生平中,发现唯一无法印证且难解的大事,便是难以说清其"禅灯法脉"的有关贯休与石霜庆诸交往的事实。

作为禅宗南宗青原下第五世的潭州石霜山庆诸禅师,声名赫赫,僧众以居其门下为荣。贯休作为唐五代最为杰出的禅门诗僧,门派何属?后代教史禅册,出现极为矛盾的记载,或曰"未详法嗣",

即师承不明；或言“为石霜老师之役，终其身不去”，也就是石霜庆诸禅师最忠实的弟子。前者与贯休现存诗显示的情况基本相合，后者则完全找不到蛛丝马迹，不但诗人自己没说，连昙域《禅月集序》、赞宁《宋高僧传》也无片言只语涉及。到底何者为是？究竟又是为什么？台北佛学研究所释明复研究员在《贯休禅师生平的探讨》[1]中曾意图对此加以廓清，并批评师承不明说是搪塞责任的借口，但由于缺乏具体实证，最终还是无法落实贯休师从庆诸和尚的结论。

贯休与石霜山、庆诸和尚有关联的事，见诸《禅月集》者有二[2]：

1.卷九《闻无相道人顺世五首》其四有句：“石霜既顺世，吾师亦不住。”无相道人是贯休早年曾寻访师从学道的僧人，诗中言其“爱说道吾兄”，道吾和尚为石霜嫡传老师，或与无相同门，然僧史未明载。

2.卷十三《送僧入石霜》，诗较长不具录，其中第一段八句言世人对学道的态度。第二段十二句：“惟我流阳叟，深云领毳徒。尽骑香白象，皆握月明珠。寂寞排松榻，斓斑半雪须。苔侵长者论，岚蚀祖师图。翠巘金钟晓，香林宝月孤。兟兟齐白趾，赫赫共洪垆。”这可视作是对石霜山长老及其徒众的高度称颂。第三段八句借写石霜山景以言入山学道应有的境界。结尾八句表达送别之情。总体上与一般送行诗的写法无别，石霜长老指庆诸和尚应无疑，但赞语中无法看出也不能说明诗人与石霜庆诸的关系，诗歌最后两句“他年相觅在，亦不是生苏”，似乎更说明诗人此前未到过石霜山，与庆诸和尚没有瓜葛，只表达有朝一日与被送者相见之愿望。

贯休与庆诸师相关事见诸其他典籍记载者，谨依时代先后节录如下：

1.陈师道（1053~1102）《参寥集序》：“……夜相语及唐诗僧，参

---

① 《华冈佛学学报》1983年第6期。该文附录《贯休禅师大事系年》以“僖宗乾符五年（878）—光启四年（888）”之顷贯休“于长沙石霜山任知客职”。然未作论证。

② 中国古典文学基本丛书《贯休歌诗系年笺注》，中华书局，2011年，中册第449页、第639页。

寥子曰：贯休、齐己，世薄其语。然以旷荡逸群之气，高世之志，天下之誉，王侯将相之奉，而为石霜老师之役，终其身不去，此岂用意于诗者？工拙不足病也。由是而知，余之所贵，乃其弃遗。”①参寥子即宋诗僧道潜，其集十二卷，录诗 549 首，其诗为苏轼、黄庭坚等所推重。《冷斋夜话》曾载其鄙薄贯休、齐己诗语，谓“参寥子曰：林下人好言诗，才见诵贯休、齐己诗，便不必问”②。可见其自视甚高，这里说“余之所贵，乃其弃遗”，正指“诗”而言，却反过来从重道轻诗的角度，称赞其以“王侯将相之奉，而为石霜老师之役，终其身不去”。

2.南宋释道明《联灯会要》卷二十二“潭州石霜庆诸禅师法嗣秀才张公拙”条：“（张拙）往石霜，访禅月、齐己、太布衲。石霜相接，公但略相顾而已。即与三人，终日剧谈。公忽问：‘三人中，何不推一人作长老？’禅月知公轻于霜，乃云：‘公宜谒堂头和尚，此是肉身菩萨。堂中五百学徒，胜某甲者二百五十人。’公遂钦奉，即造方丈参礼。霜问：‘秀才何姓？’公云：‘姓张名拙。’霜云：‘觅巧了不可得，拙自何来？’公言下有省，乃述偈云：‘光明寂照遍河沙，凡圣含灵共我家。一念不生全体现，六根才动被云遮。断除烦恼重增病，趣向真如亦是邪。随顺世缘无挂碍，涅槃生死是空华。’”③《石仓历代诗选》录此诗作张拙《呈禅月大师》④。

此事《禅宗颂古联珠通集》卷二十七《祖师机缘》下，列“【增收】张拙秀才”条载作：“（张拙）因禅月大师指参石霜。霜问何姓，曰：‘姓张名拙。’霜曰：‘觅巧了不可得，拙自何来？’公忽有省，呈偈曰：

---

① 录自《文献通考》卷二百四十五“经籍考七十二”，中华书局，1986 年，第 1941 页。

② 释惠洪《冷斋夜话》卷一，四库全书本。

③ 《联灯会要》，南宋淳熙十年（1183）泉州崇福寺沙门悟明集。《续藏经》第 79 册，第 190 页中。

④ （明）曹学佺《石仓历代诗选》卷一百一十，文渊阁四库全书本。

‘光明寂照遍河沙……’”①

而释行秀《万松老人评唱天童觉和尚拈古请益录》卷上则曰：“潭州石霜山庆诸禅师置枯木堂……时齐己、贯休、泰布衲等，以诗笔为佛事，唯泰布衲悟心，入祖师图。佛印垂诫云：‘教门衰弱要人扶，好慕禅宗莫学儒。只见悟心成佛道，未闻行脚读诗书。若教孔子超生死，争表瞿昙是丈夫。齐己贯休声动地，谁将排上祖师图。’张拙秀才偶与三僧道话曰：‘三师中何不选一人为长老？’意少石霜，不善诗笔。泰曰：‘先辈失言也。堂头和尚肉身菩萨，会下一千五百人，如我辈者七百余人。如九峰、云盖、大光、覆船、涌泉等，诸大宗师，皆在参学位中，胜我辈者七百余人。’张拙愧服，同上拜见。霜问：‘先辈何姓？’对曰：‘拙姓张。’霜曰：‘觅巧了不可得，拙自何来？’拙有省，乃献诗曰：‘光明寂照遍河沙……’”②

释师明《续古尊宿语要》第二集《隐山璨和尚语》云：“举禅月休禅师，在石霜，充典座。一日，张拙入山访石霜，见其形貌枯悴，语言平淡，遂不喜之，拂袖而下。到知客寮，见禅月、齐己、太布衲，议论琅琅。张乃问曰：‘三人中，何不推一人作长老？’禅月知张之意轻于石霜，乃曰：‘堂中五百众，似卑僧者二百五十；胜卑僧者二百五十。堂头和尚，乃肉身菩萨。’张闻此语，再整威仪，只见石霜。一言之下，发明大事。”③

释普济《五灯会元》卷六《青原下五世石霜诸禅师法嗣·张拙秀才》：“张拙秀才因禅月大师指，参石霜。霜问：‘秀才何姓？’曰：‘姓张名拙。’霜曰：‘觅巧尚不可得，拙自何来？’公忽有省，乃呈偈

---

① 《禅宗颂古联珠通集》，南宋淳熙二年(1175)释法应编，元延祐五年(1318)释普会续集。《续藏经》第65册，第644页中。

② 《万松老人评唱天童觉和尚拈古请益录》，元释行秀述，元太宗二年即南宋绍定三年(1230)成书。《续藏经》第67册，第467页下。

③ 《续古尊宿语要》，南宋释师明嘉熙二年(1238)集，《续藏经》第68册，第397页上。

曰：'光明寂照遍河沙……'"①

元释熙仲《历朝释氏资鉴》卷八："甲寅乾宁元年。禅月大师贯休，婺之兰溪人。初见石霜诸禅师，请为第一座，契单传之旨。当世以诗名，公卿士大夫皆望风从游。至是谒吴越王钱镠……张拙秀才往石霜访禅月、齐己、太布衲。石霜相接，张略相而已，即与三人终日剧谈。张忽问曰：'三人中，何不推一人作长老？'禅月云：'公宜谒堂头，此是肉身菩萨。堂中五百学徒，胜某甲者二百五十人。'张遂造方丈参礼。霜问秀才何姓……"②

元明以降，"张拙因禅月大师指参石霜"事，已成禅册灯史的老生常谈，陈陈相因，兹不具录。

3.《唐诗纪事》卷七十五《贯休》条："'赤旃坛塔六七级，白菡萏花三四枝。禅客相逢只弹指，此心能有几人知。'石霜问云：'如何是此心？'休不能答。石霜云：'汝问我答。'休即问之，霜云：'能有几人知。'"③

4.《瀛奎律髓》卷十二："齐己，潭州人，与贯休并有声，同师石霜。二僧诗，唐之尤晚者。"④

5.元《敕修百丈清规》卷四"知客"条："职典宾客……雪窦在大阳，禅月在石霜，皆典此职毋忽。"⑤（元《禅林备用清规》卷七、明《丛林两序须知》等所载均同）上引《续古尊宿语要》谓张拙"到知客寮，见禅月、齐己……"，《历朝释氏资鉴》言贯休"初见石霜诸禅师，

---

① 《五灯会元》，南宋释普济淳祐十二年（1252）集，《续藏经》第 80 册，第 127 页下。

② 《历朝释氏资鉴》，元释熙仲至元十二年（1275）集，《续藏经》第 76 册，第 213 页上~中。

③ （南宋）计有功：《唐诗纪事》，成书于庆元辛酉年（1201）。上海古籍出版社，1987 年，第 1090 页。

④ （元）方回：《瀛奎律髓》，至元二十年（1283）成书。《瀛奎律髓汇评》上册，上海古籍出版社，1986 年，第 437 页。

⑤ 元《敕修百丈清规》，至元二年（1265）僧德辉重编，《大正藏》第 48 册，第 1131 页中。

请为第一座，契单传之旨”，及《瀛奎律髓》称齐己与贯休“同师石霜”，亦可归并此条。

上述五条略作综合分析：

(1)宋诗僧道潜(参寥子)是第一个说贯休是石霜门徒的人。称他以“天下之誉，王侯将相之奉”居石霜门下而“终其身不去”，也就是说他位极尊显而委身石霜座下，且作为忠实弟子在庆诸圆寂前终不离开。这是完全违背贯休生平史事实的说法。

何谓“天下之誉，王侯将相之奉”？无疑是指贯休入蜀，大蜀皇帝王建“盛被礼遇，赐赉隆洽”(《宋高僧传》)而言，所谓“累加龙楼待诏、明因辨果功德大师，翔麟殿首座、引驾、内供奉、讲唱大师，道门弟子、仗选练教授文章应制大师，两街僧箓，封司空太仆卿，云南八国镇国大师，左右街龙华道场对御讲赞大师，兼禅月大师，食邑八千户，赐紫大沙门”①的长串头衔和待遇，这是贯休天复三年(903)入蜀至永平二年(912)去世累年获得的“殊荣”，此前大半生，他最得意的也就是在荆南节度使府下受到不算坏也不太好的对待。而石霜庆诸和尚圆寂于光启四年(888)，远早于贯休入蜀时间，怎么可以说以“王侯将相之奉”居石霜门下而“终其身不去”呢？生活于北宋中期而熟读贯休诗歌的诗人释道潜，不可能不知道贯休晚年入蜀且寿终于蜀的生平，为什么罔顾事实说出这样的话？即或这些话的“发明权”非出自释道潜，由于未见诸宋初其他记载，则多半是世人辗转传言、编织嫁接而形成。其可信度有赖于史实的证明。

(2)首见于《联灯会要》所谓张拙与贯休、齐己诸人之因缘，则“传奇”意味尤为严重。且不说“张拙秀才”本是个夙悟的禅者，石霜“一言之下”，就能“发明大事”；拈出“往石霜访禅月”本身就是个伪命题，要贯休三人“推一人作长老”尤荒唐无稽，视禅门仪轨等儿戏，岂能传信？

事实上，上述关于“张拙访禅月”故事在流传过程中出现不同

---

① 见吴任臣《十国春秋》卷四十七《贯休传》，文渊阁四库全书本。

“版本”,已可窥见它只是一种传言。而早于前述传言的关于“张拙”的记载,更显示“张拙访石霜”根本与贯休无关。编于北宋大观二年(1108)的《祖庭事苑》卷一《云门室中录》“举光明寂照”条载:“因僧举‘光明寂照遍河沙’,师云:‘岂不是张拙秀才语?’僧云:‘是。’师云:‘话堕也。’此缘印本语意倒错,而或谓张拙为相公,因录其缘以示学者。拙,唐人也。因访石霜,霜问曰:‘公何姓?’曰:‘姓张。’‘何名?’曰:‘名拙。’霜曰:‘觅巧了不可得,拙自何来?’公于言下有省,乃述《悟道颂》曰:‘光明寂照遍河沙,凡圣含灵共我家……’”①南宋惠彬《丛林公论》也有如下记载:“邵尧夫诗云:‘廓然心境大无伦,尽此规模有几人。我性即天天即性,莫于微处起经纶。’读尧夫此诗,宜其诏不起也,确乎其不可拔,自守其道矣。又不若张拙秀才云:‘光明寂照遍河沙……’”②高丽僧天頙撰《禅门宝藏录》卷下亦载:“张拙秀才,因访石霜。霜问曰:‘公何姓?’曰:‘姓张。’曰:‘何名?’曰:‘名拙。’霜曰:‘觅巧了不可得,拙自何来?’公于言下有省,乃述《悟道颂》曰:‘光明寂照遍河沙……’”③证以教外别传之《山谷别集·跋张拙颂题唐履枕屏》:“张拙见石霜,悟巧拙语,遂能穷佛根源,此异人也。然自此潜伏不闻,岂所谓藏其狂言以死者乎?”④《渔隐丛话前集》:“《正法眼藏》云:张拙秀才参石霜,霜问:‘先辈何姓?’曰:‘拙姓张。’霜曰:‘觅巧了不可得,拙自何来?’张于言下有省,乃述颂云……”⑤这样的记载都顺理成章,是可传信。其实在《景德传灯录》中,潭州石霜庆诸禅师法嗣四十一人,本来没有秀才张拙⑥,一百八十年后《联灯会要》则把他收入庆诸和

① 《祖庭事苑》,北宋大观二年(1108)睦庵善卿编,《续藏经》第64册,第321页下。

② 《丛林公论》,南宋慧彬淳熙十六年(1189)编,《续藏经》第64册,第769页下。

③ 《禅门宝藏录》,至元三十一年(1294)天頙撰,《续藏经》第64册,第815页中。

④ (宋)黄庭坚:《山谷别集》卷十二《题跋》,文渊阁四库全书本。

⑤ (宋)胡仔:《苕溪渔隐丛话前集》卷五十七,中华书局《四部备要》本,第227页。

⑥ 见《景德传灯录》卷十六《潭州石霜山庆诸禅师法嗣》,《大正藏》第51册,第328页下~330页下。

尚法门，其中是不是也透露出“张拙”故事纷传变化的缘由信息呢？山谷说张拙见石霜后“自此潜伏不闻”，灯史则把他高抬入宗门，是否也由于其故事在佛门里纷传的缘故呢？后来《石仓历代诗选》把张拙《悟道颂》干脆改题为《张拙呈禅月大师》，想必也是被这种纷纭传言弄昏头脑的结果。

(3)“赤旃坛塔六七级，白菡萏花三四枝。禅客相逢只弹指，此心能有几人知。”《禅月集》标题《题石壁禅居屋壁》，是贯休留题衢州龙游县石壁禅院的诗，有碑刻见诸记载[①]；写禅僧生活情景，是诗而非“禅”，其意不难解。以后被人改造成禅语，便说法不一了。《景德传灯录》载：“禅月诗云：‘禅客相逢只弹指，此心能有几人知。’大随和尚举问禅月：‘如何是此心？’无对。（归宗柔代云：‘能有几人知。’）”[②]这明显是节外生枝的禅家把戏。大随和尚讳法真，蜀人，年代与贯休相当(834～919)，或在蜀中相与谈诗言禅而成此佳话，宋僧归宗柔又为之续貂，载入《景德传灯录》。二百年后，《唐诗纪事》却变成这样的记载：“‘赤旃坛塔六七级，白菡萏花三四枝。禅客相逢只弹指，此心能有几人知。’石霜问云：‘如何是此心？’休不能答。石霜云：‘汝问我答。’休即问之，霜云：‘能有几人知。’”故事更完整了，但造假显然，不足信。

(4)关于贯休师从石霜庆诸的明确记载，见诸上述第4、5两条。与之有关的还有《五灯会元》关于“南岳玄泰禅师”即泰布衲的记载：“（衲）始见德山，升于堂矣；后谒石霜，遂入室焉。掌翰二十年，与贯休、齐己为友。”[③]还有些等而次之的记载，没有新内容，不录。但后代佛教、禅门典籍及当代研究文章，多有据此肯定贯休师从庆诸和尚，在石霜山任知客职，甚至以此确定他在经教方面的师承。可是仔细推敲存在许多不解，兹质疑如下：

---

① 见《贯休歌诗系年笺注》下册，第943页。

② 见《景德传灯录》卷二十七“诸方杂举征拈代别语”章。

③ 《五灯会元》卷六“石霜诸禅师法嗣·南岳玄泰禅师”条。

①“入石霜山典知客职”无论如何是贯休佛门生涯的大事，为何昙域《禅月集序》、赞宁《宋高僧传》两部记载贯休生平最早、最为详明的文献，均付阙如？无法解释。按照传说，归宗于石霜门下既为贯休毕生禅心所在（“为石霜老师之役，终其身不去”“请为第一座，契单传之旨”），而临终嘱托昙域述其生平创作，独独隐去“入石霜”“任知客”的事实，岂非咄咄怪事？

②贯休现存诗七百多首，记述其一生交游行迹，从童丱启蒙、少年出家，五泄从师，学成游方，所到之地均留下诗作，交往僧人、诗友多有唱酬篇章，偏偏没有入石霜、友齐己之作，这又是为什么？他到过石霜山吗？他见过齐己吗？从他的诗里找不到一点痕迹。

③知客为丛林重要掌职，在“会下一千五百人，诸大宗师皆在参学位中”的石霜山中，不可能荒唐得像禅册所载“初见石霜诸禅师，请为第一座，契单传之旨”那样传奇式谋得。《宋高僧传》记载贯休“思登南岳”，《禅月集序》说他“后隐南岳”，在诗中都能找到证据；那么居石霜必定经历一定岁月，在贯休生平履历中又能否找得到合理说明呢？

诗人贯休青少年时期在故乡出家、从师、受具，入江西洪州、庐山研修，吴越各地游方，四十岁以前（832~871）的经历是比较清楚的，研究者无大争议，其间南行湖湘师从石霜庆诸完全没有可能。那么四十岁以后至光启四年（888）二月石霜庆诸圆寂前，有无这个可能呢？以下我们把这段时间诗人可考行踪排比列出（以下资料引自拙作《禅月大师贯休年谱稿》[①]），自可引出应有结论：

咸通十三至十四年（872~873），贯休四十一至四十二岁，在睦州新定（今浙江建德）依太守冯岩历两年，有诗二十余首为证。

乾符元年至二年（874~875）在婺州东阳（今浙江金华）。头年春在故里，有《对雪寄新定冯使君二首》诗；又令狐纁“咸通、乾符间”（《唐刺史考》）刺杭州，贯休有《上杭州令狐使君》云：“野人如

---

① 见《贯休歌诗系年笺注》下册《禅月大师贯休年谱稿》，第1167~1212页。

有幸，应得见陶钧。”明在浙中。二年夏王郢乱军入婺，休避寇入衢州（今衢州市）。有呈婺州刺史郑镒《贺郑使君》《避寇上唐台山》等诗为证。

乾符三年（876），自衢州入睦州。有与睦州刺史宋震酬唱诗十余首为证。

乾符四年（877）至信州怀玉山（今浙赣交界之江西玉山县）建禅寺居之，有厉鹗《东城杂记·贯休十六罗汉始末》、张世南《游宦纪闻》《江西通志·广信府（古迹）》的记载为证。

乾符六年（879）春在婺州，则前年自信州返婺无疑。有春送太守郑镒赴闽诗、与继任太守王慥酬唱诗十余首为证。

广明元年（880）六月黄巢军陷婺州，贯休走避常州，有《避地毗陵上孙徽使君兼寄东阳王使君》等诗为证；旋返杭州，受杜棱父子眷顾，有《杜侯行》诗为证。

广明二年辛丑（881）春返兰溪，有《春末兰溪道中作》等诗为证。旋入庐山。《山居诗》序谓“乾符辛丑岁避寇于山寺”，与《宋高僧传》栖隐“广明中避巢寇入庐山折桂峰……与贯休、处默、修睦为诗道之游；沈颜、曹松、张凝、陈昌符，皆处士也，为唱酬之友”符契相合。

中和二年至四年（882~884），避乱于庐山。四年六月黄巢兵败被杀，而藩镇相攻，“所至屠翦焚荡，殆无孑遗，其残暴又甚于巢。……北至卫、滑，西及关辅，东尽青、齐，南出江、淮，州镇存者仅保一城，极目千里，无复烟火”（《资治通鉴》卷二百五十六）。在此期间，《禅月集》中无任何足以透露诗人出行踪迹的诗篇，疑深隐山中避乱也。

光启元年（885）秋至二年（886）秋，在衢州依刺史杜某，有《上杜使君》《夜对雪寄杜使君》《秋归东阳临岐上三衢杜使君》等十余首诗为证。

光启三年（887），在故乡婺州东阳。《宋高僧传》曰：“本郡太守王慥弥相笃重，次太守蒋瑰开洗忏戒坛，命休为监坛焉。”王慥已见前，乾符广明间太守；蒋瑰为中和四年至景福元年（884～892）太守，大寇既平，太守开洗忏戒坛洗雪冤孽超度亡灵，宜当此时。又诗人韦庄本年至龙纪间（889）寓居婺州三年，与贯休交往，有《和韦相公话婺州陈事》诗为证。

综上所述，贯休在此期间自浙赣远行潭州浏阳石霜山典知客，一般来说是不可能的。

以下再说贯休与齐己同在“石霜门下”，为“终日剧谈”之挚友问题。首先，齐己、贯休均为晚唐著名诗僧，蜚声丛林，《宋高僧传》同时为他们立传，收入《杂科声德篇》，所谓“建立杂篇，包藏众德，何止声表，无所不容”①，主要称道的也正是他们诗歌的成就和影响。而述其生平，既明载齐己“于石霜法会，请知僧务”，而不载贯休于石霜任知客，可知绝非疏漏失载；而是赞宁的时代根本不知道两人有“同在石霜门下”的事实。其次，齐己生于晚唐咸通五年（864），光启四年庆诸和尚圆寂时，齐己不足二十五岁，贯休五十七岁，差距达三十二年，即或曾在石霜山相见，已然是老少两代，“终日剧谈”“议论琅琅”这种传说，实在令人难以相信。再次，齐己《白莲集》中，写及贯休的诗共四首：卷二《闻贯休下世》：“吾师诗匠者，真个碧云流。争得梁太子，更为文选楼。锦江新冢树，婺女旧山秋。欲去焚香礼，啼猿峡阻修。”卷四《寄贯休》：“子美曾吟处，吾师复去吟。是何多胜地，销得二公心。锦水流春阔，峨嵋叠雪深。时逢蜀僧说，或道近游黔。”卷七《荆州贯休大师旧房》：“疏篁抽笋柳垂阴，旧是休公种境吟。入贡文儒来请益，出官卿相驻过寻。右军书画神传髓，康乐文章梦授心。销得青城千嶂下，白莲标塔帝恩深。”卷八《荆门寄题禅月大师影堂》：“泽国闻师泥日后，蜀王全礼葬余灰。白莲塔向清泉锁，禅月堂临锦水开。西岳千篇传古律（大师著《西岳集》三十卷盛传于世），南宗一句印灵台。不堪只履还西去，葱岭如

① 《宋高僧传》卷三十后之《论》，中华书局，1987年，第757页。

今无使回。”①四首诗中，《寄贯休》一首（卷四）为贯休入蜀后所寄赠，其他三首均为贯休去世后之作，并无只字言及彼此曾有的交往，主要表达的是对贯休诗的崇仰，合乎一位后辈诗人的身份和情怀；而贯休集中则根本未见齐己名字，似乎也反证了他们并未晤面交往。齐己另有两首寄贯休徒弟昙域的诗作，即卷四《和昙域上人寄赠之什》和卷六《寄西川惠光大师昙域》，其中有句云：“禅月有名子，相知面未曾。”齐己、昙域是年相若的同辈，只有诗文酬赠，也是没有见过面的。

这里需要特别说说日本僧信瑞《不可弃法师传》对贯休入石霜庆诸门下的所谓“明确记载”；它被论者视为一种确凿的证据。② 其实这种说法是对《不可弃法师传》的误读。今检《泉涌寺不可弃法师传》③，法师仁安元年（1166）八月十日生，七岁初读佛书，八岁出家，建久十年（1199）五月初，三十四岁入宋，“时大宋庆元五年也”。至嘉定四年辛未（1211）四十六岁三月回到日本，嘉禄三年（1227）闰三月八日卒，“俗年六十二，僧腊四十四”。其返日之时距贯休谢世（912）整整三百年，怎么说“与休师相隔不过四五十年”“所记不谬”呢？其次，不可弃入宋历十二年，初游两浙、居天台，复在浙江嘉兴北峰宗印法师门下习天台教观八年，再游帝都（杭州），住下天竺寺，“重练台教”，被称为“日本传律第一祖”，而与禅宗无涉，更未远行湖湘。说他“曾在石霜山修行”，“在石霜山曾有详确的记述”完

① 《白莲集》四部丛刊初编集部，上海书店，1989 年。

② 见《贯休禅师生平的探讨》：“日本入宋僧不可弃法师在石霜山曾有详确的记述，他与休师相隔不过四五十年。”施薇《贯休研究》：“关于贯休入石霜庆诸门下事，日本僧信瑞的《不可弃法师传》中有明确记载。日本宽元二年（1294）信瑞撰《泉涌寺不可弃法师传》，其中提到‘唐代禅月大师’，注曰：‘后素得名，曾在石霜和尚会下，掌知客职。’日本入宋僧不可弃法师曾在石霜山修行，他与休师相隔不过四五十年，所记当不谬。”（《中国优秀硕士学位论文库》）按：“宽元二年（1294）”误，应为 1244。

③ 笔者所查阅两种版本：第一，《大日本佛教全书・游方传丛书》三，佛书刊行会编纂发行，大正六年（1917）十二月二十日印刷。第二，《续群书类从・第九辑上》，大正十四年初版，昭和五十二年订正三版。两种正文、文下小字注均同，但前者有整理校勘者校正文字异同。这里采用第一种。

全是无中生有想当然的妄说。再次，之所以生此妄说，源于对《不可弃法师传》以下一段文字的误读。信瑞在记述不可弃法师从南宋带回日本的法物中，有“水墨罗汉”一项，原文是：

> 又水墨罗汉者，临安府开化寺比丘尼正大师召请法师而授与云。第十七庆友尊者容貌宛似法师，恐师非凡，故施与之，望带归乡，令人瞻礼。法师欢喜顶戴，便到明州景福寺，时翠岩长老来拜觐云："此灵像者，唐代禅月大师（小字双行注：后素得名，曾在石霜和尚会下掌知客职。［考］此注同无）远游西竺，亲拜生身罗汉，还归东夏所图之也。国主奉请，固纳九禁，永断诸见。我曾一见，今得再礼，宿因可悦，是第一好货，无二灵像，而师得之，将归桑梓，实为希有。"

“唐代禅月大师”是翠云长老告诉不可弃“水墨罗汉像”的作者，小字注既非不可弃的叙述，亦恐非信瑞《不可弃法师传》中原文，而是后人所加。［考］则是《不可弃法师传》大正六年出版前整理者所做的校勘文字，仔细看看《不可弃法师传》后的题记便一清二楚。《不可弃法师传》有多个写本，宽元甲辰（1244）信瑞原写本以外，有天明八年（1788）“泉涌寺沙门阳道字觉顺”书写本，天保十五年（1844）觉顺书写本，大正版刊行前，高楠顺次郎曾作整理校勘，以“宫内省图书寮藏本”为底本，以泉涌寺藏本为主校本，并参校其他多种转写本，小字双行所注那段文字，只是“宫本”所有，而为泉本所无，可知是后人羼入。研究者却把“曾在石霜……”当作不可弃的叙述，又想当然地认为是不可弃在石霜山所听说，是所谓“差之毫厘，失之千里”了！即就信瑞记述而言，所谓“唐代禅月大师远游西竺，亲拜生身罗汉，还归东夏所图之”，也是远离事实的传说罢了，贯休何曾远游西竺？怎能相信。可知《不可弃法师传》没有为我们提供超出国内史传记载的关于贯休入石霜的有价值材料。

综上所述，贯休师石霜的传说，初现于他去世后一百五十年的北宋中期，盛传于二百五十年后的南宋以至元明时代，那也正是他以其诗、书、画名声日益显扬的时候。但与此同时，却也有不同的声音。南宋《万松老人评唱》本已点明“以诗笔为佛事”之非，所谓“齐己贯休声动地，谁将排上祖师图”。如贯休、齐己一类人怎能是庆诸和尚嫡传？虽诗名动地，在灯史法脉实难找到皈依。《五灯会元》把贯休列入“未详法嗣”①，杨维桢《一沤集序》说：“齐己、贯休不得祖师图者，诗累之也。……师之上祖师图者，固自有在。”②《佛祖统纪》云：“昔贯休作《禅月集》，初不闻道，而才情俊逸，有失辅教之义。”③都是同样的意思。反观《宋高僧传》虽将二人入传，而归于《杂科声德篇》，所谓“建立杂篇，包藏众德，何止声表，无所不容”，主要称道的也正是他们诗歌的成就和影响，而未将他们归入宗门正脉；看来应该是十分宽容的了。观《梵网经·菩萨戒·邪业觉观戒》有“不得听吹贝、鼓、角、琴、瑟、筝、笛、箜篌、歌、叫、伎乐之声。不得摴蒲、围棋、波罗赛戏、弹棋、六博、拍球、掷石、投壶、八道、行城”这样戒娱乐、戒杂戏的内容，以为那是“违正业故制”的事情，告诫佛门中人“一一不得作，若故作者，犯轻垢罪”④。明释寂光《梵网经直解》讲：“总标邪业觉观根本之义，言以恶心故者……明是逐情流转，故名恶心。”⑤明释袾宏在《梵网菩萨戒经义疏发隐》卷五更明确说：“娱乐起淫泆心，杂戏起散乱心……事事乱道，不应作也。例而推之，可之能诗，而感白癞；解之工画，而堕泥犁；乃至贯休、智永之辈，

---

① 《五灯会元》卷六：“未详法嗣：实性大师……茶陵郁山主……僧肇法师……禅月贯休禅师……投子通禅师。”

② 杨维桢《东维子集》卷十《一沤集序》：“吾闻东山空法师有诗入陈黄派，后自以为齐己、贯休不得祖师图者，诗累之也，从而自讳焉。”文渊阁四库全书本。

③ 志磐《佛祖统纪》卷十《宝云旁出世家》引许端夫语。上海古籍出版社，2012年，校注本第272页。

④ 鸠摩罗什译：《梵网经卢舍那佛说菩萨心地戒品第十》卷下，《大正藏》第24册，第1007页中。

⑤ 寂光：《梵网经直解》卷下之二，《续藏经》第38册，第860页中。

皆邪业也。可不戒欤！”①把诗画都归入释门邪业之中！很清楚，吟诗作画是“逐情流转”之事，与冥心空门背道而驰，是所以入“戒”，是所以不得入“祖师图”，不能成为释门正统之高僧！毕生痴情于诗歌创作的贯休、齐己，尽管名满天下，毕竟有违正业故制的嫌疑，难洗外道邪业的色彩。所以贯休不可能进入石霜庆诸之门下，这正是禅门灯史上的事实。

但是这样的禁戒能够消弭贯休的影响吗？痴诗的僧人不见减少，诗僧代不乏人……这是否足以引起人们在观念、心理、情感上的反弹？

第一个起来为贯休洗刷的是宋代诗僧第一人参寥子道潜，是不是有些巧合？他是不是借他人的酒杯浇自家块垒？

南宋以降，伴随贯休诗名显扬而归宗石霜之传说纷起，是否也反见教门中的某种心理？像某些希望弥合社会声望与禅门教规相抵牾的良好愿望？

回过头来看看日本《不可弃法师传》写本中对贯休身份的那段小注也是别具意味的："后素得名，曾在石霜和尚会下掌知客职。"这里用了"后素"一词，是成语"绘事后素"的缩略，出《论语·八佾》。何晏《集解》释曰："凡绘画，先布众色，然后以素分布其间，以成其文，喻美女虽有倩盼美质，亦须礼以成之。"贯休虽才情超人，诗画出众，其最终得名则源于归宗"石霜和尚会下"之故！矛盾被调和、统一起来了。它是不是代表了释门对贯休成就的最终评价呢？信瑞的《不可弃法师传》撰成于日本宽元甲辰，当南宋末淳祐四年（1244），当今流行的宫内省图书寮本书写于宝历丁丑，即乾隆二十二年（1757），这是注文出现时期最宽泛的界定。

问题回到今天对诗僧贯休生平的研究和叙述，作为"科学研究"，笔者以为仅据后代某些难以落实的记载，便肯定贯休入石霜、师事庆诸和尚，毕竟很不靠谱；倒不如存疑待考、"付之阙如"不提

① 袾宏：《梵网菩萨戒经义疏发隐》，《续藏经》第38册，第202页上~中。

它，比较接近实事求是之意。

正确与否，仅以就教于僧史研究的专家大德。

（胡大浚，兰州交通大学文学院教授）

《明觉禅师语录》中的邯郸之喻

黄绎勋

《庄子》的《秋水》篇中有"邯郸学步"之语,意谓"以此效彼,两失之"的困境。此语于宋代雪窦重显禅师(980~1052)的语录中,共出现两次,本文特以此语为主题,探讨雪窦禅师对此邯郸之喻的运用。雪窦是禅宗云门派下重要禅师,慧洪觉范(1071~1128)誉之为"云门中兴"①。雪窦曾住持于苏州洞庭翠峰寺和明州雪窦资圣寺,其间他的弟子将其上堂示众或拈古内容集成七部典籍。本文先简介雪窦之生平与著作,再针对其《雪窦和尚拈古集》和《庆元府雪窦明觉大师祖英集》中提及"邯郸学步"一语的内容作分析讨论。

一、雪窦生平

有关雪窦的生平记载,依吕夏卿所著《明州雪窦山资圣寺第六祖明觉大师塔铭》(完成于1067年,以下简称《雪窦塔铭》)为主要资料,呈现雪窦自出家、受具、行脚、得法、弘法、住持、晚年到示寂之

① 《禅林僧宝传》,《续藏经》第79册,第515页上。

完整生平。① 雪窦生于宋太平兴国五年(980)之遂州(今四川遂宁),年幼时,闻梵呗之声,便喜不自胜,但是,一直到咸平年中(998~1003),父母丧后,才得以出家。依其戒腊推算,雪窦应于1002年,即23岁时受具足戒。②

之后雪窦前往益州(今四川成都)大慈寺听僧人元莹(生卒年不详)讲《圆觉疏》,此《圆觉疏》应为唐代宗密(780~841)对《圆觉经》所作之略疏。③ 雪窦除了听讲经论,还主动地思维其经论含义,因此伺夜入室请益元莹,参问其"至心本是佛,由念起而漂沉"之大义,如此往复四次,但是元莹的回答都不能使雪窦满意。④ 最后,元莹拱手说:"子非滞教者,吾闻南方有得诸佛清净法眼者。"⑤雪窦听了元莹的建议,离开四川之后,便一路往东方和南方云水参学。雪窦自1002年出家受具,行脚云水,最后在智门光祚禅师(活跃于964~1010年)门下得法,直到1017年到杭州灵隐寺前,共长达15年。

由于雪窦自己于《智门祚禅师语录·序》中,介绍其师光祚为"韶阳的孙,香林嗣子",韶阳即云门文偃(864~949),因此,从云门文偃传香林澄远(907~987),再传光祚,雪窦为云门宗第四代禅师,即云门文偃→香林澄远→智门光祚→雪窦重显。因此,雪窦之祖系若依据吕夏卿的《雪窦塔铭》,由云门再上追雪峰义存(822~908)、德山宣鉴(782~865)、天皇道吾(738~819)、龙潭崇信(生卒年不详)至马祖道一(709~788),则为大寂九世之孙;而若依雪窦山资圣

---

① 此《雪窦塔铭》于《大正藏》版《明觉禅师语录》中,收于《明觉禅师祖英集》之后,《大正藏》第47册,第712页上。

② 《明觉禅师语录》,《大正藏》第47册,第712页中。

③ 《圆觉疏》全名为《大方广圆觉修多罗了义经略疏》,《大正藏》第39册,第524页下。

④ 此"至心本是佛,由念起而漂沉"一句,可见于宗密著《大方广圆觉修多罗了义经略疏》之序中。(《大正藏》第39册,第524页中)

⑤ 《明觉禅师语录》,《大正藏》第47册,第712页中。

寺住持之次序，雪窦为资圣寺住持第六祖。①

雪窦得法于光祚后，曾行脚多处，雪窦于1019年左右，被推举到苏州洞庭翠峰寺担任住持，翠峰寺是雪窦第一座弘法的寺院，共住锡了四年，其间弟子惟益为雪窦编集了《雪窦和尚住洞庭语录》。② 接着，在1023年时，雪窦之旧识曾会于仁宗天圣年间(1023~1031)被任职出守明州(今浙江)，曾会便手书《明州军府官请住雪窦疏》，请雪窦住持明州的雪窦山资圣寺。③

雪窦去世于皇祐四年(1052)，俗寿73岁，僧腊50夏。④ 雪窦自得法、顿悟于湖北智门光祚禅师后，一路行脚，最后在江浙地区长住下来，并于苏州洞庭翠峰寺和明州的雪窦山资圣寺院共住持了三十一年，度僧七十八人，雪窦重要弟子有天衣义怀(989~1060)，吕夏卿之《雪窦塔铭》形容雪窦的影响为"州邦远近，辐辏座下"⑤。此外，我们亦可见雪窦在世期间，备受士大夫曾会所尊重，驸马都尉李遵勖(988~1038)特奏请赐以紫方袍，侍中贾昌朝(998~1065)又奏表，加赐"明觉"之号。⑥

雪窦于雪窦山资圣寺住持的二十九年间，诲人不倦，经弟子收录了许多上堂、拈古、颂古、勘辨和书信，集成了《明州雪窦明觉大师开堂录》《雪窦和尚后录》《明州雪窦明觉大师瀑泉集》《雪窦和尚拈

---

① 《古尊宿语录》，《续藏经》第68册，第258页。《僧宝正续传》中说："云门阐化于韶阳。"(《续藏经》第79册，第581页上)《明觉禅师语录》，《大正藏》第47册，第712页下。

② 《大正藏》版的《明觉禅师语录》中，称之为《住苏州洞庭翠峰禅寺语》，《明觉禅师语录》，《大正藏》第47册，第668页上。

③ 《明州军府官请住雪窦疏》，见五山版《雪窦明觉禅师语录·雪窦和尚明觉大师瀑泉集》，收于《禅学典籍丛刊》第二卷，日本柳田圣山和椎名宏雄所共编，临川书店，1999年，第14页。

④ 《明觉禅师语录》，《大正藏》第47册，第712页下。

⑤ 《建中靖国续灯录目录》记曰："明州雪窦山明觉禅师法兴七十八人。"(《续藏经》第78册，第624页)《明觉禅师语录》，《大正藏》第47册，第712页下。

⑥ 《雪窦塔铭》原云："驸马都尉和文李公，表锡紫方袍；侍中贾公又奏，加明觉之号。"(《大正藏》第47册，第712页下)

古集》《雪窦显和尚明觉大师颂古集》和《庆元府雪窦明觉大师祖英集》。

二、邯郸之喻

《庄子·秋水》中记载,战国时期赵国人公孙龙(公元前 320~公元前 250 年)问道家魏牟(公元前 320~公元前 240 年)说:他善于辩说,常常可以"困百家之知,穷众人之辩",自以为是最通达了,但是,听了庄子的言论后,却无法开口言说,不知是何故?魏牟则以井底之蛙无法了解东海之大来回答其问,并明白显示出公孙龙之识浅。最后,魏牟告诉公孙龙:"且子独不闻夫寿陵余子之学行于邯郸与?未得国能,又失其故行矣,直匍匐而归耳。"①以"邯郸学步"之喻来劝公孙龙回去。

唐朝道士成玄英为《庄子》上述之文作疏时解释,战国时期寿陵为燕国之乡邑,邯郸则为赵国之都城。当时之人都认为赵都之地的人行走之姿非常好看,故而燕国有位弱龄少年特别远来学步。这违背自己的本性而效仿别人的结果是,此少年不仅未能习得赵国行走之能力,更忘失原有寿陵行走之方法,以至匍匐而归。魏牟于是告诉公孙龙如果不回去,他将会"忘子之故,失子之业",不仅忘了他原有的故步,亦失去他的学业。因此,晋朝郭象注《庄子》时,便说这是"以此效彼,两失之"②。

而这"邯郸学步"一语,雪窦各于《雪窦和尚拈古集》和《庆元府雪窦明觉大师祖英集》中提及。首先,有关《雪窦和尚拈古集》③的

---

① 黄锦鋐:《新译庄子读本》,三民书局,1974 年初版,2011 年第 2 版第 4 次印刷,第 222 页。

② (晋)郭象注,(唐)成玄英疏:《南华真经注疏》,中华书局,1998 年,第 348~349 页;黄锦鋐:《新译庄子读本》,第 231 页。

③ 五山版《雪窦明觉大师语录》,第 48 页;《明觉禅师语录》,《大正藏》第 47 册,第 685 页中。《雪窦和尚拈古集》于《大正藏》版《明觉禅师语录》中,仅以《拈古》称之。

内容,此集收录了雪窦遍举德山宣鉴(782~865)、雪峰义存(822~908)、百丈怀海(720~814)、云门文偃(864~949)等诸师之古则,并加以评之。此外,《雪窦和尚拈古集》亦即为圆悟克勤《击节录》的内容依据,圆悟克勤为此百则一一加上如“德山示众”“雪峰普请”“百丈拂子”“崇寿指凳”等标题,之后,再加以着语和评唱。①

而所谓“拈古”的体例,每则皆是以雪窦“举”一古则为开首,这些古则多援引自佛经或禅宗典籍中的故事,或者是禅师与僧人或居士之对答的内容,雪窦继而以“师云”为句首,“拈”而抒发其看法,“拈古”由于不是以韵文形态呈现,体例上比“颂古”自由。如下所示“邯郸学步”之喻,便是出于雪窦援引镜清道怤(868~937)禅师与一僧人之对话:

> 举
> 镜清问僧:“赵州吃茶去,尔作么生会?”
> 僧便出去。
> 清云:“邯郸学步。”
> 师云:“者僧不是邯郸人,为什么学唐步?若辩得出,与尔茶吃。”②

镜清道怤为五代吴越僧人,生于温州永嘉,俗姓陈。幼年出家,后入闽参学,为雪峰义存法嗣,历住镜清寺和天龙寺,吴越钱镠(893~932年在位)赐号“顺德大师”③。

而镜清所问“赵州吃茶去”是则非常有名的公案故事,如今最完整之描述可见于宋代汾阳善昭(947~1024)《汾阳无德禅师语录》中:

① 《佛果击节录》,《续藏经》第67册,第226页中。

② 《明觉禅师语录·拈古》,《大正藏》第47册,第687页下。

③ 镜清道怤于《宋高僧传》(《大正藏》第50册,第787页中)和《景德传灯录》中皆有其传(《大正藏》第51册,第348页下~349页下)。

赵州见僧到便问："曾到此间么？"
云："不曾到。"
州云："吃茶去。"
或云曾到，州亦云："吃茶去。"
院主问："不曾到吃茶去，到来为甚也吃茶去？"
州召院主，主应诺，州云："吃茶去。"①

因此，当镜清所问僧人有关"赵州吃茶去"的意义时，此僧人却转身便出去了。镜清却认为他只是在"邯郸学步"，雪窦更进一步拈出："这僧不是邯郸人，为什么学唐步？若辩得出，与尔茶吃。"点出这僧人只是模仿唐代禅师的应答方式。

由于雪窦的拈提，我们便可知这以转身"出去"回应问话的方式，可见于唐代禅师的史传记载中，例如药山惟俨（751～834）问其弟子道吾圆智（769～835）说："智不到处切忌道着，道着即头角生。智头陀怎么生？"道吾圆智便出去。② 由此看来，道吾便是借转身"出去"表达不落于语言文字的答话。

但是，镜清却看出此僧人心中实无如道吾的体悟，却只是模仿前人转身"出去"的答话方式，这么一来不仅错失可让禅师勘辨自己的机会，更让人看穿自己"东施效颦"的拙技，这便如"邯郸学步"之人般地舍弃自己本性以仿效他人，却又不得学习目的，落入"两者皆失"的困境。

"邯郸学步"一语第二次出现于《庆元府雪窦明觉大师祖英集》中，《庆元府雪窦明觉大师祖英集》共分上、下二卷，《大正藏》版《明觉禅师语录》中，称为《明觉禅师祖英集》。③ 此集之内容包含了雪

① 《汾阳无德禅师语录》，《大正藏》第 47 册，第 608 页下～609 页上。
② 《景德传灯录》，《大正藏》第 51 册，第 314 页上。
③ 《明觉禅师语录》，《大正藏》第 47 册，第 698 页上。

窦最早所书的内容，约于1022年所作的《赴翠峰请别灵隐禅师》。①此外，此集之内容也一直继续扩充，北宋禅僧睦庵善卿（活跃于约1050～1108年间）于其《祖庭事苑》中说："文政序总缉成二百二十首，今此本复增五十首。乃知雪窦平日著述散落甚多，卒难考纪。"②由此可知，此集在从1032年到1108年间，增加了50首。

因此，此集之特色有二：第一，其所收内容，很难得的都是雪窦所亲撰的颂、感兴、怀别、贻赠之作；第二，此集集成时间在七集中是最晚的（1032年），且其篇幅到了1108年，还增加了50首。但是，这些内容的撰写年代，则跨越了雪窦早期和晚期之弘法年代。将来学人若能仔细研读此集，除了雪窦个人之研究，或许还能从文化史的角度，发掘其作品所描述的当代人物、地理、事迹等珍贵资料。③

而"邯郸学步"出现于雪窦以《往复无间》为题名，以十二时为次序所作的十二首诗中，《十二时歌》是一种禅师常作的修道偈，以一日中十二时辰的十二地支为顺序，每一时辰都分别搭配佛教的思想或修行内容，以歌、颂或偈文体而作成。④ 雪窦以《往复无间》为题名的十二时歌内容如下：

平旦寅，眹兆之前已丧真，老胡鹤树渐开口，犹举双趺诳后人。

日出卯，万国香华竞头走，邯郸学步笑傍观，岂知凶祸逐其后。

食时辰，大向那堪列主宾，维摩香饭本非赞，怪他鹙鹭独生

---

① 五山版《雪窦明觉大师语录》，第89～90页；《明觉禅师语录》，《大正藏》第47册，第706页中。

② 《祖庭事苑》，《续藏经》第64册，第342页上。

③ 日本柳田圣山总结雪窦生平之交游者时，即是以《祖英集》中雪窦与他人之书信为资料，列有池阳曾学士、四明使君沈祠部、内侍太保等人，参其《雪窦颂古の世界》，《禅文化研究所纪要》第10辑，1978年，第29页。

④ ［日］川崎ミチコ，《禅僧の偈颂二・修道偈》，《敦煌讲座8・敦煌佛典と禅》，大东出版社，1980年，第270～276页。

瞋。

禺中巳，荆棘园林遍大地，南北东西卒未休，金刚焰复从何起。

日南午，寥廓腾辉示天鼓，黪头蓝已定全身，何假周行夸七步。

日昳未，碧眼胡来欺汉地，九年计较不能成，刚有痴人求断臂。

晡时申，急急趑生路上人，草鞋踏尽家乡远，顶罩烧钟一万斤。

日入酉，室内覆盆且依旧，尘尘彼彼丈夫儿，井中之物同哮吼。

黄昏戌，寰中不碍平人出，瓦砾光生珠玉闲，将军岂用驱边卒。

人定亥，六合茫茫谁不在，长空有月自寻常，雾起云腾也奇怪。

半夜子，樵唱渔歌声未已，雨华徒说问空生，高枕千门睡方美。

鸡鸣丑，贵贱尊卑名相守，忙者忙兮闲者闲，古今休论自长久。①

相异于俗世十二时辰习以“子”时，即夜十一时至次晨一时为始，雪窦此《往复无间》十二时诗却是因为搭配寺院僧人作息时间，而始于“寅”时，终于“丑”时。始于“寅”时，因“寅”为十二时辰中早晨三时至五时，正是寺院僧人进行一日禅坐之始；终于“丑”时，雪窦应是因为鸡鸣于丑时，寺院僧人正要起身。雪窦之十二时诗中，僧院作息始于寅时之禅坐，终于丑时之鸡鸣，以表达其《往复无间》题名之意。

---

① 《明觉禅师语录·祖英集》，《大正藏》第47册，第703页下~704页上。

而雪窦之《往复无间》十二时诗进行至“卯”时，即早晨五时至七时，为寺院僧人禅坐开静之后，开始走动之时，雪窦于是作诗云：“日出卯，万国香华竞头走，邯郸学步笑傍观，岂知凶祸逐其后。”诗中“万国香华竞头走”一句，雪窦于其《颂古》中亦有相似之句为“衲僧今古竞头走”①。因此，笔者推判诗中“万国香华”一词应为“衲僧”之隐喻，亦即天下衲僧“竞头走”争着出头，但是，雪窦警示僧衲若是以“邯郸学步”的方法来修行的话，不仅取笑于旁观者，更因不知自己将“忘子之故，失子之业”，凶祸会随后而来。

三、总结

雪窦生于四川，出家后一路往东方和南方云水参学，后来以住锡于浙江雪窦山资圣寺闻名于世。其弟子将其上堂、拈古、颂古、书信和诗作等内容，共编集了七部典籍，其中“邯郸学步”一语，雪窦各于《雪窦和尚拈古集》和《庆元府雪窦明觉大师祖英集》中提及。雪窦借《庄子·秋水》篇中“邯郸学步”之人，来警示僧纳若舍弃自己本性以仿效他人，却又不得目的，便会落入“两者皆失”的困境。更甚之，“邯郸学步”之人不仅取笑于旁观者，更因不知自己将“忘子之故，失子之业”，如此越来越远离自心清净本性的凶祸便会随后而来。雪窦如此将广为人知之成语用于禅院教化中的方式，既权巧方便又发人深省。

（黄绎勋，佛光大学佛教学系副教授）

① ［日］入矢义高等人译注：《雪窦颂古》，筑摩书房，1981年，第85页。

西夏文禅宗文献《真道照心》探讨

索罗宁

笔者早已提出西夏汉传佛教结构引进辽代佛教的“圆教”典范。所谓“西夏禅宗”在“圆教”体系之地位比较低:据《显密圆通成佛心要集》的判教体系,“禅观”属于“理法界”中的“真如绝相观”,即是禅宗地位次于“华严法界观”以及辽代密教。辽代佛教中的“圆教”体系基于晚唐清凉澄观与圭峰宗密思想中;并且辽佛学界似乎不支持宗密对于包含“禅宗”的“理事无碍法界”的重视,即是重新提倡澄观原来的“事事无碍法界”为中心的理论。因而,辽代佛学对于禅观之认识颇为有限制:辽代佛教所流行或被辽佛学界所承认的禅宗不离于晚唐澄观与宗密的“南北宗”以及“达摩禅”之范围。据目前的了解,西夏在仁宗(12 世纪中叶)时期与藏传佛教的关系密切,同时也受到了大量辽代佛教的影响,并且辽的华严“圆教”为西夏佛教体系基础。西夏“圆教”与辽一样吸收了一些禅观思想因素。

该佛教思想的义学基础为所谓“真心”思想。“真心”为一切真妄之来源,能所圆融之处,真心之观为一种核心的修行法门,即是一切“禅那”之由来。据辽代密教之理解,显教一心为颂持真言法门之对象,尽管如此,禅修透过其“定心不乱”之“戒定慧”能维持此真心不起妄念之状态。

西夏禅宗观与辽代禅颇为相似,其结构基本上是根据《显密圆通佛心要集》和《镜心录》中的“鼎”而创造的。即是西夏禅观有三个组成成分:“见性门”“安心门”“发行门”。其一为华严思想所提的“毗卢遮那性海”,其余者为“普贤行海”,因而三者成为一个完整的体系。据西夏出土文献,“见性”为初步的“解悟”,与后者加以修行乃成究竟“证悟”。其中,“安心”为达摩之壁观,“发行”为“万行”之修行,即是“无念”之境界。其他文献另提出“句随禅”“句外禅”“太古宝印禅”,三者同样成为“理修”与“事修”并行之系统。如上之禅观的思想基础即是达摩、六祖慧能、七祖神会、黄檗希运、宗密、澄观、南阳惠忠、鸠摩罗什、僧肇。这些佛教人物基本上属于晚期华严学研究领域内。恰恰如此,所有讨论禅观文献大量应用华严宗理论“随缘不变”之典范。

本文章介绍另一篇西夏文的禅宗文献。该文献所介绍内容与其他辽西夏禅宗文献颇为一致,即是以“真心”为讨论之核心。本文似乎无汉文版本,因而翻译有些不顺口。文献名为《真道照心》。文章核心概念为“自心三宝”:“心无生是佛”“心无相是法”“心无念是僧”。从而得知,此文献中之“无念”意与其他“无念是修万行”相当接近。修心法门则有三:安心、本行、发心。三者并行则是“心印”,即是为“戒定慧”圆融。“心印”主要含义在于:“无佛可求,自心是佛。无法可求,自心是法。不念善恶,不作清秽。了罪性空,念念无住。三界一心,万事一性。知此理既是解脱。”此段落同样代表华严禅思想之思潮脉络。

文中未提佛教人物法号,也无引用经文等,但具有“无念为宗”等六祖及神会的引文;据文中之“宗行”之说法似乎可以把此文献与西夏文《洪州文献》连接;“心行”段落所介绍的“体性无心无意求”等说法表示:真如之心并无善恶之分别,心体不二等。上述特色即是代表《真道照心》为“圆教”体系禅宗文献。总而言之,《真道照心》为另一篇西夏辽体系的禅宗文献。与其他文献一样,《真道照心》表示西夏佛教维持晚唐及辽的佛教传统。

西夏原文：

[illegible]

1. **[illegible]**：[illegible]，[illegible]。[illegible]，[illegible]① [illegible]？[illegible]，[illegible]。② [illegible]，[illegible]，[illegible]③。[illegible]，[illegible]。2. **[illegible]**：[illegible]，[illegible]，[illegible]？[illegible]：[illegible]，[illegible]。[illegible]④：[illegible]，[illegible]。[illegible]。[illegible]□[illegible]，[illegible]。3. **[illegible]**：[illegible]⑤，

---

① Interrogative structures with [illegible] or [illegible] are common in the text. Apparently these interrogative forms are reproductions of Chinese forms with 何而(不)……

② Probably one character in this sentence is omitted.

③ The sentence [illegible] is difficult for definite interpretation: on the basis of dictionary meaning, Tangut [illegible] can be interpreted as "the one who meets (welcomes)", where [illegible] is the agent suffix, whereas [illegible] is thematic substantiation suffix. Both Tangut characters are conventionally rendered through Chinese 者. If the above interpretation is accepted, the phrase should be translated into as "The one who welcomes [people] with true and upright is the Buddha". In this interpretation the phrase is an indication on Amitabha, who "welcomes 迎接" the faithful in their last hour.

④ Tangut [illegible] is open for interpretation. Tangut "[illegible]" is a literal translation of Chinese 真实. Therefore the phrase might be interpreted as the indication that "sincere mind" ([illegible], "正心") is the true reality.

⑤ Tangut [illegible] is definitely a translation of famous Heze Shenhui's saying "无念为宗" ("no-thought as the foundation"). The phrase structure with [illegible] (Chinese 也 or 是) in the middle of a sentence is not common in Tangut Buddhist texts known to me. However, in classical Chinese phrases with 也 as emphatic particles or in other capacities in the middle of a sentence are common. Thus this Tangut phrase in all probability is a direct rendering of a Chinese phrase which might have looked like: 无念也是宗 or 无念者宗也.

[Tangut]。[Tangut]①[Tangut]②。[Tangut]。[Tangut]，[Tangut]，[Tangut]。[Tangut]。4.**[Tangut]**：[Tangut]，[Tangut]。[Tangut]，[Tangut]。[Tangut]，[Tangut]。[Tangut]，□□[Tangut]。[Tangut]，[Tangut]。[Tangut]。[Tangut]，[Tangut]。[Tangut]？[Tangut]。5.**[Tangut]**：[Tangut]，[Tangut]。[Tangut]，[Tangut]。[Tangut]，[Tangut]。[Tangut]，[Tangut]。[Tangut]，[Tangut]。[Tangut]，[Tangut]。6.**[Tangut]**：[Tangut]，[Tangut]。[Tangut]。[Tangut]。[Tangut]。[Tangut]。7.**[Tangut]**：[Tangut]。[Tangut]。[Tangut]。[Tangut]。[Tangut]。[Tangut]。

[Tangut]

构拟翻译：

真道照心

1.定导引颂：心无念，则是住处主人，空寂心者何而不非？心显照，则是相引导。内外照明，通达炳然。忠正心者迎者是佛。无是非，不作得失。2.安心颂：俱灭我法二，我法二空，何而不有？不造一切善恶，不念善恶，亦无察意。正心为真实，苦乐平等，不做好恶。是菩提道场。步□步难，皆是道场。3.宗行定三：无念也为宗，念则大迷，无意也始终。意则违背。无出入则定，出入则妄，无造作者行。造作则失。4.心行颂：在上明满，无求索心。凡寂变化也，故不能也。在下流传，无恐疑心，流传是变，□□不得。在体性，无意求

① Tangut [Tangut] unlike [Tangut] is not often used in Buddhist texts. Generally the character is rendered as Chinese 意. Kyĉanov's *Tangut Dictionary* (Kyoto: University of Kyoto Press 2005, p. 448, entry 3151.0) explains this graph as "target", "aim". Another meaning would be "to plan" (意图，谋). Thus in the Buddhist context the graph should probably be interpreted as "intentional thought" or "discriminative thought".

② Tangut [Tangut] is rendered here according to its Chinese equivalent "始终" provided in Kyĉanov's *Tangut Dictionary* (p.570, entry 4158.4). However, I am inclined to think that this compound is used here in the same capacity as "[Tangut]" (Chinese: 究竟) in "Hongzhou texts".

心也。本来无说。善恶一样,不著染。何在而著染?无心也。5.心印颂:无佛可求,自心是佛。无法可求,自心是法。不念善恶,不作清秽。了罪性空,念念无住。三界一心,万事一性。知此理既是解脱。6.戒定慧三:心无恶则是戒,本无妄心。心无念则是定,真心本清净也。心显照则是慧。入空炳然。7.自心三宝:心无生则是佛宝。曰:"心海觉照也。"心无相则是法宝。心海无相。心无念则是僧宝。不作二相。

真道照心略书竟

(索罗宁,佛光大学佛教学系)

刘勰与佛教关系之考述

达　亮

一、生平业绩

刘勰(466? ~537?),其生卒之年说法不一,迄今所见生年,以梁绳祎所定最早,为460年;其定生年最晚者为贾树新,为472年;此外推定出刘勰生年为464年、465年、466年、467年、469年、470年,不胜枚举。卒年亦说法不一,迄今所见卒年,以日本的兴膳宏所定最早,为520年;其卒年最晚者为李日刚所定,为539年。[①] 刘勰的一生经历了宋、齐、梁三朝,而这是个士庶天隔、等级森严的时代。自魏文帝曹丕制定九品中正制以来,南朝逐渐形成士庶有别的门阀制度。高门士族把持政权,坐取公卿,官吏的选拔一直是"上品无寒门,下品无世族(士族)"(刘毅《请罢中正除九品疏》)。西晋著名文人左思在《咏史诗(其二)》中抨击当时"世胄蹑高位,英俊沉下僚"之世态。偶有庶族贫寒出身升迁高位者,便会受到士族的歧视与排

① 参阅牟世金:《刘勰年谱汇考》,巴蜀书社,1988年,第6~7页。

挤。

刘勰的一生经历入寺——登仕——出家三部曲。他出生于南渡的一个士族地主家庭，“祖灵真，宋司空秀之弟也。父尚，越骑校尉”。刘勰，其生平事略于《梁书》卷五十、《南史》卷七十二、《隆兴佛教编年通论》卷八都有其传，然叙述过简，语焉不详处甚多，但《南史》实际是删削《梁书》而成文，故《梁书》之《刘勰传》文字稍详于《南史》。再者，有关删削的问题，如《南史·刘勰》本传中却删去了“未期而卒”的记载。此记载关系到刘勰的卒年，而生卒年乃列传中十分重要的生平资料，任何史家都不会轻忽的。《南史》作者李延寿删除“未期而卒”这样的重要材料，决非随心所欲。此记载只有四字，删去决不是为了省简篇幅，只是著者不能确知刘勰出家的情况，认为它失实而作的改正。这是一个很值得注意的问题。

唐代姚思廉(557~637)所撰《梁书》本传记录了刘勰简单的履历：

> 刘勰字彦和，东莞莒人。祖灵真，宋司空秀之弟也。父尚，越骑校尉。
>
> 勰早孤，笃志好学，家贫不婚娶，依沙门僧祐，与之居处，积十余年，遂博通经论……今定林寺经藏，勰所定也。
>
> 天监初，起家奉朝请，中军临川王宏引兼记室，迁车骑仓曹参军。出为太末令，政有清绩。……兼东宫通事舍人。时七庙飨荐已用蔬果，而二郊农社犹有牺牲，勰乃表言二郊宜与七庙同改，诏付尚书议，依勰所陈。迁步兵校尉，兼舍人如故。昭明太子好文学，深爱接之。
>
> 初，勰撰《文心雕龙》五十篇，论古今文体，引而次之。其序曰：……既成，未为时流所称。勰自重其文，欲取定于沈约。约时贵盛，无由自达，乃负其书，候约出，干之于车前，状若货鬻者。约便命取读，大重之，谓为深得文理，常陈诸几案。
>
> 然勰为文长于佛理，京师寺塔及名僧碑志，必请勰制文。

> 有敕与慧震沙门于定林寺撰经证，功毕，遂启求出家，先燔鬓发以自誓，敕许之。乃于寺变服，改名慧地。未期而卒。①

“然勰为文长于佛理，京师寺塔及名僧碑志，必请勰制文”三句，系概指刘勰一生而言。此后即关于撰经证、求出家、变服改名的记载，又是循时记事。

刘勰满怀壮志，“天监初，起家奉朝请”，后做记室、车骑仓曹参军、太末令、东宫通事舍人。为太末令时，政有清绩；任东宫通事舍人时，“七庙飨荐已用蔬果，而二郊农社犹有牺牲，勰乃表言二郊宜与七庙同改，诏付尚书议，依勰所陈”。由此，刘勰“迁步兵校尉”。刘勰升迁校尉后，“兼舍人如故。昭明太子好文学，深爱接之”。昭明太子“爱接”刘勰，不是因为刘勰政绩卓著，而是昭明太子好文学。

《梁书·刘勰》本传说：“刘勰字彦和，东莞莒人。”“莒”本来是现在山东的莒县，“东莞莒人”是说刘勰的祖籍。他的祖父刘灵真，是宋朝司空秀的弟弟。他们早已世居京口，成为南朝的文化世家。刘勰的父亲刘尚，事迹不明，只知道他做过越骑校尉这样一个小小的武官。在刘勰幼年，刘尚就死了，没有留下财产。刘勰自幼家境贫寒，可算是没落士族子弟。稍长，“笃志好学”，可是家里无依无靠，也没有结婚，在他二十多岁时就投奔了南京附近定林寺的著名禅师僧祐。在定林寺帮助僧祐搜罗典籍，校理佛经。永明元年(483)，齐武帝下令削除没落士族子弟的免役权。刘勰到定林寺有可能借寺院特权免役有关。他与僧祐同居共处十多年中，不仅给僧祐做了不少工作，整理了不少的经卷，而且也借此机会读了定林寺的大量藏书，其中经史子集都有。他尤其喜爱历代作家的文学作品，所以他才有从事文学理论和批评的著作。再者，齐明帝建武三年(496)左右，刘勰“夜梦执丹漆之礼器，随仲尼而南行”，才决定写《文心雕龙》，在齐东昏侯永元元年(499)此书才写成。“既成，未为

---

① (唐)姚思廉：《梁书》(全三册)卷五十，中华书局，1973年，第710~712页。

时流所称。勰自重其文,欲取定于沈约。约时贵盛,无由自达,乃负其书,候约出,干之于车前,状若货鬻者。约便命取读,大重之,谓为深得文理,常陈诸几案。”

天监十五年(516),剡县石城山寺大石佛像塑成,刘勰作碑铭。刘勰因向萧衍上条陈有功,迁步兵校尉,兼舍人如故。又因奉萧衍之命,“与慧震沙门于定林寺撰经”。两年后,他完成第三次校理经卷的任务。“有敕与慧震沙门于定林寺撰经证,功毕,遂启求出家,先燔鬓发以自誓,敕许之。乃于寺变服,改名慧地。未期而卒。”

刘勰圆寂于定林寺,葬于钟山,走完了他的人生历程,结束了“百年障眼书千卷,四海资身笔一枝”(明唐寅《自笑》)的勤奋清苦的一生。《刘勰墓塔》其楹联曰:“佛塔悯莒归地府,彦和碑碎遗荒坟。”①

二、刘勰受佛教影响的经历

刘勰的一生与佛教结下了不解之缘,《灭惑论》《文心雕龙》中亦渗透着佛学思想的影响,是一个虔诚的佛教徒。那么,佛家思想究竟对刘勰产生了怎样的影响,佛学在刘勰的生活中又充当了什么角色呢?

第一,三入定林寺。刘勰的一生,如果不计其童年和少年时代,则大致可分为三个阶段:第一阶段,“依沙门僧祐,与之居处积十余年”,在定林寺里专心攻读。第二阶段,“天监初,起家奉朝请”,由定林寺走上了仕途。第三阶段,“乃于寺变服,改名慧地”,又回到定林寺出家。由入寺读书——离寺登仕——于寺出家的经历中,可以看出刘勰的一生与定林寺的关系是很密切的。

在我国古代寺庙中,有多处名为定林寺的,而研究者在研究刘

---

① 盛晓光、赵宗乙主编:《中华谝海》(第四册),黑龙江人民出版社,1999 年,第 2268 页。

勰与定林寺时，提到的定林寺也有五处之多。[①] 而真正与刘勰有关系的，即《梁书·刘勰》本传提到的定林寺，为南京钟山的上定林寺。其中的两处在钟山，分别名为上、下定林寺。上定林寺创建于刘宋元嘉十二年(435)，下定林寺齐梁时已废，故上定林寺亦往往被称为定林寺，此可称之为南定林寺，今已不存痕迹。另一处在山东莒县浮来山，至今犹存，可称之为北定林寺。刘勰入定林寺与僧祐居处，"区别部类"、校理经藏，奉敕与慧震共撰经证，以及变服出家、改名慧地，所有这些活动，毫无疑问都是在南定林寺里。

刘勰一生同佛教结下了不解之缘。他生活在由佞佛者梁武帝统治、佛风甚炽的时代，曾三入佛教名寺定林寺：首入定林约在齐永明八年(490)[②]，主要因"家贫"，"依沙门僧祐"(《梁书》本传)[③]。二入定林约在梁武帝天监六年(507)，原因是梁武帝"选才学道俗，释僧智、僧晃、临川王记室东莞刘勰等三十人，同集上定林寺，抄一切经论。以类相从，凡八十(八)卷，皆令取衷于旻"[④]。三入定林约在天监十八年(519)[⑤]，原因是"有敕与慧震沙门于定林寺撰经证"，但"功毕，遂启求出家，先燔鬓发以自誓，敕许之。乃于寺变服，改名慧地。未期而卒"(《梁书》本传)。

刘勰一生三入定林上寺，与此寺情缘深厚。定林上寺的创始人昙摩蜜多是刘宋时与北凉沮渠京声齐名的禅学大师，定林寺自然是齐梁时著名的禅林。刘勰之师僧祐上承法达、昙摩蜜多之学，于律学之外当于禅学也有甚深了解。在这样的环境中的刘勰，对禅法有所修习与重视，也是合乎情理的。

《高僧传》卷三"宋上定林寺昙摩蜜多"条载：

---

① 五处定林寺分别是南京钟山上定林寺、南京钟山下定林寺、南京方山上定林寺、镇江京口定林寺、山东莒县浮来山定林寺。

② 牟世金：《刘勰年谱汇考》，巴蜀书社，1988年，第28页。

③ (唐)姚思廉：《梁书》(全三册)卷五十，中华书局，1973年，第710页。

④ 牟世金：《刘勰年谱汇考》，巴蜀书社，1988年，第73页。

⑤ 牟世金：《刘勰年谱汇考》，巴蜀书社，1988年，第103页。

元嘉十年(433)还都,止钟山定林下寺。蜜多天性凝靖,雅爱山水,以为钟山镇岳,埒美嵩华,常叹下寺基构,临涧低侧。于是乘高相地,揆卜山势,以元嘉十二年(435)斩石刊木,营建上寺。①

昙摩蜜多,罽宾人,“博贯群经,特深禅法”,宋元嘉中至京师,“即于只洹寺译出《禅经》《禅法要》《普贤观》《虚空藏观》等。常以禅道教授,或千里咨受,四辈远近,皆号大禅师焉”②。定林上寺的开山之祖昙摩蜜多曾译出禅经多种,被时人称为大禅师,是刘宋时与北凉沮渠京声齐名的精于禅学的译师与经师,必以禅学教授弟子。刘勰曾托身僧祐十余年,并助其校理定林寺经藏,故受僧祐学风影响很大。《高僧传》卷十一“齐京师建初寺释僧祐”条载:“年十四,家人密为访婚,祐知而避至定林,投法达法师。”③知僧祐曾师事法达。《高僧传》卷十一“齐京师灵鹫寺释僧审”条载:“有僧谦、超志、法达、慧胜并禅业,亦各有异迹。”④可知僧祐之师法达也以禅学知名。由此可知僧祐之师法达就是钟山定林寺开山祖师昙摩蜜多的高足。

第二,刘勰一生未曾婚配。《梁书·刘勰》本传说“家贫不婚娶”,因为家里穷,以致不能结婚。这一说法是值得商榷的。其一,刘勰的父亲刘尚,官至越骑校尉,俸禄约两千石,官居四品。他即使在刘勰的幼年就逝世,刘勰也不至于一贫如洗。其二,刘勰如果真

① (梁)释慧皎撰,汤用彤校注,汤一玄整理:《高僧传》,中华书局,1992年,第122页。

② (梁)释慧皎撰,汤用彤校注,汤一玄整理:《高僧传》,中华书局,1992年,第121页。

③ (梁)释慧皎撰,汤用彤校注,汤一玄整理:《高僧传》,中华书局,1992年,第440页。

④ (梁)释慧皎撰,汤用彤校注,汤一玄整理:《高僧传》,中华书局,1992年,第423页。

的穷到无法维持生活，如何“笃志好学”。其三，退一步说，即使刘勰在南朝齐因为贫穷无法结婚，而他在入梁以后，即步入官场，又为何不结婚呢？儒家传统是“不孝有三，无后为大”，而史料中却没有关于刘勰婚姻方面的记载，由此可知刘勰一生，即使在入仕为官后仍恪守着佛教中不婚娶的教规，直至舍俗家入佛门并剃度明誓。儒家对佛教剃度、弃家、不婚娶的教规始终存有伦理上的质疑，刘勰却做出与儒家行为准则相悖之事，这也充分说明刘勰无论在思想上还是行为方式上都是一个虔诚的佛教徒。再者，刘勰认为僧人出家是为了减少家庭之累，以更好地弘法，他说：

> 妻者爱累，发者形饰，爱累伤神，形饰乖道。所以澄神灭爱，修道弃饰，理出常均，教必翻俗。①

在刘勰看来，不婚娶、不蓄发，都是为了专心弘扬佛教，“搢绅沙门，所以殊也。但始拔尘域，理由戒定”。所以，不娶妻、不蓄发，这是佛教徒的标志。

因此，可以断言，《梁书》此说不可信。又有人认为，刘勰不结婚是因为居母丧。请问，居母丧三年之后，又为何不结婚？显然不能自圆其说。那么，刘勰究竟为什么不结婚呢？有人认为，最大的可能是因为信仰佛教。这类情况在当时是有的，僧祐避婚（见《高僧传·僧祐传》）就是因为信仰佛教而不肯结婚的例子。由此，我们可以理解刘勰不婚娶的原因。但是，当时的刘勰和僧祐不同，他并不完全信仰佛教。他在《文心雕龙·程器》篇中说：“穷则独善以垂文，达则奉时以骋绩。”他希望能有“达”时，以施展才能，而在那“上品无寒门”的社会里，出身寒门的刘勰是不可能得到重用的。如果想得到重用，一是为统治者创功立业或立大功；二是只有与士族联姻，通过婚姻关系改变自己的地位。可是当时士庶区别很严格，并

---

① 参见《弘明集》卷八，刘勰《灭惑论》，《四部丛刊》本。

不是每个人都有这种机会。也许刘勰没有这种机会，所以就不结婚了。总之，对于刘勰“不婚娶”有各种不同的解读，直到目前，还没有一种解释是大家较满意的。

第三，刘勰在做东宫通事舍人时，曾上表请求改用蔬果来祭天地，“时七庙飨荐已用蔬果，而二郊农社犹有牺牲，勰乃表言二郊宜与七庙同改，诏付尚书议，依勰所陈”①。这一做法与儒家用牛、羊、猪三牲祭祀天地的仪礼截然不同，显然是秉承着佛教不杀生的理念。祭祀在儒家文化中占有重要地位，刘勰却上书改变祖制，这不仅反映出他本人对佛教信仰的虔诚，而且也能证明他在出寺以后对佛教思想进行过积极传播与推广。

第四，现在所能见到刘勰“长于佛理”之文，只有《梁建安王造剡山石城寺石像碑》和《灭惑论》两文，其他有目无文的还有《钟山定林上寺碑铭》《建初寺初创碑铭》《僧柔法师碑铭》《僧超辩法师碑铭》及《僧祐法师碑铭》共五篇碑目。② 而《梁建安王造剡山石城寺石像碑》一文，主要内容是叙述营造剡山石城寺石像的前后经过，文中记载：

> 以大梁天监十有二年，岁次鹑尾，二月十二日，开凿爰始，到十有五年，龙集涒滩，三月十五日，妆画云毕。③

由此推断此文作于石像完成之时的梁天监十五年(516)，或之后的一二年。除帮助僧祐著书、编书、整理佛经外，刘勰也曾用自己的名

---

① (唐)姚思廉：《梁书》(全三册)卷五十，中华书局，1973年，第710页。

② 这五篇碑目中的《僧超辩法师碑铭》和《僧柔法师碑铭》两文，据《高僧传》所记传主逝世年代，应是分别写于南齐永明十年和延兴元年，亦即都写于入梁之前。但刘勰这两篇碑文，又都是出自释僧祐的授意，与其时沈约等名士为辞世的高僧撰写碑文一样，都是一种应命文章，这就与姚书刘传所叙，因其“长于佛理”而“必请勰制文”有所不同。刘勰前后期所写碑文对佛理的认识和感受的程度是有区别的，虽然因为文章亡佚而无法对此作出比较。

③ 牟世金：《刘勰年谱汇考》，巴蜀书社，1988年，第88页。

义写了不少文章，所制之寺塔及名僧碑志甚多，由于他本人的文集亡佚，这一类文章也大部分失传了，例如《高僧传》卷十二“齐上定林寺超辩”条载：“以齐永明十年(492)终于山寺，春秋七十有三。葬于寺南，沙门僧祐为造碑墓所，东莞刘勰制文。”①《高僧传》卷十八“齐上定林寺释僧柔”条载，延兴元年(494)僧柔去世以后，也是僧祐“为立碑墓所，东莞刘勰制文”②。这两篇碑志文今已失传。天监十七年(518)僧祐圆寂，墓碑也是刘勰撰写的，亦已失传。刘勰所作的《钟山定林上寺碑铭》《建初寺初创碑铭》等也没有流传下来。现在所能看到的直接署名刘勰的文章只有两篇：《灭惑论》(《弘明集》卷八)、《梁建安王造剡山石城寺石像碑》(《会稽掇英总集》卷十六)，前一篇是从哲学上阐述儒、佛两家“殊教合契”、异经同归的主张，后一篇则是宣扬儒教威灵的。

刘勰在《梁建安王造剡山石城寺石像碑》文中也讲道：“以定林上寺祐律师德炽释门，名盖净众，虚心弘道，忘己济物。加以贞鉴特达，研虑精深，乃延请东行，凭委经始，爰至启敕，专任像事。”剡山石城寺的佛像建成后，号称江南第一佛，佛像至今尚存。因与僧祐的设计制作佛像有关，因而刘勰撰写了《梁建安王造剡山石城寺石像碑》一文。

刘勰“有敕与慧震沙门于定林寺撰经证”③。据此说明，刘勰不仅佛理修养深厚，而且在佛教界的地位和名望也很高。由此可知，刘勰思想中接受了不少佛教的唯心论观点，刘勰最终选择出家为僧就是最好的证明。

凡此种种，足以说明刘勰深受佛教思想影响，而且这种影响也必然渗透于他的著述之中。

---

① (梁)释慧皎撰，汤用彤校注，汤一玄整理：《高僧传》，中华书局，1992年，第471页。

② (梁)释慧皎撰，汤用彤校注，汤一玄整理：《高僧传》，中华书局，1992年，第322页。

③ (唐)姚思廉：《梁书》(全三册)卷五十，中华书局，1973年，第712页。

三、《灭惑论》的护教思想

刘勰二十四岁左右入定林寺①，依沙门僧祐，在其身边生活了十余年，虽不曾出家，但却做了大量与佛教有关的工作。如整理佛典、编制目录、抄录群经并加以编纂等工作，这无疑对刘勰佛学修养的提高有很大帮助。作为奉佛者，刘勰亦参加了捍卫佛教的论争，《灭惑论》便是刘勰的一篇捍卫佛教的论文。刘勰写作《灭惑论》的具体年代各家说法不一，有的认为《灭惑论》约作于南齐建武四年(497)或稍后②，有的认为是在《文心雕龙》之前③，也有的认为是刘勰入梁后任临川王萧宏记室时所作④。《灭惑论》写于何时，是在《文心雕龙》之前还是其后，目前还没有确切的材料能够说明，因此存在很大的争议。其实，史料考辨问题，即使无法解决也无妨，因为这一文一书都是刘勰思想业已成熟以后的产物，其间并无原则上的差别。

东汉末年，佛教从印度传入我国后，佛、道之争就已开始，到南朝宋、齐、梁三代，都有过佛教与道教的激烈争论。《三破论》的宗旨是崇道反佛，这与刘勰所信仰的佛教是大相径庭的。为了维护佛教，弘扬佛法，刘勰撰写《灭惑论》，阐发佛教义理。《灭惑论》是刘勰现存唯一的一篇佛学论文，是刘勰为捍卫佛教而撰写的论战性文

---

① 牟世金:《刘勰年谱汇考》，巴蜀出版社，1988 年，第 28 页。

② 牟世金:《刘勰年谱汇考》，巴蜀出版社，1988 年，第 43 页。

③ 如杨明照《刘勰〈灭惑论〉撰年考》认为:“刘勰写的《灭惑论》，不管是在永明十一年前或建武四年后，为时都比《文心雕龙》成书早，这是毋庸置疑的。”参见《古代文学理论研究》丛刊第 1 辑，上海古籍出版社，1979 年，第 178 页。

④ 王元化《〈灭惑论〉与刘勰的前后期思想变化》指出:“据王利器《文心雕龙新书序录》称:‘《弘明集》卷八，采入彦和《灭惑论》，题名为东莞刘记室勰，这当是彦和的自述如此。’《序录》所引题名，未注明出处。查《碛砂藏本弘明集》题名为‘东莞刘记室勰’，当系《序录》所本。根据这个题名，我们可以推知刘勰作《灭惑论》是在入梁以后担任记室的时候(因为称记室而不称舍人)。”参见《文心雕龙创作论》，上海古籍出版社，1984 年，第 37 页。

章，它是针对当时匿名齐道教徒假托名士张融杜撰的《三破论》而发的。《三破论》仍是《化胡经》之类的谬说，目前此文已不存，但散见于刘勰《灭惑论》和释僧顺《释三破论》之中。《灭惑论》在区别三教高下方面，一曰："感有精粗，故教分道俗。"二曰："至道虽一，歧路生迷。"三曰："九十六种，俱号为道，听名则邪正莫辨，验法则真伪自分。"四曰："佛道之尊，标出三界，神教妙本，群致玄宗。"①这些话都说明真俗所见，朱紫各别，不可混同为一。

刘勰在《灭惑论》中说："佛之至也，则空玄无形，而万象并应；寂灭无心，而玄智弥照。"主张佛教修炼至高境界便是"空玄无形""寂灭无心"，一切归于无所有处。这正是佛教大乘般若空宗的理论。刘勰在《灭惑论》中说："慧业始于观禅。禅练真识，故精妙而泥洹可冀。""夫泥洹妙果，道惟常住。"这就是说"空玄无形""寂灭无心"的境界是通过"观禅""禅练"达到"泥洹"的结果。"泥洹"就是"涅槃"，是汉语的同译法，通过"禅练"达到"泥洹"，作为肉体已经不存在了，但"道"却"常住"；即使肉体不存了，"佛身"永住。又说："大乘圆极，穷理尽妙。故明二谛以遣有，辨三空以标无，四等弘其胜心，六度振其苦业。""拔愚以四禅为始，进慧以十地为阶。"②这"二谛"是指真谛和俗谛，"遣有"是崇本抑末，以无为本；"三空"是指三解脱门而言，即空、无相、无愿三门，这三者的基础都是空理。"辨"和"标"都说明佛教中的空与玄学的"无"是一致的。"四等"是指佛教的慈、悲、喜、舍四无量心。这"圆极"和"穷理"，都是指佛教的极高境界。通过"遣有""标无"，达到一切皆"空"，即"六度振其苦业"。"六度"就是六波罗蜜，即到彼岸去。"四禅"又叫"四禅空"，是色界的四个冥想阶段，由超越欲界的种种迷执而得。"十地"是菩萨修行的五十二个阶段中第四十一位至五十位，称为"十地"。其中第四地叫"焰慧地"，指智光炽盛，生无生忍；第九地叫

① 参见《弘明集》卷八，刘勰《灭惑论》，《四部丛刊》本。
② 参见《弘明集》卷八，刘勰《灭惑论》，《四部丛刊》本。

"善慧地",即以善的慧观而入无生忍之道。刘勰法名"慧地",或取此意,因为他一生苦苦追求的"学而优则仕",到头来竹篮打水一场空,他希望自己能进入无生法忍之境,来减少心灵上的痛苦。刘勰在《灭惑论》中所宣扬的都是大乘般若空宗的理论,而他的老师僧祐在《出三藏记集》中说:"窃有坚誓,志是大乘,顶受方等,游心《四含》。"①而僧祐一生所从事的律学也是大乘般若空宗律学理论。所以,刘勰在《梁建安王造剡山石城寺石像碑》中称僧祐为"律师"。此文的最后赞语中说:"至因已树,上果方凝,妙志可取?总驾大乘。愿若有质,虚空弗刹尘斯仰,貌劫永承。"这也是宣扬的同一理论。所以,刘勰所信仰的佛教派系为大乘般若空宗派。

《三破论》强烈反佛,其主要内容是说佛教"入国而破国","入家而破家","入身而破身",此为"三破"。② 此论一出,立即遭到刘勰、僧人玄光和僧顺的猛烈批驳。③ 玄光、僧顺的文章反驳的着眼点在于佛、道二教的优劣,仍然属于夷夏之辩的延续,刘勰的《灭惑论》虽也承续着夷夏之辨,但在论辩和佛理上均高明许多,因而具有代表性。《三破论》认为佛教是"羌胡"异族的宗教,不合中国国情。《三破论》用以攻击佛教的主要依据并没有什么新意,仍认为佛教教义有违儒家纲常名教的老调,无论从治国、齐家还是修身来说,佛教都是无益而有害的。刘勰的文章则痛驳此论,指出佛教不知道要比道教高明多少,而且尽管佛教是由异国传入中国的,但这一点并不足以成为信仰它的障碍,因为中外的道理是一样的:

> 至道宗极,理归乎一。妙法真境,本固无二。佛之至也,则空玄无形,而万象并应;寂灭无心,而玄智弥照。幽数潜会,莫

---

① (梁)僧祐撰,苏晋仁、萧炼子点校:《出三藏记集》,中华书局,1995年,第457页。

② 参见《弘明集》卷八,刘勰《灭惑论》,《四部丛刊》本。

③ 刘勰《灭惑论》、释玄光《辩惑论》、释僧顺《释三破论》,此三文均载僧祐《弘明集》卷八,《四部丛刊》本。

见其极。冥功日用，靡识其然。但言万象既生，假名遂立，梵言菩提，汉语曰道。……权教无方，不以道俗乖应；妙化无外，岂以华戎阻情？是以一音演法，殊译共解；一乘敷教，异经同归。经典由权，故孔释教殊而道契；解同由妙，故梵汉语隔而化通。但感有精粗，故教分道俗，地有东西，故国限内外。其弥纶神化，陶铸群生，无异也。①

首先，刘勰极力调和佛教与儒家名教之间的矛盾。如他认为，孝是至极之理，在家出家，都应遵循孝道。只是在家者“修教于儒礼”，出家人“弘孝于梵业”，形迹虽异，其尽孝之理，并无二致。再如对于僧侣行为之不合儒礼的责难，刘勰认为，名教有两种：一儒一佛。佛教与俗礼不同，其事既出乎常情，其教亦异于凡俗。古代泰伯、虞仲，自北方来到江南，也曾断发文身，而孔子盛称其德。可见形饰毕竟属乎形迹，佛徒乃是“弃迹求心”。以“形迹”与“本质”论佛、儒的异同，这与慧远所论“佛儒二教之礼，形迹虽异，本质实同”有异曲同工之妙。

其次，在最高之“道”本体上统一三教。《灭惑论》从“同源”论的角度将儒、道、释三教糅合为一体。《灭惑论》中所谓的“至道宗极，理归乎一”，这个“一”，即是“神理”“神明”，是先于宇宙万物存在的先验的非实体性之“神性”，它可以生发宇宙、自然、社会、人事，是“全在”“全知”“全能”的体现。所以，在刘勰看来，无论是“佛道”还是“儒道”，甚或是“自然之道”，皆是“至道”。刘勰充分吸取“同源”论的折中思想，将三教统一于最高的、唯一的“道”本体。而三教有殊，只是因“感”“缘”的不同，而表现为不同的形迹而已。梁武帝揭橥“三教同源”说，除这一原因外，还由于统治上的需要：

他用儒家的礼（《孝经》引孔子说“安上治民，莫善于礼”）

① 参见《弘明集》卷八，刘勰《灭惑论》，《四部丛刊》本。

来区别富贵贫贱,用道家的无(刘向论道家“清虚无为,务崇不竞”)来劝导不要争夺,用小乘佛教的因果报应,来解答人为什么应该安于已有的富贵贫贱,为什么不要争夺。三家合用,非常有利,因此他创三教同源说,硬派孔子、老子当佛的学生。①

自梁武帝确立三教同源说的理论以来,封建阶级大多数继承了他的衣钵。据元静斋学士刘谧《三教平心论序》载:“孤山圆法师曰:‘三教如鼎,缺一不可。’”宋孝宗皇帝称:“以佛治心,以道治身,以儒治世。”无尽居士称:“儒疗皮肤,道疗血脉,佛疗骨髓。”清世宗关于佛学之论旨,在《雍正皇帝上谕》云:“三教之觉民于海内也,理同出于一原……洵可以型方训俗,而为致君泽民之大助。”以上诸例,充分说明三教同源的主旨仍在尊佛,以佛为中心。梁武帝于释教中特重般若、涅槃,《灭惑论》则以大品、涅槃都摄佛法,援用三空、四等之义以明大乘圆极之道,同样流露出玄佛并用的浓厚色彩。梁武帝揭橥三教同源说,采取表面调和手段,以达到以佛教兼并孔、老的目的。《灭惑论》述三教关系时亦同此旨。

刘勰的思想是复杂的、有矛盾的,既业于儒,又染于佛,在他的头脑里,儒、佛两家的思想都有。但二者之间不能画等号,而是此起彼伏、互有消长的。当他在撰述《文心雕龙》之前写《灭惑论》②时,佛家思想居于主导地位,即是说取得支配地位的是佛学唯心主义思想,他必然站在佛家的立场,对“谤佛”的《三破论》给予还击,旗帜鲜明,毫不含糊。从《灭惑论》的内容来看,亦多与梁时奉佛事有关。

《灭惑论》是一篇站在佛教立场从事佛道之争、华夷之辩的论战文字。《灭惑论》所针对的具体对象是《三破论》。《三破论》的宗旨是崇道反佛,与梁武帝舍道奉佛的立场恰好针锋相对。《灭惑论》在佛学思想方面比较突出地表现为三个特点:(1)文中多称涅槃般若,

① 范文澜等著:《中国通史》,人民出版社,1994年,第480页。

② 杨明照《刘勰〈灭惑论〉撰年考》推定《灭惑论》成于《文心雕龙》之前。

似于释典中特别重视涅槃般若之学，而同时又不废除禅法。(2)文中处处流露了玄言之风，带有玄佛并用的浓厚色彩。(3)文中凡论述儒、释、道三家关系时，悉从“三教同源”之说。刘勰具有当时最广阔的胸怀和眼光，看出异质文化之间有着相通的东西，中国传统的儒家思想与外来宗教的佛教具有同样的价值。刘勰在《灭惑论》中以折中三教为立论依据进行反驳，而刘宋以来普遍流行的折中三教思想在《灭惑论》中亦得到充分体现。

四、佛教对《文心雕龙》思想的影响

刘勰生平精通儒学与佛学，所撰《文心雕龙》十卷五十篇，用骈体写作，前五篇《原道》《征圣》《宗经》《正纬》《辨骚》是全书主旨，提出了指导写作的总原则，《序志》称为“文之枢纽”。《文心雕龙》为我国文学理论批评史上的体系最完整、论述最全面的理论巨著。《史通通释》注云：“《文心雕龙》主文章体裁。”[①]该书主张文学作品应具有“风骨”(即充实的内容)，也要有“文采”(即华美的形式)，并提出文学批评的六个标准(“六观”)及其必须具备的修养，系统地阐述了先秦以来的文学批评理论，在文学史上具有重要的地位。刘勰主张文以载道，主要针对当时文风卑靡、言不及义而发。刘勰虽在其他文字中也主张“儒佛合契”“异经同归”，但在《文心雕龙》中则很明确地以儒家思想作为贯穿文学的总纲。

刘勰约三十四岁时写成《文心雕龙》，当时，此书并没有引起人们的注意。这与当时弥漫文坛的形式主义文风异趣、曲高和寡，不为人们所重视。刘勰坚信自己著作的价值，决定请一代文宗沈约品定。沈约是当时的文坛领袖，官散骑常侍、吏部尚书，地位高、名气大。沈约读到此书后，大加赞赏，认为“深得文理”，置于案头，以便

① (唐)刘知几撰，(清)浦起龙释：《史通通释》(全二册)卷十，《自叙》，上海古籍出版社，1978年，第291页。

随时观览。翌年,梁武帝萧衍登上皇帝宝座,主张“唯才是务”。由于沈约的赏识和推举,刘勰当上“奉朝请”,由布衣迈进仕宦门槛。后来,梁武帝又派他到定林寺与僧人慧震共同整理佛经。事成,在定林寺落发为僧,出家后不满一年去世。

《文心雕龙》成书于南齐之末即齐和帝中兴年间[①](501~502),刘勰当时“齿在逾立”。假定为三十二三岁,再往上推算,他生于宋泰始六年(470)左右,至梁大同四、五年(538~539)间,约六十八九岁,年近古稀,在南朝文学家中,已算是高龄了。

五、玄佛思想对刘勰的影响

印度佛教于两汉之际(西汉末年至东汉初)传入我国。从东汉至西晋是佛教传入中国的初期阶段,主要表现为佛经的翻译和流传,还有佛教戒律(三国时期)的传入。据载,东汉末年就出现了“以金银作佛形像”[②]。为了得到统治阶级的保护,佛教自觉与中国的传统文化相结合。佛教与中国传统文化的融合经历了几个阶段:首先是依附于汉代流行的神仙道术,以便得到百姓的接受与支持。至魏晋,又与玄学相糅合,形成般若学。南北朝时,般若学更为流行,刘勰所处时代的封建帝王大都信奉佛教,大量修建寺庙,塑造佛像,并专设僧官,负责处理僧人之间的诉讼。当时虽然儒家思想还是封建统治阶级的主要统治思想,但玄佛思想已风靡于世。魏晋时期,佛学与玄学开始合流,是“佛教中国化的一个新阶段”[③],当佛教盛行,与玄学互相吸纳,“自然”与“真”又具有了新的内容。佛教认为“物我无二”,“万法是一心,一心是万法”,故而人应将世间的万事万物视为虚无,不受世俗的欲望困扰,保持心境的平常与平静。

---

① 参见清刘毓崧:《通义堂文集》卷十四《书文心雕龙后》,《续四库全书》本,南林刘氏求恕斋刊,第580页上。

② 邱明州:《中国佛教史略》,四川省社会科学院出版社,1986年,第30页。

③ 张晓华:《佛教文化传播论》,人民出版社, 2006年,第103页。

这一观点使玄学对“自然”和“真”有了更彻底的态度。人不仅要自然而然，无所待，无所使，不受外物干扰，还要做到“虚”“空”的状态。只有达到了这一状态，才能做到物我合一，心净而佛土净，不为万物所遮蔽而能保持真心。显然，玄佛的合流使“自然”和“真”由玄学强调的外在状态转向内心的修为。除儒家思想外，玄佛合流对刘勰产生了隐秘却深刻的影响，这一影响使他形成了独特的创作观和审美观，主要表现在《文心雕龙》中的“自然”“虚静”和“心物”观上。由于魏晋南北朝时期儒、释、道并行的复杂思想背景，这些在《文心雕龙》里都有所反映。

一个人是不可能超越时代而生活的，其精神思想上总是刻印着属于时代的东西。王元化先生说：

> 佛学自汉末流入中土，到了刘勰的时代，用佛家的话来说，正是“如日中天”。刘勰自少时入定林寺依沙门僧祐居处，就已开始钻研佛法。佛家的重逻辑精神，特别是在理论的体系化或系统化方面，不能不对他起着潜移默化的作用。①

也就是说，刘勰与佛学的因缘，除了他自身的原因，当时的社会历史环境亦为他接受佛家思想提供了充足的条件。佛教自东汉时由印度传入中国，在其传播过程中遇到了土生土长、根基深厚的儒道思想的强大阻力，而不得不依附于它们，借助它们的力量来求得自身的发展。尤其到了魏晋六朝时，以老庄思想为骨架企图调和儒、道两家的玄学提出以无为本的主张，与佛教大乘般若学所倡之性空在哲理上相契合，从而交互影响，相辅相成。一方面，将佛理引入玄谈，而使玄言义理更加丰富，玄学发展进入了佛学化阶段；另一方面，佛学又依附于玄学得以流行，吸收玄言义理，采用玄学思辨方法来阐释佛教教义，出现了佛学玄学化的趋向。在刘勰的时代，中

① 王元化：《文心雕龙创作论》，《初版后记》，上海古籍出版社，1984 年，第 304 页。

国思想界已从玄佛并用进入三教同源的阶段，个人思想何为主导，取决于具体环境的要求。刘勰处于这种特殊的历史条件下，其思想不是单纯地归属于某一家，而是集三家义理于一身，其中就包括佛学。所以，无论从个人经历，还是从当时的社会环境，刘勰接受佛家思想的影响是顺理成章的。

六、《文心雕龙》受佛教的影响

1.书名滥觞于佛学。《文心雕龙·序志》篇在解释《文心雕龙》的书名时说：

> 夫“文心”者，言为文之用心也。昔涓子《琴心》，王孙《巧心》，心哉美矣，故用之焉。古来文章，以雕缛成体，岂取驺奭之群言“雕龙”也？①

刘勰把他的论文名著名曰“文心”，并认为“心哉美矣”，这种思想来自佛学。刘勰的《灭惑论》提出“弃迹求心”的观点，这和“心哉美矣”的境界是一致的。

佛学经典《华严经·十地品》有“三界所有，唯是一心”“十二有支，皆依一心”等说法，认为人从生到死，也无非都是“心”的显现，所以都是“依以一心”。同时《法华莲华经玄义》也有“盖序王者叙经玄意。玄意述于文心。文心莫过迹本”②的说法，由此证明刘勰在其文学理论上有着“弃迹求心”的思想，刘勰的《文心雕龙》思想即本于此。由此亦证明了《文心雕龙》连书名也和佛教思想有直接关系。

齐梁时期，《阿毗昙心论》盛行，影响极大，刘勰寄居定林寺，师

① （梁）刘勰著，王运熙、周锋撰：《文心雕龙译注》，《序志》，上海古籍出版社，1998年，第459页。

② 《妙法莲华经玄义·法华私记缘起》，《大正藏》第33册，第681页中。

从僧祐学习律宗，参加《出三藏记》等佛经的整理工作，对于这部佛经著作，亦当十分熟悉。《阿毗昙心论》之“心”意为“最上法之要解”，《文心雕龙》之“心”意为“为文之要解”，可见，《文心雕龙》之“心”亦出自《阿毗昙心论》之“心”当不难理解。故范文澜先生在《文心雕龙·序志》篇注二中云：《文心雕龙》的书名，便是受到慧远《阿毗昙心序》的启发。“阿毗昙心者，三藏之要诵，咏歌之微言，管统众经，领其宗会，故作者以心为名焉。”①此言甚是。佛学对《文心雕龙》体例结构产生影响。首先，根据《梁书·刘勰》本传的记载，刘勰曾在定林寺长期从事佛经整理工作，这种经历对《文心雕龙》一书的创作有重要影响。其次，《文心雕龙》一书的体例安排也直接受《阿毗昙心论》一书影响。《阿毗昙心论》共有十品，其中第五品圣贤品，第八品契经品，刘勰《文心雕龙》之征圣、宗经之篇，即源于此种思想。《文心雕龙》一书的布局方式，与该书极为相似，范文澜先生也认识到了这一点，他在《文心雕龙·序志》篇注二中云：

> 彦和精湛佛理，《文心》之作，科条分明，往古所无。自《书记篇》以上，即所谓界品也，《神思篇》以下，即所谓问论也。盖采取释书法式而为之，故能思理明晰若此。②

最后，慧远所撰《阿毗昙心序》云：“始自界品，讫于问论，凡二百五十偈。以为要解，号之曰心。”③《文心雕龙》每篇之赞与偈性质极为相似，这种体例安排可能就是受慧远《阿毗昙心序》的启发。

清史念祖《俞俞斋文稿初集·文心雕龙书后》说：

---

① （梁）刘勰著，范文澜注：《文心雕龙注》（全二册）卷十，人民文学出版社，1958年，第728页。

② （梁）刘勰著，范文澜注：《文心雕龙注》（全二册）卷十，人民文学出版社，1958年，第728页。

③ （梁）刘勰著，范文澜注：《文心雕龙注》（全二册）卷十，人民文学出版社，1958年，第728页。

《南史》本传称其长于佛理，都下寺塔名僧碑志，必请制文，是固寝馈于禅学者也。顾当摛藻扬葩，群言奔腕之际，乃能不杂内典一字，视王摩诘诗文之儒释杂糅，亦可以为难矣。①

刘勰撰《文心雕龙》在齐代末年，此时他正居住在佛教重镇定林寺，然而著述却罕杂内典文字，如此狷介文风，明显拔出于时尚。反而会让人想到这些是出于刘勰的有意为之，其用心良苦。刘勰虽长于佛理，博通佛典经论，但《文心雕龙》在结构方面的确受佛学典籍的影响，然“文心”与“佛心”在这里并未发生碰撞。刘勰在《文心雕龙》中既没有宣扬佛理，也没有阐释佛典。《文心雕龙》洋洋洒洒五十篇中，唯独《论说》篇中提到“般若”“圆通”这两个佛教术语，且不是为了宣传佛教的理论，而是为了解释文学理论。

总之，正是由于受到佛典体例的影响，《文心雕龙》的结构体系才能在文论史上独步千古，取得“前无古人，后无来者”的地位，被梁启超先生谓为“组织的解剖的文体之出现也”②。

2.“文质并重”的思想源于佛学。当时译经在文字的处理上，存在着三种不同的标准：“重质”“重文”和“文质并重”，但从当时译经的主要倾向来看，是偏重于“文质并重”。如《出三藏记集》卷七《首楞严经后记》记载：

凉州自属辞。辞旨如本，不加文饰，饰近俗，质近道，文质兼唯圣有之耳。③

《出三藏记集》卷十三《安世高传》赞美安世高所出经“义理明析，文

---

① （清）史念祖：《俞俞斋文稿初集·文心雕龙书后》卷二，《近代中国史料丛刊续编》第二辑，台湾文海出版社，1974年，第257页上。

② 梁启超：《佛学研究十八篇》，岳麓书社，2010年，第168页。

③ （梁）释僧祐撰，苏晋仁、萧炼子点校：《出三藏记集》卷七，中华书局，1995年，第271页。

字允正，辩而不华，质而不野”①。这种译经要求对刘勰“文质并重”的文论思想的形成产生了深远影响。《情采》篇曰“使文不灭质”②，《才略》篇曰“文质相称”③，《史传》篇曰“文质辨恰”④等，都是刘勰“文质并重”思想的反映，而刘勰的这种思想又是受当时佛经译中“文质兼美”思想影响的结果。

3.佛典影响。刘勰对佛经研究的“经序”当是非常熟悉的。僧祐《出三藏记集》的初编（约编成于南齐末年）为十卷本，开始编撰时间（约在南齐建武年间）早于《文心雕龙》的成书时间。把《文心雕龙》中的“味”论与佛经传译中的“味”论结合起来进行分析，不仅可以说明六朝“艺味说”的形成与佛经传译中的“味”论之间具有相互影响的关系，也为《文心雕龙》与佛学研究的关系，提供一个研究的实例。

把《文心雕龙·声律》篇与慧皎《高僧传》卷十二《诵经》、卷十三《经师》及同卷《唱导》之“论”“赞”联系起来看，可以说刘勰重视“声文美”，除受传统的音乐、声律学的影响外，当也直接受到过佛经“转读”论的濡染。

佛教对中国文学的影响在南朝已不止一端。声律与四声的运用对文学创作的规律施以影响，而以佛教经义、术语、典故入诗的创作潮流，在刘勰时期已成风气。刘勰研究文学，又博通佛学经论，两方面的启发与浸润使刘勰在《文心雕龙》的体系结构方面受到佛教影响的推断既合规律，又合时尚。关于《文心雕龙》的理论体系，刘永济认为：“彦和此书，思绪周密，条理井然，无畸重畸轻之失，其思想方法，得力

---

① （梁）释僧祐撰，苏晋仁、萧炼子点校：《出三藏记集》卷十三，中华书局，1995年，第508页。

② （梁）刘勰著，范文澜注：《文心雕龙注》（全二册）卷七，人民文学出版社，1958年，第539页。

③ （梁）刘勰著，范文澜注：《文心雕龙注》（全二册）卷十，人民文学出版社，1958年，第698页。

④ （梁）刘勰著，范文澜注：《文心雕龙注》（全二册）卷四，人民文学出版社，1958年，第285页。

于佛典为多。”①《文心雕龙》的理论体系基本是儒家的传统文学观，但是，在5世纪前，儒家文学并不成体系，且在各理论层面与具体问题上也都发育不完全，佛典结构是唯一可借鉴的对象。

4.人文精神与佛学的关系。佛教对于《文心雕龙》写作的影响，具体来说，佛教弥补了刘勰在儒学信仰方面的不足，体现在对于他人文精神的深化，以及人格意志的培养。魏晋南北朝士大夫既把审美创作看作“发泄幽情”“导达意气”的精神寄托，又把佛教视为解脱烦恼、求得来世幸福的天国幻想；审美与佛理，都是他们排遣人生忧患的精神宣泄。唐代道宣《广弘明集》中就收录南朝许多诗人的佛像赞颂和颂美佛法的诗文。在诗作领域，宋代有谢灵运、颜延之，齐代有沈约、王融，梁代有武帝、昭明太子、简文帝、阮孝绪，陈代有江总、徐陵等。特别是谢灵运，是一位杰出的佛教诗人，作有《佛影铭》《只洹像赞》《无量寿颂》《维摩诘经中十譬赞》等。沙门智恺、智藏也是佛教诗人。在文章写作方面，宋代有宗炳、颜延之，齐代有明僧绍、周颙、沈约，梁代有江淹、刘勰，陈代有姚察、江总、徐陵等人，由此说明，佛教与士大夫的精神世界有着密切的关系。

刘勰《文心雕龙》所有重要文学思想的形成，都与佛教暗中助力有着不可分割的联系。总之，佛教必定对刘勰产生影响，并反映到他的重要著作《文心雕龙》中。《文心雕龙》虽是一部有关文章写作之法的专著，但它浸透着佛教的思维框架，故而思路开阔，条理明晰，谈论文艺，包揽宇宙，总括人心，颇合艺术审美思维之要求。

七、《文心雕龙》在历史上的地位及影响

《文心雕龙》是一部涉及面相当广泛的文艺理论著作，“深得文理”（《梁书·刘勰传》），“折衷群言，见识圆通”（刘知几《史通》），

① （梁）刘勰著，刘永济校释：《文心雕龙校释》，《前言》，中华书局上海编辑所，1962年，第2页。

"议论精凿"(胡应麟《诗薮·内编》),"体大而虑周","笼罩群言"(章学诚《文史通义》)。五六世纪之交出现的《文心雕龙》,不仅在中国文学史上地位重要,在世界文学史上,也是中国人永远引以为豪的杰作。鲁迅曾将《文心雕龙》与古希腊亚里士多德的《诗学》相提并论,他说:

> 篇章既富,评骘遂生,东则有刘彦和之《文心》,西则有亚里士多德之《诗学》,解析神质,包举洪纤,开源发流,为世楷式。①

这是非常高的评价,不仅论定了《文心雕龙》一书在中国文学理论批评史上无与伦比的地位,而且肯定了它在世界文学理论批评史上崇高的地位,"可谓千古绝作"(臧琳《经义杂记》)。鲁迅把《文心雕龙》与古希腊亚里士多德的《诗学》并称为"为世楷式"。但《文心雕龙》的作者刘勰却是在穷困当中写成的。《文心雕龙》之所以能够"为世楷式",除了它"弥纶群言",还在于它建立了一个宏大的理论体系和一整套研究文学问题的方法,而这在中国古代文学批评史上,是前无古人、后无来者的。在它以后的众多文学理论著述中,虽然在某些方面或问题上有更加精辟独到的研究,但就体系的宏大、完整、严密而言,都不能与《文心雕龙》相比拟。

晚近饶宗颐先生在《刘勰文艺思想与佛教》一文中认为:

> 总之,佛学者乃刘勰思想之骨干,故其文艺思想亦以此为根柢。必于刘氏与佛家关系有所了解,而后《文心》之旨,斯能豁然贯通也。②

---

① 《鲁迅全集》(全十八卷)第八卷《集外集拾遗补编》,《题记一篇》,人民文学出版社,2005 年,第 370 页。

② 香港大学中文学会编:《文心雕龙研究专号》,1962 年 12 月。

杨明照先生说："按《文心》全书，虽不关佛理，然其文理密察，组织谨严，似又与之有关。"[①]王利器先生说："印度佛学的进步的思想方法对彦和的治学方法，有很大的帮助。"[②]陆侃如、牟世金亦认为："他（刘勰）学习了佛经分析理论的方法，使自己的论述也做到既深刻又明确。"[③]通过分析以上各家的观点可知，佛教思想对《文心雕龙》一书有着极其深远之影响。

后人说《文心雕龙》的特点是"体大思精"或"体大而虑周"，是有充分依据的。刘勰的一生经历了宋、齐、梁三朝，这是一个多元思想交流融合的时代。东晋以来玄学的影响依然存在，佛教则由玄学的附庸独立出来，并获得了很大发展。

结束语

纵观刘勰的一生，他经历了入寺——出寺——再入寺三个阶段，并与僧祐在定林寺相处达十余年之久，整理经藏，且因其作文长于佛理，出寺后又常常为京师寺塔及名僧的碑志撰文，最后自愿出家，一生都与佛教过从甚密，就连《文心雕龙》也是他在定林寺撰写的。因此，在《文心雕龙》的形成过程中，可以说刘勰是既宗儒道，但又一直秉承佛教思想。

（达亮，《普陀学刊》编辑部）

---

① 杨明照：《文心雕龙校注拾遗》卷十，《梁书刘勰传笺注》，上海古籍出版社，1982年，第408页。

② 王利器校笺：《文心雕龙校证》，《文心雕龙校证序录》，上海古籍出版社，1980年，第20页。

③ 参见彭恩华编译：《兴膳宏〈文心雕龙〉论文集》，齐鲁书社，1984年，第15页。

初探“禅”在太虚大师的人生佛教中之角色（中文节译）

Eric Goodell（郭瑞　译）

净慧长老的“生活禅”对现代人的生活有益处，也对现代人修禅有益处，因此可以说，“生活禅”使佛教得以适应现代社会的同时，也让在家众和出家众之间有着一个健康互动的关系模式，并且给人们提供一个法门可以走到佛教的最究竟境地。同样在民国初期时，太虚大师（1890～1947）为了表现佛教的本意，适应当时的社会，也提出“人生佛教”的主张。后来，“人生佛教”一词被“人间佛教”取而代之，至今已成为佛学的新名相。本篇论文主要探讨“禅”在太虚大师之“人生佛教”中的角色和地位。

太虚大师有雄厚的禅修背景，早年在著名禅师寄禅法师门下打好参禅的基础，后来在普陀山闭关时经历数次禅境，当代僧传《民国高僧传初编》将太虚列在其“禅宗卷”中。[①] 但是，在当时清末民初背景下，由于禅宗遭受到多种批评，大师就没有把禅宗放在人生佛教的中心地位。

---

① 于凌波：《民国高僧传初编》，圆明出版社，1998 年。

不过，太虚还是对禅宗持有一个肯定的态度。太虚曾说道："中华之佛教如能复兴也，必不在于真言密咒与法相唯识，而仍在乎禅，禅兴则元气复而骨力充，中华各宗教之佛法，皆籍之焕发精彩而提高格度矣。"①可见，禅宗在太虚心目中占有极高的地位。这段话写于 1926 年，虽然当时太虚尚未提出"人生佛教"一词，但是"人生佛教"的骨架已经形成了，就是它特有的"人乘直接菩萨乘"的思想。

太虚于 1924 年写《人生观的科学》一书时，既参与当时知识界热烈讨论的人生观与科学论战，同时也提出"人乘直接菩萨乘"的思想。② 1928 年，太虚提出"人生佛教"以后，"人乘直接菩萨乘"可以说是"人生佛教"的重要内容之一。譬如他晚年写道："在今日的情形，所向的应在进趣大乘行。而所依的，既非初期的声闻行果，亦非二期的天乘行果；而确定是在人乘行果，以实行我所说的人生佛教的原理。"③这段话表示，"人生佛教"以人乘的行果为基础，直接走到大乘（大乘与菩萨乘等同）的行果，不必经过天、声闻、独觉等乘。

那么，修行者如何从人乘直接走到菩萨乘呢？根据太虚的说法，在佛教五十二位当中，前十位（十信位）属于人乘，其他四十二阶位（十住、十行、十回向、十地、等觉、妙觉等位）都属于菩萨乘。所以，从十信位进展到十住，也就是从人乘进展到菩萨乘，会经过一定的转变过程，而且这一转变过程需要具备三种要素：第一，皈依三宝；第二，信果报修十善；第三，"厌取作、舍坏苦"④。以下的讨论以第三种要素为主，前两种要素不讨论。

太虚以《起信论》的"厌生死苦"对"厌取作、舍坏苦"做了补充

---

① 太虚：《评宝明君中国佛教之现势》，《太虚大师全书》第 28 卷，宗教文化出版社，2004 年，第 94 页。

② 太虚：《人生观的科学》，《太虚大师全书》第 25 卷，宗教文化出版社，2004 年，第 36 页。

③ 太虚：《我怎样判摄一切佛法》，《太虚大师全书》第 1 卷，宗教文化出版社，2004 年，第 450 页。

④ 太虚：《人生观的科学》，《太虚大师全书》第 25 卷，宗教文化出版社，2004 年，第 34 页。

说明,在“厌”和“苦”之间加了“取作”“舍坏”四字以阐释其意思。太虚写道:“皆是厌取而作成,未几又须舍而毁坏之,劳烦不获安常苦耳。”①所以第三个要素要我们体会到,当我们承担一件事务时(“取作”),把它做起来之后,就是要放下对于那件事情的成败心(“舍”),因为随着因缘,那件事情最终是会归返无常,我们会因此苦恼(“苦”)。如果对此类苦恼的感受生起厌离心的话,就会“开一孔,以走上瑜伽的广义科学方法之路,即由修行信心位入信成就发心初住位”②。太虚亦直指,这里的瑜伽的方法指的就是禅宗。③ 所以,换句话来说,当一个人感受到自身努力归返无常时,然后对此难受的感觉产生厌离心,这就可以是从事禅宗修行的动机。开始修禅之后,就有可能走到十住之第一住(初发心住),就会从人乘走到菩萨乘。

很明显,禅宗的修行在太虚大师的人生佛教中扮演一个关键性的角色,就像从人乘走到菩萨乘的台阶,而且这个台阶是不可缺少的。因此,太虚的人生佛教足以称为佛教法门之一,让信持的人走到佛教的究竟境地。

[Eric Goodell(郭瑞),律藏英译计划翻译、编辑]

---

① 太虚:《人生观的科学》,《太虚大师全书》第25卷,宗教文化出版社,2004年,第34~35页。

② 太虚:《人生观的科学》,《太虚大师全书》第25卷,宗教文化出版社,2004年,第35页。

③ 太虚:《人生观的科学》,《太虚大师全书》第25卷,宗教文化出版社,2004年,第17页,“瑜伽方法,不先立何标的——此是禅宗的”。

“拈花微笑”诸说之真伪正误考辨

谭世宝

一、缘起

现代佛教界与佛学界对于“拈花微笑”历来有不同的见解，主要可分为三种：其一，单纯从历史文献真伪的研究角度出发，认为其纯属出于中国人编造的伪经；其二，从单纯的佛教信徒角度看问题，相信其为来源于印度佛教的禅宗真实历史者，称之为禅宗史上的第一公案，津津乐道地加以推介转述；其三，从佛教信仰兼历史文献研究的角度出发，虽然明知其只是“宋朝以来的传说”故事，但是却仍然“以其故事非常动人”，而毫无批评地加以推介转述。佛教及佛学以造假妄语绮语欺世为大戒，是以真者固不可妄斥为假而乱批；而假者更不可当真而胡说妄传。笔者不揣浅陋，草撰小文试对此三种说法之真伪正误略加考辨，提出一些粗浅之见，就正于第三届河北禅宗文化论坛的高僧大德、专家学者。

二、对忽滑谷快天的观点述评

首先看第一种观点，是以日本著名的佛教史学家忽滑谷快天为代表。近来在中国有网文引述其《论大梵天王问佛决疑经》一文说："本经应系伪经。因为无译者名、无请回日本的祖师、无藏经目录。而且，文字往往颠倒，且'说时'不符史实，又有五时八教判释、相分、自性分等文字，凡此均足以说明本经当系后世所伪撰的佛典。"①其实，忽滑谷快天早在其1923年出版的《中国禅学思想史》上卷第十七节至第二十一节对"拈花微笑"做了系统的考证辨伪，但是不无可以补正之处。例如，其第十七节的"拈花微笑之本据如何"指出：

> 所云释迦佛在世有禅门特殊相承、辗转嘱累至菩提达磨者，禅门之口诀也，并非具著之于书、笔之于史之性质，唯有诣其门者始得领会之耳。然而《景德传灯录》尚未有世尊拈花、迦叶微笑之付法云云，至李遵勖《天圣广灯录》始记多子塔前之付法，《传灯》后九十余年，《建中靖国续灯录》中载录拈花普示、微笑初传。其后诸录皆效之。就中《联灯会要》，最为杜撰，云：
>
> 世尊在灵山会上，拈花众示，众皆默然。唯迦叶破颜微笑。世尊云，吾有正法眼藏、涅槃妙心、实相无相、微妙法门，不立文字，教外别传，付嘱摩诃迦叶。（《联灯会要》卷一，见《续藏经》第一辑第二编乙第九套第三册220页右—221页左）
>
> 不立文字，教外别传，此后人形容达磨禅特色之文字，释迦佛岂有借达磨以后之成语用以付法耶？
>
> 契嵩时既已有关于付法之二说云：
>
> 或谓如来于灵山会中，拈花示之，而迦叶微笑即是而付法。

① 引自网络所载《大梵天王问佛决疑经》：http://baike.baidu.com.cn/view/923565.htm。（2013年4月18日引）

又曰，如来以法付大迦叶于多子塔前，而世皆以是为传受之实。然此始见其所出，吾虽稍取，亦不果敢以为审也。(《大藏经》第三十一套第三册201页左)

契嵩据《传灯录》作《正宗记》，故不记拈花之事。此禅家口诀，参之以为得道之术，未为无益。笔之于史则恐泥，况求拈华之本据于经文耶？①

笔者认为，以上之见基本正确。有必要补充说明，《建中靖国续灯录》为奉宋徽宗之旨编纂，前有徽宗撰于建中靖国元年八月十五(1101年9月10日)之序文说："则一时圣教虽传于庆喜，持花而笑。则正法眼藏已付于饮光。"②故可知忽滑谷快天所引其正文卷一《正宗门》始载的释迦佛一人独自"拈花普示、微笑初传"之说不但年代甚后③，内容简单，而且与年代更后出现而广为流行的世尊"拈花示众"、迦叶"破颜微笑"的传法故事不合。至于其所引明教大师契嵩之文，载于北宋仁宗嘉祐六年十二月六日(1062年1月19日)撰成进呈的《传法正宗记》④，比建中靖国元年的《建中靖国续灯录》所载都早近50年。而实际上，契嵩力图模仿孔子编《尚书》及司马迁编纂《史记》的"世表"方式，根据《涅槃》《法华》等经来编纂历史人物世表性质的《传法正宗记》的《始祖释迦如来表》。故此，其先记述佛陀传法等事迹说："……然其圣神之所为，不可得而备纪。其后以化期将近，乃命摩诃迦叶曰：'吾以清净法眼、涅槃妙心、实相无相、微妙正法，今付于汝，汝当护持。并敕阿难副贰传化，无令断绝。'……"然后作声明解释说：

---

① [日]忽滑谷快天撰，朱谦之译，杨曾文导读：《中国禅学思想史》上，上海古籍出版社，2002年，第69页。

② 见《续藏经》第78册《建中靖国续灯录》，《御制建中靖国续灯录序》。

③ 同上，《建中靖国续灯录》卷一《正宗门》。

④ 见《大正藏》第51册，《传法正宗记》卷一《始祖释迦如来表》。

余读谍记，黄帝以来皆有年数。稽其历谱谍终始，五德之传，古文咸不同乖异。夫子之弗论次其年月，岂虚哉？以此验三代已前，非实无年数。盖太史公用孔子为《尚书》之志，故不书其年。乃作世表，疑则传疑。及后世学者之贤，若皇甫谧辈，复推而正之。故为释氏之旧谱者，因之以书。此可详也，孰谓不然？

其最后再作评论说：

评曰：付法于大迦叶者，其于何时必何以而明之耶？曰：昔涅槃会之初，如来告诸比丘曰："汝等不应作如是语。我今所有无上正法，悉已付嘱摩诃迦叶。是迦叶者，当为汝等作大依止。"此其明矣（见《涅槃》第二卷）。然正宗者，盖圣人之密相传受，不可得必知其处与其时也。以经酌之，则《法华》先，而《涅槃》后也。方说《法华》而大迦叶预焉，及《涅槃》而不在其会。吾谓付法之时，其在二经之间耳。或谓如来于灵山会中拈花示之，而迦叶微笑，即是而付法。又曰：如来以法付大迦叶，于多子塔前，而世皆以是为传受之实。然此未始见其所出，吾虽稍取，亦不敢果以为审也。曰他书之端，必列七佛，而此无之，岂七佛之偈，非其旧译乎？曰不然。夫正宗者，必以亲相师承为其效也，故此断自释迦如来已降。吾所以不复列之耳，吾考其《宝林》《传灯》诸家之传记，皆祖述乎前魏支强梁楼与东魏之那连耶舍，此二梵僧之所译也。或其首列乎七佛之偈者，盖亦出于支强、耶舍之二译耳。岂谓非其旧本耶？然《宝林传》其端不列七佛，犹吾书之意也。①

由此可见，契嵩作为佛教大师及佛教史书《传法正宗记》的编纂者，

① 见《大正藏》第51册，《传法正宗记》卷一《始祖释迦如来表》。

其对《始祖释迦如来表》的编写是严格按照儒家的经典史书的实事求是、“疑则传疑”的方式，建立在其对自己认为可信的佛教经典文献有关记载的认真研究基础上。例如，其开宗明义继承“《宝林传》其端不列七佛”的传统，《传法正宗记》也不载“七佛”而以释迦牟尼佛为始。其对于佛陀传法的时间地点的考证的结论有两点：首先是认为无法确知其具体的时间地点：“盖圣人之密相传受，不可得必知其处与其时也。”其次是能够确定其大致的时间范围：“以经酌之，则《法华》先，而《涅槃》后也。方说《法华》而大迦叶预焉，及《涅槃》而不在其会。吾谓付法之时，其在二经之间耳。或谓如来于灵山会中拈花示之，而迦叶微笑，即是而付法。”而对于有具体时间地点的所谓“如来于灵山会中拈花示之，而迦叶微笑，即是而付法”，以及“如来以法付大迦叶，于多子塔前”这两种“世皆以是为传受之实”的不见于经典的流行故事，契嵩并没有如忽滑谷快天所言，完全避而不记，而是在记录之后明确表示“未始见其所出，吾虽稍取，亦不敢果以为审也”。表面留有余地，实际是完全否定其可信性。而晦翁悟明编成于南宋淳熙十年(1183)的《联灯会要》却完全反契嵩的历史考证而行，继续列载“七佛”，并且把契嵩否定的“灵山会中拈花”传法与“多子塔前”传法的两种传说故事都当作事实录入。其文如下：

> 世尊在灵山会上，拈花示众，众皆默然，唯迦叶破颜微笑。世尊云：“吾有正法眼藏，涅槃妙心，实相无相，微妙法门。不立文字，教外别传，付嘱摩诃迦叶。”
>
> 妙喜颂云：“拈起一枝花，风流出当家。若言付心法，天下事如麻。”
>
> 世尊昔至多子塔前，命摩诃迦叶分座，以僧伽梨围之。乃告云：“吾有正法眼藏，密付于汝。汝当护持，传付将来，无令断

绝。”①

以上“拈花微笑”的故事基本同于契嵩所述，而与《建中靖国续灯录》所录不同，其差异处主要是把释迦佛一人独自“拈花普示、微笑初传”改为“世尊在灵山会上，拈花示众，众皆默然，唯迦叶破颜微笑”。这成为后世至今有关“拈花微笑”的故事的主流说法，说明历史考证的成果，历来不受佛教内外多数缺乏历史意识与修养的人士重视吸纳。至于《联灯会要》所述的“多子塔前”传法的故事，也与被赐序于景祐三年（1036）四月始载此事的《天圣广灯录》有所不同。《天圣广灯录》原文如下：

如来经行至多子塔前，命摩诃迦叶分座令座。遂告云：“吾以微妙正法眼藏密付于汝，汝当保护，传付将来，无令断绝。此大法眼藏，自尔为初，人嘱一人，不择凡圣。”

尔时，如来复为迦叶说是偈曰：

法本法无法，无法法亦法。今付无法时，法法何曾法。

又曰：“吾今以僧伽黎衣用付于汝，汝当护持，为吾传授慈氏如来。”乃往拘尸那城娑罗双林，示入涅槃。……②

上文并没有说佛陀“以僧伽梨围之”才传法给摩诃迦叶，其最为独特而反映慧能的南禅宗开创并确立的传法新原则，就在于传法的对象是“不择凡圣”。由此确定世俗的平凡人也都可以接法而成佛作祖。

忽滑谷快天在其下文的第十八节“《人天眼目》之杜撰”，进一步对宋人伪造的“拈花微笑”的故事和出典做了较为全面的清算。其先引宋智昭所编并序于淳熙戊申季冬（1188）的《人天眼目》卷五《宗门杂录·拈花》之文如下：

---

① 见《续藏经》第79册《联灯会要》第一卷。

② 见《续藏经》第78册《天圣广灯录》第一卷。

王荆公问佛慧泉禅师云:“禅家所谓世尊拈花出在何典?”泉云:“藏经亦不载。”公曰:“余顷在翰苑,偶见《大梵天王问佛决疑经》三卷。因阅之,经文所载甚详:‘梵王至灵山,以金色波罗花献佛,舍身为床座,请佛为众生说法。世尊登座,拈花示众。人天百万,悉皆罔措,独有金色头陀破颜微笑。世尊云:吾有正法眼藏,涅槃妙心,实相无相,分付摩诃大迦叶。’此经多谈帝王事佛请问,所以秘藏,世无闻者。”①

此处有必要补充说明,称迦叶为“金色头陀”,笔者所见以此文所载的捏造故事为首。忽滑谷快天接着对以上引文作否定性的评语说:

此以拈华之出据在于秘经之妄谈也。若宋时代有所谓《大梵天王问佛决疑经》,则如元《至元法宝勘同总录》之详细经录当不逸其题号,而此事无载。②

其所言甚是。接着的第十九节“浅川鼎之说”,其又引浅川鼎《善庵随笔》之说以证所谓“《大梵天王问佛决疑经》在日本已久”之说伪谬。其文如下:

但拈花事出于《五灯会元》,虽一切经中所未见,而古来相传之说,必非为彼徒之杜撰,然彼徒诸宗皆有所依之经,以禅宗言,若无所依之经而胡乱教人,恐为人所疑。乃有出于《大梵天王问佛决疑经》等说,而其经世因无闻者,则谓尝在秘府,王安石见之。③

---

① 见《大正藏》第48册《人天眼目》卷五《宗门杂录·拈花》。

② 忽滑谷快天撰,朱谦之译,杨曾文导读:《中国禅学思想史》上,上海古籍出版社,2002年,第70页。

③ 忽滑谷快天撰,朱谦之译,杨曾文导读:《中国禅学思想史》上,上海古籍出版社,2002年,第70页。

以上之说基本正确，唯其缺点在于说“拈花事出于《五灯会元》”，显然未能找出真源。因而剖析捏造所出典故的原因和推理，固有道理，但是略嫌有一竹竿打尽禅宗一船人之弊。因为真正的能继承发展禅宗的慧能、义玄、云门等正宗祖师的思想的禅宗信徒，是绝对不会捏造或相信“拈花微笑”之类的谎言故事的。

再看忽滑谷快天接着批评“《僧史稽古略》卷四引《梅溪集》”之文云：

> 荆公谓蒋山建康佛慧泉禅师曰：“世尊拈花。顷在翰苑，偶见《大梵天王问佛决疑经》三卷。有云梵王在灵山会上以金色波罗华献佛，请佛说法。世尊登座，拈华示众，人天百万悉皆罔措。独迦叶破颜微笑。世尊曰：‘吾有正法眼藏，涅槃妙心，分付迦叶。’”①

按《僧史稽古略》在《大正藏》称为《释氏稽古略》，为元僧觉岸所编，李桓为其作序于至正十四年秋九月（1354 年 9 月 17 日～1354 年 10 月 16 日）。原文载于宋神宗熙宁十年的“荆国公王安石”记事部分。其中“世尊拈花，迦叶微笑”之句②，忽滑谷快天上引之文漏了“迦叶微笑”。另外要补充说明，《释氏稽古略》之说，乃对天台宗的志磐于咸淳五年八月上日（1269 年 8 月 29 日）撰成的《佛祖统纪》卷五《西土二十四祖纪》的节录窜改。《佛祖统纪》原文如下：

> 佛荼毗已始经七日。迦叶告五百阿罗汉，令诣十方集诸罗汉，得八亿八千，尽集双树间，听受法言（《菩萨处胎经》）。至

① 忽滑谷快天撰，朱谦之译，杨曾文导读：《中国禅学思想史》上，上海古籍出版社，2002 年，第 70 页。

② 见《大正藏》第 49 册《释氏稽古略》卷四。

中夏安居,初十五日,迦叶共千罗汉,在王舍城结集三藏。阇王日给千人饭食,足满一夏。(《智论》)迦叶弘持正法,至二十年,(当周懿王八年壬辰)以法藏付嘱阿难。先礼四塔(出家、成道、转法轮、入涅槃四处,各建七宝塔),次礼八塔(八国王所建舍利塔),次入龙宫礼佛髭塔,次升天上礼佛牙塔。去辞阇王,适值王寝。即往鸡足山(其山三峰如仰鸡足,即灵鹫山),取草敷座而发三愿:一愿此身及所持衣钵俱不坏,待至慈氏下生;二愿入灭尽定已,三峰合一;三愿阿难阇王若至,愿山暂开。时阇王梦屋梁折。王觉已悲叹。即往鸡足山,见迦叶全身俨然在定。王发声哀哭,积诸香木欲阇维之。阿难为言,迦叶以定住身以待弥勒,不可得烧。王供养已,还归本国。山合如故。至慈氏三会之后,有无量憍慢众生,将登此山。慈氏弹指,山峰即开。迦叶以所持衣,授与慈氏。致辞礼敬毕,涌身虚空,示诸神变。化火焚身,乃入寂灭(《付法藏经》○《梅溪集》:荆公谓佛慧泉禅师曰:"世尊拈花出自何典?"泉云:"藏经所不载。"公曰:"顷在翰苑,偶见《大梵天王问佛决疑经》三卷,有云:'梵王在灵山会上,以金色波罗花献佛,请佛说法。世尊登座,拈花示众。人天百万,悉皆罔措,独迦叶破颜微笑。世尊曰:吾有正法眼藏涅槃妙心分付迦叶。'")

述曰:《妙经》言:"世尊开显大法,迦叶领解。"此付法之通义也。《涅槃经》言:"佛告诸比丘,我今所有无上正法。悉已付嘱迦叶。"后分云:"迦叶至佛棺所说偈,佛现双足。"《阿难问经》:"佛将涅槃,告迦叶言:当与四众,作大依止。"此等诸文,皆在涅槃。即付法之别义也。通则大众皆获领解,别则迦叶独任住持。今涅槃付嘱,正当别义。是以祖祖相传,住持不断也。有欲以《法华》领解为付法者,但得通意。①

① 见《大正藏》第49册《佛祖统纪》卷五《西土二十四祖纪》第二。

显而易见,志磐是将《梅溪集》之说作为一种不同于《付法藏经》《菩萨处胎经》《智论》《涅槃经》《法华》等佛教经论所载不同的一种异说记入注文中,其前后文所引诸经论有关佛陀传法迦叶的记载,实际是完全否定“拈花微笑”传法故事之可信性。其之所以要否定此说,是因为其根本要否定唐宋时期禅宗确立的天竺“二十八祖”之说而只承认“二十四祖”,故其将此卷命名为《西土二十四祖纪》,并且在开头即作解题,论述如下:

> 《止观论》之辞曰:行人若闻《付法藏》,则识宗元。付法藏人,始迦叶终师子,二十三人。末田地与商那同时,取之则二十四人。诸师皆金口所记(事出《辅行》),并是圣人,能多利益(按《法藏经》:我灭度后,有二十四尊者,出现于世,流传我法)。《辅行》云:像末四依,弘宣佛化。传中既云并是圣人,故多是四依。亦可通于三二,以初依属凡,不得名圣也(《妙玄》云:五品六根为初依,十住为二依,十行十向为三依,十地等觉为四依。此约大乘论四依。若《涅槃经》云:有四种人能护正法,为世所依。初依小乘内外凡,二依初果,三依二三果,四依四果。此约小乘论四依。今言付法,乃是大乘。故《辅行》所言,是大乘四依也。言传中者,即《付法藏传》,一根名《付法藏因缘经》)。今论祖承传大法,而毱多诸祖,云证小果者,准荆溪意。谓四果是真福田,化道易行,宜作此像,即是四依为四果像。是知金口诸师,皆破无明,位在四依。内弘大法,而外示小像。为明付法,撰《二十四祖纪》。①

由此可见,《中华佛教百科全书》批评《释氏稽古略》“书中所注出

① 见《大正藏》第49册《佛祖统纪》卷五《西土二十四祖纪》第二。

典，亦粗率可笑”①，是切中其弊。忽滑谷快天接着在第二十节“浅川鼎之评论”进一步指出：“经反复研究《梅溪集》，答案是绝无影响。”②笔者查对了王十朋（1112～1171）的《梅溪集》（四部丛刊本《梅溪王先生文集》），的确没有记载王安石曾“在翰苑，偶见《大梵天王问佛决疑经》三卷……”之事。

其后，忽滑谷快天将其他明朝人伪托有关王安石等人所见《大梵天王问佛决疑经》的文献证据都加以揭破。例如，针对明僧瑞岩恕中禅师的《山庵杂录》卷下载宋濂为其“叙《应酬录》亦曰‘予观《大梵天王问佛决疑经》’所载拈花云云”之说，指出：“宋学士集，未见有《应酬录》叙。盖托王安石、宋景濂二公欲以取信于世，实不能认二公有此，而为彼徒所杜撰无疑。”在此之后，他进一步证明日本所传的《大梵天王问佛决疑经》都是日本人伪造。其文如下：

> 《大梵天王问佛决疑经》全轴二十四品，分为二本，云是陆奥州南部花巷玉凤山瑞兴寺，无着灵光禅师所秘藏本也。享保十二丁未仲夏灵光所志，附凡例十件，有享保十二年乙卯闰三月尾张国鹫头山长寿禅寺东澧道澥之后序。或曰相传斯经所珍藏本邦有三处，其一奥州平泉光堂秀衡庙处经堂今存，其二浓州郡上长泷寺天台古刹，其三摄州水由三宝寺能忍旧迹，今为洞宗，灵光所传光堂本也。
>
> 云文义浅薄，非西土人之伪作，乃本邦人依《涅槃经》伪造，附会为台岭慈觉大师曾自大唐抄来，在某国某寺等将不可信用云，知此经之伪造事，《空华随笔》中已有论列之钦，读之可也。③

---

① 见网络所载“释氏稽古略”：http://baike.baidu.com/view/7724930.htm。（2013年4月8日引）

② 忽滑谷快天撰，朱谦之译，杨曾文导读：《中国禅学思想史》上，上海古籍出版社，2002年，第70～71页。

③ 同上书，第71～72页。

最后，忽滑谷快天在第二十一节“宋濂与《大梵天王问佛决疑经》”评论“明宋濂所撰《瑞严（谭按：“严”字误，其原文正作“岩”）恕中和尚语录序》”指出：

> 若宋濂之言为事实，则至明有伪作此经者，无眼子汉弄泥团而招白衣之侮，祖门之辱奈何？予尝检我国所行《大梵天王问佛决疑经》之内容，证其伪妄，文载《禅学批判论》附录。①

其所引《瑞严（按“严”应为“岩”）恕中和尚语录序》文如下：

> 余观《大梵天王问佛决疑经》所载梵王以金色波罗华献佛，请力（按：“力”原文正作“为”）说法，佛拈华示众，人天百万，悉皆罔措，独金色大（按：“大”原文正作“头”）陀破颜微笑。佛云：“吾（按：“吾”原文为“我”）有正法眼藏。涅槃妙心，实相无相，分付摩诃迦叶。”呜呼！此非禅波罗蜜之初乎。②

笔者在上文括注的校正原文见《续藏经》第71册《恕中无愠禅师语录》。此文本的该序末署名为“洪武七年十月二十二日，翰林侍讲学士中顺大夫知制诰同修国史兼太子赞善大夫金华宋濂序”。而《宋学士文集》所载此序无此署名。而且有如下一些异文，“余观”作“予观”，“金色波罗华”作“金色波罗夷花”，“佛拈华”作“佛拈花”。③ 这些多是异字同义，唯“波罗夷”乃佛教戒律之重罪名，不可做佛花之名，故其“夷”字当为衍文。而当今多有网文相沿误用，乃

---

① 忽滑谷快天撰，朱谦之译，杨曾文导读：《中国禅学思想史》上，上海古籍出版社，2002年，第72页。

② 忽滑谷快天撰，朱谦之译，杨曾文导读：《中国禅学思想史》上，上海古籍出版社，2002年，第72页。

③ 见《宋学士文集》卷二十一《翰苑续集》卷一。（《四部丛刊》本）

至引用宋明禅宗文献例如《祖庭钳锤录》记述的"金色波罗花"①,也误衍作"金色波罗夷花"②。笔者认为,前引恕中和尚《山庵杂录》实为经日僧文守整理后于宽永二十年癸未仲春(1643年3月20日~1643年4月17日)刊印的③,其所记宋濂为恕中和尚"叙《应酬录》亦曰'予观《大梵天王问佛决疑经》'所载拈花云云"之说,这里的《应酬录》如果确实是《山庵杂录》的原文,则应是恕中和尚对自己的"恕中无愠禅师语录"之谦称异名,忽滑谷快天对此之批评不当。因为恕中和尚与宋濂为同时而有交往之人,不至于如此捏造。而据前引忽滑谷快天考证元代的《至元法宝勘同总录》之详细经录不载此经及此事,同时日本有人伪造此经,则是很正确的。兼据当时中日佛教往来密切,恕中和尚极受日本佛教界尊崇,而遣使向明太祖奏请派其前往日本住持佛教,故笔者认为,其及宋濂所见的《大梵天王问佛决疑经》决非来自宋元本土之本,故极有可能如忽滑谷快天所言,明朝的中国人也有伪造此经者。但是也有可能是来源于日本佛教使者奉献之其他伪本。因为目前所见的日本两本《大梵天王问佛决疑经》④,皆与《人天眼目》《山庵杂录》及《瑞岩恕中和尚语录序》所载之文有很多差异,其中两大差异:一是不称"金色波罗花(华)"而称"□色婆罗华"或"金光明大婆罗华";二是不称"金色头陀"而称"迦叶"或"摩诃迦叶"。"婆罗华"不见于中国的《大藏经》,可能是日僧之创造。而"迦叶"或"摩诃迦叶"则在中国佛教是较原始而占主流的普遍名称。

综上所述,笔者认为忽滑谷快天的有关《大梵天王问佛决疑经》及其所载"拈花微笑"的传法故事之辨伪方法与观点基本成立。但

① 见《续藏经》第65册《祖庭钳锤录》(附)《宗门杂录四条·拈花》。

② 见网络所载:http://www.zdic.net/cd/ci/8/ZdicE6Zdic8BZdic88145016.htm、http://blog.sina.com.cn/s/blog_4af9a7f301000b11.html 等。

③ 见《续藏经》第87册《山庵杂录》卷之下。

④ 载《续藏经》第1册《大梵天王问佛决疑经》(两卷),《续藏经》第1册《大梵天王问佛决疑经》(一卷)。

是，当今的中国佛教与佛学界的一些人对其所代表的日本佛学界在九十年前已经取得的这一重要研究成果的结论或一无所知，或视而不见，以致伪经被当作真经，假事被当作真史而广为传播，实在是令人匪夷所思之事。

三、略评当今中国流行的一些讹传误说

如前所述，第二种观点从单纯的佛教信徒角度看问题，相信其来源于印度佛教的禅宗真实历史者，称之为禅宗史上的第一公案，津津乐道地加以推介转述，受此观点影响，至今很多人在网上发文谈论和介绍此第一公案。例如，有网文说：

> 一次大梵天王在灵鹫山上请佛祖释迦牟尼说法。大梵天王率众人把一朵金婆罗花献给佛祖，隆重行礼之后大家退坐一旁。佛祖拈起一朵金婆罗花，意态安详，却一句话也不说。大家都不明白他的意思，面面相觑，唯有摩诃迦叶破颜微笑。佛祖当即宣布："我有普照宇宙、包含万有的精深佛法，熄灭生死、超脱轮回的奥妙心法，能够摆脱一切虚假表相修成正果，其中妙处难以言说。我不立文字，以心传心，于教外别传一宗，现在传给摩诃迦叶。"然后把平素所用的金缕袈裟和钵盂授予迦叶。这就是禅宗"拈花一笑"和"衣钵真传"的典故。中国禅宗把摩诃迦叶列为"西天第一代祖师"。
>
> "拈花一笑"也作"拈花微笑"，佛教语，禅宗以心传心的第一宗公案(典故)。后以喻心心相印、会心。世尊拈花，是心在作用；迦叶尊者微笑，也是心在作用；微笑的心与拈花的心，彼此平等，无二无别。因此当迦叶尊者微笑，世尊就借此印证，并

传法给迦叶尊者。自此，不立文字的禅宗心法流传于世。①

显然，这是采用较后出的《释氏稽古略》"世尊拈花，迦叶微笑"之说，以"拈花"者为佛陀，"微笑"者为迦叶。这是当今占主流之说。但是，也有个别人仍然采取较早出的《建中靖国续灯录》的"拈花普示，微笑初传"之说。例如，有网文说：

> 佛陀随机"拈花微笑"，借花示相，引导众僧见相开悟。失望？没人回应。还好，有迦叶知晓佛陀拈花示相的含意，会心地笑了起来。佛陀一见迦叶在微笑，抓到机会，就对迦叶说："你笑，心又动！表示你懂佛陀意，知佛陀心。好！迦叶啊！心动攀花缘是造前因，接衣钵是尝后果，这微妙法门就由您来传承。"迦叶知道回避不了，只好接受付嘱。佛陀拈花示相，众僧不懂，唯迦叶知晓佛陀心意，迦叶接下衣钵，众僧无不心服口服，佛法因此顺利地传承下去。②

这都是把宋代后出的禅宗的某种书籍编造的故事当真。至于第三种观点，虽然明知"拈花微笑"只是"宋朝以来的传说"故事，但是却仍然"以其故事非常动人"，而毫无批评地加以推介转述。这种观点和态度在当代中国可以圣严法师为代表，他曾在1984年9月14日农禅寺禅坐会开示谈论"拈花微笑的故事"时指出：

> 依据禅史资料，宋以前未见"拈花微笑"的记载，宋代智昭的《人天眼目》第五《宗门杂录》中，记述王荆公在翰苑，读到此项记载是出于《大梵天王问佛决疑经》。此经为历来《大藏经》

---

① 见网络所载《禅宗第一公案：拈花一笑》：http://www.lftls.com/onews.asp? id=75。(2013年4月8日引)

② 见网络所载：《禅则2：〈真空妙用〉》：http://www.teazen.com.tw/zen4.02.htm。(2013年4月8日引)

> 所未收，亦为各种经录所未载。传说日本天台宗的圆仁慈觉大师，于唐末之际，来华留学，曾将此经抄回日本，秘藏于某寺经函，三百年后，复现于人间，但已为蠹鱼侵蚀，并有脱页之处。现已被收入日本编印的《卍续藏·补遗》编中，并且有两种译本，一是一卷，一是两卷，均未见其译者是何人。两卷本的破损很多，对于付法的叙序，比较简单。一卷本的，颇为完整，而且两见“拈花”的描述……①

显然，这与前述忽滑谷快天的研究相比，高下立见。就现有的禅史资料而言，圣严法师的介绍在表面上是客观的简单叙述，缺乏具体深入的研究分析，故其提出了一些浅表而有错误的看法。请看其接上文说“现在以语体文把它节译介绍如下”：

> 释迦世尊在进入大涅槃之前的不久，有一天在灵惊（按：“惊”为“鹫”之误）山顶，对百万人天及诸比丘宣说：“不久我就要入涅槃了，诸位想要问法的，就快点随你所想的问题问罢。”
>
> 大众静默地坐着。
>
> 大众之中，娑婆世界之主的大梵天王，即以千叶妙法莲金光明大婆罗花（按：“花”原文为“华”），双手捧着，举过头顶，奉献佛陀，退后顶礼，并且请示世尊：“世尊成佛以来，五十年间，种种说法教示，化度了一切根基的各类众生。如果尚有最上的大法未说，恳请世尊为我等及将来修菩萨行者，以及欲修佛道的凡夫众生，敷演宣说。”说毕此语，大梵天王即将他自己的身体，化作庄严宝座，请如来坐。
>
> 释尊受此莲花，坐此宝座，无言无说，但向法会大众，拈起莲花。此时与会的百万人天及比丘众，大家面面相觑，不知如来的动作是在表示什么。唯有长老摩诃迦叶，知道释尊所示，

① 圣严法师：《拈花微笑》，上海书店，2005年，第190页。

即无上法门，所以破颜微笑，从座而起，合掌正立，默然无语。释尊便向大众宣示："这就对了。我有正法眼藏，涅槃妙心，实相无相，微妙法门，不立文字，教外别传，总持任持，凡夫成佛，第一义谛，今方付嘱，摩诃迦叶。"又说："如今，如来快将灭度了，诸比丘们，都可依止摩诃迦叶，入大乘门，修行佛道。"

这段经文，记述佛将入灭，鼓励弟子们问法，结果由于大梵天王献花请法，引出了释尊给摩诃迦叶付嘱无上大法的佛事……①

其实，以上文字是将不同品的多段不同故事摘录语译出来，再拼凑为一段故事。例如，其开头第一、二小段，是摘录语译自《大梵天王问佛决疑经》的《序品第一》的一段："尔时世尊为诸大众，还至本处灵鹫山顶，敷座而坐。告诸大众：'我不久当般涅槃，诸大众意有欲问法，自恣为问。'时诸大众默然而坐。一切无声。"②而其第三、四小段，是摘录、修改、拼凑并语译自其《拈华品第二》的两部分文字，其第一部分原文如下：

尔时娑婆世界主大梵王名曰方广，以三千大千世界成就之根，妙法莲金光明大婆罗华捧之上佛，退以作礼，而白佛言："世尊今佛已成正觉，五十年来种种说法，种种教示，化度一切机类众生。若有未说最上大法，为我及末世行菩萨人，欲行佛道凡夫众生，布演宣说。"作是言已，舍身成座，庄严天衣，令坐如来。

尔时如来坐此宝座，受此莲华，无说无言。但拈莲华，入大会中。八万四千人天时大众，皆止默然。于时，长老摩诃迦叶见佛拈华示众佛事，即今廓然，破颜微笑。佛即告言："是也。我有正法眼藏，涅槃妙心，实相无相，微妙法门。不立文字，教

① 圣严法师：《拈花微笑》，第190~191页。

② 《大梵天王问佛决疑经》，《续藏经》第1册，第441页下。

外别传。总持任持，凡夫成佛，第一义谛。今方付属摩诃迦叶。”言已默然。尔时，尊者摩诃迦叶即从座起，顶礼佛足，而白佛言：“世尊妙哉，我念过去无量劫事，于燃灯佛，布说法处，发菩提心，从佛修行。亦复世尊布说法，于说法中得漏尽智，成阿罗汉。亦复闻说诸法实相，入菩萨道。不动先果成大乘道，得近如来一切种智。如是妙智，从何处来？皆从凡夫久远心来。其久远心等诸佛心，是为法身，是名成佛。得见是心，非在言教理诲理解文字之中，但在以心示中。不假三昧，不期感果。因缘熟时，凡夫即见。是故佛道，传于凡夫人中不绝。若无此法，唯有感果贤圣得道，而无凡夫、比丘、比丘尼、优婆塞、优婆夷得佛道者。若然于末法浊恶世中，证果人者，千万人中无有一人无证果，故佛道绝传。唯有名字，无有道象。有此法故，传佛道象，不结于末世。”佛言：“善哉，摩诃迦叶。如所言，七佛世尊授法象然。七佛弟子传法象尔。我灭度后，以大法藏，今付于汝。能持传传，弘通正法。寻嗣心道，令不断绝。”①

而第二部分原文如下：

尔时大梵天王白佛言：“世尊出世四十余年，种种说法。云何有未曾有法耶？云何有及言语法耶？愿为世间一切人天，能示已自。”言了，金色千叶大婆罗华持以上佛，而退舍身以为床座，真诚念愿。

尔时世尊着坐其座，廓然拈华。时众会中百万人天，及诸比丘，悉皆默然。时于会中，唯有尊者摩诃迦叶即见其示，破颜微笑，从座而起，合掌正立，有气无言。尔时佛告摩诃迦叶言，吾有正法眼藏，涅槃妙心，实相无相，微妙法。不立文字，教外别传。有智无智，得因缘证。今日付属摩诃迦叶。摩诃迦叶，

① 《大梵天王问佛决疑经》，《续藏经》第1册，第442页上。

未来世中奉事诸佛，当得成佛。今日亦堪为世间师。”佛告诸比丘：“如来今者不久灭度，汝等比丘皆悉能依摩诃迦叶，入大乘门，修行佛道。”①

经过对比可知，圣严法师的“千叶妙法莲金光明大婆罗花”乃前部分的“妙法莲金光明大婆罗华”与后部分的“金色千叶大婆罗华”拼凑改写的结果。圣严法师的“释尊受此莲花，坐此宝座，无言无说，但向法会大众，拈起莲花。此时与会的百万人天及比丘众，大家面面相觑，不知如来的动作是在表示什么。唯有长老摩诃迦叶，知道释尊所示，即无上法门，所以破颜微笑”这段话取自前部分，而接着的“从座而起，合掌正立，默然无语”为前部分所无，乃取自后部分。但是，按照前部分，在“长老摩诃迦叶见佛拈华示众佛事，即今廓然，破颜微笑”之后，接着是“佛即告言：‘是也。我有正法眼藏……’”这段话，然后是“尊者摩诃迦叶即从座起，顶礼佛足，而白佛言：‘世尊妙哉，我念过去无量劫事藏……’”这一大段话。而圣严法师却用后部分的经文取代之，在摩诃迦叶“破颜微笑”之后接着说：“从座而起，合掌正立，默然无语……”试问，假如此一《大梵天王问佛决疑经》是真经，岂能用这种东拉西扯、剪下补上的方法来剪接窜改呢？

圣严法师在其后第二节的《拈花微笑是宋朝以来的传说》中完全错解宋朝的明教大师契嵩所著《传法正宗记》之论证方法与基本观点，企图用《大般涅槃经》有关“释尊付法于摩诃迦叶之说”来证明“拈花微笑”的后出说法。竟然提出如下之说：

因此，释尊临要涅槃之前，付法传衣给摩诃迦叶的事，禅宗典籍，都是承认的。至于考察佛陀入灭之时，摩诃迦叶并不在会，何以在《涅槃经》中，记载了传授无上正法给摩诃迦叶之说？宋朝的明教大师契嵩，在其所著《传法正宗记》卷一，解释为：

① 《大梵天王问佛决疑经》，《续藏经》第1册，第442页下。

"以佛说法的先后而知,先说《法华》,后说《涅槃》,摩诃迦叶出席了法华胜会,而未见于涅槃胜会,付法之事,当在佛说此两部大经之中间。"

另外,契嵩对于拈花微笑之说,则谓:"未始见其所出,吾虽稍取,亦不敢认为那就是事实,因为其他有关诸书,开端必列七佛相承,独此无之。"他是不敢采信有此拈花微笑的史实,则很明显。

不管如何,这则故事非常动人,因为它很有禅的风貌,而且是人人都能懂得和接受的。所以一经传出,便受到了普遍的欢迎。①

这最后一段话对契嵩的观点做了完全相反的错解。请看笔者在前文引述介绍契嵩的观点如下:

或谓如来于灵山会中拈花示之,而迦叶微笑,即是而付法。又曰:如来以法付大迦叶,于多子塔前。而世皆以是为传受之实。然此未始见其所出,吾虽稍取,亦不敢果以为审也。曰他书之端,必列七佛,而此无之,岂七佛之偈,非其旧译乎?曰不然。夫正宗者,必以亲相师承为其效也,故此断自释迦如来已降。吾所以不复列之耳,吾考其《宝林》《传灯》诸家之传记,皆祖述乎前魏支强梁楼与东魏之那连耶舍,此二梵僧之所译也。或其首列乎七佛之偈者,盖亦出于支强、耶舍之二译耳。岂谓非其旧本耶?然《宝林传》其端不列七佛,犹吾书之意也。

笔者据此指出:

由此可见,契嵩作为佛教大师及佛教史书《传法正宗记》的

① 圣严法师:《拈花微笑》,上海书店,2005年,第192~193页。

编纂者，其对《始祖释迦如来表》的编写是严格按照儒家的经典史书的实事求是、“疑则传疑”的方式，建立在其对自己认为可信的佛教经典文献有关记载的认真研究基础上。例如，其开宗明义继承“《宝林传》其端不列七佛”的传统，《传法正宗记》也不载“七佛”而以释迦牟尼佛为始。

可见，契嵩的《传法正宗记》赞同并继承“《宝林传》其端不列七佛”的传统，根本不是因为《大梵天王问佛决疑经》的“拈花微笑”不列七佛而“不敢采信有此拈花微笑的史实”。至于其最后提出的结论，就更是严重歪曲历史而误导世人。其所谓“不管如何，这则故事非常动人，因为它很有禅的风貌，而且是人人都能懂得和接受的。所以一经传出，便受到了普遍的欢迎”，更是以“这则故事非常动人”而对其真伪问题采取了“不管如何”的态度，以致进一步提出了歪曲历史的结论，使人误以为由于“拈花微笑”“这则故事非常动人……”，“所以一经传出，便受到了普遍的欢迎”。而我们看到的历史事实是“拈花微笑”之类的故事，自传世以来就一直受到宋朝的明教大师契嵩为代表的佛教主流学者的否定而不能进入佛教大藏经，以致在中国完全失传。如何能说“一经传出，便受到了普遍的欢迎”？在日本，据说此经自唐末从中国抄取来日本，就一直秘藏于某寺“三百有年”。而首先将其抄出者无着又将其“深秘五十年”，至日本中御门天皇享保十二年丁未仲夏（1727 年 5 月 21 日~1727 年 6 月 18 日）才抄毕写上题记。[①] 此经在日本近现代被忽滑谷快天等人证伪之后，相信其在日本佛教与佛学界也不会有“一经传出，便受到了普遍的欢迎”的情况。虽然笔者非常尊重圣严法师的道德文章，但是对其偶有如此错解古典而误导信众与读者之失，也不能不本着“吾爱吾师，吾更爱真理”的传统精神，提出纠正。

圣严法师身为留学日本而获取硕士、博士的佛教著名法师兼学

① 见《续藏经》第 1 册《大梵天王问佛决疑经》（两卷）的卷首及卷尾。

者，长期住持台湾的佛教与佛学重镇法鼓山，在当代中国海峡两岸的佛教与佛学界都有重大影响。虽然其肯定读过曾历任日本曹洞宗大学及驹泽大学校长的前辈著名曹洞宗学僧忽滑谷快天的有关名著以及对“拈花微笑”的证伪成果，但是却用极为肤浅的观点对“拈花微笑”做了以讹传讹的传播，故其负面影响甚大。

另外，在当今海内外的讲经活动中影响甚大的净空法师，也同样在不辨真伪的情况下，甚至连《大梵天王问佛决疑经》原文的卷数及文字都没有看清楚，就大力宣扬该经所载的“拈花微笑的公案”。现引佛学网所载其文如下：

> 下面这一段，“尤应深省者”，尤其应该我们深深去反省。“大迦叶尊者，即传佛心印之禅宗初祖”，这个公案、典故出在《大梵天王问佛决疑经》第三卷，拈华微笑就出在这个经上。“梵王至灵山”，大梵天王，灵山就是耆阇崛山，就是王舍城耆阇崛山。“以金色钵罗华献佛”，这是用花供佛，供养佛。“舍身为座”，大梵天王也是来表法的，若不是古佛再来，至少是十地菩萨、法云地的菩萨来表演。舍身为座，你看国王对佛多恭敬，他请佛坐在他身上。“请佛为众生说法”，大梵天王不是普通人。“世尊登座，拈华示众”，世尊也满足他的愿望就坐一下，不能坐太久，坐太久就不近人情，大天梵王。所以这些都有人情东西在里面，所以他的时间愈短愈好。请说法，他拈花，这个花（是）什么？就是大梵天王供养的那朵花，拈华示众，比一比给大家看看。“人天百万”，人不多，天神多，跟着大梵天王来的。“悉皆罔措”，大家都不知道佛拿这个花的意思，都不知道。“独有金色头陀破颜微笑”，只有迦叶尊者微微的笑笑。“世尊云：吾有正法眼藏，涅槃妙心，实相无相，微妙法门，付嘱摩诃迦叶。”佛就把这个花给迦叶，这是禅宗里头第一个公案，迦叶尊者破颜微笑，他明白了，他开悟了，在世尊这一个动作当中，他大彻大悟，明心见性。后来传释迦牟尼佛的衣钵，最初释迦牟

尼佛传迦叶不是衣钵，是大梵天王供养的这一朵花，这就是拈花微笑的公案。

文摘恭录—净土大经解演义（第八十九集）2010/7/26　档名：02-039-0089①

如前所述，现存的《大梵天王问佛决疑经》只有两种本子，其一为两卷本，其二为一卷本。故此不可能有净空法师所说“这个公案、典故出在《大梵天王问佛决疑经》第三卷”的可能。查其引述解释经文说：“‘梵王至灵山’，大梵天王，灵山就是耆阇崛山，就是王舍城耆阇崛山。‘以金色钵罗华献佛’，这是用花供佛，供养佛。‘舍身为座’……”其中“梵王至灵山”等句子，皆不见于今《大梵天王问佛决疑经》的两种本子，而只见于《人天眼目》第五《宗门杂录·拈花》杜撰的王安石所见《大梵天王问佛决疑经》三卷之文。即使退一步说，世上真有《大梵天王问佛决疑经》三卷之本，有关“拈花”的文字也不可能载于第三卷。因为从现存的《大梵天王问佛决疑经》来看，无论是两卷本还是一卷本，有关佛陀拈花传法的故事，都是记载于第一品或第二品，由此可推断，即使有三卷本，该故事也应载于其第一卷的第一品或第二品，不可能载于其第三卷。

四、结语

综上所述，可见当今中国人在有关《大梵天王问佛决疑经》及“拈花微笑”的伪经假事方面受到严重的误导，以致真伪不分、以讹传讹的情况日益严重。是时候认真地总结考辨，以还历史之真相。

（谭世宝，历史语言研究所所长、教授）

① 见学佛网所载净空法师《拈花微笑的公案》：http://www.xuefo.net/nr/article5/47196.html。（2013年4月18日引）

安心：禅宗中国化的路径与机理[①]

——兼与原始儒家的比较

李洪卫

达摩的二入四行以及道信《入道安心法门》近来为一些著名法师重新倡导是有理由的。唐代尤其是六祖以后，顿教南宗的“玄机”吸引了众多士大夫和高士。这种修行需要很高的智慧而不是较高的智商或情商，因此有特殊的魅力；不立文字、直下心源虽有玄奥，但也使文化不致成为人们进入修行的障碍，又在一定程度上使其成为一个方便的法门。对士大夫和不识字之人的同样引力似乎矛盾，其实正相反相成，不识文字的人也许和精通文字但又喜欢思考玄机的人正好融洽，正如六祖慧能自己言承的“接引上上乘人”。但是，这种修行进路的弊端也在于此，即六祖所提倡的“定慧等持”。所谓定慧等持就是以慧反领定，以超拔的智慧直接安心，在扫相中识定，在放下中明心，消除戒、定、慧的层次等级和循序渐进的路数。这种方式可以说引导了禅宗中国化并走向极致，也导致它的衰歇，因为

① 净慧长老近年在倡导“生活禅”的开示中，经常提到甚至反复强调“安心”和“安心法门”。他的圆寂令大众不舍，但是其安详示寂又令人深刻领会到长老已深得其中三昧，不愧是大众的范导。草撰本文以表示对长老之敬意。

这不是普通人都能完全领会进入的进路。有明一代后,禅宗和净土日渐融合,就是逆反这种超常超越进路的明证。从今天海内外禅宗的发展尤其是大陆的整体状态来看,仍然还在恢复重建的初期,回返楞伽师的修行进路势所必然。

楞伽师的修行进路就是安心法门。安心是将身心修行和对心识的自我解悟统一整合起来,是中国化禅宗的典型。它既承续了印度佛教的基本修养功夫如坐禅入定,同时又有明显的中国传统人文的特色(本文末节将结合中国原始儒学略作比较),“安心”法门正是这种中国化禅宗的正宗特色。所谓中国化禅宗,一方面笔者将之界定为认识自性,另一方面笔者将之界定为安心方法,前者是佛教的基本要求,其实也把中国化包含在安心之中,但是“安心”从其名称和内涵来看都有明显的中国特质,这是佛教在中国尤其是禅宗在中国的特点,六祖慧能之后的中国化只是将安心法门中的顿悟提到了至高无上、无以复加的地步。因此,显然中国化的确并非从慧能始,而是自达摩的“安心”说提出即已开始了。

一、二入四行的身心统一论:定心与安心

1.安心两义

安心起源于达摩接引慧可的过程中,明确则是在四祖道信的安心法门提出之后,当然在此之前已经有安心的说法。《楞伽师资记》首先叙述求那跋陀罗时记录其说:“拟作佛者,先学安心。心未安时,善尚非善,何况其恶?”①“有求大乘者,若不先学安心,定知误矣。”②“安心”当然不自这儿首先出,可以上溯到佛陀时代和印度佛教本身,但是,自佛教进入中国,禅宗初创时候,这才是开始。其中包含两个方面,一是静坐默心,二是心理平等,后者既是默坐的成果

① 《楞伽师资记》,《大正藏》第85册,第1284页上。

② 《楞伽师资记》,《大正藏》第85册,第1284页中。

又是心悟的体现。“究竟佛果处，只可默心自知。无心养神，无念安身，闲居净坐，守本归真。”①“心得安静时，善恶俱无。”②“不得安静，但名修是，不名安心。”③

究之楞伽师的安心实则有两义：一是定心（或摄心）；二是觉悟或心境了然，这是安心的究竟境界。但是，定心或摄心在楞伽师那里必不可少，是重要的一步。六祖以后，禅宗学人基本不提“安心”的说法，但其实将第二种意思即自性的自己觉悟，也就是人的觉悟或觉醒，发挥到或提升到了极致，但这是那种顿悟、直接的醒觉。和楞伽师相比，六祖以后虽然凌厉超拔，但是也不免没有把鼻甚至邋等。在一定程度上，六祖及其后的禅师似乎突出强调了定慧的统一性和同一性，但是其实是人为割裂了安心之中的定心和觉悟的统一性。定慧本身在觉悟层面上是同一的，但是在修养功夫上又有着一个前后次序。在六祖慧能提出“定慧等持”以后，有以慧觉指导定心甚至代替定心的倾向，这就导致中上和中人以下的众生无法把握这种高妙的玄理和玄机。当然，从神秀和慧能的比较来看，神秀不能见道也就是没有通过修养真正识见自己的心性本体成了神秀或北宗不被确认的最大问题。但是，抛开神秀的个案不论，细究起来，“安心”一说无论其名称还是进路，其实正是能够将这二者整合起来的有次序又能见道的方式，如果未能见道，不是安心法门的问题，而是未能真正安心。

2.理入与行入、定心与觉悟的一体

综观自达摩至慧能的楞伽师们，其方法不外一则静坐，一则觉悟。笔者把达摩安心分解为定心和了悟，定心的修持主要是禅定或摄心。但是在这个过程中其实不乏觉悟的成分，这一点是需要明确的，正是因为这种相互渗透，才使禅定本身能够和后来的觉悟统一

---

① 《楞伽师资记》，《大正藏》第85册，第1284页上。

② 《楞伽师资记》，《大正藏》第85册，第1284页上。

③ 《楞伽师资记》，《大正藏》第85册，第1284页上。

起来。在求那跋陀罗也提出四心，即“背理心，向理心，入理心，理心”。安心就是逐层次地安住前面三者，实现凡夫心乃至菩萨心的超越，菩萨心时仍然没有泯灭能所，最后的境界是理心，是心与理的平等，这里面就包含着深层次结合坐禅的觉悟在一起，摄心与觉悟就是融合在这一过程之中。因此，与其名称相反，笔者认为，达摩的理入恰是行入，行入恰是理入。也就是说，通过理入则是身心的整体修养，而且首先是身体的安顿，从达摩到四祖道信莫不如此；而达摩行入其实是论理的，是自我觉悟的途径。“夫入道多途。要而言之，不出二种。一是理入，二是行入。理入者，谓借教悟宗。深信含生，凡圣同一真性，但为客尘妄覆，不能显了。若也舍妄归真，凝住壁观，自他、凡圣等一，坚住不移，更不随于言教，此即与真理冥状、无有分别，寂然无名之理入。”①这是达摩描述的理入。当然，前面说的的确是理，即是《楞伽经》中的原话，而修行的目的就是“舍妄归真”，相信有一个真性、真心在，修行使其呈现，犹如儒家说仿佛“良知呈现”。更重要的是后面，“凝住壁观”“坚住不移”，这一点四祖道信完整地吸收到他的《入道安心要方便法门》中。四祖在他那里说得非常清楚：

> 初学坐禅看心，独坐一处，先端身正坐，宽衣解带，放身纵体，自按摩七八翻，令腹中嗌气出尽，即滔然得性，清虚恬静。身心调适，然能安心神，则窈窈冥冥，气息清冷，徐徐敛心，神道清利，心地明净。观察分明，内外空净，即心性寂灭；如其寂灭，则圣心显矣。性虽无刑（疑为“形”字之误），志节恒在。然幽灵不竭，常存朗然，是名佛性。见佛性者，永离生死，名出世人。是故《维摩经》云：豁然还得本心。②

---

① 《楞伽师资记》，《大正藏》第85册，第1285页上。

② 《楞伽师资记》，《大正藏》第85册，第1289页上。

所谓“本心”是孟子先提出的说法，这里提出的修养方式跟孟子养“平旦之气”的方法类似；“圣心”虽然与儒家的修养层次不同，但是名词上与先秦的提法没有大的出入。当然这里的核心不是说这是儒家的思想，而是说，这种修禅定的方法就是达摩的壁观方法的具体化。这是达摩理入的内容的后半部分，也正是禅宗初期修身的方法。因此，理入并非就是从心和理的方面去把握。在他们看来，静坐是破妄念的唯一途径：“今世后世，净十方诸佛，若有一人，不因坐禅而成佛者，无有是处。”“若妄念不生，默然净坐，大涅槃日自然明净。俗书云：冰生于水而冰遏水，冰伴而水通。妄起于真而妄迷真，妄尽而真现。即心海澄清，法身空净也。故学人依文字语言为道者，如风中灯不能破暗，焰焰谢灭。若净坐无事，如蜜（疑为“密”字之误）室中灯，则解破暗，昭物分明。”①因此，在楞伽师看来，破除内心妄念的唯一正确途径是坐禅，这是与六祖后世截然不同的观念和路径。

而所谓四行，其实都是心法：第一是甘心，第二是随缘心，第三是安心，第四是放心。因此，理入反而是修身，行入反而是修心，而修心或者修身都是一个安心。达摩说法时只有道育、慧可，志存高远，“善蒙师意，法师感其精成，诲以真道：如是安心，如是发行，如是顺物，如是方便。此是大乘安心之法，令无错谬。如是安心者：壁观；如是发行者：四行”②。所谓安心与发行的分野只是相对的，壁观是安心，发行也是安心。譬如，“第三无所求行者：世人长迷，处处贪著，名之为求，智者悟真。理将俗及，安心无为。形随运转，万有斯空，无所愿乐，功德黑暗，常相随逐”③。发行就是安心，而壁观则是定心。定心的方法在四祖道信那里发展到极致，也就是他的摄心法，这一点和孟子论述的专心致志的方式也是极为近似的。

---

① 《楞伽师资记》，《大正藏》第 85 册，第 1285 页下。

② 《楞伽师资记》，《大正藏》第 85 册，第 1285 页上。

③ 《楞伽师资记》，《大正藏》第 85 册，第 1285 页中。

守一不移者，以此空净眼，注意看一物，无问昼夜时，专精常不动。其心欲驰散，急手还摄来，如绳系鸟足，欲飞还掣取。终日看不已，泯然心自定。《维摩经》云：摄心是道场。此是摄心法。《法华经》云：从无数劫来，除睡常摄心，以此诸功德，能生诸禅定。《遗教经》云：五根者，心为其主，制之一处，无事不辨。①

这种定心的方法也就是达摩教导慧可的“外息诸缘，内心无喘，心如墙壁，可以入道”。

道信安心的另一个方法是念佛，念佛既能定心也能安心。定心是使得心定不摇动，而安心则是明理。“念佛即是念心，求心即是求佛。所以者何？识无形，佛无形，佛无相貌。若也知此道理，即是安心。”②念佛的方法是心念专一，但是在道信那里，念佛还有另外一个功用，那就是求佛，就是求自己的内心，不刻意去思虑佛是什么模样的，甚至摒弃这种念头，心意无形、佛也无相，这在一定程度上起到扫相的效果。从道信追求的目标来看，这种安心是一般静坐中所不曾考虑的，因为它兼具了定心与解悟的双重效应。

二、安心关节和究竟：明心

1.安心之依心而立

安心的第二个层次是了悟或明心，但是楞伽师的了悟或明心不是无依自立，而是建立在有所凭恃的基础上的。在这一点上，又体现出安心之定心与觉悟的整体性。禅宗安心法门的确立的确是依如来藏而起，因为这可以有一个把手，即入门的门径可依。佛陀在《楞伽经》中云：“一切三有，皆是不实妄想所生，如来不从不实虚妄

① 《楞伽师资记》，《大正藏》第 85 册，第 1288 页中。

② 《楞伽师资记》，《大正藏》第 85 册，第 1287 页上。

想生。”同时，又指出，不实妄想乃客尘污染所致，背后其实自有灵根：“此如来藏识藏，一切声闻缘觉，心想所见，虽自性清静，客尘所覆故，犹见不净，非诸如来。”声闻缘觉、心想所见皆是空虚妄想，是外缘蒙住根器，攀援胶住所致。同时说明，自性清静，拂去客尘，可见天日真理。因此，楞伽师与后来受般若观念影响直接扫相的凌厉简捷有很大不同。所谓客尘染着、覆盖，即是攀援、求取、逐物、向外，即是心神不安定，这是一切声闻所见、妄想杂念的表象，要解决此题，就要求得身心的安定：不攀援、不逐物（当然也不是外道的空寂），这就是“安心”。所以，《楞伽师资记》中求那跋陀罗即述其谓：“拟作佛者，先学安心。心未安时，善尚非善，何况其恶。心得安静时，善恶俱无，依《华严经》云：法法不相知。至此国来，尚不见修道人，何况安心者。”在他这里，“安心”已经成为修道的最高目标：学做佛的人，第一步就是安心。先有修道人，然后有安心人；安心者即是修道有成之人，然后方可成佛。而安心在达摩承继求那跋陀罗之后才正式成立。第二，心得安静时，善恶具泯，这一点同样十分重要，因为，这样我们或许可以重新分析诸如神秀这样的公案，究竟为什么或在哪个环节上没能最终入道。因此，从这里我们看到，第一，安心有其阶梯、步骤；第二，从求那跋陀罗开始，不仅有如来藏的修行法钥，而且有智慧的关照。其实，在达摩与慧可的公案中已经展现了后来的般若观念关照下的顿悟超拔的觉解提升，形成二者的统一。六祖以后这后一个方面被强烈地凸显出来，但是却在有意无意间忽略了前期的准备。

2.安心：在心上的悟性

我们必须从两个方面将老祖达摩的方法全部展示出来。安心的名称之显著是达摩开示慧可之时揭出的：“光曰：‘我心未宁，乞师与安。’师曰：‘将心来，与汝安。’曰：‘觅心了不可得。’师曰：‘我与汝安心竟。’”①这里的“我心未宁”大体应该是求一个最后的解决的

① 《景德传灯录》，《大正藏》第51册，第219页中。

意思,或者说“我心”还没有达到完全的安宁或安定状态,请求一个向上一级的指引。我们从后来的方法中也可以看到类似举用,说明不是一个偶然性的随机方便,而是一个可以相当普遍应用的法宝。但是,这需要正好其人在这个关节点上才行,当然点化、指引的师父也必须能够居高临下、全机把握、掌握时机。这中间的四个环节:一是求安心,二是心在哪里,三是找不到心,四是安好。第一,安心不一定直接针对心灵不安而言,可以针对其他方面。第二,是一个启示性的方法,明了心、法、佛一体,心、法、佛在自身不在外。第三,在这一重大启示之下,结合此前的已经形成的自身修养功夫达到觉悟。这里最明白的就是慧可开示僧璨的一例。(僧璨)年逾四十,来见慧可,问道:“弟子身缠风恙,请和尚忏罪!”慧可答言:“将罪来,与当忏。”僧璨过了好一会儿,说:“觅罪不可得。”慧可说:“我与汝忏罪竟,宜依佛法僧住。”僧璨又问:“今见和尚,已知是僧,未审何名佛法?”慧可答言:“是心是佛,是心是法,法佛无二,僧宝亦然。”僧璨闻言,深有所悟,说道:“今日始知罪性不在内,不在外,不在中间,如其心然,佛法无二也。”①而四祖与三祖的案例则如出一辙:“隋开皇十二年壬子岁,有沙弥道信,年始十四,来礼师(三祖僧璨)曰:‘愿和尚慈悲,乞与解脱法门。’师曰:‘谁缚汝?’曰:‘无人缚。’师曰:‘何更求解脱乎?’信于言下大悟。”②这两则公案一样,都是在心灵不安的问题上设问,不论是心还是罪,向外寻找当然不得,所以不论罪与罚、福与报还是心、佛都是自心,回归自心,然后放下一切,不再向外寻找、驰求、攀援,心安定了。就是这最后的一击,在学者那里往往需要更高一筹的师父做最后的打击而反省、反醒。

认识到心、法、佛一体,就是认识到自己的本心就是性体,而性体本身是没有染着的,无论善与恶、功与罪、是与非。所以,同样一个类型的接引法门可以用不同的开示问题:或问心,或问罪,或问解

---

① 《景德传灯录》,《大正藏》第51册,第220页下。

② 《景德传灯录》,《大正藏》第51册,第221页下。

脱，其实则一。只是要认识到本心、本性而已，在此时认识心与本心为一，一刹那觉悟本心、本性，一切脱落、泯灭、平等。

3.施为策略与前后相继

其实，我们这里看到的景象更像是后来六祖以后的机锋答对，正是从初祖开始的关于安心法门中的第二步：在学僧个人修养的基础上，在关键环节给予点化，使之升华而超凡入圣。这里说的也是安心法门的最后一步，不管是否直接涉及自心的问题，但是都是关于心的解悟，因此，无论是达摩与慧可关于安心的问答还是后来关于忏罪或谁缚的问答，指向的都是自心，即是安心。但是，这是安心的最后方法，而这成为六祖以后常用施为的策略，这是六祖前后的楞伽师和后面的不同。而最初从达摩开始的安心则是有着明确的方法，就是我们在第一部分着重讲的那些次第、环节、内容，这正是我们今天需要着重汲取的。安心最终是着落在境界层面，但是，境界的获得必须首先要有先前的功夫。达摩自己对这一点非常清楚。其实，最后的问答式、公案式方法是针对心而言，达摩教导的初期步骤则是真正针对“安”或者“安心”而言的。

> 别记云：师初居少林寺九年，为二祖说法，只教曰：“外息诸缘，内心无喘，心如墙壁，可以入道。”慧可种种说心性理，道未契。师只遮其非不为说无念心体。慧可曰：“我已息诸缘。”师曰：“莫不成断灭去否？”可曰：“不成断灭。”师曰：“何以验之云不断灭？”可曰：“了了常知故，言之不可及。”①

达摩既教导慧可定心方法，同时又教他安心方法：外息诸缘又内心了了，不是沉空虚寂。外息诸缘，内心不再攀援依附，内心了了心如明镜。其实是心地真正地安下了，明白心、性、佛一体，而且就是自身而已，或者说这一点也已经消失，因为心底了然，无牵挂羁绊、束

① 《景德传灯录》，《大正藏》第51册，第219页下、第220页上。

缚，自然明白、清澈。正是这一点被六祖放大应用而成为后来中国禅宗的范式。

三、从任运到直心：连续与断裂

“安心”法门到道信开始大盛，他专门提出了这一修行的方略，但也是从他开始，发生了一个比较重大的转移，这就是任运。四祖道信可以说将定心修持和超越拔升两者都发挥到了楞伽师的极致。在他那里，专门谈到摄心、守一不移以及坐禅的准备工作等，说得详尽备至；但是，也是他提出了“任运”的思想，这是此前所没有的，虽然三祖僧璨提出了“大道至简，唯嫌捡择”，在一定程度上出现了这种苗头，但是道信则将之发挥开来。信曰：“亦不念佛，亦不捉心，亦不看心，亦不计心，亦不思惟，亦不观行，亦不散乱，直任运；亦不令去，亦不令住，独一清净究竟处，心自明净。”①其实，这已经到了安心的第二步的境界之地，也就是内心的了然明白或明觉。这个任运类似于孔子所说的“从心所欲不逾矩”（当然，两者从境界等方面有绝大的不同，只是一个类比），自然而然、随心所欲的自在，这是吸收了道家尤其是庄子的思想了。

道信的这种思想是在他前面的定心的种种方略基础上提出的，是从觉后境界层面提出的，我们只有从这个角度才能理解这种提法而不是将之看成是一种修养方式。但是，从六祖的“定慧等持”和“直心是净土，直心是道场”就将这一点发挥到了顶点。他说：“诸学道人，莫言先定发慧、先慧发定各别。作此见者，法有二相。口说善语，心中不善。空有定慧，定慧不等。若心口俱善，内外一如，定慧即等。”慧能在这里直接否定了定慧的先后顺序和步骤，这就是四祖道信的“任运”之说，因此，四祖道信是安心两个层次的集大成者。而六祖整个《坛经》都是从人的本心或心性上讲，从修养的成就境界

---

① 《楞伽师资记》，《大正藏》第85册，第1287页中。

上直接开示，因此，他将安心的成就直接说成是方法，其目的是希望学者进一步打破执迷的境地，但是正如前文提出的，这其实是需要火候和时机的，需要在学人修养达到一定层次和关节点的时候，施为最佳。他直接说："善知识，又有人教坐，看心观静，不动不起，从此置功。迷人不会，便执成颠。如此者众，如是相教，故知大错。""善知识，道须通流，何以却滞？心不住法，道即通流；心若住法，名为自缚。若言常坐不动是，只如舍利弗宴坐林中，却被维摩诘诃。"其实，他这里有言说的针对对象，就是但言静坐，迷人不会，就陷入对坐禅的执迷颠倒之中了，需要通过智慧的接引将之拔出。但是，这种简易直接的方法的确是有益于上上乘人，对于普通大众确实需要审慎的。

慧能提出的"直心"也是四祖道信"任运"说的进一步阐发，他说："善知识，一行三昧者，于一切处行住坐卧，常行一直心是也。《净名经》云：'直心是道场，直心是净土。'莫心行谄曲，口但说直；口说一行三昧，不行直心。但行直心，于一切法勿有执著。迷人着法相，执一行三昧，直言常坐不动，妄不起心，即是一行三昧。作此解者，即同无情，却是障道因缘。"直心就是任运，但是直心其实是在修养得道之后的直心，这一点需要明白；也可以说直心或任运是人的本心、本性的直接施为，不加修饰、伪装。但是，这种本心、本性在大多数人是被尘覆埋倒的，因此需要一个功夫、需要一个过程。慧能的方法是直下心源，打破顿悟和渐修的隔阂："善知识，本来正教，无有顿渐，人性自有利钝。迷人渐修，悟人顿契。自识本心，自见本性，即无差别。所以立顿渐之假名。"从见到本性上说，六祖此言甚是。从本体上或本性上说，本就没有顿或渐，人的本性只有一个，能见到就是见到，见不到就是假的。但是，其实这里，慧能也已经区分了迷人渐修、悟人顿契之间的差异。尤其是，我们需要注意到，慧能其实强调，他的法门即是顿教，对于普通人来说，可能过于刚猛激烈，不一定是所有人都能明白和修持的，他说："善知识，小根之人，闻此顿教，犹如草木根性小者，若被大雨，悉皆自倒，不能增长。"这一点其实是需要特别注意的。而这里需要特别指出的是，即便在达摩那里顿悟教法也是存在的，这就是第四称法行。“第四称法行者，性净之理，因之为法。理此众相斯空，无染无着，无此无彼。”①很明显，达摩承接如来藏法，很明确禅宗的本分行当就是了悟自性，在这一点上，真正的禅师其实是没有分别的。安心的最高最后层次就是心无挂碍、无染无着、无此无彼，只是怎么样得到这样的结果或成就，在禅宗传承的演化中，逐渐有所不同。

我们应该看到，从达摩到慧能的方法都是安心法门，但是直到四祖、五祖，都是一个稳妥渐修的过程，六祖以后而成顿教。这其中的连续性是在达摩那里直到以后各位楞伽师其实都有顿教的内涵的，否则前后就不是一种宗门了；其次，六祖前后的确形成了强烈的反差，这个反差最初就是从四祖那里开始的，这也是以前学者都已经注意到的。从我们今天修行的方便来看，第一是用安心比较能够顺应大众的心理需求，因为，身心不安正是人类的共病，也正是当下人们最大的心理问题；第二是楞伽师们的方法比较稳妥，这也是人所共见的，而且这同样也是能够和中国文化尤其是儒家传统接续的方面。

四、“心安”与“安心”的中国语境及其走向

1.孔子的“心安”

“心安”与“安心”既是一句日常用语，同时又在宗教层面有其深刻的含义，尤其是在中国的宗教与哲学中，具有实质性乃至根本性的意义。在儒家创始人孔子那里已经探讨了“安”的问题，其中主要涉及两个方面：一是社会，二是个人。从社会来说，“安”就是社会安定、百姓安居之类；从个人来说，“安”则指身安与心安两个方面。身安主要是安逸、舒适等方面，而心安则是心理的安顿、平和，尤其

① 《楞伽师资记》，《大正藏》第85册，第1285页中。

是在孔子与宰我的对话中，提出了心安的问题。我们检索《论语》大体上有以下这些关于“安”的讨论。

子曰：“老者安之，朋友信之，少者怀之。”（《公冶长》）这里的“安”大体也是安逸、安闲、舒适的意思。“子温而厉，威而不猛，恭而安。”（《述而》）这里的“安”描述的是孔子本人安然、恬静的整体性的身心状态。“子路问君子。子曰：‘修己以敬。’曰：‘如斯而已乎？’曰：‘修己以安人。’曰：‘如斯而已乎？’曰：‘修己以安百姓。修己以安百姓，尧舜其犹病诸？’”（《宪问》）这里的“安”是名词动化，也可以认为就是动词，因为是君子即上层人物，甚至即君主，所以这里的“安”就是“安排好”“处置好”“安定、安居、安乐”的意思。“丘也，闻有国有家者，不患寡而患不均，不患贫而患不安，盖均无贫，和无寡，安无倾。”（《季氏》）这里的“安”也大体是安定、安乐的意思。“宰我问：‘三年之丧，期已久矣。君子三年不为礼，礼必坏。三年不为乐，乐必崩。旧谷既没，新谷既升，钻燧改火，期已可矣。’子曰：‘食夫稻，衣夫锦，于女安乎？’曰：‘安。’‘女安则为之。夫君子之居丧，食旨不甘，闻乐不乐，居处不安，故不为也。今女安，则为之。’宰我出，子曰：‘予之不仁也！子生三年，然后免于父母之怀。夫三年之丧，天下之通丧也。予也有三年之爱于其父母乎？’”（《阳货》）

在孔子与宰我的对话中，孔子所追问的“安”主要是“心安”，即自己内心其实就是良心的安定、满足，不会因为良心不安而导致烦恼、忧虑、焦躁等。在这里，孔子理解心安的方式或法门是：求对等。其实就是付出与回报的等价、平衡，一般人应该在这个意义上求得心理的平衡，这是良心本身内在的规定和要求。应该说，这里的孔子还并不是从身心修养的角度来谈的“心安”。而他关于自己“饭蔬食饮水，曲肱而枕之，乐亦在其中矣，不义而富且贵，于我如浮云”和评价颜回“一箪食，一瓢饮，居陋巷，人不堪其忧，回也不改其乐。贤哉回也”中，表现的是一种安心的境界。但是，孔子已经提出了这个问题，而孔子的提问与回答则展示了儒家与道家及后来的禅宗之间的差异。在这些方面，孟子的“求放心”以及《大学》《中庸》中的很多论述乃至方法倒是与我们下面讨论的禅宗的“安心”颇有相和之处。

2.孟子的“存心”

在儒家的另一个理想主义者孟子那里,则已经不限于探讨什么是“安”,而是在思考、求证身心安定的法门,这就是他的“求放心”。他指出,“仁”是个人安身立命的地方,但是,“仁”当然不是一个实际的住处,因此,他这里说的是人心的安定和人心的安居。孟子曰:“孔子曰:‘里仁为美。择不处仁,焉得智?’夫仁,天之尊爵也,人之安宅也。”“仁者如射,射者正己而后发;发而不中,不怨胜己者,反求诸己而已矣。”(《公孙丑上》)“仁,人之安宅也;义,人之正路也。旷安宅而弗居,舍正路而不由,哀哉!”(《离娄上》)孟子曰:“君子深造之以道,欲其自得之也。自得之,则居之安;居之安,则资之深;资之深,则取之左右逢其原,故君子欲其自得之也。”(《离娄下》)孟子认为,君子要求索大道,而求索大道在于自己身心的享用,那就是孔子说的“古之学者为己,今之学者为人”,真正求学、求道的人是求得自己身心生命的受用。孟子认为,能够得到这种受用,就能居安,而且修养的功夫会越来越深厚。得到这种受用具体的方法就是“求放心”。“仁,人心也;义,人路也。舍其路而弗由,放其心而不知求,哀哉! 人有鸡犬放,则知求之;有放心而不知求。学问之道无他,求其放心而已矣。”(《告子上》)孟子认为人们其实不知道自己平时无时无刻不在放逸自己的良心追逐外务,因此,要得到心灵的安定平和就得“求放心”,把逐物向外的心找回来,其方法是存养夜气,同时要学会专心致志、心地专一不移,这其实已经和道家以及后来禅宗尤其是禅宗创始人的方法很接近了:

> 孟子曰:“牛山之木尝美矣,以其郊于大国也,斧斤伐之,可以为美乎?是其日夜之所息,雨露之所润,非无萌蘖之生焉,牛羊又从而牧之,是以若彼濯濯也。人见其濯濯也,以为未尝有材焉,此岂山之性也哉?虽存乎人者,岂无仁义之心哉?其所

以放其良心者，亦犹斧斤之于木也，旦旦而伐之，可以为美乎？其日夜之所息，平旦之气，其好恶与人相近也者几希，则其旦昼之所为，有梏亡之矣。梏之反覆，则其夜气不足以存；夜气不足以存，则其违禽兽不远矣。人见其禽兽也，而以为未尝有才焉者，是岂人之情也哉？故苟得其养，无物不长；苟失其养，无物不消。孔子曰：'操则存，舍则亡；出入无时，莫如其乡。'惟心之谓与？"

孟子曰："无或乎王之不智也。虽有天下易生之物也，一日暴之，十日寒之，未有能生者也。吾见亦罕矣，吾退而寒之者至矣，吾如有萌焉何哉？今夫弈之为数，小数也；不专心致志，则不得也。弈秋，通国之善奕者也。使奕秋诲二人奕，其一人专心致志，惟弈秋之为听。一人虽听之，一心以为有鸿鹄将至，思援弓缴而射之，虽与之俱学，弗若之矣。为是其智弗若与？曰：非然也。"（《告子上》）

从求放心的步骤来看，专心致志、一心不乱正是孟子所非常看重的关节之点，这一点与楞伽师们的守一不移是极其相近或吻合的。孟子修养的最终境界是："尽其心者，知其性也。知其性，则知天矣。存其心，养其性，所以事天也。夭寿不贰，修身以俟之，所以立命也。"（《尽心上》）这种功夫达到了佛家的什么境界，这是可以探讨的，也是可以比较的，譬如"尽心"的状态究竟如何，但是，孟子的寻求内心的安定则是确实无疑的，这一点也体现在《大学》的这句话里面："大学之道在明明德，在亲民，在止于至善。知止而后有定，定而后能静，静而后能安，安而后能虑，虑而后能得，物有本末，事有始终。知所先后，则近道矣。"其实，这是不大为人们所注意所重视的儒家心性修养一系中的极其重要的思想脉络。

由上可见，寻求身心安定的目标、机理其实已经存在于中国思想的深处，儒家以自己的方式提出了一些方案。但是这些方案在汉代以后儒家政治化的发展中湮灭或停滞，直到宋明理学才又重新将之发扬光大;在先秦与儒家同时的道家也同样提出了这个中国化的问题及其解决方式,而道家以哲学的方式更深入地影响了中国文化,后来它的修养方式转入道教反而被埋藏;将这种安心修养和境界超越结合在一起的并影响深远的反而是后来的禅宗,尤其是从达摩和慧可开始一直到六祖慧能,这是一个印度佛教进入中国以“安心”为标志而中国化的初创时期,其实也是一个可供后学持续借鉴学习的阶段;六祖以后的祖师禅在某些方面更加中国化了,但是也是走向了它的极致,反而导致了衰落。从今天看,重建禅宗中国化的初始阶段的“安心”法钥非常重要。

结语:安心——身心的安顿和心性的明达

由前述可见,安心绝不仅仅是禅宗的诀窍,它是中国文化中的共同财富和方法及境界追求,其基本路径就是立足于个体心性,使之安然和了达。从禅宗角度看,我们分解安心诸侧面,仍然将之分为定心和觉悟两个层面。定心的几个策略:壁观、守一不移、称名念佛、观心正念与念念相续、摄心归定、定者非寂。上述几个方面可以同时进行,也可以选择一种或两种。达到的境界认识就是安心或者说整体安心法门的究竟:心地明了、任运、无住(应无所住而生其心)、直心(无念、无住、无相)。无住和直心是五祖、六祖以后更加强调从境界倒推的方法,避免住于空有二境。当然,可能的弊害就是陷入未曾入门就自以为成道的狂禅。而入道的机理:(1)心为其主;(2)是心是佛;(3)心不在内外中间。而禅师打通学者的关键是:向外驰求之心歇息。(参见达摩与慧可、慧可与僧璨的公案)

早期禅宗是将手段、过程和目的、境界做出相对区分的,从四祖、五祖尤其是六祖以后,则是将二者打成一片。将心佛、色空、有无,尤其是境界和修证方法这些二元对立辩证化,也就是使之实现对立统一,互为条件和目标,而不是简单的手段、方法即永远是手段、方法,境界、觉悟只是境界、觉悟。基于即心即佛的观念和实质、机理，将成道之境同时看作是顿悟的契机，反过来运用到觉解的过程中，直下心源，在渐修积累的基础上达到豁然洞开的目的，也可以说是自省自悟。譬如慧能的定慧一体说就打破了戒定慧三学的过程和次第说法，反过来以慧、以内在的慧能直接敞开来获得动静一如的定。譬如离相说，这也是修养的境界之所得，不执著于各种名相。其实达摩的理入、行入都是理入也都是行入，自慧能开始，反过来将修养境界作为一种内心的本然状态，要求学人直接体验、把握，从而获得超常的感悟能力。道信的“任运”和慧能的“直心”意思大略相同，但是道信还有念佛、摄心等各种修持方法、路数，到了慧能则直接便是“直心是道场，直心是净土”了。从整体的视角观察，安心法门是禅修的入门、方便，同时又必须看到它也是究竟，是最终的成就。从这一点上我们可以看到中国禅宗的自身特色：身心安顿和心地了然，对于我们今天的普通大众来说尤其具有深远的意义。

（李洪卫，河北工业大学社会科学部研究员）

当代中国的文化信仰思潮
——以佛教禅宗文化的兴盛为例

李向平

百余年前,华夏大地正处乱世危局之际,而作为四民社会之首的士大夫知识分子,则以其敏锐的先觉意识与沉郁的忧患意识,在民族危机与文化挑战波涛汹涌地席卷而来的时候,在早已内化了的那种"舍我其谁"的担当意识与责任意识的激励之下,勃然兴焉,昂然立于潮头,引领时代的潮流。彼时的知识人围绕着"中国应该走向何方"这一历史中心问题,在思想界不断掀起轩然大波。[①] 这一历史画卷,虽几经潮涨潮落,然确乎波澜壮阔。在这诸多的文化思潮中,就有异彩纷呈的近代佛教复兴思潮,其于救世与救心之际,而显得蔚为大观。

在近代佛教复兴思潮中,康南海、梁新会、曼殊和尚等广东籍人士皆可谓思起潮涌之时的"碧海掣鲸手"。尽管"中国近代佛教的复兴,乃以唯识宗的发展为其主要内容及运动过程",尽管其后"潮

① 冯契:《中国近代社会思潮研究丛书总序》,可参见笔者所著《救世与救心——中国近代佛教复兴思潮研究》一书的丛书总序,上海人民出版社,1993年,第1页。

去奔雷又寂然”①,但是其在中国近代思想文化史上的刻痕依然是明显的,而影响也是不容忽视的。康南海、梁新会、曼殊和尚等佛学家与法师,于此亦功莫大焉。

特别是这三十余年,随着中国经济、社会、文化等各个方面的改革与发展,随着中国整体的社会结构的变迁,当代的中华禅宗与禅宗文化发生了很多新的变化。可以说,当代中国禅宗与禅宗文化的新发展、新进程是当代中国佛教发展的一个基本象征和新的发展里程碑。

迄今为止,中国佛教禅宗已有现代禅、生活禅、正念禅、安详禅等流派,活跃在中国佛教与社会各个相关领域中,同时还有各种不同形式的禅宗修习班、研习营等。这不仅是一种修行方法,同时也是一种社会文化思潮;不仅是生活的智慧,更是一种社会化、公民化的信仰方式。它出自佛教,却又超越了宗教,成为当代很多中国人修养身心的共同宝典。因此,目前讨论禅宗文化及其与中国文化信仰之关系,对于中国人间佛教的实践与发展,对于当代中国佛教的发展与更新,都具有重要的学术价值与现实意义;而禅宗文化作为一种当代社会文化思潮,则非常值得梳理和讨论。

一、禅与禅宗文化的基本特征

什么是禅?简而言之,禅就是“不讲道理”的智慧。“禅”为古印度梵语的汉译音词“禅那”的简称,具体说是巴利语 Jhāna 的音译,梵语 Dhyāna 的简称,汉语意译为“思维修”或“静虑”。静即定,虑即慧,定慧均等之妙体曰“禅那”。此即佛家一般讲的参禅。虚灵宁静,把外缘(外在事物)都予以摒弃,不受其影响;把精神收回来,使精神返观自身,回归本真,以参透人生。这似乎就是“禅”。

① 李向平:《救世与救心——中国近代佛教复兴思潮研究》,上海人民出版社,1993年,第362、第365页。

因此,可以这么认为:禅不仅是佛教一种修持方法,更是佛教的一种思想。它的主旨在于放弃已有的知识与逻辑来解决问题。它认为真正容易、最为有效的方法,就是直接源于自我内心的感悟,寻回并证入自性。其理论认为,这种方法不受任何知识、任何逻辑、任何常理所束缚,是真正源于自我内心,因此是最适合解决自我问题的方法。

北宗神秀大师说:“身是菩提树,心如明镜台,时时勤拂拭,勿使惹尘埃。”①南宗慧能大师说:“菩提本无树,明镜亦非台,本来无一物,何处惹尘埃。”②禅宗后来所强调的“应无所住而生其心”,“教外别传,不立文字;直指人心,见性成佛”。这些现在都已经成了禅宗的主要修持法门。

因此,在禅师心中,花不一定红,柳不一定绿。他们从否定的层次去认识更深的境界。超越了语言,因而有更丰富的人生境界。比如:“空手把锄头,步行骑水牛;人从桥上走,桥流水不流。”完全是对分别意识的超越,以破除一般人对固有知识的执着,出离迷妄分别的世界,从而进入一个更真、更美、更善的心灵境界。当然这也体现出佛教信仰的缘起论特征。

另一方面,我们都知道:凡人总要去分别高下、长短、美丑。不过,在禅宗看来,区别的只是人心。唐贞观年间著名的高僧寒山有一首著名的禅诗:“千年石上古人踪,万丈岩前一点空;明月照时常皎洁,不劳寻讨问西东。”这首禅诗的义理正如茶陵郁禅师著名的《悟道诗》,即“我有明珠一颗,久被尘劳关锁;今朝尘尽光生,照破山河万朵”。“明珠”即指每一个人心中所具有的光明的佛性。这首禅诗后来还牵出了一个悟禅的故事:有僧人问南泉普愿禅师,说:“天空中有一颗明珠,该如何取得?”南泉说:“去砍些竹子做成梯子,爬着梯子去天空拿。”僧人不明白,便又问道:“天空中怎么能放

---

① (唐)慧能著,郭朋校释:《坛经校释》,中华书局,1983年,第12页。

② 同上,第16页。

梯子?”南泉反问:“不然你想怎么拿呢?”

其实,南泉普愿禅师借这相反的答案,意在激发禅者寻找自我的出路。天上的明珠好似自我的本性,如果自我能够开悟,能够明心见性,就能够取得明珠;如若想假借外力成道,就像是费尽心思去搭梯子求取空中宝珠,最后终将白忙一场。因此整体来讲,禅宗文化的基本特征是:平等、敬重、包容、感恩。

二、现代禅修的具体呈现

佛教禅宗发展到今天,随着时代的变幻,它也出现了多重的面相。这既是时代使然,同时也是自身发展使然。具体而言,其主要的禅宗发展有如下几种形式:

1.安详禅

台湾耕云法师于1982年创建台南市禅学研究会。基于禅超越宗教与哲学,是心的原态、生命的共相与永恒相等特征,主张“佛出世的本怀即是安详”。最契合修行安详禅的人是:关心生死可乐的人,追求生命永恒的人,光明磊落、只求心安的人,迎风屹立、逆流而上的人。修习安详禅以家庭为修行道场,以和谐的家庭生活为开端。不要求受戒、不要求改变外在的形象,只要求遵守一条戒律,即是“不可告人之事不想不做”,修正内心。

2.现代禅

其全称是“佛教现代禅菩萨僧团”,简称现代禅教团。它由李元松创立于1989年。倡导“本地风光”与“止观双运”两门禅法,主张理念信仰,主张培养现代人气质,理性、包容、守法、敬业、诚信等。其以佛教改革为出发点,提出九项以佛教改革为中心的主张:坚持经验主义原则,只有经过经验实证的佛教真理才是可信的;主张在七情六欲中修行;重视世俗的责任义务;重视侠义情怀;不理会印度的古老戒律;重视日常生活中的禅定;直示本地风光,倡言证果不难;融通大小乘显密教;反对僧尊俗卑,主张僧俗平等。

现代禅运作的组织系统是,传法指导老师会议,集体领导方式。成员多有大专以上文凭,良好的世俗教育与虔诚的佛教信仰相结合。它的管理体制是教学系统由传法指导老师会议负责,设立“财团法人现代禅文教基金会”,设立有教务部,负责现代禅教理的研究与编写教材等,另有宗务委员会负责教团的行政、企划、行销、公关以及内部的服务等。戒律委员会则属于教团的司法部门,主要负责教团内人事方面的调停处理。

3.正念禅

正念即八正道之一。它由一行禅师创立。一行禅师于越战期间创立社会服务学校、万行佛教大学以及 Tiep Hanh 团体。1966 年,在法国南部建立“梅村”禅修道场,开始推广正念禅修。这使佛教在西方产生很大影响。

一行禅师在其中找到了“安般守意”和“四念处”及其现法乐住的教义;主张当下一念,自己做主即得解脱。基于大乘佛教“发菩提心”的理念,针对现代人的社会特质,基于五戒,提出了十四戒,它为现代修行人提供了一种新的修行方法。“正念是佛法修行的根本大法”。“所谓正念,就是要从对过去和未来的思虑中摆脱出来,安住当下,清楚明了自己的身心内部和周遭正在发生的事物之无常无我、互即互入的本质,就是要打破自己的那种对生命中所存在的美以及他人的痛苦视而不见、麻木不仁的状态,从而对日常生活中优美宁静的事物保持清醒的觉照,就是要善于发现和欣赏生命中的种种奇迹,并与它们融为一体。”(一行禅师《与生命相约》)

4.生活禅与禅宗修习营

净慧法师于 1993 年在河北赵州柏林禅寺创办。一年一度的为期七天的生活禅夏令营,迄今已经举办了 18 届。生活禅内容:以讲法与坐禅为主,包括柏林禅话、传灯法座、传授三皈五戒、云水生涯等项目。历届主题有觉悟人生、奉献人生;弘扬感恩文化、落实人间关怀;企业家的生活禅;一钵千家饭;生活在包容的世界、生活在分享的世界、生活在结缘的世界、为善最乐;平常心是道等。由最初的

100 人发展到 500 人。主要目的就是使学员体验丛林生活、近亲三宝、坚定正信。

因为河北柏林寺生活禅的启动与激活，如今已有十余家寺院举办各种形式的佛教夏令营。湖北黄梅四祖寺的“禅文化夏令营”已经举办了 8 届，湖北大冶天台山禅林寺“菩提路”夏令营、福建莆田广化寺“福慧之旅”法会、成都文殊院“智慧之旅”禅修营、云南大理法真寺“佛教与生活”夏令营、江西抚州大金山寺“夏雨清凉 · 菩提之旅”青年夏令营、南京栖霞古寺“观音慈悲法会”等。很明显，禅宗修持已经成为当代中国佛教发展兴盛的一股信仰思潮。

三、禅修：作为当代中国的一种文化信仰思潮

面对当代禅宗文化的兴盛与发展，其作为一股思潮也得以在现代社会多面呈现，然而，“社会上一方面把禅推向了一个热潮，另一方面却在某种程度上也把禅歪曲了”①。当然，这样的担忧与批评不无道理。如此一个文化信仰热潮，在一定程度上的确推动了当代佛教与禅宗文化的新发展，这确是毋庸置疑的。特别是生活禅的出现，可以说这是当代中国佛教发展的一个新的里程碑。

生活禅，就是禅的生活。这既是一种社会文化思潮，也是一种修行方法，更是一种生活的智慧。它是一种社会化、公民化的信仰方式。它出于佛教，但是却超越了宗教，成为修养身心的共同宝典。禅作为沟通当代社会与佛法的唯一桥梁，出了禅堂如何修行？佛教作为一种信仰，只有落实到生活的各个方面，才能真正变成信仰者自己的血肉与灵魂。因为禅是一种受用、一种体验、一种方法、一种手段。在当代中国，弘扬佛教文化的一个新课题就是如何在生活的当下实现觉悟与解脱。因为禅宗的特点是出离了戒条、礼仪、规矩、组织，它反对崇拜、反对偶像，提倡自律、自信、自皈依。

---

① 净慧：《生活禅钥》，三联书店，2008 年，第 172 页。

胡适先生曾经说过:“印度禅是要专心,不受外界的任何影响;中国禅是要运用智慧,从无办法中想出办法出来,打破障碍,超脱一切。印度禅重在‘定’,中国禅重在‘慧’。”①佛教禅宗发展到今天,特别是发展到生活禅,它就是从我们的生存哲学中悟出了胡适先生所讲的“慧”。因此,从某种意义上可以这么说,它不仅正在经历一次现代化的洗礼,同时也是在经历又一次中国化的洗礼。

特别是在风云变幻、波诡云谲的当代社会,禅不仅影响了生活,它还影响到了工作;它的影响不仅仅局限于中国,它已经超越了中国,超越了东方。“禅式管理”已受到东西方学术界和营销管理界的关注。开创“禅式管理”先河的松下幸之助,主张“造物先造人”,建构了一套以人为本的有别于西方管理理念的管理模式。其后,实业家铃木正三提出“工作坊就是道场”,给禅式管理以更多具体的描述。把物本位升华到人本位:超越以制度为中心、以量化为考核形式的刚性与机械管理;希望管理者更多地关注被管理者的心灵、品位等内在层面,提倡在工作中提升自己的能力,磨炼自己的心性。而当代社会中各个企业、公司之禅宗修持团契,无疑又与这种“禅式管理”相互配合,更使禅宗文化信仰进入到社会生活的各个层面。

总而言之,禅是中国佛教的重要信仰特色之一,而禅修则是以修行作为一种信仰表达方法。在传统社会,可以是独修;而到了现代社会,更注重彼此之间的共修。中国社会从传统走向现代这一不断变化的过程,又不断地使佛教禅修方式得以变迁与完善。

就其作为社会信仰思潮而言,关键的问题是禅宗及其修持如何成为信仰共同体?禅宗作为一个佛教流派,如何成为禅宗文化运动的载体?禅宗如何成为一种修行体系,实现其教派的团体化?诸如此类的问题,都是禅宗、禅修在面对现代化社会所亟需回答的问题。

我们认为,这可以传统禅宗的公案、经典、方法,来诠释当代生

---

① 胡适:《中国禅学的发展》,载《二十世纪佛学经典文库·胡适卷》,武汉大学出版社,2008年,第40页。

活。我们对出家人讲解脱,对在家人讲布施。我们可以把生活化、个体化、禅宗修持的功夫打成一片,让独修与共修结合。生活成为信仰,信仰即是生活,进而建构以禅修为核心的具有现代社会团体性质的佛教团契。真俗二谛圆融,神圣与世俗不二。这样的禅修,既是一种社会文化思潮,也是一种修行方法与生活的智慧。

尽管关于禅宗是修持还是信仰的问题,一直以来尚有争议,但是这也是一个见仁见智的问题。世界禅者铃木大拙曾经写作《日本的灵性》,批评禅宗最容易与各种文化与主义整合;推动而提倡中国近代佛教复兴的杨文会居士也曾批评禅宗,说佛教之衰始于禅宗,野狐禅、口头禅,不读经、不实证,皆为其弊也。这种禅风,体现疏狂,曾使佛教发展支离破碎,零零落落。

然而,禅宗修持的文化信仰特征,无疑是一种信仰个人主义的东西,是一种极为个体化的信仰方式。用佛教的语言来讲,此为"不共业"。同时,它还存在于一个神圣与世俗之间的矛盾关系之中。所以,当代佛教的禅宗修持,其随着现代社会的变迁而发生了巨大的变化。随着生活禅、禅宗修习营的出现,禅宗修习已经从传统社会的"不共业"走向了当代之"共业",从个体化走向了团体化,走向了佛教团契的禅宗修持形式,正在从传统社会中只为个人觉悟而进行修习的个体化方式,转变为一种具有现代社会气息的以共修为起点与归宿的团体化修持方式。

这就是一种以禅为信仰、团体化禅修作为群体信仰实践方式与表达方式。这种团体化的实践方式与表达方式,不仅强化了禅宗信仰的社会性,而且还建构和凸显了禅宗信仰的公民性,从而使得禅宗修持逐步地具备了当代公民信仰的某种功能。由此可以说明,禅宗修持对当代中国信仰的复兴与重建,应当具有不可忽视的地位与功能。

四、禅宗信仰与信仰重建

一般而言，信仰可以分为一神论、多神论、泛神论乃至无神论等若干类信仰。另外，依据中国信仰传统，圣人、贤君以及文治武功彪炳史册者，亦皆可被信奉为神。中国社会有没有信仰这个问题，其实里面就有对神的信仰，有对人的信仰，甚至对于一种思想、学说的信仰。如何理解信仰，实际上是取决于人们对“神圣”概念的界定以及对于“生命及其觉悟方式”的建构。

三十年前，中国人带着它走进了改革开放。如今，经济已经发展，社会变迁目不暇接，而各种发展中的问题层出不穷。中国人对人生意义的思考，已经转为对信仰问题的普遍关注。信仰危机、信仰缺失或重建信仰，各种说法异彩纷呈。人们在批评社会现象、挖掘病根之时，常从信仰层面着眼，以至于往往把其他社会问题与信仰关联。于是，当代社会思潮出现了与此紧密相关的三类观念：(1)始于20世纪80年代的信仰危机论；(2)议论多年的信仰缺失论；(3)近年呈现的信仰无用论。

对于中国人而言，宗教与信仰有时候并不是一码事。在西方语境之下，讲信仰肯定是指宗教信仰；而在中国语境之下，讲信仰则不一定特指宗教信仰。因此，对宗教与信仰进行区分也就显得十分必要。在此，我们认为，信仰是终极关怀，是对生命神圣性的表达；而宗教是对信仰的建构，是对信仰关系的整合。另一方面，宗教是群体化的，很多时候还是高度制度化的；而信仰则多数时候是对个体的精神关怀，是一种极为个体化与私人化的东西。

当代中国社会有五大宗教，中国人信仰佛教者最多，有大约20%的中国人自称是信仰佛教者；虽然其中皈依“三宝”的只有几百万，但在这几亿佛教信仰者之中，有不少是禅宗修持者，能够使用禅宗智能解决身心关怀以及相应的社会问题。

这说明，在当代中国，佛教禅宗文化复兴的势头如此旺盛，可谓是方兴未艾。那么我们的问题是:禅宗是文化、信仰还是宗教?这些问题在今天依然还具有探讨的意义,不论是从学理的层面还是实践的层面,都具有讨论的意义。其实,近三十余年来,信仰危机就像是盘旋于每一个中国人头顶之上的幽灵,每当夜深人静的时候就会听到它的呼唤。长久以来,它没有皈依,没有挂靠,它出离了中国社会。在这样的背景之下,当代中国的佛教禅宗、禅宗修持,在此信仰思潮中具有何种价值承当,确乎值得沉思久之。

眼下,中国人间佛教之主流舆论一般都认为禅宗是中国最主要的佛教信仰方式之一。然而问题是什么是禅宗的信仰?有没有禅宗的信仰?禅宗仅仅是一种修持方式、一种生活的智能,还是佛教信仰的一个类型?如果禅宗作为一种信仰方式,它将如何构成一种价值认同方式、社会行动方式、普遍的价值规范?这就需要真正体会佛教“共业”与“不共业”的关系,在目前“共业”大于“不共业”的情形下,亲身实践“共修净化人心”的信仰模式,随处做主,在随处做主的基础上,才能立处皆真,将信仰落实于生活。

当代中国佛教拥有十分丰富的禅宗文化资源。如果我们能以禅修进而建构一种团体化、社会化的价值认同方式与社会行动方式以及普遍的价值规范,在社会现世中超越传统的个体化修持,真正体现出现代社会特别是公民社会所期待的团体性与社会性,同时又能使每一个禅宗修习者能正觉于脑际,顿悟于心田,进而能够使禅修方式化人间而化社会,则功莫大焉。

(李向平,华东师范大学宗教与社会研究中心)

从“禅是艺术”到“中国艺术精神”

海　慧

净慧和尚在开示“生活禅”之“禅”时，说：“禅是一种生活的艺术。”古往今来，也不乏禅画艺术家取得了极高的艺术成就，如我们熟知的八大山人、石涛等。中国绘画艺术离不开禅，似乎是一个不需证明的观点。但我们也能看到新儒家代表人物徐复观提出的“中国艺术精神”在庄学的观点也颇有影响。到底禅是否是一种艺术？中国艺术的精神真的在庄学吗？中国艺术的精神是否可以是禅？这是本文所要讨论的主题。

一、净慧和尚谈“禅是艺术”

“禅是一种生活的艺术。”净慧和尚曾单就此问题做了讲座。在讲座中，净慧和尚首先指明了我们一般人的生活谈不上什么生活的艺术，哪怕是艺术家的生活。他说：“我们一般人的生活，基本上不具备禅的超然性、超脱性，不具备禅者的喜悦安祥，都是在痛苦中挣扎，谈不上什么生活的艺术，无非柴米油盐妻儿老小。……生活当中哪有什么艺术啊！即使是艺术家，他的生活也并不就等于是艺术，也不等于是演戏，演戏是比较轻松的。”①

接着，净慧和尚直言：“禅者的生活，那真是一种艺术。”还分别举了百丈禅师描述禅者潇洒生活的诗、赵州禅师生活中接引学人的言教，形象地讲明禅者艺术化的生活。如：“百丈禅师写过一首诗，讲出家人的生活。他说：‘幸为福田衣下僧，乾坤赢得一闲人。有缘即住无缘去，一任清风送白云。’在乾坤天地之间，是一个清闲自在的人，可见这种生活的艺术性很高。阵阵清风，缕缕白云，就像我们僧人的生活一样，就像我们僧人的形象一样，多潇洒多自在！可以说是真正达到了潇洒走一回。我们一般人说潇洒，实际上是硬着头皮说的。哪里有真正的潇洒？真正的潇洒是禅者的生活，是一种艺术化的生活，所以说禅是一种生活的艺术。在这里我想提一提赵州和尚，赵州祖师。他一生活到一百二十岁。翻开他的语录一看，就可以发现，他的一生真是艺术化的生活。他是一个极好的艺术形象，超脱、自由、自在。人家来向他请法，问怎么样修行，他说：‘你请坐一会，我还有点事要去做。’去做什么呢？他到洗手间去。从洗手间回来了，他再对那位参访者说：‘你要知道修行这件事，别人是无法代替的，连我要上洗手间这一点小事别人都代替不了。修行这么大的事情，光说是不行的，一定要自己踏实去做。’他用这样的方法来说法。我们现在没有修行的人像这样说法，真这么说人家会说你神经病。但是他这样说，人家相信，因为他有德望，有摄受力。多潇洒，多自在！有一次，参学的人问赵州和尚：‘如何是祖师西来意？’他把手一指：‘庭前柏树子。’你说东他答西，你说南他答北，好像是风马牛不相及，实际上他是明明白白向你指示了西来意是什么：一切现现成成。还有一个‘吃茶去’的公案。学人来参拜他，他就问：‘你是第一次来还是第二次来？’学人说：‘我第一次来。’赵州说：‘吃茶去。’又有一位学人来参见赵州，他又问：‘你是第一次来还是第二次来？’学人说：‘我是第二次来。’赵州说：‘吃茶去。’当时院主

① 净慧：《入禅之门》，上海辞书出版社，2006年，第13页。

站在旁边不理解,向赵州发问:‘第一次来的叫他吃茶去,宾主相见,有个礼貌,可以吃茶去。第二次来嘛,就不是客人了,为什么还是吃茶去呢?’赵州和尚叫一声当家师的名字,当家师就答应了他。赵州说:‘你也吃茶去。’这是多么高的艺术啊!”①正因为禅者的生活是一种真正的潇洒、自在的生活,同时具备超然性、超脱性,所以净慧和尚认为是一种艺术化的生活。这同时也显示了禅艺术“艺术观”的特质,禅艺术之为“艺术”之处,这也是艺术家的生活不见得是“艺术”的缘由。

最后,净慧和尚总结说:“禅是我们生活的艺术,禅师、禅者的生活就是艺术化的生活。禅又是一种生活方式,这种生活方式是什么呢?一切现成。我们每个人都是饥来吃饭困来眠。这样,我们不是都在修行吗?不对。我们在吃饭的时候有种种的分别:这个好吃那个不好吃,这个是酸的那个是辣的,这个是甜的那个是苦的。我们睡觉的时候也是在百般思索,辗转反侧睡不着,睡不着又硬要睡。那不是在睡觉,那是在挣扎;那不是在吃饭,是在吃分别。这个菜辣的,这是腐竹,这还可以吃,一直在分别。禅者的生活方式跟他对待一切问题一样,超越了二元对立,是在无分别中生活。一般来说,禅者的这种生活方式,我们没有达到那种地步,千万不要去模仿。你去模仿就糟糕了,因为你没有那种境界,没有那种受用。你的模仿仅仅是东施效颦而已。总之,禅是一种生活的艺术、生活的方式,是智者觉者的生活体现,是悟者行者的生活内涵。”②禅是一种生活的艺术,是一种一切现成的生活方式。因为从禅理而言,佛陀的一切功德众生本具,本来是佛,所以可言:一切现成。禅者的生活是超越二元对立的无分别的生活。这同时也简别了众生“饥来吃饭,倦时眠”的貌似悟者真正的禅艺术生活。总之,禅是我们生活的艺术,禅者的生活就是艺术化的生活。净慧和尚之所以强调禅是“生活”的

---

① 净慧:《入禅之门》,上海辞书出版社,2006年,第13~15页。

② 净慧:《入禅之门》,上海辞书出版社,2006年,第15~16页。

艺术，与其弘扬生活禅是密切相关的。

二、徐复观"中国艺术精神"在庄学观

中国艺术精神在何处？现代新儒家的代表人物之一徐复观有一个代表性的观点：中国艺术的精神在庄学，且将"禅"排除在中国艺术精神之外。他曾说："由文学而牵涉到一般的艺术理论，因一般的艺术理论而注意到中国的绘画，于是我恍然大悟，老、庄思想当下所成就的人生，实际是艺术地人生，而中国的纯艺术精神，实际系由此一思想系统所导出。""历史中的大画家、大画论家，他们所达到、所把握到的精神境界，常不期然而然的都是庄学、玄学的境界。宋以后所谓禅对画的影响，如实地说，乃是庄学、玄学的影响。"①这不同于历史上诸家之见，难道这是划时代的论断吗？在其著作《中国艺术精神》中对"禅不是中国艺术精神"有不少相关论述。

第一，最早的山水画论宗炳的《画山水序》，徐复观将其思想判定为庄学。他说："他所信的佛教，偏于精神（同于"灵魂"）不灭，轮回报应这一方面；亦即是注重在死后的问题。未死以前的洗心养身，他依然是归之道家及神仙之说。所以他在《明佛论》中说：'若老子与庄周之道，松乔列真之术，信可以洗心养身。'他的生活，正是庄学在生活上的实践；而他的《画山水序》里面的思想，全是庄学的思想。"②《画山水序》中的"澄怀味象"的"澄怀"，即是庄子的虚静之心。他最后得出结论说："但庄子的逍遥游，只能寄托之于可望不可即的'藐姑射之山'；而宗炳则当下寄托于现世的名山胜水，并把它消纳于自己绘画之中，所以我再说一次，山水画的出现，乃庄学在人生中，在艺术上的落实。"③

---

① 徐复观：《中国艺术精神·自叙》，华东师范大学出版社，2001年，第2页。
② 徐复观：《中国艺术精神》，华东师范大学出版社，2001年，第141页。
③ 徐复观：《中国艺术精神》，华东师范大学出版社，2001年，第145页。

第二，黄山谷非由禅而知画，而是以庄学而知画。黄山谷尝言：“余未尝识画。然参禅而知无功之功；学道而知至道不烦；于是观图画悉知其巧拙功楛，造微入妙。然此岂可为单见寡闻者道哉。”徐复观论道：“山谷自谓因参禅而识画，此或为以禅论画之始。山谷于禅，有深造自得之乐。但他实际是在参禅之过程中，达到了庄学的境界，以庄学而知画，并非真以禅而识画。庄子由去知去欲而呈现出以虚、静、明为体之心，与禅相同；而‘无功之功’，即庄子无用之用。‘至道不烦’，即老庄之所谓纯，所谓朴；这也是禅与庄相同的。”①此中徐复观将黄山谷所谓的禅境“无功之功”视作庄子的“无用之用”，此境实为庄学之境。由此，徐复观对黄山谷的语录进行了庄学式的解读。

第三，徐复观认为禅的心境无法安立绘画。徐复观指出庄与禅的相同，只是全部工夫历程中中间的一段，而在起首处有相同之处，也有不同之处，在归结处便完全不同了。“庄学起始的要求无知无欲，这和禅宗的要求解黏去缚，有相同之点。但庄学由无知无欲所要达到的目的，只是想到精神上的自由解放，使人能生存得更有意义，更为喜悦；只想从世俗中得解脱，从成见私欲中求解脱，并非否定生命，并非要求从生命中求解脱。而禅宗毕竟是以印度佛教为基柢，在中国所发展出来的。它最根本的动机，是以人生为苦谛；最基本的要求，是否定生命，从生命中求解脱。此一印度（佛教）的原始倾向，虽在中国禅宗中已得到若干缓和，但并未能根本加以改变。”②“庄子对人生的许多纠葛，只要求坐忘的‘忘’。庄子对人生与万物，只是不要执持一境而观其化，化即变化。庄子认为宇宙的大生命是不断地在变化。不仅不曾否定宇宙万物的存在，并且由‘物化’而将宇宙万物加以拟人化，有情化。他对人与物的关系，是要求能‘官天地，府万物’。‘能胜物而不伤。’正因为如此，所以在

---

① 徐复观：《中国艺术精神》，华东师范大学出版社，2001 年，第 228 页。

② 徐复观：《中国艺术精神》，华东师范大学出版社，2001 年，第 228 页。

虚静之心中,会‘胸有丘壑’。‘胸有丘壑’,是官天地、府万物的凝缩。这是创作绘画的必然条件。”①庄学中,“胸有丘壑”给创作绘画提供了条件,成为了艺术的根源。而禅学“四大皆空”“本来无一物”,也就是在处理心物关系上,“胸无丘壑”,“无所念”,美的意识也不能生起,创作也就无法产生,由是不能成为绘画的根源。他说:“禅宗则对人生的葛藤而要求寂灭的‘灭’。当他与客观世界相接时,虽然与庄子同样的是采观照的态度,这是他与艺术精神有相通处。但归结则不是‘府万物’,而是‘本来无一物’。因此,四大皆空,根本没有人与物的关系的问题。更不能停顿在‘胸有丘壑’的阶段上,也不能在胸有丘壑而成的艺术作品上起美的意识,因为这是‘有所念’,这是‘有所住而生其心’的。我可以这样说,由庄学再向上一关,便是禅;此处安放不下艺术,安放不下山水画。而在向上一关时,山水、绘画,皆成为障蔽。苍雪大师有《画歌为懒先生作》的诗,收句是‘更有片言吾为剖,试看一点未生前,问子画得虚空否’。禅境虚空,既不能画,又何从由此而识画。由禅落下一关,便是庄学,此处正是艺术的根源,尤其是山水画的根源。”②由是他得出了最终的结论:“于是一般人多把庄与禅的界线混淆了,大家都是禅其名而庄其实,本是由庄学流向艺术,流向山水画;却以为是由禅流向艺术,流向山水画。加以中国禅宗的‘开山’精神,名刹常即是名山,更在山林生活上,夺了庄学之席。但在思想根源的性格上,是不应混淆的。我特在这里表而出之,以解千载之惑。”③

三、中国艺术精神在禅学

首先,笔者不否认在中国绘画家中有名为禅实为道者,有禅道

① 徐复观:《中国艺术精神》,华东师范大学出版社,2001年,第229页。

② 徐复观:《中国艺术精神》,华东师范大学出版社,2001年,第229页。

③ 徐复观:《中国艺术精神》,华东师范大学出版社,2001年,第229页。

相融不分者，但也不能否认在绘画领域一些重要画家、一些大师级的人物如法常、八大山人、弘仁、髡残等是纯粹的佛教徒，他们的地位在书画史上可谓是举足轻重的。这里的“纯粹佛教徒”意为他们的思想观念中是佛禅思想，而没有掺杂老庄思想，且佛禅思想是他们创作的源泉。这样的史实应该受到承认。其次，我们看一看徐复观的几条推论是否就一定成立。

第一，宗炳《画山水序》非全是庄学思想。《画山水序》有文：“圣人含道暎物，贤者澄怀味像。至于山水质有而趣灵，是以轩辕、尧、孔、广成、大隗、许由、孤竹之流，必有崆峒、具茨、藐姑、萁首、大蒙之游焉。又称仁智之乐焉。夫圣人以神法道，而贤者通，山水以形媚道而仁者乐，不亦几乎？”①其中云“圣人以神法道，而贤者通”，“圣人含道暎物，贤者澄怀味像”，这里的“圣人”与“贤者”实为佛与修佛者，这在宗炳的《明佛论》中有文：“唯佛则以神法道。”②可知《画山水序》《明佛论》这两段文字是如此惊人地可以对应起来。所以圣人只能指佛，而非庄子等。③ 所以将“贤者澄怀味像”划归于庄学，未免偏颇，徐复观对此解读有误。魏晋时期，在中国佛教史中多被视为格义佛教时期，所以宗炳在文章中使用一些道家术语，再正

① 俞剑华：《中国古代画论类编》（上），人民美术出版社，2002 年，第 583 页。

② 宗炳：《明佛论》，见僧祐撰《弘明集》卷二，《大正藏》第 52 册，第 13 页上。另杨志有如下论述：“此处，圣人之道即佛道之神不灭理论，它能显应与物，即显应与山水。贤者，也就是修佛者，可以‘澄怀味像’。就是从山水中体察到山水之神的存在。这种佛道之存在与被感知的关系如何被证明呢？宗炳此处列举了儒、道两家的圣贤人物从山水中有‘仁智之乐’的事实为据，类比于山水之神是可以被贤者（佛教徒）所体味得到的。因此他说：‘山水以形媚道而仁者乐’和‘圣人以神法道，而贤者通’‘不亦几乎？’不也差不多吗？儒、道名流的山水之游‘又称仁智之乐’，即从媚道之山水中产生仁智之乐。圣人以神法道而化生万物，贤者从万物中体味到万物之神的存在。以神法道者，佛也。宗炳在《明佛论》中说：‘唯佛则以神法道。’因此，贤者体味到的只能是佛道了，亦即山水之神了。此两者在途径上颇为相似，所以，宗炳反问：‘不亦几乎？’宗炳显然是以儒、道圣贤从山水中有‘仁智之乐’类比于佛教徒从山水中体味到神不灭的思想。”（杨志：《〈画山水序〉中的佛教思想——兼与陈传席教授商榷》，《齐鲁艺苑》2006 年第 4 期）

③ 李泽厚、刘纲纪认为“圣人”是佛，“贤者”是佛的信徒教徒或佛教信仰者。李泽厚、刘纲纪主编：《中国美学史》第二卷（下），中国社会科学出版社，第 512 页。

常不过了。而且,宗炳定位佛学要高于庄学,如《明佛论》云:“彼佛经也,包《五典》之德,深加远大之实;含老、庄之虚,而重增皆空之尽。高言实理,肃焉感神,其映如日,其清如风,非圣谁说乎?”①他所写的《画山水序》文当是以他所崇思想也就是佛学来论述。宗白华也认为宗炳的美学思想基础是佛教美学,他说:“而中国自六朝以来,艺术底理想境界却是‘澄怀观道’(晋宋画家宗炳语),在拈花微笑里领悟色相中微妙至深的禅境。”②

第二,黄山谷以庄学而知画非是定论。从黄山谷的行历来看,他与禅师的交游和对禅的真参实证在书画史上可谓是极为突出的。他曾述顿明佛性,并书告死心禅师。如记云:“久之,谒云岩死心新禅师,随众入室。心见,张目问曰:‘新长老死,学士死,烧作两堆灰,向甚么处相见?公无语。心约出曰:‘晦堂处参得底,使未著在!’后左官黔南,道力愈胜,于无思念中,顿明死心所问。报以书曰:往年尝蒙苦苦提撕,长如醉梦,依稀在光影中。盖疑情不尽,命根不断,故望崖而退耳!谪官在黔南道中,昼卧觉来,忽尔寻思,被天下老和尚谩了不少,惟有死心道人不肯,乃是第一相为也。”③同时还得到了惟清禅师寄赠诗偈,偈云:“昔日对面隔千里,如今万里弥相亲。寂寥滋味同斋粥,快活谈谐契主宾。室内许谁参化女,眼中休去觅瞳人。东西南北难藏处,金色头陀笑转新。”④

黄山谷所指禅境“无功之功”,徐复观将之视作庄子的“无用之用”,为庄学之境。黄山谷对“无功之功”的使用还可见于他对黄龙慧南的赞颂:“我手何似佛手,日中见斗。我脚何似驴脚,锁却狗口。生缘在甚么处,黄茆里走。乃有北溟之鲲,揭海生尘。以长觜鸟啄其心肝肺,乃退藏于密。待其化而为鹏,与之羽翼,九万里则风斯在下矣。自为炉而熔凡圣之铜,乃将图南也。道不虚行,是谓无功之

---

① 宗炳:《明佛论》,见僧祐撰《弘明集》卷二,《大正藏》第52册,第9页中。

② 宗白华:《中国艺术意境之诞生》,《美从何处寻》,骆驼出版社,第72页。

③ 《五灯全书》卷三十八,《续藏经》第82册,第45页中~下。

④ 《居士分灯录》卷二,《续藏经》第86册,第598页中。

功。偏得其道者，一子一孙而已矣。得其者，皆为万物之宗。工以丹墨，得皮得骨。我以无舌，赞水中月。”这些词的使用处是其文表达禅境的关键、重要处，在黄山谷看来，“无功之功”是区别于庄学的不共的禅境，如他言：“参禅而知无功之功；学道而知至道不烦。”或可言这是黄山谷将禅学区别于庄学的重要的独特的表达，虽然使用的是貌似庄学式的名言。而“无功之功”之境在禅门中被视为开悟之境，而且可见于诸多大禅师的言教中，也可谓是对悟境的一种重要的特别的言教。可见洞山、圆悟禅师的语录：“山曰：阇黎，此是功勋边事。幸有无功之功，子何不问？”①“腊月三十日着得力，作得主，万境纵然，睹之不动，可谓无功之功，无力之力。”②笔者以为“无功之功”就是真心的状态，无为心体之“用”，是一种对真心的“确切”的指示，所以诸大禅师常以此言教接引学人有着特殊的用意。虽然，黄山谷的著作中确实散见有儒、道的观念，但将“无功之功”视为禅学与庄学的不共境，也是有着充分的成立依据。

第三，禅境非是安放不下艺术。禅宗“无念为宗”“无住生心”，并不是说连清净的念头、清净的心行完全不生起。真如亦有“念”，为“善分别”。如《坛经》云：“善知识，真如自性起念，六根虽有见闻觉知，不染万境，而真性常自在。故经云：‘能善分别诸法相，于第一义而不动。’”若视禅境为念头、心行都完全止息，这反而是慧能所批评的“住心观静”“沉空守寂”观。如卧轮禅师有偈颂云：“卧轮有伎俩，能断百思想。对境心不起，菩提日日长。”而慧能却针对此颂云：“慧能没伎俩，不断百思想。对境心数起，菩提作么长？”③心生思想，对境心不停地生起。换言之，对境有审美意识产生，禅境能安放下艺术。禅境“虚空”，并不是死空、断灭空，而是“空含万象”“空故纳万境”。如《坛经》云：“何名摩诃？摩诃是大。心量广大，犹如虚

① 《五灯全书》卷二十七，《续藏经》第 81 册，第 651 页下。

② 《佛果圆悟禅师碧岩录》卷十，《大止藏》第 48 册，第 215 页下。

③ 《景德传灯录》，《大正藏》第 51 册，第 245 页下。

空,无有边畔,亦无方圆大小,亦非青黄赤白,亦无上下长短,亦无嗔无喜,无是无非,无善无恶,无有头尾。诸佛刹土,尽同虚空。世人妙性本空,无有一法可得。自性真空,亦复如是。善知识,莫闻吾说空,便即著空,第一莫著空。若空心静坐,即著无记空。善知识,世界虚空,能含万物色像。日月星宿,山河大地,泉源溪涧,草木丛林,恶人善人,恶法善法,天堂地狱,一切大海,须弥诸山,总在空中。世人性空,亦复如是。善知识,自性能含万法是大。万法在诸人性中,若见一切人恶之与善,尽皆不取不舍,亦不染著,心如虚空,名之为大,故曰摩诃。善知识,迷人口说,智者心行。又有迷人,空心静坐,百无所思,自称为大,此一辈人,不可与语,为邪见故。”其中还指明了“空心静坐”“百无所思”为邪见。

综上所述,中国艺术精神在禅这一观点是可以成立的。笔者不是主张中国绘画的精神全在禅,但至少可以说中国艺术的精神在禅与庄家,至少有这两大流。因为不乏有道家思想影响下的画家取得极高的艺术成就。

四、结论

净慧和尚曾说:“即使是艺术家,他的生活也并不就等于是艺术。”在谈“生活禅”之“禅”时,说:“禅是一种生活的艺术。”禅者的生活是一种潇洒、自在的生活,是一切现成的生活,同时具备超然性、超脱性,是一种艺术化的生活。净慧和尚为艺术家如何本真地艺术地生活揭明了一条光明大道。古来在绘画领域不乏一些大师级的人物如法常、八大山人、弘仁、髡残等,他们创作的源泉是佛禅思想。包括宗炳等最早的画论的理论源头也是佛教。禅不是死寂,不是空无,而是生机勃勃,包含万象,心包太虚,禅师对境可以生起审美意识,可以创造美的艺术,中国艺术的精神在禅。徐复观认为“中国艺术的精神”仅在庄学,禅境安放不下艺术,不免有些偏颇。禅艺术源于禅,源于本真,源于实相。禅艺术的生活是一种本真的生活。[1] 禅艺术源于中国，而且是最具有民族特色的艺术类型之一。禅艺术曾经深远地影响了日本绘画[2]，引发了当代西方的激浪派艺术，有着顽强的生命活力。今天若能将之发扬，当是中国艺术贡献于世界文明之处。

（海慧，杭州佛学院法师）

---

① 徐复观曾说："专制政治今后可能没有了；但由机械、社团组织、工业合理化等而来的精神自由的丧失，及生活的枯燥、单调，乃至竞争、变化的剧烈，人类是需要火上加油性质的艺术呢，还是需要炎暑中的清凉饮料性质的艺术呢？我想，假使现代人能欣赏到中国的山水画，对于由过度紧张而来的精神病患，或者会发生更大的意义。"（徐复观：《中国艺术精神·自叙》，华东师范大学出版社，2001 年，第 5 页）徐复观看到了中国山水画在当代社会的"疗病"作用，禅画艺术也当有此用。

② 法常禅师是日本画道的大恩人，见笔者《论法常禅画艺术》，《"径山与中国禅宗文化"国际学术研讨会会议论文集》，2013 年。

禅宗诗意栖居生存方式的生态意义[①]

陈红兵

荷尔德林“人充满劳绩，诗意地栖居在大地上”的观念，经由海德格尔存在主义的阐发，成为西方生态文化思潮的重要思想来源。海德格尔“诗意栖居”观念是针对现代社会技术、功利对人的本真存在的遮蔽阐发的。“诗意栖居”是一种诗意的生存方式。“诗意”的本质是通过诗对存在真理的揭示，使人的生存回复到存在的根基上，“诗意”是安居的前提和基础。“诗意栖居”的生态意义在于，它将人与万物置于天地神人四方一体性的视域中考察，要求人守护天地万物的自由和本性，因而其中包含对人与天地万物一体性关系的体悟，倡导的是一种守护天地万物自然本性的生存方式。

中国化禅宗在人的生存方式的追求上具有与海德格尔“诗意栖居”共同的内涵。禅宗文化中体现出来的对自然山水的热爱，关于自然万物无非真如的显现，无我心境镜照下自然万物的自在解脱和内在生命力，人与自然万物的和谐等，都有自身的思想特质，表达了

① 本文系国家社会科学基金项目“佛教与生态文明建设的相关问题研究”（10BZJ008）的相关研究成果。

对诗意栖居生存方式的追求。禅宗诗意栖居的生存方式不仅体现在禅僧的生活追求中,也体现在受禅宗文化影响下的文人士大夫的思想理念和生活方式上。

一、诗意栖居的生活追求

佛教产生于印度宗教隐修传统,静谧的山林是修行静心的优良场所,印度僧众大多住在城郊外幽静的林地。僧众居住的地方称作"兰若"。所谓"兰若",即无诤的闲静处。《释氏要览》中描述说:"独静无人,不为恼乱,乞食易得,非远非近,多诸林木华果,清净美水,龛室安稳。"①

佛教传入中国以后,也基本保持了隐修山林的传统,所以一般有"自古名山僧占多"的说法。禅宗也非常注重以幽静的山林作为修行入道的场所。如《楞伽师资记》记载有禅僧与五祖弘忍的问答:"又问:'学道何故不向城邑聚落,要在山居?'答曰:'大厦之材,本出幽谷,不向人间有也。……故知栖神幽谷,远避嚣尘,养性山中,长辞俗事,目前无物,心自安宁。从此道树花开,禅林果出也。'"②即是强调山林环境幽静,没有尘嚣扰乱心神,是栖神养性、修行成就的理想环境。

从四祖道信住黄梅双峰山开始,山居修行成为禅宗的主要生活方式。唐代禅师往往只是寄名寺院,而大多离寺别居,或住岩洞,或住茅庐,"孤峰顶上,盘结草庵"在禅宗中是普遍现象。因此,唐宋以来,禅宗留下数不胜数的山居诗,甚至有人专门编刻印行《高僧山居诗》行世。山居诗多表现禅僧闲适的心态和生活方式。如寒山的山居诗常以白云的悠闲自在表达山居生活的闲适。如"可重是寒山,白云常自闲","野情多放旷,长伴白云闲","谁能超世累,共坐白云

① 《释氏要览》,《大正藏》第 54 册,第 263 页上。

② 《楞伽师资记》,《大正藏》第 85 册,第 1289 页中。

中"等等。① 晚唐以降，禅僧也常以门外、窗前的白云作为自身闲散生活的烘托。如："满院秋光浓欲滴，禅门闲向白云开。"（唐法珍诗）"支颐独坐经窗下，一片云闲入户来。""门锁薜萝无客至，庵前时有白云朝。"（宋永明延寿诗）"莫道茅庵无一物，窗前片片白云飞。"（宋吴山净端诗）玄觉、无趣如空等的相关诗作则描述山居生活的逍遥自在和清净简朴。"入深山，住兰若，岑崟幽邃长松下。优游静坐野僧家，阒寂安居实萧洒。"（玄觉《永嘉证道歌》）"禅迹幽潜寄岭巅，埋头自得此身安。破蒲团上生涯活，漏草庵中法界宽。一指头禅供日用，七斤衫子御冬寒。家私尽向诸方道，只剩眉毛在眼边。"（无趣如空诗）后一首诗写禅僧幽栖山顶，整日在漏草庵中的破蒲团上坐禅，埋头修行。穿着七斤重的衫子，庵里没有什么什物，清苦度日。

许多文人士大夫受禅宗文化影响，也往往向往乃至营造闲适的田园生活。历史上比较有名的有王维、杜甫、柳宗元、白居易、苏轼等。

王维生长在一个佛教气氛浓厚的家庭，他的母亲崔氏是一个虔诚的佛教徒，曾师事大照禅师三十余年。在母亲的熏陶下，王维从年轻时即信奉佛教。在唐代佛教各宗派中，王维尤倾心于禅宗。王维常称"吾生好清静""我心素已闲""晚年唯好静，万事不关心"，向往清净闲适的生活方式。他曾购得初唐诗人宋之问的蓝田山庄，精心修复，依循山川自然形势，在绵延二十里的河流山坡上，营造了华子冈、竹里馆、辛夷坞等二十个景区，这就是著名的辋川别业。王维将辋川别业视作游栖的世外桃源，常于其中"与道友裴迪浮舟往来，弹琴赋诗，啸咏终日"（《旧唐书・王维传》）。王维留下众多别具禅意的田园诗，其中不乏表现闲适生活的诗作。如《终南别业》中说："中岁颇好道，晚家南山陲。兴来每独往，胜事空自知。行到水穷处，坐看云起时。偶然值林叟，谈笑无还期。"诗中写诗人住在南山

① 参见明释正勉、性沺《古今禅藻集》所辑寒山诗三十七首。

边上，常常随兴在山林中漫步，其中许多美好的景象只有自己一个人独自欣赏。有时坐在溪流的尽头，静观天上云起云兴；有时碰到看林的老人，就一起谈笑忘了回家。——诗人的山居生活真是安闲、充满兴致啊！王维许多田园诗表现闲适自得的境界。如《辋川闲居》："一从归白社，不复到青门。时倚檐前树，远看原上村。青菰临水映，白鸟向山翻。寂寞於陵子，桔槔方灌园。""时倚檐前树，远看原上村"最能体现诗人的安适心态。在其闲适的心境中，自然景物也显得悠闲自在："窗外鸟声闲，阶前虎心善"（《戏赠张五北弟諲》）；"轻舸迎仙客，悠悠湖上来"（《临湖亭》）；"清川带长薄，车马去闲闲。流水如有意，暮禽相与还"（《归嵩山作》）。

杜甫尊奉儒家思想，但其思想也受到佛教的深刻影响。杜甫幼年丧母，从小寄养在二姑母家，一直到而立之年。姑母长斋茹素，精通佛经。因此，杜甫从小受到佛教的熏染。杜甫与禅宗有甚深因缘，曾自述"身许双峰寺，门求七祖禅"（《秋日夔府咏怀奉寄郑监李宾客一百韵》），体现了其归心东山法门，从禅门第七代祖师求法的经历。杜甫流寓四川草堂之后，逐渐向往禅宗的诗意栖居生活，在《寄题江外草堂》中，杜甫曾自述热爱自然的情怀："我生性放诞，雅欲逃自然。嗜酒爱风竹，卜居必林泉。"杜甫晚年厌倦官场，曾在夔州城东一块平旷闲静的地方购买柑园四十亩栖息，园旁筑有茅舍。杜甫在蜀中生活的数年间，写有许多五言山水田园诗，描述自身恬静淡泊、与世无争的生活和心境。如《江亭》中说："坦腹江亭暖，长吟野望时。水流心不竞，云在意俱迟。寂寂春将晚，欣欣物自私。故林归未得，排闷强裁诗。"其中，"水流心不竞，云在意俱迟"写的是静观水流，内心也没有了竞争；凝望天空白云，内心的意念也难以兴起了。又如《园》中说："仲夏流多水，清晨向小园。碧溪摇艇阔，朱果烂枝繁。始为江山静，终防市井喧。畦蔬绕茅屋，自足媚盘餐。"说的是静谧的山水，远离市井的喧闹。在茅屋四周种些时令蔬菜，就足以作为盘中餐了。

在唐代文坛上，白居易之好佛可以与王维并称，两人又都与禅宗关系密切。所不同的是，王维亲近的主要是神会一系的菏泽禅，白居易则主要接受的是马祖一系的洪州禅。王维倾心于辋川山林中的焚香独坐，白居易则致力于艺术与日常生活的有机结合。白居易曾营造有庐山草堂和履道里园。两园都保持着较多的自然风光，履道里园大面积的水面中间，几座小岛之间只有桥道相连。庐山草堂则只有自然广阔的水面，极目远眺，给人一种自然、舒缓的感受。白居易在《池上篇序》中描述了自身在履道里园的闲适生活："每至池风春，池月秋，水香莲开之旦，露清鹤唳之夕，拂杨石、举陈酒、援崔琴、弹姜《秋思》，颓然自适，不知其他。酒酣琴罢，又命乐童登中岛亭，合奏《霓裳散序》，声随风飘，或凝或散，悠扬于竹烟波月之际者久之；曲未竟，而乐天陶然已醉，睡于石上矣。"在自然风光中饮酒、弹琴、游乐，沉醉于湖光水色当中。白居易对山水园林的营造，不仅注重保持自然山水的风貌，而且在园内建筑、室内摆设方面也极力做到简朴自然，如他描述庐山草堂："五架三间新草堂，石阶桂柱竹编墙。"(《香炉峰下新卜山居，草堂初成，偶题东壁》)"开窗不糊纸，种竹不依行。"(《竹窗》)"木，斫而已，不加丹；墙，圬而已，不加白。戚阶用石，幂窗用纸……"，室内仅有"木榻四，素屏二，漆琴一张，儒、道、佛书各三两卷"(《草堂记》)，建筑及室内摆设都不加雕饰，尽力保持其自然本色。

与海德格尔诗意栖居观念针对现代社会技术、功利对人的本真存在的遮蔽情形不同，禅宗文化的诗意栖居观念主要是针对世俗烦恼形成的，在文人士大夫那里则往往与官场名利是非的争斗相对。如柳宗元羡慕禅僧安闲的生活，而表达出"吾病世之逐逐然，唯印组为务以相轧也，则舍是其焉从？吾之好与浮图游以此"(《送僧浩初序》)。说自己之所以喜欢与僧徒交往，是因为厌烦世俗人整天忙着官场是非争斗。乃至被贬谪之后，还发出"久为簪组累，幸此南夷谪"(《溪居》)的感慨，庆幸自己贬谪蛮夷之地，终于能够脱离官场的是非争斗，能过上一种安闲自得的生活。苏轼在被贬黄州途中作诗："十载游名山，自制山中衣。愿言毕婚嫁，携手老翠微。不悟俗缘在，失身蹈危机。刑名非夙学，陷阱损积威。遂恐生死隔，永与云山违。”（《游净居寺》）也表达出自己乐居山林，唯恐陷身名利之中，而至死都不能安居山林的情怀。

二、自然万物的自在解脱

静寂的自然环境不仅是佛教修行静心的优良场所，而且是佛教修行者表达自己悟境的自然境界。禅宗是在印度如来藏系思想基础上发展而来的，它将人的精神现象及世界自然万物均视作真如法性的随缘显现。也正是在这一观念基础上，禅宗认为修行的人可以从自然万物中体悟真如本性，禅宗诗文中也往往以自然万物的自在解脱和内在生命力表达独特的精神境界。

禅宗有时从一多关系形容真如与自然万物之间的关系。如《古尊宿语录》中说：“一切色是佛色，一切声是佛声。”《永嘉证道歌》中说：“一月普现一切水，一切水月一月摄。”说明一切现象事物都是真如的显现，真如体现在一切现象事物当中。《圆悟录》中说：“春色无高下，华枝自短长。”春色好比真如没有高下之分，而不同花木则是真如法性的随缘显现。

既然现象事物都是真如法性的显现，所以禅宗常向学人指示：自然万物无不在向人说法，提醒学人从自然景物中领悟佛教真理。如苏东坡的诗“溪声便是广长舌，山色岂非清净身”（《赠东林总长老》），即是说溪声在演说佛法，山色即是真如。云门宗在这方面最为突出。吴言生《禅宗诗歌境界》中对此曾有集中概括：

云门宗以“山河大地”为“西来意”（《五灯会元》卷15《文偃》），以“青青翠竹，郁郁黄花”为“随色摩尼珠”（同上卷16《慈济聪》），“芭蕉叶上三更雨”为“云门一曲”（同上《慧光》），山河大地、翠竹黄花、蕉叶雨吟都是自性的显现，山山水水悉是真如，“月白风恬，山青水绿。法法现前，头头具足”（同上卷15

《文庆》)。①

佛教以烦恼、痛苦的解脱为人生的根本价值追求,涅槃解脱是佛教追求的理想境界。禅宗也常以自然万物的自在解脱表达内在的解脱境界。关于两者之间的关系,宗白华先生的相关论述很有道理:“静照的起点在于空诸一切,心无挂碍,和世务暂时绝缘。这时一点觉心,静观万象,万象如在镜中,光明莹洁,而各得其所,呈现着他们各自的、充实的、内在的、自由的生命,所谓万物静观皆自得。”②也就是说,人能以闲适的心态生存,才能以审美的心态观察自然万物,才能体会自然万物的本真生存状态,体会自然万物本身的内在生命力。

禅宗各宗派均有关于自然万物的自在解脱与主体心境之间关系的阐述。如青原惟信关于见山见水三阶段的论述:“老僧三十年前未参禅时,见山是山,见水是水。及至后来,亲见知识,有个入处,见山不是山,见水不是水。而今得个休歇处,依前见山只是山,见水只是水。”(《五灯会元》卷十七《惟信》)将对山水的认识与修行的境界联系起来。而所谓“而今得个休歇处,依前见山只是山,见水只是水”,即肯定修行解脱的同时,也能体悟到山水本真的存在状态。临济宗“四料简”既是禅师随机度人的方法,也体现了修行的不同境界,其中的“人境俱不夺”即是在扫荡遣除人内外执著的基础上,百尺竿头更进一步的大机大用,是修行的更高境界。临济宗人又常以“莺啭千林华满地,客游三月草侵天”(《五灯会元》卷十二《昙颖》),“常忆江南三月里,鹧鸪啼处百花香”(《五灯会元》卷十一《风穴》),“清风与明月,野老笑相亲”(《五灯会元》卷十二《全举》)等诗句描述“人境俱不夺”的境界。显然人与自然景物的自在解脱

① 吴言生:《禅宗诗歌境界》,中华书局,2001年,第156~157页。

② 宗白华:《论艺术的空灵与充实》,载《美学散步》,上海人民出版社,2006年,第43页。

状态,是与人自身的彻悟境界相关连的;曹洞宗“五位君臣”中的“共功”描述的是个人成就之后度化众生的境界,《人天眼目》中以如下诗句描述共功境界:“众生诸佛不相侵,山自高兮水自深。万别千差明底事,鹧鸪啼处百花新”(卷三《洞山功勋五位》),描述的同样是山水动植的自在解脱状态。由上可见,禅宗往往以自然景物描述内在修行境界,而自然万物的自在解脱和内在生命力的呈现,又都是与禅宗修行的最高境界相关联的。也就是说,人只有彻悟心源,才能体察自然万物的本真存在和内在的生命力。

历代禅僧也多从自然万物的自在解脱和内在生命力表达自身的悟境。如沩山与仰山的对话:“仰山问(沩山):‘百千万境一时来作么生?’师(沩山)云:‘青不是黄,长不是短,诸法各住自位,非干我事。’”(《潭州沩山灵祐禅师语录》卷一)所谓“诸法各住自位”,即是自然万物原本的存在状态。杨岐宗人往往以自然万物的自在解脱和内在生命力的呈现,阐述修行悟道的契机。“秋风飒飒,玉露垂珠。水碧山青,蛩吟蝉噪。圆通门大启。”“金风动处,警砌畔之蛩吟。玉露零时,引林间之蝉噪。远烟别浦,行行之鸥鹭争飞;绝壁危峦,处处之猿猱竞啸。又见渔人举棹,樵子讴歌,数声羌笛牧童戏,一片征帆孤客梦。可以发挥祖道,建立宗风。”(《古尊宿语录》卷二十)将秋风、玉露、碧水、青山、蛩吟、蝉鸣、鸥鹭争飞、猿猱竞啸等自然景观、生命活动,作为启发学人领悟佛教真理的契机,实际上从另一个角度将对真理的领悟与自然万物的自在解脱联系起来。

王维名诗《辛夷坞》和《鸟鸣涧》也带有明显的以自然万物自在解脱显露禅心的特征。《辛夷坞》:“木末芙蓉花,山中发红萼。涧户寂无人,纷纷开自落。”《鸟鸣涧》:“人闲桂花落,夜静春山空。月出惊山鸟,时鸣春涧中。”如果说《辛夷坞》突出的是无人时芙蓉花自开自落的自在状态的话,《鸟鸣涧》则将人的闲静与春山、桂花的自在状态和山鸟的本真生命状态有机地结合起来。于俊利认为,在《辋川集》的二十首作品中,“诗人似乎常常凝神关注着大自然中万物的动、静、生、息,沉潜到自然的幽深之处,感悟到某种不可言喻的内在生命的存在”。又说，王维的山水诗，“向我们展示并赞美了这样的世界：在这里，万物和人都摆脱了一切约束，没有压抑，没有禁锢，自然万物与人都处于一种自然澄明的境界”①。其所揭示的正是王维诗中关于自然万物内在生命的呈现和自在解脱状态。

禅宗文化中所体现的将人的解脱与自然万物的解脱及其内在生命相互关联的观念，具有深刻的生态意义。其中不仅体现了人与自然万物一体的自然观，而且体现了将人的自在解脱与自然万物的自在解脱相连的观念。禅宗的这一观念，能够帮助我们认识到自然万物与人的内在生命关联，帮助我们从生命体悟的角度认识到人自身的解放必须与自然万物的解放联系起来。

三、人与自然的和谐共生

禅宗视人与自然万物为真如法性的显现，本身蕴含着人与自然万物一体的观念。其关于自然万物自在解脱的描写，本身也蕴含有人与自然万物在自然状态下和谐共生的内涵。禅宗关于人与自然和谐的观念主要是通过审美意境体现出来的，禅宗中人在追求心境超越的同时，也向往一种融入自然的生活方式。

禅宗视人与自然万物为真如法性的显现，因而能够在自然山水中体悟物我一体的境界，肯定人与自然万物共生的观念。如宏智正觉禅师开示：“诸禅德，来来去去山中人，识得青山便是身，青山是身身是我，更于何处著根尘？”②意思是说，如果能够体会人与青山都是真如的显现，就能体悟青山就是我身，青山与我身一体不二，没有分别。这样就能够从根尘对立或主客对立的思维方式中超越出来。又如说：“千峰列翠，岸柳垂金。樵父讴歌，渔人鼓棹。笙簧聒地，鸟

① 于俊利：《栖居在诗意中——论王维山水诗的意境美》，《临沂师范学院学报》2007年第2期。

② 《宏智禅师广录》，《大正藏》第48册，第35页下。

语呢喃。红粉佳人,风流公子。一一为汝诸人发上上机,开正法眼。”(《古尊宿语录》卷二十《法演》)认为山水、树木、鸟鸣和樵夫、渔人,乃至才子佳人的本真生存状态,无非开示佛法真理的机缘,实际上也就肯定了人与自然万物共生的和谐状态。

禅宗人与自然和谐的观念主要是通过审美意境体现出来的。如宋代觉海禅师诗:“碧落静无云,秋空明有月。长江莹如练,清风来不歇。林下道人幽,相看情共悦。”(《五灯会元》卷十六《觉海》)正是因为禅僧清静自在,所以能体会到“林下道人幽,相看情共悦”的审美愉悦。王维诗:“雨中山果落,灯下草虫鸣。”没有诗人心境的虚静,同样无法体会到“雨中山果落,灯下草虫鸣”天籁般的和谐意境。

禅僧以及受禅宗文化影响的文人士大夫普遍向往融入自然的生活方式,其诗文中多表现人融入自然的自在洒脱的生存状态。如“渔翁睡重春潭阔,白鸟不飞舟自横”(《五灯会元》卷十六《择要》),写春天的湖面上,渔船横在水面上,渔翁在舟中沉睡,白鸟安闲地停在船上,如同一幅安谧和谐的画图。“饥餐松柏叶,渴饮涧中泉。看罢青青竹,和衣自在眠。”(《五灯会元》卷十六《清满》)写的则是禅僧融入自然山水中的简朴生活样态。文人士大夫也多向往融入大自然的生活。如柳宗元《始得西山宴游记》中说:“施施而行,漫漫而游,日与其徒上高山,入深林,穷回溪,幽泉怪石,无远不到。到则披草而坐,倾壶而醉。醉则更相枕以卧,卧而梦。意有所极,梦亦同趣。”描写了诗人游览山水过程中,纵情山水,融入自然,与自然和谐一体的生活情态。

禅宗主要从审美的角度表现人与自然和谐一体的意境,但其中也有表现农人应时而作,与自然和谐的作品。如《虚堂录》中说:“烟暖土膏民气动,一犁新雨破春耕。郊原眇眇青无际,野草闲花次第生。”描写春天来临,土壤润泽,农人在春雨中耕作的情形。诗中还写到田野辽阔,大地一派生机。不难看出,诗中人与自然的和谐,是通过将农事置于季节循环、郊原渺渺的自然环境中表现出来的。

禅宗文化中人与自然和谐的观念主要是一种古代文化观念。在古代社会,人们的生产劳动对自然界产生的影响有限,自然万物在人们心目中仍然具有一种神圣的意味。特别是道家及禅宗文化偏重于关注人与自然万物的自然本性,向往人与自然和谐的本真存在状态,向往人融入大自然中的生活方式。禅宗文化中人与自然和谐的观念,对于我们重新认识人与自然的内在生命关联具有启迪意义。

结语:文化特征及生态价值

禅宗诗意栖居观念及生存方式是在吸收融合传统儒家、道家隐逸文化基础上形成的。传统儒家“天下有道则见,无道则隐”(《论语·泰伯》),孔子“道不行,乘桴浮于海”(《论语·公冶长》)的思想,道家“隐于林薮”,“同与禽兽居,族与万物并”(《庄子·马蹄》)等融入自然生态环境的倾向,以及保护人与自然万物自然本性、本真生存状态的追求,在禅宗文化诗意栖居思想中都有多方面的体现。

禅宗诗意栖居观念与海德格尔思想相比较,具有自身的思想特质。海德格尔诗意栖居思想吸收融合了道家的相关文化思想,这也决定了两者之间存在一致性。但两者毕竟产生于不同的时代和文化环境中,因而两者之间还是存在着差异。这主要体现在两个方面:首先,禅宗诗意栖居思想是在传统社会文化环境中形成和发展起来的,其针对的主要是世俗烦恼特别是官场名利是非的争斗。海德格尔诗意栖居思想则主要是针对现代社会技术、功利、实用等文化观念阐发的,是当代西方生态文化思潮的重要思想来源。这也要求禅宗诗意栖居观念要在当代社会发挥生态批判作用,应针对现代社会现实问题做进一步阐发。其次,禅宗诗意栖居观念主要是从个人精神超越及生活追求出发,海德格尔诗意栖居观念则具有社会文化的视域,突出诗意栖居观念对社会文化的引领作用。在生态环境保护方面，海德格尔关注天、地、神、人四方一体性，突出诗意栖居对于天地万物自然本性的守护价值。禅宗诗意栖居观念中虽然也包含有自然万物自在解脱的审美观照，但其关注的主题仍主要是主体自身的精神超越和审美境界，自然万物的自在解脱及其价值实现尚未作为现实问题入其法眼。因此，禅宗诗意栖居观念要在今天发挥其现实的生态环境建设作用，还要求关注现实生态环保问题，将人自身的精神超越与自然万物的自在解脱与共生共荣结合起来，做进一步的现实的阐发。

禅宗诗意栖居观念及生存方式的生态意义主要体现在，禅宗倡导的闲适心态及生存方式有助于人们重新认识人生的意义和幸福的内涵，追求精神生活的意义；有助于人们领悟自然万物的本真存在状态，以及人与自然万物的和谐共生；并在此基础上将人自身的精神超越与自然万物自在解脱或内在价值的实现有机结合起来。

要发挥禅宗诗意栖居观念及生存方式在当前生态文明建设中的作用，关键在于改变主体自身的人生价值观及认识思维方式，只有改变了自身的人生价值观和认识思维方式，人们在现实生活中才会自觉奉行简朴、自然的生活方式，发挥其现实作用。而其现实社会作用的发挥，则有赖于对大众进行相应的人生价值观和认识思维方式的宣传教育。

应该指出的是，传统禅僧与文人士大夫在诗意栖居的生存方式上也存在着差别。禅僧生活于山水之间，生活往往非常简朴。文人士大夫亲近自然的方式则往往是通过利用巨额资金购买、营造园林。显然两者的生存方式在当代社会具有不同的社会价值。对于大多数人而言，山林隐居式的苦行僧生活与文人士大夫的园林营造，都是难以做到的。我们应学习的是其中包含的亲近自然、简朴生活的精神，而园林营造则可以由政府根据当地经济文化建设的需要营造，发展相应的生态教育、生态旅游事业。

（陈红兵，山东理工大学法学院副教授，哲学博士）

临终：一个不得不重视的问题
——以佛教为视角的一点思考

海　波

作为一种元文化，佛教淳朴的特质赋予自身极大的发挥空间，在高度现代化的今天，仍然存有鲜活的生命力和影响力，经创造性的转换，必定能充分展现佛教的现代意义。当代重视生命质量，大众对生命关怀的要求尤显迫切，佛教若能本着利益大众的理念抓住机遇在此领域一展身手，建立养老院，设立临终关怀病房，必能造福社会，造福百姓，并且在宗教多元化发展的今天赢得应有的地位。

一、缘起

2011年11月25日，太原火车站候车室，一位老人倒睡在长椅上很久没有反应，旁边乘客感觉异常，后发现老人身体已经冰凉，随即报警，经过120急救人员确认老人已去世。当时，春运期间的火车站人满为患，知老人去世霎时周边空出一大片位置。一位在候车室等车的僧人见状，上前为过世的老人超度。他从容地向老人弯下腰，向死者致意，随后双手合十，按照佛教仪轨诵经，并拉着逝者的手现场说法。这则新闻很快引发了广大网友的关注，对比旁边惊恐万状、退让躲避的路人，在生死面前，佛教所表现出来的大悲大勇、气定神闲令人动容，佛教对生命的深切关怀获得了网友一边倒的敬意，人们心目中对佛教形象的传统定位——晨钟暮鼓、青灯古佛、远离尘世——这一刻板形象得到改善，该无名僧人也被广大网友视为“史上最温暖的僧人”。僧人为何无惧死亡？佛教是如何看待生死的？僧人做了本分事，却激发了大众对佛教处理生死问题的好奇与探究。

半年后，有一则同样事关生死的长微博再次引发网友热议。浙江大学医学院的一位急诊专家、医学博士得知 78 岁的父亲得了恶性肿瘤晚期，已经全身转移无法手术后，将病情如实告知父亲，并尊重父亲意愿，不做放疗化疗，将父亲从杭州送回诸暨老家安享最后人生。还向母亲交代，万一父亲昏迷或呼吸心跳停止了，不要采取任何抢救措施，如果允许，适当做些镇静催眠，让他安详离开人世。在回到诸暨半年后，老父亲安详离世。这位医生对父亲的承诺“走的时候，我绝对不会让你那么痛苦——最后一定让你安安静静没有痛苦地走”。他的个人日志披露后，不曾想此事演变为 2012 年的一个新闻热点，他也被推上风口浪尖。

这位医生是“不肖子孙”还是“睿智选择”？面对存世不久者，是全力救治令病人毫无生命质量地活着还是让他颐享最后的时光？是秉承“生命高于一切”的救治理念还是遵循“有尊严地活着直到最后一刻”？死亡权在个体还是在医院抑或家属？……生死之际的“生命质量”问题继 1986 年我国首例“安乐死”事件之后再次引发全民讨论。时隔近 30 年，“安乐死”事件仍不绝于耳之时，以姑息治疗为特色的临终关怀以此事件为契机进入大众视野。

二、临终：一个不得不重视的社会问题

《全国第三次死因回顾抽样调查报告》[①]揭示了一个残酷的现

① 陈竺主编：《全国第三次死因回顾抽样调查报告》，中国协和医科大学出版社，2008 年。

实:中国人癌症死亡率在过去30年增长八成以上;肺癌取代肝癌高居中国癌症死亡"排行榜"首位;中国每四到五人就有一人死于癌症;癌症是城市人口死亡的首位原因。又据全国肿瘤登记中心发布的《2012中国肿瘤登记年报》,我国每分钟就有6人确诊为癌症,每年新发肿瘤病例约为312万例,因癌症死亡病例达270万例。从中国人群的吸烟流行状况来看,到2025年,中国每年新增肺癌病例将超过100万例。届时中国将成为世界第一肺癌大国!而农村肝癌、胃癌和食管癌等消化系统癌症死亡率明显高于城市,这其中不乏政府对农村公共卫生政策方面的失误因素,但是在中国经济发展的格局中,与公众健康发生激烈冲突的不仅是烟草业,更有造成环境污染的诸多产业力量。

且撇开癌症高发因素的探讨不提,我们无法否定这样一个事实:面对癌症,中国几乎全面溃败!以癌症高发区画出的地图在不断扩张中,癌症县、癌症村、癌症家庭,触目惊心的数字和一张张绝望痛苦的面孔,震撼着我们的心灵。面对巨大的受苦群体,我们能怎么办?我们该怎么办?据卫生部资料:一个人一生中在健康方面的投入,大约80%花在了临死前一个月的治疗上。这意味着,"临终救护"是医疗财政支出的最大一块蛋糕。如此一来,大量的癌症末期群体所蕴含的巨大的财政支出又该如何应对?

事实的严峻程度不仅仅限于癌症的高发率,作为现代化的产物之一,银发族的浪潮已经提前席卷了尚处于发展中的我国。根据联合国的统计标准,如果一个国家60岁以上老年人口达到总人口数的10%或者65岁以上老年人口占人口总数的7%以上,那么这个国家就已经属于人口老龄化国家。发达国家大多用了45年以上的时间,中国只用27年就可以完成这个历程。据《中国人口老龄化发展趋势预测研究报告》显示,2004年年底,中国60岁及以上老年人口为1.43亿,2014年将达到2亿,2026年将达到3亿,2037年将超过4亿,2051年将达到最大值,之后一直维持在3亿~4亿的规模。如今,据最新的第六次全国人口普查显示,中国60岁及以上老年人口已达1.78亿，规模超过欧洲老年人口总和，我国31个省市当中已经有26个省市进入到老龄化状态。根据联合国预测，21世纪上半叶，中国一直是世界上老年人最多的国家，占世界老年人口总量的五分之一，21世纪下半叶中国也还是仅次于印度的第二老年人口大国，并且在今后一个很长的时期内都保持着很高的递增速度。

我国的银发潮趋势又有不同于发达国家的特点，表现为高龄化、空巢化趋势，需要照料的失能、半失能老人数量剧增，约有40%的老人是"空巢老人"，城市独居老年人占49.7%，农村亦达38.3%；常感孤独的老年人，在城市为18%，农村为30.9%。目前，我国城乡失能和半失能老年人约3300万，占老年人口总数的19%。老人死后多日才被发现的新闻不绝于耳。我国的老龄化还有一个特点，那就是老龄化超前于现代化。发达国家的人口老龄化都是在经济发达时期，经济承受力强，而且及时建立了养老保险制度，因此，即使在进入老龄化社会后出现一些问题，也不会对社会经济发展产生较大的影响。中国尽管从GDP（国内生产总值）总量来说在世界上排在第5位，但在人均GDP、经济发展质量等方面与发达国家相比，仍有很大的差距。预计到21世纪中叶，中国人口老龄化达到峰值时，人均GDP也只能达到目前中等发达国家的水平。① 因此，发达国家是在基本实现现代化的条件下进入老龄化社会的，属于先富后老或富老同步，而中国则是在尚未实现现代化，经济尚不发达的情况下提前进入老龄化社会的，属于未富先老。这便必然构成中国人口老龄化进程与经济发展不同步的矛盾。

如何应对人口结构老龄化对社会的影响？在家庭传统的照护功能已然丧失的今天，在人民物质生活日益优越和精神生活要求也

---

① 根据世界银行的资料，在2003年，中国的人均GDP为1100美元，同期的发展中国家中阿根廷为3375美元、巴西2700美元、印尼944美元、印度555美元，仅高于人口大国印度和印尼，与阿根廷和巴西相比还有一定的差距。而发达国家中美国最高，为36924美元，其次是日本33819美元、英国30355美元、法国29222美元、德国29137美元。中国与之相比，更有很大的差距。

日渐增高的当代,如何处理临终问题?养老金的缺口在此只是一个具体的表象,表象之下存在着更大的社会问题,事关百姓的切身利益。

癌症的高发率和来势汹涌的银发潮对中国社会处理临终问题提出挑战,带给中国社会的冲击不容忽视,我们必须要注意到,如何在现代社会下满足人民对优死的需求?如何给巨大的临终群体以希望?如何来应对巨大的资金缺口?如何调整政策上战略思维变被动应付为主动应战?

三、佛教能做什么

儒家文化的“重生轻死”观念深入人心,死亡禁忌构成中国人的常态心理。但是,在银发浪潮当前、癌症跃居中国人第一杀手,以及诸多自然灾害、意外事故频发等情况下,生死问题在媒体时代被一次次地推到公众面前,刺激着公众的神经,促使人们不得不思考自身的临终。临终问题,换成哲学概念即生死问题,是人类认识自我的最为深刻最为难解的问题,对生死的探讨和思考往往上升至“终极关怀”领域。无论是“生死”还是“终极关怀”,是所有宗教历久弥新、孜孜不倦地关心的命题。

事实上,死亡问题的处理,紧密关涉个体的临终关怀和社会的人文关怀。在世界文化现有的理论和实践当中,于人类的终极关怀层面扮演重要角色的宗教,是人类探索生死奥秘、应对生死问题的宝贵资源和基础。宗教是人类超越有限追求无限以达到永恒的一种精神渴望,是寻求人类精神生活的最高寄托,也是人类化解生存和死亡尖锐对立状态的良方。在所有宗教之中,又以佛教教义体系最为丰富深厚。佛教以生死为关注的首要课题,对死亡问题进行全方位探讨,拥有丰富的死亡理论和实践体系。其解脱之道建立的视阈基础广阔,对死亡问题形而上穷究死亡的本体,形而下探求死亡过程的生物学过程以及不同时期的身心变化,同时挖掘和发挥死亡对于生命质量提升的作用。佛教的理论和实践不仅观念上有助于消解人类追求永生的本能和客观必死的现实之间的深刻矛盾，为人类文化史留下了一大笔精神财产，并且是世界上所有哲学和宗教体系之中，唯一可以与现代死亡学①进行全面对话的理论体系。②

死亡时刻发生了什么？人体有什么变化？经历死亡的人有什么特异性感受？濒死经验是怎么回事？有无死后世界？由于个体的死亡具有不可经验和不可重复的特点，死亡过程、死后去向等一系列问题构成死亡的神秘性，成为人类一直以来探求的奥秘之一。在这些未知当中，死后世界得到大部分宗教的肯定，各有各的解说，尽管现代科学无法证伪，人类历来以相信存在死后世界占大多数。至于其他未知方面，以现代科学为主有所涉及，尤其是死亡学，以死亡过程为关注重点。目前，现代研究对于临终之际的生理变化还有较多揭示，其他方面的研究甚少，甚至存在很大争议，佛教典籍却对整个死亡过程有相当翔实的记述，叙述详尽，涉及生理、心理的微观变化，死后意识乃至死后生命等各个环节，更重要的是其内容与现代最新的研究发现表现出惊人的一致性。③ 因此，佛教在临终领域大有发展空间。

近半个世纪以来，伴随着社会的需求和人类文明的发展，现代社会注重有尊严的“死”，从而催发了一种新型医疗模式的诞生，同时也正在形成一个新兴的边缘性的交叉学科——临终关怀，意即对

---

① 1959 年，美国南加州大学医学院教授赫门·费斐尔（Herman Feifel，1916~2003）主编 *The Meaning of Death*（《死亡的意义》）一书出版，代表着死亡学发展的一个里程碑。该书从生理学、医学、心理学、社会学，乃至哲学、宗教、文学与艺术等众多学科角度探索死亡议题，一经问世，立即引起美国社会各阶层的热烈反响，不仅开启了北美洲教育界推动“死亡教育”的契机，还促成死亡学的学科建构，标志着死亡学成为一个独立的学术研究领域。

② 海波：《佛说死亡：死亡学视野中的中国佛教死亡观研究》第三章，陕西人民出版社，2008 年。

③ 详细论述见海波著：《佛说死亡：死亡学视野中的中国佛教死亡观研究》第三章，陕西人民出版社，2008 年。

生存时间有限(6个月或更少)的患者放弃无意义的激进治疗而代之以减轻其疾病的症状、延缓疾病发展为主旨的姑息疗法,尽可能地减除病人的身体痛苦,同时也给予其心理或灵性的照顾。其中也包括对临终者家属提供在临终期、居丧期内的生理、心理慰藉和精神支持。

"临终关怀"是以对西方现代医疗体系的反思为理论基础而建立,强调以病患为主导,目前几乎遍布发达国家。据统计,20世纪末美国就有超过两千家"临终关怀"机构。"临终关怀"的快速发展,一方面是因为它符合人们对于"优死"的要求,能够造福于家庭和个人;另一方面,它最直接的效益便是能够极大地减少医疗投入,节约社会成本。

而临终关怀所蕴含的这种思想在古代东西方传统文化中皆有述及,尤其在佛教之中表现得更为细致和广泛①,佛教经籍中有大量关于临终照顾的内容,我们可以找到和现代临终关怀相似的思想和实践。

对临终者看护和照料,是佛教生命关怀行为体系中最为独特的一个领域,也是历史上其他文化体系相对薄弱的一环。自佛教产生至今,看护临终者并保证其安详而逝一直是佛教僧团生活中一个不可或缺的基本准则。释迦牟尼在世时便将照顾生病比丘与供养佛的功德等同,有效地保证了对病患尤其是临终者的照顾。释迦佛曾强调:"设有供养我,及过去诸佛,施我之福德,瞻病而无异。"②身为僧团领袖,释迦佛亲自服侍病僧,并就如何养病,如何安排照顾者,照顾者应该抱有的心态等方面专门做了指示,内容涉及衣食住行、求医问药、心态调理等诸多环节,如要求病人"选择而食,随时而食,

---

① 临终关怀在西方新的学科体系中可以划归死亡学,大量的临床案例和《中阴度亡经》所描述的死亡初期现象相吻合,故在死亡学研究领域,佛教的《中阴度亡经》和《埃及生死之书》同被尊为死亡学研究宝典。

② (东晋)僧伽提婆译:《增一阿含经》,《大正藏》第2册,第767页中。

亲近医药,不怀愁忧,咸起慈心向瞻病人"[①];要求照顾者"分别良医,亦不懈怠,先起后卧,恒喜言谈,少于睡眠,以法供养,不贪饮食,堪任与病人说法"[②]。这些要求后来被纳入佛教僧团所必须遵守的戒律中,以条文形式在言行、心理两方面做出明晰规定。

在我国古代社会,佛教的专业行者一直保持印度传来的传统,予以临终者特殊的身心照顾,如《智𫖮传》提及:"人命将终,闻钟磬声增其正念。"[③]或钟磬声,或说法,或称佛号等都是帮助临终者严正心境的方法。尽管佛教经籍中有大量的对临终者照顾的记述,涉及种种方法,但最为直接并在中国古代流传最广的当属唐代译出的《佛说无常经》之《临终方觉》。《临终方觉》的核心思想是帮助临终者建立或保持正念,透过适当的方法,对临终者的意念做清净的转化,帮助垂死者摆脱对死亡的恐惧,借临终之际尽可能帮助将亡之人实现生命的提升或彻底跳出生死轮回。《临终方觉》本着"已生恶令断,未生恶令不生;已生善令增长,未生善令生"的原则帮助临终者。由于此经专门指导如何帮助临终者的具体操作,可谓是实施佛教特色临终关怀的操作手册。它的译出和流布令佛教的临终照顾从僧侣群体拓展到寻常百姓,成为佛教徒临终的必经程序。

在唐代,普通寺院中一般都设有"瞻病僧","瞻病僧"的职责是要肩负起对患病僧众的护理工作,一般民众甚至显贵,其中包括非佛教徒,也选择寝疾于地方或者两都的寺院中,这在唐代是常见的现象。如龙门西山赵容师洞北壁有造像题记文云:

> 大唐显庆五年岁次庚申七月廿日,洛州偃师县凤□乡御侮副尉杨君植为妻萧五月十一日亡于龙门敬善寺南。敬造阿弥陀像一龛,夫□及男女等供养,此日并德成就。又于龛上为身

① (东晋)僧伽提婆译:《增一阿含经》,《大正藏》第2册,第680页中。
② (东晋)僧伽提婆译:《增一阿含经》,《大正藏》第2册,第680页下。
③ (唐)释道宣:《续高僧传》,《大正藏》第50册,第567页中。

造救苦观音菩萨二躯……

这是石刻文物较早记载唐代女性终于佛寺、归寂道场的实例。又洛阳邙山出土唐人韦璥墓志序文写道：

> （韦璥）夫人河东柳氏……韦公丧亡，年未二十……撤去鲜华，归依释氏，长诵《金刚》《般若》，兼持《维摩》《法华》。与善无徵，降年不永，春秋卅七，以开元十八载十一月二十日婴疾终于陆浑县勤戒寺之西院。

唐代的佛教寺院还设有一种特殊的专门隔离麻风病人的医院，叫作"病人坊"，病人在病人坊里可以得到相应的护理和治疗，这已经是现代临终关怀医院的性质。

四、一点思考

临终关怀秉承"全人"的照护理念，实质是对传统的整体生命观的回归。其对象是特定文化背景、特定社会的人，基于西方文化背景诞生的临终关怀在中国面临中国化的问题，不能简单地只是技术层面的照搬。以文章开头所谈的案例来说，以医生父亲为代表的癌症末期病患牵涉的已非单一的死亡权利问题，更深层次反映的是我国临终关怀实践和研究的匮乏。在另一案例中，太原火车站的无名法师给去世老者超度的举动则传递了令所有参与者免除恐惧的安详，彰显的不仅是人性的光芒，更反映的是佛教在生死问题上所蕴含的达观和超越性。

佛教以人生为核心命题，以解脱生死为终极归宿，在临终生命关怀方面形成了一套丰富的理论体系和实践体系，不仅和临终关怀当前的理念吻合，而且更有特色，自佛教扎根中国流传至今，一直在佛教群体中得到验证。譬如称佛号助念，这种帮助临终者的方式自在民间形成，佛教徒就广为采纳，信佛者多于亲友临终前，请僧诵经念佛，或临终时送入寺院，借寺院的人力和氛围完成善终，也有自发形成团社互相帮助的，至今仍多有延续，尤其是港台地区，临终助念几乎是所有佛教徒常规的死亡帮助。在港台地区的临终关怀专门机构或者医院专设的临终关怀病区，佛教在这一领域的特长几乎全面得以开发和利用，惠及一方百姓。

（海波，西北大学西北历史研究所副教授）

“史书”中间的“真实历史”与“书写”背后的“历史真实”

——后现代思潮与禅史书写

冯国栋

美国学者史蒂夫·海茵(Setven Heine)在其新著《禅皮·禅髓》(*Zen Skin*,*Zen Marrow*)一书中将近现代禅宗研究概括为两个传统之争:一是禅宗传统叙事(TZN,traditional Zen narrative),另一个则是历史文化批判(HCC,historical and cultural criticism)。① 近现代禅宗研究,正是在不断批判禅宗传统叙事基础上发展演变的。在现代思潮影响下,学者秉持科学性、客观性、规律性等原则对禅宗传统宗教神学叙事进行批判,一方面以考据与历史学方法,揭示出传统禅宗史书记载的不实之辞。利用敦煌文献、域外遗书及石刻碑铭等新资料,对传统禅宗灯史、语录文献中忽略、遮蔽甚至污名化的领域进

① Steven Heine: Zen Skin, Zen Marrow—Will the Real Zen Buddhism Please Stand Up? Oxford University Press,2008,pp.6~14.作者认为在西方的禅宗研究中存在着“传统禅叙事”(TZN, traditional Zen narrative)和历史文化批判(HCC, historical and cultural criticism)之间的争论。传统禅宗叙事将禅描写成不可言说的、直接的、有助于社会和谐的;而历史文化批判则认为禅并非如此,禅是言说的、存在于仪式中、不平等的(具有强烈的歧视性)。

行重写与改写。另一方面,运用各种思想资源与叙述模式对禅宗思想、历史、知识进行组织化与规律化。经过沈曾植、忽滑谷快天、关口真大、宇井伯寿、胡适、柳田圣山等中日学者的努力,逐渐建立起现代禅宗研究的理念与范式。可以说,现代禅宗研究主要包括以下观念:首先在史料考证上,坚持史料越早越真实、宗门外的资料较宗门内资料真实的原则。故而用敦煌出土文献、唐代宗门文献、金石资料校正宋以后出现的灯史、语录等记载的缺失;以律宗僧人撰作的僧传、天台宗僧人撰作的编年史校正灯史的缺失。其次在分析禅宗发展中,坚持规律性与连续性的原则,或用中国哲学的范畴,或用西方哲学的体系,或从禅宗本身出发寻求禅宗发展的内在规律与发展演变的动力,将禅宗发展看作经历了传入、兴起、发展、兴盛、衰落的封闭的历程。

这些理念、体系与模式的建立,使禅宗史的研究有章可遵,有径可寻,使禅宗、禅学研究学者可以在一个公共的基础平台上进行讨论、质疑、批评,大大推进了禅宗的研究,对于重新认识被传统禅宗史书遮蔽的问题具有重要的意义。然而,也应看到,每一种体系、方法都在制造自己的研究对象与问题。任何体系在使某一问题聚焦、放大的同时,也会悬置、遮蔽其他问题。正如同现代禅学研究者批评、挑战传统叙事一样,近年来,由于后现代思潮在禅学、禅宗研究领域的运用,现代观念影响下禅宗研究所形成的学术理念与模式也受到新的批评与挑战。后现代思潮影响下的禅宗研究者认为①，现代学者用来重写禅宗史的资料同禅宗传统史料一样充满了宗派意识，也是一定历史语境下的产物。用后现代的观点来看，由于任何历史资料都要经过作者有意识的拣选、组织与想象的补充，因而历史文献与文学作品一样只是一种可供分析的文本，本质上是一种文学的创造，充满了修辞与隐喻。用葛兆光的话来概括后现代的历史观，那便是“史皆文也”。因此，利用新史料来批判禅宗传统叙事的现代禅学著作也应受到同样的批判，这些著作宣称自己客观、理性的同时实际上也是在用“客观”“理性”为旗帜制造另一种言说。只有放下理性与客观的傲慢，对禅传统叙事进行同情的理解，才能发现禅传统叙事中的“真知卓见”，才能真正平等对话，并在对话中吸收传统之长以补现代之短。

日本学者小川隆在《神会——敦煌文献与初期禅宗史》中说：“禅宗已经有千余年的历史，而禅宗史的学问历史尚不足百年，毫无疑问，它是二十世纪的产物。与传统的宗门之学相区别的禅宗史研究，是在接受以客观性与合理性为宗旨的西方学问过程中产生的。不依仗宗门的权威，对禅宗的历史作批判性的验证，用实证的方法

---

① 也许很多学者非常反感将自己归入后现代的行列，事实上，很多学者也确实很难归入后现代的行列。然而，近年来东西方对过去禅宗研究的审视与批判，正是在后现代去中心化，强调断裂性、偶然性、历史著作的文本性以及效果历史等观念的影响下发现以往禅宗研究的不足与缺失的。也许我们运用这些概念并不表示对这些概念的认同，而是由于来自同行间的影响，但不可否认的事实是，我们已自觉或不自觉地受到后现代理论与思潮的影响。是否自觉也许并不重要，重要的是我们已将这些理论与思潮归化到我们自己的研究领域，并对我们研究以前方法论所遮蔽与忽略的问题有所认识，有所了解，有所推进。当然，有些学者则明确运用了后现代的思想资源，比如伯兰特·佛尔（Bernard Faure），在《禅的洞见与不见：禅宗传统的知识论批判》（*Chan Insights and oversights：An epistemological Critique of the Chan Tradition*）中，作者援引了 Nietzsche（尼采）、Bourdieu（布迪厄）、Michel de Certeau（米歇尔·塞杜）、Mikhail Bakhtin（巴赫汀）、Ricoeur（利科）、White（怀特）等后现代理论家的著作来展开自己的禅宗研究。《汉语佛学评论》第二辑编者按中龚隽指出伯兰特·佛尔的一个学术贡献在于“擅长于将西学前沿尤其是后结构、后现代、后殖民理论和禅学的历史材料和学术实践结合起来进行分析，提出了‘禅的东方学’、‘禅帝国主义’、‘行事的学术’等富有冲击性的命题”。

重新建构,这就是这门学问的身世。”①诚哉斯言,近现代学者正是在客观、理性的原则下,对禅宗传统叙事展开批判,并对禅宗史进行重构的。若要了解这一现代趋势,不妨看看现代史家对禅宗传统叙事资料的态度:

运用敦煌文献研究禅宗的胡适说:“今日所存禅宗材料,至少有百分之八九十是北宋和尚道原、赞宁、契嵩以后的材料,往往经过了种种妄改和伪造的手续,故不可深信。我们若要作一部禅宗的信史,必须先搜集唐朝的原料,必不可轻信五代以后改造过的材料。”②胡适在《禅宗的真历史与假历史》中又说:“发现了神会的许多资料,又发现了《坛经》的三个最古本,我们还没有发现真历史,只发现了假历史的制造人们,只发现了假历史如何造成的来历与经过。”在这篇文章中,胡适将传统灯史的叙述作为“假历史”,而将自己的研究作为“真历史”斩然排列,两造相对,以揭示禅宗传统叙事之虚构不实,体现了作者批判“假历史”,用真历史取代假历史的学术理念。③ 史家陈寅恪亦言:“自敦煌本《坛经》、《楞伽师资记》、《历代法宝记》诸书发现后,吾人今日所传禅宗法统之历史为依托伪造,因以证明。其依托伪造虽已证明,而其真实之史迹果何如乎?此中国哲学史上之大问题尚未能解决者也。”④以敦煌出土文献批判禅宗古来之法统,在这一点上,胡适与陈寅恪所见略同。

日本学者关口真大亦指出:禅宗的历史,以往被看作是标准和权威的《景德传灯录》与《传法正宗记》等书,实际上并非是为叙述历史而制作的,其中可以发现不少显然与历史相矛盾的传说和创作

---

① 小川隆:《神会——敦煌文献と初期の禅宗史》,临川书店,2007年,第8页。

② 胡适:《神会和尚遗集序》,《胡适学术文集·中国佛学史》,中华书局,1997年,第363页。

③ 胡适:《胡适学术文集·中国佛学史》,中华书局,1997年,第183~193页。

④ 陈寅恪:《论禅宗与三论之关系》,《陈寅恪集·讲义及杂稿》,三联书店,2002年,第431页。

的成分。[1] 而另一位日本学者宇井伯寿则把《景德传灯录》和《祖堂集》看作是“为禅机而牺牲了历史传记,不值得一顾”[2],否定了灯史著作的历史价值。

加拿大学者冉云华在《中国早期禅法的流传和特点》一文中说:“那么中华禅史被误传了千多年的原因何在?现在的研究证明,原因是所根据的史料不可靠:多年以来禅宗历史所根据的是《传灯录》之类的宗派文献,都是十世纪以后编纂的,它们所记的早期禅史、资料不足而且还有宗派成见。”[3]中国学者顾伟康亦言:“直到本世纪初,敦煌石窟藏经被发现以后,经先辈大德们辨章学术、考镜源流,才终于把禅宗的历史基本廓清了。原来,一部禅宗史并非象后世南禅的《灯史》所描写的那样,一开始就是‘教外别传’、‘以心传心’的,而是由印度佛法一步一步地演变、发展而来的。”[4]葛兆光《禅宗与中国文化》则说:“那么,真正的禅宗早期发展史是怎样的呢?其实,我们完全可以抛开那些后世禅僧们编造的什么‘西天二十八祖’和‘东土六祖’,从现存的可靠史料里去发掘禅宗的早期历史,看看中国禅宗是怎样从印度禅学中发展起来的。”[5]在《增订本中国禅思想史——从六世纪到十世纪》中,作者又说:“所以,当我们小心翼翼地剥落千年来禅宗灯录的渲染与文饰,直接从当时的更多资料中,重新体验当时的情状时,也许会发现相当多现代禅史研究著作,其实就是延续着禅宗灯录的现成说法,而这些现成说法,有的只是灯录时代的禅师为门户之私而编就的‘宣传品’。”[6]

综合以上学者的论述,可以看出通过对敦煌及其他文献的研

---

① 龚隽、陈继东:《中国禅学研究入门》,复旦大学出版社,2009年,第129页。

② 龚隽、陈继东:《中国禅学研究入门》,复旦大学出版社,2009年,第163页。

③ 冉云华:《中国禅学研究论集》,东初出版社,1990年,第1~2页。

④ 顾伟康:《禅宗:文化交融与历史选择》,《序言》,知识出版社,1990年,第3页。

⑤ 葛兆光:《禅宗与中国文化》,上海人民出版社,1986年,第5页。

⑥ 葛兆光:《增订本中国禅思想史——从六世纪到十世纪》,上海古籍出版社,2008年,第30页。

究，近现代学者认识到禅宗灯史是一种宗门内部自我的叙事，其中有很多是禅宗宗徒自我认定的“事实”，与其他资料的记载并不相符。学者们殷切地希望通过对禅宗灯史的批判，利用其他资料重构更为符合“事实”的禅宗历史。

事实上，当用各种新资料、新理念、新叙事方式替代传统灯史时，研究者必须面对两个问题：第一，这些被其他资料证实是“虚构”的灯史，是否还有价值？我们当如何认识它、评价它、研究它？从这些与现代人史学观念、真实观念完全不同的传统叙事中我们应该学到什么，我们应该反思什么？我们是否有权利用我们自己的“历史观念”与“真实观念”去简单地否定它们，抛弃它们？我们简单地对待它们，也许正否定了另一种可能性的探索。第二，用来批判灯史的资料，是否就真的如此“真实”“客观”？对这些资料本身是否应当做批判性研究，亦即用这些资料批判禅传统文献之前，这些资料是否应受到同样的批判？同时，研究者的立场与方法能否真的做到客观而理性？

对于第一个问题，即对禅宗灯史之价值做理性思考者，无疑首推日本学者柳田圣山。柳田的研究深受津田左右吉的影响，认为研究历史，必须先对史书本身做研究，研究史书所产生的历史语境①，对禅宗灯史的研究亦应如此。柳田认为学界对待禅宗灯史有两种截然不同的态度：一是“在批判其荒唐之余，将所有的都视为虚构而抛弃”；另一种则是，“从传统的、信仰的角度，对所有的进行无批判的肯定”②。柳田《中国禅宗史》言：“在禅宗那里称其为传灯之书，广义的传灯录之名最为合适，从这些记录所看到的达摩，毕竟只是

① 关于“津田史学”，柳田圣山概括说：“勉强地说，‘津田史学’的方法是如下：不直接研究古代史，而研究如下问题：记录日本的最早的文献究竟写着什么？能相信到什么程度？能相信是什么意思？由于什么缘故，什么时候谁写了其记载？关于这些问题，把起码两个以上的记录比较，考察异同，解释矛盾，然后再考据这些记录产生的前后，如此质朴的书斋的事业。”（《柳田圣山集》第一卷，第664页）

② 柳田圣山：《初期禅宗史书の研究》，《柳田圣山集》第八卷，法藏馆，2000年，第1~2页。

身为初祖、肩负使命的理想人物。有名的与梁武帝相见、嵩山少林寺的九年面壁、弟子慧可的断臂求法、菩提流支和光统律师的嫉妒毒杀、只履西归的传说，这一切都是虚构。毋庸置言，这种祖师形象的创造恰是制造这类传说时代的禅思想的表达，初祖形象的发展，其本身意味着禅宗的历史发展，这毕竟是不同于本来的史实的、新的意义上的历史课题。”①柳田一方面承认禅宗灯史的虚构性，另一方面则指出，灯史虚构背后正是虚构这些故事的那一时代禅思想的表现，从这个意义上说，灯史的虚构性恰恰为思想史的研究提供了不可多得的史料。在《初期禅宗史书之研究》的序言中，柳田对这一观点进行了更为深入的阐释：“要了解中国的禅，必须阅读众多的传灯录和语录，可是，这些都是特殊的文献。传灯录是禅的历史书，但并非只讲述了历史的事实。……灯史书绝非单纯地记述了历史史实，而是宗教信仰传承的表达。与其说它们是被编造出来的，毋宁说是历史地产生出来的。传承的一个一个传说若是虚构的话，其中却包含着虚构的必然理由。因此，在这里，历史事实本身反而已经以传说的意义得到了记录。因为不是事实，所以要全然否定掉这些传说的话，已经失去了阅读灯史的资格。因为，灯史不只是传达史实的，这一点早就是自明的前提了。相反，在仔细地咀嚼虚构出来的一个一个记录的过程中，可以揭示进行虚构的人们的历史的、社会的宗教本质，与所谓史实不同层次的、另一意义上的史实，就会历史地显现出来。”②柳田的洞见在于：承认禅宗灯史虚构性的同时，认为禅宗灯史并非全然的虚构，这个虚构过程本身就是一种历史，一种禅宗思想发展的历史。灯史中祖师形象的变化，正是禅宗自身发展历程的反映，这样柳田就将文献真伪的问题转化为一个思想史的问题，在承认历史真实的前提下，同时注意到理解历史的真实。

---

① 铃木大拙监修、西谷启治编集：《讲座禅》第三卷《禅の历史——中国》，筑摩书房，1967 年，第 11 页。

② 柳田圣山：《初期禅宗史书の研究》，《柳田圣山集》第六卷，法藏馆，2000 年，第 17~18 页。

虽然柳田并不一定意识到，但却与伽德默尔的效果历史不谋而合。日本学者土屋太祐在《北宋禅宗思想及其渊源》中说："暴露禅宗的伪史并不是禅宗史研究的一切。其实，'伪史'的形成本身就是一个历史现象，所谓'伪史'中也保留着众多历史信息。如果只是把那些较晚出现的材料当伪史来抛弃的话，我们永远不能理解'伪史'背后隐藏的真历史。"①这正是对柳田真精神的概括。

如果仔细咀嚼柳田的论述，可以看出，柳田提出两个非常重要的问题：一是灯史有自己的特性，二是灯史的变化中有禅宗思想的发展史。可以说，柳田与其他学者的不同之处在于如何对待"伪史"，一些学者重于"伪史"之"伪"，故而着力于证明"伪"史之"伪"；而柳田则更重视"伪史"之"史"，力主阐明"伪造"之发展史，及这一发展史背后的社会、思想根由。

正是柳田的研究，为东西方禅宗研究提供了新的基点：一部分学者从柳田的研究出发，将禅宗"伪史"的形成转化为思想史的问题，在伪史中寻找思想变化的轨迹；而另一部分学者，则对禅宗灯史进行"同情之理解"，研究禅宗灯史不同于现代史学的观念，以及这些观念对现代研究者究竟应有哪些启发。

马克瑞(John R. McRae)在柳田的启发下，提出其禅宗研究的"第一定律"，马克瑞认为："在禅宗传承体系中具有意义的不是发生在释迦牟尼、菩提达磨、慧能和其他人身上的'事实'，而是这些人物在禅宗的神话里如何被看待。……但我们应注意的是涉及神话创作过程的动力，而非执着于事实与捏造的概念。任何轶事是否真的陈述了确实曾说过的话与曾发生的事件，只是历史的机遇……更重要的是轶事经由什么过程而被创作、流传、编辑与修订，因而传遍禅宗修行人与支持者全体，直到此轶事成为具可塑性的传说传统的一部分；在整个中国文化中，人们是透过此传统而认识禅宗祖师。这是马克瑞的禅宗研究第一定律：'它不是事实，因此更加重要！'"

---

① 土屋太祐：《北宋禅宗思想及其渊源》，巴蜀书社，2008年，第2页。

"我们一再发现我们所处理的,不是在特定时间所发生的事,而是被人们认为是已经发生了的事。我们处理的不是事实和事件,而是传说与重建,不是成就和贡献,而是归属(attributions)与遗产(legacies)。决定日后的宗教的与社会的实践的是传说与重建,而不是想象中的真实事件。不是真的,所以更加重要。"①日本学者伊吹敦指出,早期禅宗文献具有"流动性"特点,而"文本的变迁应该可以反映禅宗思想的变化。由于追寻文本的变迁,我们一定可以阐明禅思想的某种变化。因此,这些文献群的存在意义非常重要"②。美国学者罗柏松(James Robson)亦认为:"相对于什么是'真实',也许去认真对待'事实'更为重要。即使是返回到宋代,那个编织的禅宗世系仍是被视为'事实'的。……即使我们认识到了禅宗世系的虚构性,问题是我们应如何理解其在禅宗发展到今天的历程中所起的作用。"③这些学者正是在柳田的启发下,展开对禅宗灯史中思想史的研究。

中国学者杜继文、魏道儒对灯史的价值也有非常认真的考虑,《中国禅宗通史》指出:"宗谱本身不但含有不实之词,而且把禅宗刻画成一个与世隔绝的、绝对封闭的体系,把经历着长期演变、反映着不同时期和复杂关系的庞大的宗派,简化成了几个禅师代代承袭同一教旨的传承谱系,从而使丰富多彩的精神世界和生活世界变得干瘪、贫乏,且不可理解。……对于某些禅师的重要论述,也不单纯看作其个人的创造,而是作为一种思潮,或一个群体的观念看待。"④认为禅宗灯史有两个缺点:一是不尊重事实,二是简约化。在批评灯史缺点的同时指出,不能将这些东西看作个人的创造,而

---

① 马克瑞:《审视传承——陈述禅宗的另一种方式》,《中华佛学学报》2000年第13期,第286、第292页。

② 伊吹敦:《早期禅宗史研究之回顾与展望》,《中国禅学》第二卷,2003年,第284页。

③ James Robson: Formation and fabrication in the history and historiography of Chan Buddhism, HJAS 71.2(2011), p.345.

④ 杜继文、魏道儒:《中国禅宗通史》,江苏古籍出版社,1995年,第22页。

应作为一个群体观念、一种思潮来看待，这种看法无疑是非常具有启发性的。杜继文又曾指出：“其实，《坛经》之所以称作‘经’而不称‘传’，正如《传灯录》不称‘僧史’一样，它为自己制定的任务，就是给读者一种思想的创造，而不在历史的真实。由此也可以理解，为什么《坛经》已经成为‘经’，却依旧被再三改编增补，使慧能的面貌一再变型。”①准确指出禅宗语录与灯史不同于一般经史的特征，即不在历史真实，而在思想创造。

另外两位西方学者，Dale S. Wright 和 John C. Maraldo 则在柳田的影响下，致力于发掘灯史本身的独特之处，理解灯史作者的观念，并为现代研究者提供思想资源。Dale S. Wright《历史的理解：禅佛教的传承叙述与现代历史编纂学》一文即由柳田的研究出发，作者开宗明义地指出：“在《初期禅宗史书之研究》一书中，禅宗史家柳田圣山指出：古典禅宗灯史有一个自己理解历史的方向，而这一历史方向、原则与研究灯史的现代历史学家有非常大的不同。在这篇文章中，我将以编辑于 1004 年的《景德传灯录》为中心，努力寻找宋代佛教史家历史意识的特点，并去揭示柳田所提出的他们与现代史家观点的不同之处。并进一步在结论中反思：不同历史编纂传统应该互相学习什么，在这种互相学习中对历史编纂的理解应该如何发展?”在此文中作者发现：“我们现代人关心的是资料的客观性，而灯录编辑者所关心的并不是故事的来源而是这个故事是否够好，在证明传承方面是否够有效。”因此，“古典禅宗史家似乎是为了建构他们自己的历史而忽略一些事实。……如果我们以现代的历史观去研究灯史，也许我们会与许多富有成果的观点失之交臂”。最后，作者认为：第一，现代历史学家总是远离传统，把自己当作一个不属于传统的客观观察者。其实错了，因为我们从来没有客观过，我们有自己的立场、观点，我们有自己的“前理解”，我们本身生活在传统

① 杜继文：《敦煌坛经合校简注序》，李申合校、方广锠简注：《敦煌坛经合校简注》，山西古籍出版社，1999 年，第 7 页。

中。并不是说我们没有意识到，我们就不具有这种缺点。第二，我们总是想把文本还原于语境之中，而不考虑这个文本对现在是否有意义。因此我们应当既把文本放入历史的语境中，同时也要把文本放入我们的语境中。这样文本既是现在的，也是过去的，既是历史的，又是现实的。①

John C. Maraldo 在《禅宗有历史意识吗》一文中，对柳田与 Dale S. Wright 提出的问题进行了更为深入的探讨。作者认为："当当代禅宗史研究者寻找新的资料并将其视为真实的历史，将其与传统流传的故事相区分的时候，这些研究者反过来又受到他们研究资料所表现的历史意识的挑战。""因为禅宗的史书，无论是敦煌还是宋代以后编辑的史书，在历史的真实性方面差异很大，今天的史家大部分已经意识到这些书没有一本是用现代历史学的观念编写的。"这些史书"看起来对事实的真实性并不感兴趣，其有兴趣的是禅师、宗派、教义的政治合法性"。"因此，假如我们现在不将禅宗史书中所描述的当作一个真实的事情，当然我们也不能假定：禅宗史家以和我们相同的标准，即和我们一样的真实与虚构的观念，来描写人物和事件。辨别禅宗史家历史意识的一条道路是，读者应该悬置关于禅宗史真实或虚构的本质，而集中精力于故事本身。"②

当灯史在现代禅史家的研究下暴露出其"虚构"的性质时，当其历史价值遭到前所未有的质疑时，如何对待这些禅宗传统的、自我的叙述，因其没有历史价值而抛弃，或为了信仰而固执地为其辩护，显然都不是明智的做法。透过这种"虚构"的历史能发现什么，这也许才是最为重要的。日本学者斋藤智宽将日本禅宗研究的历史文

---

① Dale S. Wright：Historical Understanding：The Ch'an Buddhist Transmission Narratives and Modern Historiography，History and Theory，Vol.31，No.1（Feb.，1992），p.37，p.42，pp.44～45.

② John C. Maraldo：Is There Historical Consciousness in Ch'an? Japanese Journal of Religious Studies，Vol.12，No.2/3，（Jun.-Sep.，1985），p.141，p.153，pp.167～168.

献学方法的发展概括为“从客观史实到所描写的史实”①,正是对这一趋势准确的概括。

对于第二个问题,即现代研究者用于批判禅宗传统叙事的资料以及研究者的态度与方法是否“真实”“理性”与“客观”。后现代史学揭示出了史家所用史料的历史性,史料本身是历史的产物,而史家同样是历史的产物,都有自己的立场,任何人不可能从自己的历史条件与语境中挣脱出来,因而也就无法做到所谓纯然的客观,而这常常是现代思潮影响下的学者所未能察觉的。

首先,现代史学家认为相对于禅宗灯史,僧传、碑铭、敦煌文献及宗门外的文献更具有客观性,然而在后现代史学家看来,由于任何史家都属于一定的时代,都有自己的立场与处理资料的好恶,同时,史家又常常通过一定的想象弥补史料之缺遗,在这个意义上说,历史文献与文学文本有很大的相似性,历史文本在一定意义上其实也是文学创造。因此当我们用这些宗门外的资料来批判禅宗传统叙事之前,这些资料的“文本性”或其背后的意识形态必须先受到批判,而不能先验地认定它们比灯录等禅宗史书更具真实性。因此,伯兰特·佛尔(Bernard Faure)在《作为文本和宗教范式的菩提达摩》中说:“无论是史传还是圣徒传其实有一个共同的困境,即它们都借助于各种资源去填补编年史的阙失,因此,它们皆是意识形态的产物。把文本当作提供信息的文献,历史编纂学完全忽略了这些文本本身是创造物的本质。简单地去区分史传与圣徒传不但歪曲了文本,也剥夺了历史学家关于禅思想演进的有用信息。历史学的讨论通常设置了如下设想:越早的资料越具有权威性,而没有对这个前提进行追问。换句话说,这种相当武断的重建忽略或隐藏了这些资料的意识形态动机,并使文学的类型屈从于历史编纂的原则。”于是,“所有圣徒传的变体首先应该从共时性的方面来考虑,而不是

---

① 斋藤智宽:《从客观史实到所描写的史实——日本学者禅学研究的历史文献学方法》,《汉语佛学评论》第一辑,上海古籍出版社,2009年。

试图从传记的外壳中寻求历史的内核”①。

现代学者普遍认为由律僧创作的僧传比禅宗灯录更为真实，而台湾学者黄敬家的《赞宁〈宋高僧传〉叙事研究》则认为《宋高僧传》与其他传记一样，应被当作文本来理解，“历来对于僧传的研究，多半仅从史学的角度，讨论传文记载是否合乎事实，史料是否可靠无误，这其实已经预设了必然有一客观的、先在的传主真实存在，用来检测传记是否符合这个先在的事实。然而这样的假设，若我们能理解历史不免存在人为意识，既是真正经历历史事件的人本身，也是从其个人的角度来理解事件；就算记录者自诩从一个较高视角俯瞰或较客观的角度记录，也不免受其所处的时代氛围影响而隐藏不自觉的观点来诠释历史。那么，对我们而言，探究历史的存在意义可能较比对历史的真实性更具意义。历史记录事件，事件无法脱离解释，解释本身即包含了价值判断。因此，或许可以尝试换个方式来阅读这些僧传文本，转而从叙事的角度，来看僧传作者如何描述这些人、这些事。”②作者将僧传作为一种文学文本来理解、阅读，是其不同于现代史学家之处。龚隽在《唐宋佛教史传中的禅师想象——比较僧传与传灯录有关禅师传的书写》一文中认为柳田虽然意识到禅宗灯史文献的虚构性，却没有意识到禅宗体系之外的佛教文本同样是宗教文献，并不是“真实的历史故事”。正因为历史文本皆具虚构性，“所以僧传为代表的‘习禅篇’所叙述的禅宗图式也许并不能带给我们比灯史传统更为真实的历史记录，而毋宁说给我们创造了不同于禅的历史言谈模式和神话想象”③。这就与冉云华等学者的认识颇有不同，冉氏曾断言：“研究早期中国禅史，敦煌发现的卷子固然比《传灯录》可靠，可是梁代慧皎（四九五—五五四）所撰《高僧

① Bernard Faure: Bodhidharma as Textual and Religious Paradigm, History of Religions, Vol.25, No.3 (Feb., 1986), p.189, p.198.

② 黄敬家：《赞宁〈宋高僧传〉叙事研究》，台湾学生书局，2008 年，第 23 页。

③ 龚隽：《禅史钩沉——以问题为中心的思想史论述》，三联书店，2006 年，第331~334 页。

传》和唐代道宣（五六九—六六七）的《续高僧传》，更是最基本的资料。”①

近现代学者研究禅宗史的另一个方法是将各种不同文献中关于某一禅师或宗派的资料集合在一起，编排整理，以之来重建禅宗的图式。这一方法也受到相当多的批评。伯兰特·佛尔在研究达摩时批评现代学者将不同形象的达摩结合起来，“经过无尽的讨论，历史学家将那些相互冲突的达摩形象统一起来。一个年迈虔诚的僧人，一个深奥禅法的一丝不苟的实践者，一个经文的传递人……通过把这些文本当作是承载了有价值信息的文献，历史编纂者完全忽略了这些文献自身的技巧与文献本质”②。史蒂夫·海茵认为近现代学者以一种目的论的模式来处理资料，把各种不同来源的资料结合在一起，以便重建新的历史。“这种被当代某些学者所接受的禅学史目的论模式是值得存疑的，就像尼采（Nietzsche）和傅柯（Foucault）所指出，这种模式暴露了当代的趋势，认为历史将会按照可认知的模式，迈向既定的目的。当代的目的论方法，是把分散在不同编年史资料中，关于禅师事迹的断简残篇予以拼凑，重新建构出禅师的生涯。”③

相似的评论也见于龚隽与陆扬的论著中。龚隽《唐宋佛教史传中的禅师想象——比较僧传与传灯录有关禅师传的书写》一文中云：“学者们对于禅者的认识，多是根据分散在不同史传资料中有关禅师事迹的断简残篇予以拼凑整合，而重新构造出来的。这一研究方法倾向于依靠佛教历史文本所提供的讯息，而通常忽略这些文本本身所具有的叙事风格和内在修辞，从而很容易未经批判地接受某

① 冉云华：《中国禅学研究论集》，东初出版社，1990 年，第 2 页。

② Bernard Faure：Bodhidharma as Textual and Religious Paradigm，History of Religions，Vol.25，No.3（Feb.，1986），p.189.

③ 史蒂夫·海茵著，吕凯文译：《禅话传统中的叙事与修辞结构》，蓝吉富主编：《中印佛学泛论——傅伟勋教授六十大寿祝寿论文集》，东大图书公司，1993 年，第 187 页。

些宗派暗藏在文本中的诠释策略。”①陆扬《中国佛教文学中祖师形象的演变——以道安、慧能和孙悟空为中心》则曰:“有些研究禅宗史的学者努力将不同的记录尽量撮合,或者希望考证出哪一个细节更可信……目的是要概括出一个比较真实的慧能。这些努力往往证明是得不偿失的,因为这样做的结果通常是忽略了这些书写本身所要制造的效应及其背后的宗教意义。为了达到某种效应,这些书写各自的结构都存在着一定的内在逻辑。所以那种考据式的努力有时越彻底,离真相也就越远。”②尽管有些学者并不如以上学者一样激烈地批判把不同来源的资料加以编排以重构禅史的做法,但也已意识到不同来源的资料之间的不可调和性,如印顺《中国禅宗史》在研究达摩的传记时,就将达摩传说分作黄梅所传、荷泽宗所传及洪州宗所传三个系统,显示了作者对这些资料来源的不同看法。③

除资料及使用资料的方法外,现代学者的学术方法与理念也受到后现代史家的批评。在《禅的洞见与不见》中伯兰特·佛尔认为由胡适、柳田圣山等学者开辟的重写禅宗史的潮流已进入了尾声,故而有必要对这些研究的前提、预设进行研究与分析。此书对中日的禅宗研究进行了系统的批判,认为胡适的科学理性埋藏了其早期禅宗研究,而日本禅学研究中充满了宗派主义、民族主义,甚至军国主义。作者特别对禅史研究中的“客观主义”进行了分析:“我也想对历史编纂的客观性特点提出疑问,这种客观性宣称他们在认识论与意识形态上是中立的。……我们必须牢记:我们从历史学界得来的观念,甚至那个客观性,它们本身被历史所决定,我们的活动必然发生在被伽达默尔所称的‘效果历史’中。”作者认为近现代研究者尽管宣称自己客观、公正,事实上“他们轻视他们学术叙事当中所具

---

① 龚隽:《禅史钩沉——以问题为中心的思想史论述》,三联书店,2006年,第330页。

② 陆扬:《中国佛教文学中祖师形象的演变——以道安、慧能和孙悟空为中心》,《文史》2009年第4期。

③ 印顺:《中国禅宗史》,中华书局,2010年,第5~7页。

有的行事和修辞的性质，忽略他们所谓科学工具背后的符号学功能。甚至那些最具有反思性和‘对话式’的论述也如传统所谓的那些‘客观性’学术一样，都含藏了表演和行事的意义于其中”。“客观的史学家否认他工作中诗性的因素，忘记了事实上正是他们‘发明’了自己的客观。”①佛尔提醒我们必须意识到我们自己都处于一定的历史之中，以我们所先在的“前理解”去接受事物，不管我们是否意识到，其实我们每个研究者都不能从自己的时代与语境中解脱出来。正如伽达默尔所言：“一种真正的历史思维必须同时想到它自己的历史性。”

马克瑞(John R. McRae)认为学者重构禅宗史的工作，其本质都是一种追溯，是一种重建，这种追溯与重建无疑带有作者想象的性质，“我们应该从一开始就认识到任一组过去事件的时期划分，代表了一种重建的行动，不仅是资料的重新组织与整理，更是把过去事物，整个重建为我们想象力所造的意象。创造过去事物的意象并没有错——我的确相信这是作为历史学者的任务，无论是专业或业余的历史学者，以我们知道最佳方式去想象过去。但是我们应该保持对下列事实的认识：……天真地相信我们只是在整理资料以求便利，而在此过程中并没有做实际更动，这种信念无法使我们脱离重新创作的困难”②。正是在这一理念支持下，后现代禅史学家逐渐发掘出现代禅史学家研究背后的理论预设与意识形态。

龚隽批评胡适的研究说：“胡适对禅宗史料处理的方法论原则很清楚：一是用唐代史料(包括敦煌文献、日本发现的资料以及唐代碑铭)来纠正宋代灯史的说法，基本的史料观念是越早越真实；二是对资料进行批判文本式的研究。问题在于，他对禅门内部的资料几乎一概不予信任，如他对禅宗内部很多包括唐、宋两代的史料都采

---

① Bernard Faure：Chan Insights and oversights：An epistemological Critique of the Chan Tradition，Princeton University Press，1993，p.92，111.

② 马克瑞：《审视传承——陈述禅宗的另一种方式》，《中华佛学学报》2000年第13期。

取过于简单和粗暴的手法……对禅宗史料和历史可靠性的抉择往往取决于其是否符合胡适预先设定好的目的论观念。与其说他是在发现和理解历史的事实,毋宁说他在有意识地制造一种历史的解释。"①葛兆光也认为胡适的研究方法虽然没有错,但却得出了错误的结论,原因在于胡适有一个先验的预设:即神会是禅宗史变化的关键,以及敦煌史料的优先性。所以葛氏认为:"而梳理次序的前提,是对文献史料不存偏见的公平对待,从'相信优先'或'怀疑优先'出发,都有可能导致误解。"②对于铃木禅,伯兰特·佛尔认为铃木对禅独特性的阐释其实是日本民族主义的表现,沙尔夫更认为日本学者关于中国禅宗宋以后衰亡的观点,是为日本禅的正统性寻求支持,铃木禅学写作中的"反中国的论调"正是其民族主义的体现。③

John C. Maraldo《禅宗有历史意识吗》一文中也认为现代学者是在兰克经验主义史学的理念下工作,即认为史家可以如实地描写过去发生的事情,事实上每个史家都处于一定的语境之中,不能做到纯然的客观。作者认为由于对于"效果历史"的欣赏与研究,杜默林不像胡适,他们超越了兰克经验主义史学的思想。④

现代史家认为事物发展必有其规律,而认识规律即是研究之目的。而后现代史家则认为历史与现实中充满了断裂与偶然。伯兰特·佛尔在《禅的洞见与不见》中预设了两个前题:第一,并不存在所谓禅的本质(essence);第二,禅发展的断裂性(discontinuity)。⑤

---

① 龚隽、陈继东:《中国禅学研究入门》,复旦大学出版社,2009年,第24~25页。

② 葛兆光:《增订本中国禅思想史——从六世纪到十世纪》,上海古籍出版社,2008年,第12、第18页。

③ 龚隽:《禅史钩沉——以问题为中心的思想史论述》,三联书店,2006年,第413~415页。

④ John C. Maraldo: Is There Historical Consciousness in Ch'an? Japanese Journal of Religious Studies, Vol.12, No.2/3, (Jun.-Sep., 1985), pp.141~172.

⑤ Bernard Faure: Chan Insights and oversights: An epistemological Critique of the Chan Tradition, Princeton University Press, 1993, p.3.

这正是后现代非本质、去中心、非连续、偶然性在禅学研究中的表现。葛兆光认为禅宗思想史研究中充满了进化论的模式,“我们发现,思想史研究似乎被一种潜在的定势支配,相当多的思想史家相信思想是不断前进的……于是,思想史就出现了一个可以描述的主线,这条主线直奔某个目标而去,后来者总是比前行者高明一些。……他们把禅思想史按照一种浅显的逻辑排列出一个由低至高的路向来,并且按照这一路向的高低位置,对各种思想做价值评判,评判者始终高屋建瓴地站在制高点上,不仅因为他们位于时间轴的这一端,而且因为他们拥有逻辑和理论,用这种逻辑和理论可以作价值评估,人们在不知不觉中,依赖‘后见之明’,即使用了后来者的事后的判断,对禅思想史强行进行了未必如此的解说”。“胡适正是用了这一‘历史的眼光’,把禅思想史放置在‘时间’的框架中,拿‘进化’的规律来比照评判,实际上,换句话说就是他站在历史和时间的这一端,用进化的比例尺,在勾画古人的思想历程。”①

后现代史家与现代史家的不同在于:现代史家认为自己可以独立于研究对象之外做客观的分析与描述;而后现代史家则认识到研究者本身处于语境之中,研究者背后有一个庞大的传统,这个传统形成了研究者的“前理解”。正是在这个意义上,伯兰特·佛尔说:“我们必须清楚:尽管每一种方法都宣称自己是客观的,实际上每种方法都包含了一定意识形态的意蕴,它们也只能在特定的学术领域发挥其特定的作用。”②

当受后现代影响的禅史家意识到现代思想影响下禅史家用于批判传统叙事的资料、方法皆有局限性时,当后现代禅史家意识到其实一切历史资料都有“文本性”“历史性”时,他们将如何处理这些资料,以避免陷入他们自己所批判的那些困难之中?对于这个问

---

① 葛兆光:《增订本中国禅思想史——从六世纪到十世纪》,上海古籍出版社,2008年,第21、第22页。

② Bernard Faure:Chan Insights and oversights:An epistemological Critique of the Chan Tradition,Princeton University Press,1993,p.4.

题，学者们试图从两个方面给予解决：第一，既然承认历史文献具有“文本性”，那么就应当引入文学批评的方法对历史文本进行分析；第二，将历史文本放入其产生的历史环境中，揭示这些文本创造背后的因素。

伯兰特·佛尔在《禅的洞见与不见》一书中，认为在历史的方法之外有两种方法可供选择，即结构分析与诠释学。佛尔以达摩为例，展开其结构分析，认为：“理解它的意义与关联的第一步是去追问这种文学类型是什么，它被什么样的规则所控制。第二步是去考察圣传文本的例证结构。”作者用索绪尔的结构理论分析了达摩在圣传中的作用，以及达摩名字的含义。最后作者得出结论：“现存达摩的传记具有文学的价值而不具有历史价值；因此达摩应被作为一个文本和宗教的范式去解释，而不是作为一个历史人物或精神的本质去重构。”①John C. Maraldo 则认为学者应该“探讨作为文学图景的达摩与慧能在禅故事、诗歌和绘画中怎样被描写，不同文类的特点怎样影响描写的方式，这些都应当是禅文学史的一部分。或者一个特定文类的形成及其特点，并将这种文类与其它禅或佛教的文类进行比较，同时也应比较世俗相同文类的特点。……把它们看作是文学的人物，而并非一定是真的或假的，可以避免在历史编辑者的手上把它们碎片化或在无批判、无历史方法的脚下把它们完全的虚构化”②。

龚隽则指出应当研究这些文本产生发展的思想史意义，在《唐宋佛教史传中的禅师想象——比较僧传与传灯录有关禅师传的书写》中说：“即使灯史中存在着大量虚构历史的想象，但如果简单否认灯史的意义，就无法了解所谓‘假史料’中的真价值。实际上，禅宗灯史虽然不断忙于‘制造’自己的传统和禅师行传，却从另一面反

---

① Bernard Faure: Chan Insights and oversights: An epistemological Critique of the Chan Tradition, Princeton University Press, 1993, pp.129~135.

② John C. Maraldo: Is There Historical Consciousness in Ch'an? Japanese Journal of Religious Studies, Vol.12, No.2/3, (Jun.-Sep., 1985), pp.161~162.

映了禅学发展不同历史时期的思想讯息，即不同杜撰的背后体现了相应的禅学理想和观念，因而也可能看作是禅思想本身的发展史。”即把文本与禅僧形象的变化作为思想史的问题来处理。“僧传和灯录作为两种不同理想类型的圣徒传，对禅师形象的塑造是不完全一致的。我这里要做的工作，并不是简单把僧传类的习禅篇作为类似于‘正史’或信史的文本，然后以此来审查‘灯史’禅传是如何地进行作伪。在我看来，两类圣传都程度不同地在进行各自禅师理想的制造。我所关心的问题重点，在于不同的理想和禅学背景是如何影响到作者对于僧传的叙述，就是说，禅师传的变化与不同宗系的学僧对禅师想象和禅学观念之间，甚至与学派权力和意识形态等之间的互动关系。”①

综上所述，后现代史学的兴起对现代史学所预设的理论前提进行比较全面的批判，可以说在一定程度上暴露出了现代史学自己未曾发现的问题。但是当我们惊叹于后现代思潮的洞见时，又不得不对其进行反思与质问。后现代在发现“真理”“知识”的形成过程中充满了洞见，发现了过去被遮蔽的问题，但它同时悬置了对“真理”本身的追问。后现代在发现人们认识过程的历史性与复杂性的同时，又对人的认识能力提出怀疑。在后现代思潮影响下，禅宗研究由考证“历史的真实”向研究“历史记载的真实”转变，从寻求“历史的真实”向考察“理解历史的真实”转变。在这一转向的过程中，过去被遮蔽与忽略的问题确实在不断向研究者敞开。虽然“历史的真实”与“理解历史的真实”常常难以分梳，但问题在于我们是否就此放弃对二者的分梳，放弃对“真理”的追寻？

或许我们自己并没有自觉认识到这个事实，但通过同行研究的间接启发，我们已经被裹挟于后现代的大潮中，从“是什么”的追问，转向“为什么是这样”的描述。但“为何如此”即使再清楚，似乎也

---

① 龚隽：《禅史钩沉——以问题为中心的思想史论述》，三联书店，2006年，第334、第346页。

并未能削弱人们对于“真理”的追寻与向往。“知识形成过程”即使再真实，似乎与人们的人生修养了不相关，只是在另一个方向上增加了人类的“知识”。如果说传统的禅叙事在“求善”，目的在于为人生的觉悟作指导。现代禅叙事在于“求真”，目的在于追求那曾经发生并已逝去的过去。那么后现代禅叙事在追求什么？也许问后现代要追求什么这本身就是一个坏问题，但问题在于：作为人，我们能放弃对意义的追寻吗？

（冯国栋，浙江大学古籍研究所副教授）

镜中花

——《求那跋摩传》再检讨

宣　方

求那跋摩是佛教史上著名的三藏法师,他学养深厚、持戒精严,禅修已证圣果。这位大师的影响跨越三大佛教文化区,重新研读他的传记对于我们理解佛教的跨文化传播,尤其是仍然晦而不彰的早期爪哇佛教史,会很有启迪。

讨论爪哇佛教的一大困难,在于相关文字记载的匮乏。唯其如此,汉文典籍中的相关资料才受到研究者们的普遍重视,即使只鳞片爪的记载也几乎没有逃脱既往研究的视线,很难再有重要的漏网之鱼。因此,如果要对汉文典籍中爪哇佛教的相关资料再作一番检讨,除在搜集范围上尽可能周赅(既包括对以历代僧传和经录为核心的大藏经资料的全面检索,也包括对正史和历代文人笔记小说等资料的重新梳理)外,更重要的恐怕是如何从新的视角来解读这些资料,以期让既往研究中晦而不彰的脉络更清晰地呈现出来。

例如,既往的很多研究都注意到,根据梁代《出三藏记集》《高僧传》等资料的记载,求那跋摩(gunavarman)曾于4世纪末、5世纪初驻锡阇婆，也就是爪哇①，深受当地朝野尊崇，“一国皆从受戒”②，因而可以断定他对于当时爪哇佛教有重要影响。但求那跋摩所带来的佛教义理和实践究竟属于何种性质，它们对爪哇佛教可能产生了怎样的影响，如何在当时中亚和东南亚几大佛教文化圈交流的脉络中去理解其意义，则是既往研究没有深入探究的。毋庸置疑，这些问题对于理解早期爪哇佛教的性质及其与亚洲其他地区佛教文化圈的互动十分重要。本文力图表明，结合学术界关于5世纪西北印佛教研究的进展，更深入地研读《高僧传·求那跋摩传》，并与其他文献中的相关记载互质互证，我们可以对这些问题作出尝试性的解答。

求那跋摩传习和弘扬的佛法，究竟属于哪一部派，是什么性质，僧传未直接涉及。由于求那跋摩来自罽宾，而罽宾是说一切有部的大本营，所以迄今为止，学界一般认为求那跋摩是有部僧人。③ 不过，这一点容有进一步检讨的空间。关于求那跋摩所属部派及其弘扬的佛法性质，有三个线索值得重视：一是求那跋摩译介的经典；二是他在始兴时的画作；三是他所修习的禅法。

求那跋摩抵达宋都后，所译经籍以律典为主，且均属于法藏部

---

① 关于阇婆是否为爪哇，学术界不无争议。伯希和、沙畹等以为阇婆即是爪哇(Pelliot, Deux Itineraires de Chine en Inde a 1a fin du VIIIe siecle, Bulletin de I' Ecole Fnmcaise de Extreme Orient, IV. p. 225f., 271 f.; Chavannes: Gunavarman, T' oung Pao, Serie Ⅱ, Vol. Ⅴ, p. 193.)。Coomaraswamy则认为阇婆是室利佛室(Srivijaya，见*History of Indian and Indonesian Art*, New York 1965, p. 198)，转引自Rosen, Gunavarman: A Comparative Analysis of the Biographies found in the Chinese Tripitaka, Bulletin of Tibetology, Vol. X, No. 1, f24, p. 40。晚近的东南亚史著作多以阇婆为爪哇。

② (梁)慧皎撰，汤用彤校注：《高僧传·求那跋摩传》，中华书局，1992年，第106页。

③ 这似乎成为东南亚文化史教科书中的共识，参见青山亨《东南アジア古典文化论·初期王权》，http:// www.tufs.ac.jp/blog/ts/g/aoyama/seaclc-20100513.pdf；再如John Miksic的近作The Buddhist-Hindu Divide in Premodern Southeast Asia [Nalanda-Sriwijaya Centre Working Paper No. 1 (March 2010), http://nsc.iseas.cdu.sg/documents/working_papers/nscwps001.pdf, p. 17]也是以求那跋摩为有部僧人。

的《四分律》系统。[1] 我们知道,除非是专门深究律典的律师,否则即使是娴于律仪的持律者,一般也只是熟悉本部派的律典。求那跋摩本身的学风是偏重禅修的,而所译律典不出《四分律》系统,可见他与法藏部有很深的渊源,极有可能就是法藏部的僧人。

此外,他"于(祇洹)寺开讲《法华》及《十地》",应祇洹寺慧义之请"出《菩萨善戒》"[2],这几种都是大乘经论,可见求那跋摩的学风是大小兼宗的。又,《菩萨善戒经》与《瑜伽师地论·本地分·菩萨地》的内容相当,而出于《华严经》系的《十地经》也与早期唯识学派有很深的渊源(唯识学派的重要创始人世亲曾专门作《十地经论》),由此可以推想求那跋摩对于这一系的思想应该是不陌生的。

求那跋摩译介的佛典,与他自己的出身和早年修学经历有密切关系。按照僧传的记载,求那跋摩出身于罽宾的王族,"至年二十,出家受戒,洞明九部,博晓四含,诵经百余万言。深达律品,妙入禅要。时号曰三藏法师"[3]。可见他对于罽宾地区的佛教经典和实际禅修传统有全面深入的了解。梁《高僧传》中的罽宾,所指范围大致

---

① 2003年在日本金刚寺发现的《优婆塞五戒法》可能会被认为是个例外,这一5世纪中期写本的内容属于《十诵律》系统。但落合俊典的研究表明,这是由于抄写者的失误所致。写者的本意是要抄写求那跋摩译的《优婆塞五戒威仪经》,却不慎抄成了《十诵律》的内容。参见落合俊典:《日本の古写经と中国佛教文献——天野山金刚寺藏平安后期写〈优婆塞五戒法〉の成立と流传を巡って》,《汉字と文化》特集号,京都大学人文研究所,2004年,第10~11页。

② (梁)慧皎撰,汤用彤校注:《高僧传·求那跋摩传》,中华书局,1992年,第108页。

③ 同上,第105页。

是犍陀罗及其周边地区。[①] 而瑜伽行派传说中推尊的创始人弥勒菩萨,与这一地区有密切的关系。[②] 瑜伽行派创立时期的核心人物无著与世亲兄弟,也是出生于犍陀罗境内的富娄沙富罗(Purusapura)。求那跋摩是一个偏重禅修的瑜伽师,所以对于这一地区酝酿中的瑜伽行派思想十分熟悉也是一件很自然的事情。

《高僧传》还提到,求那跋摩在始兴灵鹫山寺时,"于(宝月)殿北壁,手自画作罗云像,及定光儒童布发之形,像成之后,每夕放光,久之乃歇"[③]。这里的"定光儒童布发之形",是指释迦牟尼佛前世为儒童菩萨时,解发布地,礼敬定光佛(燃灯佛)的本生谭。这一本生谭发生在犍陀罗以西的那揭罗曷(nagaraha),也属于魏晋南北朝时期中国佛教界认知中的罽宾范围。[④] 此外,这一本生谭在犍陀罗佛教造像艺术中极为流行,可以说是最主要的本生谭造像主题之一[⑤],而且这一类型的定光佛造像正是犍陀罗佛像艺术中最典型的

---

① 汉文典籍中"罽宾"的确切所指,迄今仍是学术界聚讼纷纭的论题。榎本文雄区分了佛教史上译籍和中土撰述中这个词的不同用法,指出译籍中的"罽宾"明确是指迦湿弥罗(今克什米尔),而汉地撰述尤其是《出三藏记集》和《高僧传》中的"罽宾"应是指犍陀罗及其周边地区。这一研究成果在佛教学者当中被广泛接受,本文亦采信此说。参见Enomoto Fumio(榎本文雄),"A Note on Kashmir as referred to in Chinese Literature:Ji-bin",in A Study of the Nilamata:Aspect of Hinduism in Ancient Kashmir[ed.Ikari Yasuke(井狩弥介),Kyoto:Institute for Research in Humanities,Kyoto University,1994],p.357~365.又,关于中古时期(特别是《高僧传》所记载的)中国求法僧在罽宾地区的朝圣路线和活动范围,参见Shoshin Kuwayama(桑山正进),"Pilgrimage Route Changes and the Decline of Gandhara",in Gandharan Buddhism:Archaeology,Art,and Texts (eds.Pia Brancaccio,Kurt A.Behrendt,University of British Columbia Press,2006),p.107~134.

② 参见释印顺:《说一切有部为主的论书与论师之研究》第十二章《罽宾瑜伽师的发展》,尤其是第三节"大乘瑜伽师",中华书局,2009年,第536~544页。

③ (梁)慧皎撰,汤用彤校注:《高僧传·求那跋摩传》,中华书局,1992年,第107页。

④ 参见注①所引桑山正进论文。

⑤ 关于儒童布发礼定光佛主题为犍陀罗佛教造像中最常见的本生谭及其表现类型的简要介绍,参见Alexander Peter Bell,Didactic narration:jataka iconography in Dunhuang with a catalogue of jataka representations in China,LIT Verlag Münster,2000,p.37~38。

佛菩萨放光类型。[1] 因此，求那跋摩熟悉这一故事并不稀奇。

值得注意的是，这一本生谭与法藏部有特别密切的关系。它虽是各部派共通的传说，但多数部派并不特别看重，亦不编入三藏。例如罽宾地区势力最大的说一切有部，就不是特别看重这一传说[2]，唯有法藏部特别重视，在《四分律》中予以大幅收录。[3] 对于定光佛授记的传说，说一切有部本着理性的态度，尊重其价值，但并不以其为圣言量。但这一传说对于大众部和上座部分别说系的大乘化思想演进却极为重要，因为它是大乘佛教确定释尊累劫修行的关键性教理基础，只有确认燃灯佛授记时儒童菩萨得无生法忍这一事实，菩萨为饶益有情而随意往生恶趣、神通示现普度众生，乃至修行的各种行位阶次，才有了理论的根据。[4] 求那跋摩的特别重视“定光儒童布发之形”，也可以有力地佐证他与属于分别说系的法藏部之间的密切关系。

求那跋摩的遗偈，是汉语佛教文献中绝无仅有的关于禅修进阶次第的详细自述，弥足珍贵，从中我们可以窥见求那跋摩禅修法门的特质。限于篇幅，这里不能详细分析其中的禅学思想，但其禅修从不净观入手，转入白骨观，再修四念处，进修至四善根位，渐观四谛证果，显然符合犍陀罗地区普遍的禅修风气。犍陀罗地区是瑜伽

---

① 参见 Giles Henry Rupert Tillotson, *Paradigms of Indian Architecture: Space and Time in Representation and Design*, Routledge, 1998, p.92。

② 例如说一切有部的《阿毗达磨大毗婆沙论》卷一百八十三说：“然灯佛本事，当云何通？……答：此不必须通，所以者何？此非素怛缆、毗奈耶、阿毗达磨所说，但是传说；诸传所说，或然不然。”（《大正藏》第 27 册，第 916 页中）此外，与说一切有部有关的佛传，如《众许摩诃帝经》《佛说普曜经》等，也没有编入燃灯佛授记之事。这些均表明，有部尊重流行的燃灯佛授记传说，但并不予以特别的重视。参见释印顺《原始佛教圣典之集成》第五章第四节（中华书局，2009 年，第 297~298 页）、《说一切有部为主的论书与论师之研究》第五章第二节（中华书局，2009 年，第 186~187 页）等处的相关论述。

③ 参见《四分律》卷三十一，《大正藏》第 22 册，第 782~785 页。

④ 关于燃灯佛授记这一本生谭之重要性，以及各部派对此佛传故事重视程度的差异，详见释印顺《初期大乘佛教之起源与开展》（中华书局，2009 年），尤其是第三章第一节（第 106~107 页）、第九章第二节（第 501~502 页）的相关论述。

师云集的禅修胜境，这一地区的禅修传统，在实践上重视不净观和数息观，尊之为“二甘露门”。求那跋摩的禅修，从不净观入手，正是犍陀罗地区的传统。而经暖、顶、忍、世第一法，观四谛十六行相而渐见四谛，也恰是该地区主流的禅修路线，这一点可以从影响该地区最广大的说一切有部诸论书中一再得到验证，也为当时迅速崛起中的瑜伽行派所强调。① 不过，求那跋摩的学风，从他“辞师违众，林栖谷饮，孤行山野，遁迹人世”的行迹看，显然与重视论议的阿毗达磨师有别，仍是偏重禅修、随缘度化的瑜伽师传统。②

另外，僧传中体现出其精通咒术的特色，既与其部别有关，也很可能与当时正在犍陀罗北部急剧演进中的秘密瑜伽行有关。③ 按照真谛和玄奘一致的传说，法藏部之所以独立部系，就在于其独特的五藏说，将明咒和菩萨藏分别单独列为一藏④，说明这一派特别重视咒语的修习，同时也说明该部与佛教密教化的发展有十分密切的关系。而在求那跋摩遗偈中，开篇除“顶礼三宝”外，还有顶礼“净戒诸上座”的内容，也十分引人瞩目。这究竟只是一般的书翰礼仪，还是与后来密教发展出来的四皈依有某种精神气质上的相通性，似乎还有进一步思考的空间。

此外，求那跋摩认为，“诸论各异端，修行理无二；偏执有是非，达者无违诤”，强调在禅观实践中融会贯通诸家学说，消弭歧见，这也是瑜伽师们一贯的从禅出教、以禅证教的融贯传统。这一思想，

---

① 参见释印顺：《说一切有部为主的论书与论师之研究》第十二章第一、二节，中华书局，2009 年，第 517～536 页。

② 在晚近的佛学研究著作中，有些研究者倾向于以人类学研究当代东南亚佛教时采用的林居僧（forest monk）概念，来指称古代印度和中亚佛教传统中的瑜伽师，但从汉语文献所反映的情形来看，瑜伽师的生活环境既可以是城市大僧团，又可以是村镇小僧团，也可以是森林中三五成群或独处的头陀行者，所以本文仍用瑜伽师这一称谓。

③ 关于当时犍陀罗地区尤其是其北部的急速密教化，参见释印顺《说一切有部为主的论书与论师之研究》第十二章第四节“秘密瑜伽行”（中华书局，2009 年，第 545～548 页）。

④ 真谛说见澄禅《三论玄义检幽录》所引，《大正藏》第 70 册，第 465 页中；窥基说见《大乘法苑义林章》卷二，《大正藏》第 45 册，第 271 页中。

深受中国后世佛教思想家的重视，天台宗祖师智𫖮、三论宗祖师吉藏、华严宗祖师澄观等，均引此偈阐发圆融会通的旨趣。① 求那跋摩的包容精神，也可以从他肯定非二部僧受戒的汉地比丘尼传承的合法性上得到印证。②

综上所述，求那跋摩的学风，特别是禅修实践方面，既具有鲜明的5世纪初犍陀罗地区的佛教特征，又与该地区主流的说一切有部重视论议的学风不同，而与偏重独立特行、隐遁自修的瑜伽师旧传统合辙，同时有注重咒术的法藏部特征，并且与当时兴起中的瑜伽行派、密教化等新动向相呼应，重视在禅观实践层面融会贯通，体现了瑜伽师们一贯的守正出新精神。

如果这一论断大致成立，那么求那跋摩的南来对于爪哇佛教而言，就不仅意味着大众佛教层面的咒术的流行，同样值得关注的，还有犍陀罗地区主流禅法的南来和西北印新兴的秘密瑜伽行可能的南播。虽然要证成这一可能性还需要更多的证据，但仅仅是这一可能性的存在，就足以引起我们的注意。

令人意味的是，体现在婆罗浮屠佛教遗址中的诸多重要因素，例如《华严经》、菩萨地、禅观修习、持咒、本生谭，在求那跋摩的传记中都出现了。这是否可以让我们设想这样一种可能：婆罗浮屠佛教遗址中体现出来的诸多佛教文化元素，可能早在佛教传入初期就已经存在于爪哇这片土地上了。

求那跋摩从罽宾到阇婆再到中国，他的足迹跨越了三个不同的佛教文化区。一个有趣的现象是，他的形象似乎也在随之转换。在罽宾时，僧传的描述突出了他的身世（“帝室之胤”）、才德（“机见俊

---

① 参见：智𫖮《法华玄义》卷一（《大正藏》第33册，第691页上）、卷八（第784页上）；吉藏《法华义疏》卷十（《大正藏》第34册，第597页下），吉藏《法华游意》卷一（《大正藏》第34册，第638页上），吉藏《三论玄义》卷一（《大正藏》第45册，第4页下）；澄观《华严经随疏演义钞》卷八（《大正藏》第36册，第61页上）。

② （梁）慧皎撰，汤用彤校注：《高僧传 · 求那跋摩传》，中华书局，1992年，第109页。

达，深有远度，仁爱泛博，崇德务善”“才明德重”）和远大前程（“年三十当抚临大国，南面称尊；若不乐世荣，当获圣果”）；对于他佛学造诣的刻画是“洞明九部，博晓四含，诵经百余万言。深达律品，妙入禅要。时号曰三藏法师”，是《高僧传》中形容传主佛学造诣的最高等级的措辞；关于他行迹的描述则是“辞师违众，林栖谷饮，孤行山野，遁迹人世”，属于偏重隐世独修的瑜伽师。而在阇婆时期，求那跋摩的主要事迹则是兴慈戒杀，持咒扶伤，尤其是他奇迹般的咒术和医术①，以及由此所致的导化之广（“导化之声播于遐迩，邻国闻风，皆遣使要请”）。在中国，僧传记述的事迹突出了求那跋摩“灵异无方”的神通，“开悟明达”的见解，“神府自然，妙辩天绝”的口才，但是《高僧传》的编撰者最重视的还是他在传译佛典方面的贡献，所以将其传记列入第一科的“译经”类。② 撇开编撰者叙事选择的视角差异不论，从瑜伽师到持咒师再到译经师，求那跋摩形象的变化，也许还折射出不同佛教文化区的不同好尚吧。

（宣方，中国人民大学宗教学高等研究院）

① 《高僧传·求那跋摩传》记载了传主在阇婆两次以咒术救治国王脚伤的事迹：“王遇流矢伤脚，跋摩为咒水洗之，信宿平复。王恭信稍殷。”“王后为跋摩立精舍，躬自引材，伤王脚指。跋摩又为咒治，有顷平复。”而兴慈戒杀，则体现在跋摩劝国王抵御敌军时“起慈悲心，勿兴害念”，以及国王在其劝化下与群臣共约：“愿尽所治内，一切断杀”，“愿所有储财，赈给贫病”。

② 《高僧传·求那跋摩传》对于传主在中国期间的神异事迹着墨颇多，如鸣椎自至、冒雨不沾、履泥不湿、作画放光，为临终者说法安慰使得福报，伏虎，入禅累日不出且神变化作白狮子，采花布席而华彩更鲜，入灭时香气芬烈、有物冲天，阇毗时五色焰起、氛氲丽空等。关于传主的“开悟明达”和“妙辩天绝”，也有大段文字详述生动事例。相形之下，关于译经方面则笔墨平淡，与其他方面的记叙构成鲜明对照。这当然有事类和题材的制约，但其中体现的编撰者自身的价值意图和所依凭素材之间的张力，也值得思想史研究者深究。

昙鸾的莲宗祖师位问题

陈剑锽

一、前言

早在2001年4月间，笔者曾发表《近代确立莲宗十三位祖师的经过及其释疑》①，本文对于莲宗的立祖过程作出考证与阐述，文中大抵提到：前面十二位祖师是经由印光（1861~1940）所确立，时间应在民国二十七年（1938）至民国二十八年（1939）之间，而印光圆寂后，旋即被尊为第十三祖，因而至民国二十九年（1940）共确立十三位祖师，其法号及顺位为：

初祖庐山慧远（334~416）

二祖光明善导（613〔618?〕~681）

三祖般舟承远（712~802）

① 陈剑锽：《近代确立莲宗十三位祖师的经过及其释疑》，http://www.confucius2000.com/scholar/chenjh2.htm，2001年4月3日发表。

四祖竹林法照(生卒年不详)①

五祖乌龙少康(？～805)

六祖永明延寿(904～975)

七祖昭庆省常(959～1020)

八祖云栖袾宏(1532～1612)

九祖灵峰智旭(1599～1655)

十祖普仁行策(1626～1682)

十一祖梵天省庵(1686～1734)

十二祖资福彻悟(1740～1810)

十三祖灵岩印光(1861～1940)②

须加以说明的是,莲宗历代祖师是经由后人追尊,且有的没有直接的师承关系,有的相距数百年,例如初祖庐山慧远与二祖光明善导,其间约二百年,七祖昭庆省常与八祖云栖袾宏,其间相距五百余年。此十三祖说自 1940 年以来,通行于中国佛教界,目前在大陆、香港及台湾等地区流通一本名为"莲宗十三祖传略"的小册子,便是以此说为根据,将这十三位祖师的传略汇集成册。此小册子曾

① 有关法照的生卒年,历来不详,近来学者借由敦煌出土文献而予以考证,有以下数说:1.刘长东认为法照生于天宝五载(746),卒于开成三年(838),享寿 93 岁(参阅刘长东:《晋唐弥陀净土信仰研究》,巴蜀书社,2000 年,第 383 页;刘长东:《法照事迹新考》,《敦煌文学论集》,四川人民出版社,1997 年,第 38～45 页);2.施萍婷认为法照大约生于天宝十载(751),卒于开成三年,享年 88 岁(参阅施萍婷:《法照与敦煌文学》,《社科纵横》,1994 年第 4 期,第 12～15 页,尤其第 13 页);3.高国藩认为法照生于盛唐天宝六载(747),圆寂于晚唐长庆元年(821),享年 75 岁(参阅高国藩:《敦煌曲法照〈出家乐〉及其依圣学的理念》,《宁夏师范学院学报(社会科学版)》第 30 卷第 4 期,2009 年 8 月,第62～65 页,尤其第 62 页);4.望月信亨就日本天台宗僧圆仁(794～864)入唐求法,顺礼行记中的记载,推算法照卒年是长庆二年(822),但未提到法照生年(参阅望月信亨著,释印海译:《中国净土教理史》,正闻出版社,1991 年,第 186 页);5.冢本善隆认为法照生于开元二十九年(741),卒于开成三年,享年 98 岁(参阅[日]冢本善隆:《中国净土教史研究》,《冢本善隆著作集》第四卷,大东出版社,1976 年,第三章《唐中期の净土教——特に法照禅师の研究》,第 369～371 页。

② 参阅释妙真、释德森编,释印光监订:《灵岩山寺念诵仪规》,香港佛经流通处,1967 年,影印苏州灵岩山寺藏版,第 175～189 页。

由上海佛学书局、香港佛经流通处、台湾各净宗学会及各大经书印赠处等多次印行流通，影响所及，使莲宗十三祖说广为流传。然而，在确立出这十三位祖师之前，宋代以降曾有许多意见有分歧的立祖说，其中有关昙鸾(476~542)①与道绰(562~645)最后未被列入祖师位，则值得探索。本文主要集中讨论昙鸾的祖师位问题，并以杨仁山居士(1837~1911)、印顺导师(1906~2005)的意见，以及昙鸾寻求长生仙术等作为探讨的问题意识，因为这些议题大抵围绕着两项要点而加以论述，亦即能否被列入祖师位应有：1.此位法师在当时是否具有广大的摄受力，劝进行者修持净土法门？这是从肯定面来陈述事实。2.此位法师的教法是否谨守佛陀教法？如果援引外道说法，是否能被列作祖师位？这是从疑问面来检视问题。

二、昙鸾在历代文献的祖师位

日本法然上人(源空，1133~1212)于12世纪末创立净土宗，并以昙鸾、道绰、善导、怀感(？~699)②、少康为净土宗五祖。③ 法然

① 昙鸾生卒年有认为是476~531年，但据汤用彤及陈垣的考证，应为476~542年，今采此说。参阅汤用彤：《汉魏两晋南北朝佛教史》，上海书店，1991年，第19章，第803页；陈垣：《释氏疑年录》，中华书局，1988年，第40页。

② 有关怀感的生平事迹，现存资料不多，故其生卒年历来不详。今据廖明活所考证，其卒年为699年。参阅廖明活：《怀感的净土思想》，台湾商务印书馆，2003年，第5~6页。

③ 法然在《选择本愿念佛集》中云："如圣道家血脉，净土宗亦有血脉，但于净土一宗，诸家不同：所谓庐山慧远法师、慈愍三藏、道绰、善导等是也。今且依道绰、善导之一家，论师资相承血脉者。此亦有两说：一者菩提流支三藏、慧宠法师、道场法师、昙鸾法师、大海禅师、法上法师，以上出自《安乐集》。二者菩提流支三藏、昙鸾法师、道绰禅师、善导禅师、怀感法师、少康法师。"(法然著，释慧净编译：《选择本愿念佛集》，《法然上人全集》，净土宗文教基金会，2006年，第11页)依第二说，则有六祖，但是后来法然舍去菩提流支，是为五祖，他说："(昙鸾)法师蒙教，遂焚仙经，而依《观经》修净土之行。此后直至昙鸾、道绰、善导、怀感、少康等，传布此流。"(法然著，释慧净编译：《圆光大师略传》，《法然上人全集》，第408页)又说："宋国必有昙鸾乃至少康五祖肖像，汝当传来焉。"(法然著，释慧净编译：《法语篇》，《法然上人全集》，第751页)

弟子亲鸾(1173～1262)又创净土真宗,祖述印度的龙树、世亲,传承中国的昙鸾、道绰、善导,亲炙日本的源信(942～1017)、源空,共立净土真宗七位祖师。① 从这里可以看出昙鸾被日本人推尊为净土宗初祖及净土真宗三祖,道绰被推尊为净土宗二祖及净土真宗四祖,但中国所确立的莲宗十三位祖师,未将他们列入祖师行列。而且,早在南宋石芝宗晓(1151～1214)的《乐邦文类》中共立六位祖师,以庐山慧远为初祖,接续是光明善导、竹林法照、乌龙少康、昭庆省常及长芦宗赜(生卒年不详)等五人②,未将昙鸾、道绰列于祖师位,后来四明志磐(生卒年不详)在其《佛祖统纪》中又另立慧远、善导、承远、法照、少康、延寿、省常等七位祖师③,他与宗晓的不同之处乃增立承远、延寿,而去除宗赜。自此以后,时有祖师的安立说出现。明代庵蘧大祐(1334～1407)的《净土指归集》及正寂(生卒年不详)的《净土生无生论注》列有八位祖师④,与正寂同时的受教(幽溪传灯的法孙,生卒年不详)在其《净土生无生论亲闻记》里列有七位祖师⑤,清代瑞璋(生卒年不详)所辑的《西舫汇征》列有九位祖

---

① 参阅亲鸾:《净土高僧和赞》,《大正藏》第83册,第660页下～664页上。所赞之七位祖师为:龙树、天亲、昙鸾、道绰、善导、源信、源空(法然)。

② 参阅(宋)释宗晓:《乐邦文类》卷三,《大正藏》第47册,《莲社继祖五大法师传》,第192页下～193页下。

③ 参阅(宋)释志磐:《佛祖统纪》卷二十六,《大正藏》第49册,《净土立教志》,第260页下。按:据志磐说法,列此七祖是依照宗晓的意见而来,他说:"四明石芝晓法师,取异代同修净业,功德高盛者,立为七祖,今故遵之,以为净土教门之师法焉。"(同上,第260页下)实则,如上文所述,宗晓所立者仅六人,志磐所云"立为七祖,今故遵之",可能指依遵宗晓"取异代同修净业,功德高盛者"之意,以确立净宗诸祖,让后世修净土法门的学人有所师法,因此自己选出七位祖师。

④ 参阅(明)释大祐:《净土指归集》卷上,《续藏经》第108册,《原教门第一》,第60页下;(明)释正寂:《净土生无生论注》,《续藏经》第109册,第2页下。

⑤ 参阅(明)释受教:《净土生无生论亲闻记》,《续藏经》第109册,第20页。

师[1]，清中叶悟开（？～1830）《莲宗九祖传略》亦列有九位祖师[2]，印光于民国二十二年（1933）合订彭希涑（1760～1793）编纂的《净土圣贤录》、胡珽（生卒年不详）的《净土圣贤录续编》及德森（1883～1962）的《净土圣贤录三编》，此合订本列有十一位祖师[3]，清末杨仁山的《十宗略说》列有六位祖师[4]，印光的《莲宗十二祖赞颂》列有十二位祖师[5]，以及苏州灵岩山寺刊行的《灵岩山念诵仪规》列有十三位祖师。[6] 今综合上述各家所立的祖序，列一表格如次：

出处 / 祖序	乐邦文类	佛祖统纪	净土指归集	净土生无生论注	净土生无生论亲闻记	西舫汇征	莲宗九祖传略	净土圣贤录	十宗略说	莲宗十二祖赞颂	灵岩山念诵仪规
初祖	慧远	慧远	慧远	慧远	慧远	慧远	慧远	慧远	慧远	慧远	慧远

---

① （清）释瑞璋：《西舫汇征》，《续藏经》第135册，所立各祖出现页码如次：始祖慧远，第235页下；二祖善导，第240页下；三祖承远，第241页下；四祖法照，第242页下；五祖少康，第242页下；六祖延寿，第244页下；七祖省常，第245页上；八祖宗赜，第246页下；九祖莲池，第250页下。

② 参阅（清）释悟开：《莲宗九祖传略》［出版地不详：观照佛经书印赠处，1995年，影印江北法藏寺刻经处刊行于民国十六年（1927）的版本］。按：此书名为《莲宗十祖传略》，因后人于悟开所述之九祖后，加入彻悟为第十祖。江北法藏寺刻经处的释了因曾在《跋》中说明加入原因（第72页）。又可参阅苏晋仁：《佛教传记综述》，载《世界宗教研究》，1985年第1期，第1～28页，尤其第15页。

③ 参阅释德森编著，释印光修订：《净土圣贤录（合编本）》，高雄净宗学会，1993年，第11～14页及第17页。值得注意的是，收入《续藏经》的《净土圣贤录·初编》《净土圣贤录·续编》的版本没有登载祖师的序位。（参阅《净土圣贤录》，《续藏经》第135册，第96页上～97页上；《净土圣贤录·续编》，《续藏经》第135册，第194页中）圣严法师曾说日本人小笠原宣秀（1903～？）的《中国近世净土教史研究》提到《净土圣贤录》以蕅益为莲社九祖，但经他详查《净土圣贤录》之后，看不出有何具体证据。（参阅释圣严著，关世谦译：《明末中国佛教之研究》，台湾学生书局，1988年，第159页）实则，圣严法师查的是《续藏经》的版本，而小笠原宣秀根据的可能是印光修订后的合编本。

④ 参阅（清）杨仁山：《十宗略说》，《杨仁山居士遗著》，和裕出版社，1996年，第7页上。

⑤ 参阅释印光著，释广定编：《印光大师全集》，佛教书局，1991年，第二册，《莲宗十二祖赞颂》，第1323～1327页。

⑥ 《灵岩山寺念诵仪规》，《莲宗十三祖寂日上供仪》，第175～189页。

（续表）

出处 祖序	乐邦文类	佛祖统纪	净土指归集	净土生无生论注	净土生无生论亲闻记	西舫汇征	莲宗九祖传略	净土圣贤录	十宗略说	莲宗十二祖赞颂	灵岩山念诵仪规
二祖	善导	善导	善导	善导	善导	善导	善导	善导	昙鸾	善导	善导
三祖	法照	承远	承远	承远	承远	承远	承远	承远	道绰	承远	承远
四祖	少康	法照	法照	法照	法照	法照	法照	法照	善导	法照	法照
五祖	省常	少康	少康	少康	少康	少康	少康	少康	延寿	少康	少康
六祖	宗赜	延寿	延寿	延寿	延寿	延寿	延寿	延寿	莲池	延寿	延寿
七祖		省常	省常	省常	省常	省常	省常	省常		省常	省常
八祖			宗赜	宗赜		宗赜	莲池	莲池		莲池	莲池
九祖						莲池	省庵	蕅益		蕅益	蕅益
十祖								省庵		行策	行策
十一祖								彻悟		省庵	省庵
十二祖										彻悟	彻悟
十三祖											印光

从上表格得知，最早提出立祖说的《乐邦文类》便未将昙鸾、道绰列入祖师位，而且在上述十一种文献中只有杨仁山的《十宗略说》将昙鸾、道绰列为祖师，分别为二、三祖，他的看法跟其他的立祖说都不一样，颇为值得观察。①

三、杨仁山独步古今的祖师观

杨仁山的见解与他个人接触日本人及吸收其学说有关，虽然杨

① 值得一提的是，清代康熙、乾隆年间，实贤思齐尊昙鸾、道绰、善导为最初三祖，但影响不大。

仁山晚年极力反对法然弟子亲鸾倡导的净土真宗①,时时与友人谈及此事②,并强烈批判"纯他力"的法门③,不过,杨仁山的祖系说法跟中国传统也不太一致,足见,他不认为昙鸾、道绰是"纯他力"的提倡者,这跟下文要谈的印顺的看法有密切关系。杨仁山的祖师观不同于中国传统所立的祖系,这其中原因从他批评志磐《佛祖统纪》的立祖说,亦可看出端倪,他说:

宋僧志磐所作《佛祖统纪》,收入大藏,流传已久。予阅之,觉其尊崇本宗,实有违乎佛祖之本意也。夫瞿昙舍金轮王位而作沙门,是弃世间之荣,而就山林之寂也。传其道者,莫不皆然。而志磐立一派以为正宗,作《本纪》,尊之为帝王;近支谓之旁出。作《世家》,尊之为诸侯;远支作《列传》,等之于士大夫。佛祖世系表内之祖,十四祖以下,反同旁出,全是世俗知见。自迦叶受佛嘱付为初祖,历代传衣至曹溪而止,此三十三代,皆从灵山会上一时印定,法身大士应运而生,主持正法也。今志磐以慧文大师遥宗龙树一语,遂将后之十九祖判为旁出,稍知佛

---

① 参阅蓝吉富:《杨仁山与现代中国佛教》,载《杨仁山文集》,文殊出版社,1987年,第7~33页,尤其第21~24页;张华:《杨文会与中国近代佛教思想转型》,《与日本净土真宗辩论法义:1898~1900》,宗教文化出版社,2004年,第198~232页。

② 杨仁山尝云:"佛教之衰,实由禅宗。支那固然,而日本则衰于净土真宗。近阅真宗之书,与经意大相违背,层层辩驳,冀得改正。"[(清)杨仁山:《与夏穗卿(曾祐)书(附来书)》,《等不等观杂录》卷六,《杨仁山居士遗著》,第7页上]

③ 杨仁山尝云:"纯他力教,一家之私言,非佛教之公言也。请以经文证之。……贵宗概以自力,弃而不取。另立一种往生之法,以驾于三辈九品之上,名曰'纯他力教'。此乃贵宗独创之教,非通途之教也。盖佛教所说接引往生,皆是他力之教,而仍不废自力,废自力,则有无穷过失,已于《真宗教旨》内辩之详矣。"[(清)杨仁山:《评日本僧一柳纯他力论》,《等不等观杂录》卷四,《杨仁山居士遗著》,第10页上~下]另外,杨仁山云:"检阅《选择本愿念佛集》,觉其中违经之语甚多,已略加批评。复将《真宗教旨》详览一遍,逐细批评。"[参阅(清)杨仁山:《与日本南条文雄书二十二》,《等不等观杂录》卷四,《杨仁山居士遗著》,第11页下]这是对法然《选择本愿念佛集》及亲鸾《真宗教旨》的批评。另参阅(清)杨文会撰,周继旨校点:《评真宗教旨》,《阐教篇》,《杨仁山全集》,黄山书社,2000年,第523~529页;《评选择本愿念佛集》,《阐教篇》,第529~535页。

法者断不出此。[1]

可见志磐所立的祖统说，具有强烈的门户之见，以天台定调，衡诸他宗，贬抑的意向甚明，自尊天台宗为“帝王”，与天台义理思想愈不相同者，则依次被列为“帝王”旁出，乃至诸侯、士大夫。[2] 然而，于“尊崇本宗”之时，“实有违乎佛祖之本意也”。依据佛教本意，为教导众生“弃世间之荣，而就山林之寂”，有出离心，以了脱生死。但是，志磐以帝王作为各宗优劣之喻，实已陷入“世俗知见”[3]，不能以平等心看待诸宗法义，亦不符合佛陀教旨，是为达致涅槃而施设。杨仁山举出志磐以慧文（生于 430～478 年之间，卒于 494～543 年之间）遥宗龙树（约 150～250 年）为例[4]，认为此祖系说尽去中间所立之十九位祖师，形成既垄断又独占的局面。虽然杨仁山尚未能指出禅宗至六祖慧能（638～713）所立之三十三代祖师，亦为禅宗编造[5]，但他反对志磐以竞胜之心来比较各宗，而高推己宗的做法不可取，

---

① （清）杨仁山：《评佛祖统纪》，《等不等观杂录》卷四，《杨仁山居士遗著》，第 3 页上～下。

② 参阅宋道发：《试论南宋志磐的佛教史观——以〈佛祖统纪〉为中心》，《普门学报》2002 年第 11 期，第 157～198 页，尤其第 181～187 页。

③ 难怪乎《四库全书总目提要》讥其“虽自尊其教，然僭已甚”，该书云：“十九祖通为本纪，以系正统如帝王，正宝位而传大业，如谓已超方外，则不宜袭国史之名，如谓仍在寰中，则不宜拟帝王之号，虽自尊其教，然僭已甚矣。”[（清）纪昀：《四库全书总目提要》卷一百四十五，《子部 · 释家类 · 释家类存目》，第 1239 页。http://210.69.170.100/s25/index.htm，上网日期：2013/05/05]

④ 参阅中村元等著，余万居译：《天台的相承说》，《中国佛教发展史》，天华出版社，1984 年，第 239～241 页。

⑤ 参阅胡适：《荷泽大师神会传》，收入《神会和尚传》，《胡适作品集 16》（即《胡适文存第四集第二卷》），远流出版社，1994 年，第 109～156 页，尤其第 120～126 页；杨惠南：《中国禅的成立》，《禅史与禅思》，东大图书公司，1995 年，第 57～95 页，尤其第 57～63 页。禅宗所立西天二十八祖，东土六祖，其历史演变的意义少，只是争法统的产物（参阅洪修平：《禅宗思想的形成与发展》，江苏人民出版社，2011 年，第 58～61 页），因而二十八祖说的荒诞显而易见，无须详考（参阅杜继文、魏道儒：《导言》，《中国禅宗通史》，江苏人民出版社，2008 年，第 1～21 页，尤其第 17～21 页）。

这样的见解应可以成立。毕竟任何门户之见都有扬己抑他的倾向，因而缺少相互尊重、相互理解的沟通与交流管道，况且通向了脱生死之法“门”，是多非一，如固执己“户”，恐弄巧成拙，不但扼杀方便有多门的道理，亦将斫丧众生解脱慧命。依杨仁山这样的观点，他自然也不同意志磐在《净土立教志》里为莲宗所立七祖的意见，虽然志磐强调被挑选的祖师都具有“功德高盛”的特质①，但他难免没有因门户之见而偏立以依止天台思想或弘传天台教义的大师为其立祖的评选依据。②

杨仁山自立昙鸾与道绰为莲宗祖师，考量要点是他认为昙鸾的

---

① 例如志磐《佛祖统纪》云：“取异代同修净业，功德高盛者，立为七祖。”［（宋）释志磐：《佛祖统纪》卷二十六，《大正藏》第49册，《净土立教志》，第260页下］

② 值得指出的是，道绰曾云：“若欲于斯（此土）进趣，胜果难阶。唯有净土一门，可以情悕趣入。”［（唐）释道绰：《安乐集》卷上，《大正藏》第47册，第4页中］又云：“当今末法，现是五浊恶世，唯有净土一门，可通入路。”［（唐）释道绰：《安乐集》卷上，《大正藏》第47册，第13页下］道绰以末法观念结合净土思想，发展出“约机废立”的观点，结合《观经》念佛往生的教示，一方面认为“圣道门”的时机与末法时代不相应，另一方面强调“净土门”是相应的法门，紧密扣合末法与净土法门的关系（参阅陈剑锽：《道绰的末法观念与净土门的创立》，《东华人文学报》2008年第13期，第1~29页，尤其第20~27页）。这样的见解被志磐采用，他说：“惟兹末代，此土修行，有教无证。欲祈易了，莫若专修净土往生之行。则一登无生，永居不退。后佛化化，正可乘愿，来参影响之众。寄言有志，当思务进。”［（宋）释志磐：《佛祖统纪》卷三十，《大正藏》第49册，第301页中］然而，志磐援用正统观念，将天台宗的一佛二十九祖，比作世俗帝王的正统，尤其在“志”的运用上，“立教志”表现出强烈的正统意识。“立教志”虽为各宗派祖师和宗门重要人物立传，但其目的在于表明天台以外诸宗，都不是佛教正统。而且志磐将《净土立教志》置于最前，《诸宗立教志》置于后，详于前而略于后，诸宗地位在净土教之下（参阅宋道发：《试论南宋志磐的佛教史观——以〈佛祖统纪〉为中心》，《普门学报》2002年第11期，第157~198页，尤其第187页）。志磐虽然视天台以外诸宗为庶出，但他巧妙地掩饰歧视的态度，将异宗人物的传记编为“立教志”。因为“志”是用来记载“纪传之外”的事物的，将诸宗列传入“志”，即谓连正式立传的资格也没有。这样，志磐用明升暗降的手法，贬低了他宗，天台宗僧俗的地位便相对地抬高了。（参阅前引文，第190页；参阅曹仕邦：《论〈佛祖统纪〉对纪传体的运用》，《中国佛教史学史论集》，《现代佛教学术丛刊50》，大乘文化出版社，1978年，第233~292页，尤其第246~247页，另外，曹文之注44条，论述《净土立教志》与《诸宗立教志》两志，辨析甚详，颇值参考，第270~276页）

《往生论注》是“支那莲宗著述，推为巨擘”①，而且肯定昙鸾“临终之日，华盖幢旛，高映庭宇，异香芬郁，天乐盈空，人皆见之，知其生品最高也”②。尤有进者，他甚至说：

> 鄙人常以《大乘起信论》为师，仅万余言，遍能贯通三藏圣教。……《起信论》末提出净土一门，为超脱轮回之捷径，昔昙鸾法师舍陶弘景所传之仙诀，专修十六观法，往生净土，岂非人杰也哉！愿与同志者效之。③

以自己最为笃信的《大乘起信论》之说，引出昙鸾的作略，舍弃陶弘景（陶宏景）（456～536）赐赠的《仙经》，求生净土，导归极乐，将昙鸾视为仿效对象。足见，他对昙鸾的崇仰之情甚坚，无怪乎将他列为祖师位，是可以理解的。尤有进者，杨仁山在当时佛教学界，备受尊崇，梁启超曾云：“晚清思想界有一伏流，曰佛学。石棣杨文会……深通‘法相’、‘华严’两宗，而以‘净土’为教学者。学者渐敬信之。……而凡有真信仰者率依文会。”④足见杨仁山对昙鸾立祖的判释，在当时应有被注意到，具有相当影响。尤其他从东瀛引回的佛教典籍⑤，厥功甚伟，此一影响甚巨。印光曾云：

> 蕅益大师所选《净土十要》，实为净宗最要之妙典。……窃以天亲菩萨《往生论》，净宗之要典也，世罕流通。昙鸾法师之《注》，文畅达而义深邃，洵足开人正智，起人正信，乃净业学人

---

① （清）杨仁山：《佛教初学课本注》，《杨仁山居士遗著》，第39页下～40页上。

② （清）杨仁山：《佛教初学课本注》，《杨仁山居士遗著》，第40页上。

③ （清）杨仁山：《与郑陶斋（官应）书》，《等不等观杂录》卷六，《杨仁山居士遗著》，第4页上～下。

④ （清）梁启超：《清代学术概论》，上海古籍出版社，1998年，第99页。

⑤ 参阅肖平：《近代中国佛教的复兴——与日本佛教界的交往录》，广东人民出版社，2003年，第131～146页。

之大导师。惜中国久已失传，清末，杨仁山居士请于东瀛，刻以流通。因《论》《注》相联，初机殊难分判，乃逐段标出，令徐蔚如居士刻于北京。今拟将此书，并《莲华世界诗》，合作一册，以作《净土十要》之附本，冀与《十要》并传于世。①

印光特别标出杨仁山自东瀛（日本）请回《往生论注》，刊刻流通②，此事意义重大。因为《往生论注》对于天亲《往生论》的诠释，不论在文义的畅晓方面，还是开启信徒的正智，发起信徒的正信，皆可谓为净业行者的大导师。印光将《往生论》与《往生论注》分段标明，又叫徐蔚如（1878～1937）于北京刊刻流通③，并将《往生论注》与《莲华世界诗》合为一册，附于蕅益大师所编的《净土十要》之后，作为附本，冀于流传于世。印光对昙鸾的理解，与杨仁山一样极为推崇，否则不会将《往生论注》附于《净土十要》的第一种附本，并且曾说："《往生论注》……文义显豁直捷，真能上继匡庐，下启天台、西河、长安等，宜细看之。"④这样的推崇，已至极尽，昙鸾在印光心中是位于净土法门的传承枢纽地位，上继庐山慧远，下启天台智𫖮（538～597）、西河道绰及长安善导，因而他在《往生论注跋》中说："昙鸾法师撰注详释，直将弥陀誓愿，天亲衷怀，彻底圆彰，和盘托出。若非深得佛心，具无碍辩，何克臻此！"⑤足见《往生论注》是部旷世名作，导引迷途众生之津梁。然而，我们要继续追问的是，志

---

① 释印光：《往生论注序（〈净土十要〉附本序）》，收入（明）释蕅益选定，释印光编订：《净土十要》，净宗学会，1995年，第666页。

② 此事杨仁山自己亦谈及，参阅（清）杨仁山：《金陵本愿寺东文学堂祝文》，《等不等观杂录》卷一，《杨仁山居士遗著》，第23页下。

③ 印光说："《往生论注》，此须请北京新刻者。一则错讹少，二则眉目清，此书好极。"（释印光著，罗鸿涛编：《复王尊莲居士书》，《印光法师文钞三编》，台中莲社，1992年，第719页）再者，徐蔚如与印光情谊深厚，因而印光请其刊刻流通《往生论注》，有关印光与徐蔚如的交往因缘，参阅陈剑锽：《圆通证道——印光的净土启化》，东大图书公司，2002年，第23～26、233～237页。

④ 释印光著，释广定编：《印光大师全集》第一册，《与康泽师书》，第131页。

⑤ 释印光著，释广定编：《印光大师全集》第一册，《往生论注跋》，第623页。

磐、宗晓等天台学僧，一开始为何未将昙鸾置入祖师位？除上述杨仁山对志磐的质疑外，杨仁山所云的“昙鸾法师舍陶宏景所传之仙诀，专修十六观法，往生净土”，对宗晓而言，此件事情恐怕并非如此简单。

四、昙鸾寻求长生仙术的弊端

在《乐邦文类》的《后魏壁谷神鸾法师传》后，宗晓曾借用王日休（？～1173）《龙舒净土文》的一段话作为该传的案语，他说：

> 《龙舒净土文》曰：按《楞严经》有十种仙，皆寿千万岁，数尽还入轮回，为不曾了得真性故，与六道众生，同名七趣，是皆轮回中人也。世人学仙者，万不得一，纵得之亦不免轮回，为著于形神，而不能舍去也。且形神者，乃真性中所现之妄想，非为真实，故寒山诗曰：“饶汝得仙人，恰似守尸鬼。”非若佛家之生死自如，而无所拘也。自古得仙者，唯钟离、吕公，而学二公者，岂止千万。自予亲知闻，数亦不少，终皆死亡，埋于下土。盖平生空费心力，终无所益也。欲求长生，莫如净土，生净土者，寿数无量，其为长生也大矣。不修此法而学仙者，是舍目前之美玉，而求不可得之碔砆，岂不惑哉！①

此段案语，乍读之下，并未有贬抑昙鸾之意，只是借由《楞严经》所云的仙人寿命虽长，但仍是六道轮回众生，以警诫众生应以了脱生死为目标，不可求仙人长生之术，否则空费心力，无法如佛家达致生死自如。求长生者亦是对生命的一种执取，因为为使此形、神长存，而不能全然放下，进入无所得的境地。足见，倘若求长生，便如同舍弃眼前的美玉，而求酷似美玉而不真是美玉的碔砆，实则这有以“碔

---

① （宋）释宗晓：《乐邦文类》卷三，《大正藏》第47册，第194页中。

砆”比喻为仙术，“美玉”比喻为佛法，“碱砆”对“美玉”而言，有鱼目混珠之嫌。反之，果真以“碱砆”为“美玉”，实无如之何矣！这样的笔触，恐怕有贬抑昙鸾，不能同意他追求长生之术之意。这可从宗晓所写的《昙鸾传》来加以印证，宗晓这样写道：

> 释昙鸾雁门人，少游五台，因感灵异，誓而出俗，三乘顿渐，具陶文理。师性好方术，闻江南陶隐居，有长生法，千里就之。陶即以所学《仙经》十卷授之，师喜跃自得，以谓神仙必可致也。后还洛下，遇三藏菩提留支，意颇得之。问支曰：“佛道有长生乎？其能却老为不死乎？”支笑曰：“长生不死，吾佛道也。道家何有焉？”遂以《十六观经》授之，曰：“汝可诵此，则三界无复生，十道无长往，盈虚消息，祸福成败，无得而至，其为寿也。有劫石焉，有河沙焉。沙石之数有限，寿量之数无穷，此吾金仙氏之长生也。”鸾承其语，驟起深信。遂焚所学《仙经》，而专《观经》，修三福业，想像九莲，虽寒暑之变，疾病之侵，不懈于始念。魏主怜其志尚，号为神鸾。①

值得注意的是，宗晓说昙鸾因感应而出家，且达到“三乘顿渐，具陶文理”的境地，即全心全力陶冶于佛教的文辞义理，接着便直说“师性好方术，闻江南陶隐居，有长生法，千里就之”。这样读来，让人觉得昙鸾天生好方术，个性潜隐着对仙人长生不死之法的渴求，千里迢迢，寻访陶弘景。随后论述他遇见菩提留支（北天竺人，北魏宣武帝永平元年〔508〕至洛阳）的经过，昙鸾问菩提留支：“佛道有长生乎？其能却老为不死乎？”此一问，亦可看出昙鸾洋洋得意之态，这跟他刚得《仙经》十卷时，与“师喜跃自得，以谓神仙必可致也”的形容，恰可呼应，形成前后一贯的贬抑效果。然而，菩提留支对昙鸾所

---

① （宋）释宗晓：《后魏壁谷神鸾法师传》，《乐邦文类》卷三，《大正藏》第 47 册，第 194 页上。

言的“长生不死，吾佛道也。道家何有焉”，真是一剂醒心针，如同棒喝后的觉醒，昙鸾终于老老实实地走在佛法的修持路上。由于用力行持，修德有功，并且“自行化他，流传甚广”①，而获得东魏孝静帝（524~551）赏识，封其为“神鸾”。

然而，历代各种版本的《昙鸾传》，都记叙昙鸾到南方拜求陶弘景前曾发生一段故事，今依道宣（596~667）《续高僧传》所记，来检视实情：

> 释昙鸾，或为峦，未详其氏，雁门人，家近五台山，神迹灵怪，逸于民听，时未志学，便往寻焉，备觌遗踪，心神欢悦，便即出家。内外经籍，具陶文理，而于四论、佛性，弥所穷研。读《大集经》，恨其词义深密，难以开悟，因而注解，文言过半，便感气疾，权停笔功，周行医疗。行至汾川（州），秦陵故墟，入城东门，上望青宵（霄），忽见天门洞开，六欲阶位，上下重复，历然齐睹，由斯疾愈，欲继前作，顾而言曰："命惟危脆，不定其常。本草诸经，具明正治。长年神仙，往往间出，心愿所指，修习斯法。果克既已，方崇佛教，不亦善乎！"承江南陶隐居者，方术所归，广博弘赡，海内宗重，遂往从之。既达梁朝。……帝降阶礼接，问所由来。鸾曰："欲学佛法，限年命促减，故来远造陶隐居，求诸仙术。"帝曰："此傲世遁隐者，比屡征不就任，往造之。"鸾寻致，书通问。陶乃答曰："去月耳闻音声，兹辰眼受文字，将由顶礼岁积，故使应真来仪，正尔整拂藤蒲，具陈花水，端襟敛思，伫聆警锡也。"及届山所，接对欣然，便以《仙经》十卷，用酬远意。……行至洛下，逢中国三藏菩提留支，鸾往启曰："佛法中颇有长生不死法，胜此土《仙经》者乎？留支唾地曰："是何言欤？非相比也。此方何处有长生法？纵得长年，少时不死，终更轮回三有耳。"即以《观经》授之，曰："此大仙方，依之修行，

---

① （宋）王日休：《龙舒增广净土文》卷五，《大正藏》第47册，第266页中。

当得解脱生死。"鸾寻顶受,所赍仙方,并火焚之。自行化他,流靡弘广。①

通常学界认为道宣是一名行事严谨的律师,记事毫不苟且,他所著的《续高僧传》被视为信史,而常为人所引用。此段传文指出,昙鸾于五台山削发后,日夜不辍广读内外经籍,尤其深研《中论》《百论》《十二门论》及《大智度论》等与大乘空观义理相应的佛教典籍,可见昙鸾刚出家时并不是净土信仰者,而是研究空宗的学者,后世尝推尊他为四论宗初祖,不是没有原因的。他到晚年才信仰净土法门,从出家到接触净土法门之前,将近四十年的时间从事空宗思想的研究与体悟,不但继承了僧肇(384~414)的空论思想,又结合了龙树与世亲的思想。② 龙树是大乘佛教中观学派之创始人,世亲是

① (唐)释道宣:《续高僧传》卷六,《魏西河石壁谷玄中寺释昙鸾传》,《大正藏》第50册,第470页上~下。

② 有关昙鸾继承僧肇的空论思想,及结合龙树与世亲的思想,参阅黄永昌:《净宗昙鸾大师〈往生论注〉中般若思想渊源之探讨》,载《中国佛教月刊》第35卷第8期,第28~35页;[日]石田充之:《昙鸾教学の背景とその基本的理念》,收入龙谷大学真宗学会编《昙鸾教学の研究》,永田文昌堂,1977年,第86~100页。以上两篇文章比对昙鸾跟僧肇、龙树著作里的文句,以见其受影响之迹。文中指出除思想观念受影响的文句外,甚至有文句全同或稍改几句的情况,足证昙鸾的空观思想之渊源。刘长东:《晋唐弥陀净土信仰研究》,第二章第二节《有关昙鸾及其净土思想的几个问题》,第129~165页,尤其第130~136页,亦论述昙鸾受僧肇及龙树的影响,主张《续高僧传》所表明昙鸾学统上宗《四论》之学,是属信实的记载,并以僧肇、龙树相关著述,加以比对昙鸾所曾引用的文句。另外,[日]村上速水:《昙鸾大师における人间》,收入龙谷大学真宗学会编《昙鸾教学の研究》,第118~132页,尤其第121~123、129~130页,亦论述昙鸾的四论思想,及其转用《中观论》的文句等;[日]种田哲也:《〈往生论注〉における般若と方便》,收入龙谷大学真宗学会编《昙鸾教学の研究》,第167~178页,此文虽未言及昙鸾受龙树影响的相关例证,但直陈昙鸾有关《往生论注》里所呈现的般若思想,基于此,亦可看出昙鸾具有的空观思想;[日]服部纯雄:《〈往生论注〉の思想材としての〈大智度论〉》,载《印度学佛教学研究》第34卷第1期,1985年,第202~205页,此文主要针对平川彰博士指摘昙鸾将"清净土""清净佛国土""清净佛土"等指称为"安乐国""安乐世界"的说法是不正确的,而提出反驳,并从龙树《大智度论》《十住毗婆沙论》等著作中,找出相对应的说法,以证明昙鸾无误,从中可见昙鸾受龙树影响的地方;望月信亨博士亦认为昙鸾归入净土,谅必是因推崇龙树菩萨而发起(参阅望月信亨著,印海译:《中国净土教理史》,第55页)。

大乘佛教瑜伽行派创始人之一，可见昙鸾的净土思想极为丰富多样，空宗与有宗的思想涵盖在他的净土思想之中。

不过，依道宣所说，昙鸾是因阅读《大方等大集经》时，“恨其词义深密”，遂决志为之注解，以利佛徒领悟。但在注解时“文言过半，便感气疾，权停笔功，周行医疗”。因过度疲累，且深感人命危脆，生死无常，毅然离开五台山，造访江南隐士陶弘景学习长生不老的仙术。而从传文得知，昙鸾寻找陶弘景的过程几经波折，即使通过梁武帝（464~549）的帮忙①，遁隐的陶弘景亦难以拜见。后来“鸾寻致，书通问”，才得到陶弘景回音，并于伏隐的山居接见昙鸾，彼此接对欣然，因而赐赠《仙经》给昙鸾。

昙鸾携带陶弘景赐赠的《仙经》返回北魏，行经洛阳，在白马寺遇到菩提留支，并问：“佛法中颇有长生不死法，胜此土《仙经》者乎?”菩提留支听闻此语，便唾地斥责他，随后授与《观无量寿佛经》，并嘱咐“此大仙方，依之修行，当得解脱生死也”。昙鸾顶礼接受后，遂“烧仙方，专弘净土”。另外，菩提留支还赠予他所译之《无量寿经优婆提舍愿生偈》（又名《往生净土论》《往生论》《无量寿经论》《愿生偈》等），这时昙鸾大约 55 岁，毅然决然地转向净土法门，自行化他，流靡弘广。

从昙鸾拜见陶弘景这段故事来看，道教似有高超于佛教之势，尤其陶弘景的法术“广博弘赡，海内宗重”，才使得昙鸾“遂往从之”。难怪志磐及宗晓对此事件有微词，尤其志磐《佛祖统纪》是勘定佛教法统之作，虽然此作专主天台，但对于净土立教的取舍，亦不容妥协。不过，道宣所记载则较为中肯，把昙鸾求长生不死之术的前因合盘托出，让我们知道昙鸾因为注解《大方等大集经》时，顿感身体不适，而有此举。不像上文已述，宗晓的写法便有很大的跳跃，

---

① 昙鸾在寻求陶弘景时，曾在梁武帝的重云殿宣讲四论及天竺大乘空宗思想，后来昙鸾返回北方后，梁武帝常顾侍臣说：“北方鸾法师、达禅师，肉身菩萨，恒向北遥礼。”[（唐）释道宣：《续高僧传》卷十六，《僧达传》，《大正藏》第 50 册，第 553 页中]

中间漏掉注解《大方等大集经》的事件，不免让人觉得昙鸾天生好方术，个性潜隐着对仙人长生不死之法的渴求。足见宗晓所写的《昙鸾传》隐含着对昙鸾的贬意！并在传文后面附上案语，极力反对求长生之术的行为，此行径在宗晓眼里，似有可能成为祖师不可磨灭的败笔。

不过，求长生之传统在外部与内部因素都有，刘长东对此问题曾提出许多文献加以讨论，他在《昙鸾与道教的关系》中指出外部因素，认为昙鸾的仙佛兼修行为，是一种时代思潮使然。佛教初入中土便依附中国传统方术，并与道教、仙术不断抗衡，彼此在观念和修行上都有吸收融合之迹象，尚时新出的佛经如《四天王经》《佛说决罪福经》《净度三昧经》等，皆有增益窜入道教延算益寿的思想。① 而内部因素则从佛教本身思想而观，《杂譬喻经》则有贵身重命的观点，这可能是印度佛教末法受到婆罗门的长生养性之术的影响。尤有甚者，这种贵身重命的生死观，被假托在龙树名下，所谓"龙树冶丹说"在文献中偶见言及，而这个传说应在南北朝时就有，因《隋书·经籍志》著录《龙树菩萨药方》四卷、《龙树菩萨和香法》两卷、《龙树菩萨养性方》一卷，而且天台二祖慧思（515~577）于《南岳思大禅师立誓愿文》中说："先作长寿仙人，借五通力，学菩萨道。自非神仙，不得久住。为法学仙，不贪寿命。"②慧思的想法可能受"龙树冶丹说"影响，因为龙树亦为天台始祖，因而《誓愿文》盛谈求长生、冶丹药的事。足见，南北朝中晚期的佛教界，对于仙佛兼修的风气应很风行，且可能影响到唐中期的佛教。③ 昙鸾原为四论师，后来虽转修净土法门，但他受龙树菩萨的影响极深，因而在宗教修持及体

---

① 参阅刘长东：《昙鸾与道教的关系》，《晋唐弥陀净土信仰研究》，第136~144页，尤其第137~138页。

② （陈）释慧思：《南岳思大禅师立誓愿文》卷一，《大正藏》第46册，第789页上~中。

③ 参阅刘长东：《昙鸾与道教的关系》，《晋唐弥陀净土信仰研究》，第136~144页，尤其第138~140页。

悟上，仍未放弃“龙树冶丹说”及道教的长生仙术，甚至对道教的禁咒之术，深信不疑，用它和弥陀名号相比附。① 在道宣《续高僧传》本传的结尾云：“鸾神宇高远，机变无方，言晤不思，动与事会；调心练气，对病识缘，名满魏都，用为方轨，因出《调气论》。”②道宣此说值得我们注意，昙鸾在“名满魏都”的晚年，仍然从事调心练气的仙术，因而我们如倡议立他为祖，这点实值化解，否则便难以免除上文所述宗晓对他的贬抑。再者，昙鸾除道宣所说的撰有《调气论》外，据考察历代文献，尚有《调气方》（可能与《调气论》为同一著作）、《疗百病杂丸方》、《论气治疗方》、《服气要诀》等③，刘长东下一结语云：“昙鸾之所以仙佛兼修，是受了南北朝佛教界修持风气的影响……而当昙鸾归信弥陀净土后，他仍未放弃道教仙术，这表现在他以道教仙术去阐释其弥陀净土思想的同时，又仍修持并以著述弘扬之。”④倘若昙鸾始终未放弃道教仙术，那么，在立祖上恐怕难以令人首肯。

五、印顺缺乏一种同情的理解

印顺导师的弟子演培法师（1917～1996）在其《昙鸾与道绰》一文中，对于昙鸾、道绰未被列入莲宗祖师，感到“有点不大理解”“有

---

① 例如昙鸾云：“名即法者，诸佛菩萨名号、般若波罗蜜及陀罗尼章句、禁咒、音辞等是也。如《禁肿辞》云‘日出东方，乍赤乍黄’等句，假使酉亥行禁，不关日出，而肿得差。亦如行师对陈，但一切齿中诵‘临兵斗者，皆陈列在（“在”为衍文）前行’，诵此九字，五兵之所不中，《抱朴子》谓之要道者也。又苦转筋者，以木瓜对火熨之则愈，复有人但呼木瓜名亦愈，吾身得其效也。如斯近事，世间共知。况不可思议境界者乎。灭除药涂鼓之喻，复是一事，此喻已彰于前，故不重引。”[（北魏）释昙鸾：《无量寿经优婆提舍愿生偈注》卷二，《大正藏》第40册，第835页下]此段文字说明，可参阅刘长东：《昙鸾与道教的关系》，《晋唐弥陀净土信仰研究》，第136～144页，尤其第142～143页。

② （唐）释道宣：《续高僧传》卷六，《大正藏》第50册，第470页下。

③ 参阅刘长东：《昙鸾与道教的关系》，《晋唐弥陀净土信仰研究》，第136～144页，尤其第143～144页。

④ 刘长东：《昙鸾与道教的关系》，《晋唐弥陀净土信仰研究》，第144页。

点想不通”，他说：

> 昙鸾、道绰二大师，不特对于净土竭力弘扬，而且对于净土有特别贡献，但均不在莲宗诸祖之内，这很使人有点不太理解。依现在的莲宗十三祖看，长安光明善导为二祖，但是他的思想乃直承于道绰、昙鸾，而不是源于初祖慧远。因善导的老师是道绰，道绰的老师是昙鸾，至昙鸾的受法，来自菩提流支，这才真正是一脉相承的。①
>
> 现在大家所称的莲宗十三祖，除自杭州云栖以后的六祖，是由后人就各时代的大德，对于念佛有特殊表现者，陆续立为祖师外，以前的七祖，是从《佛祖统纪》卷二十六《净土立教志》所列莲社七祖而来。但这又不是《佛祖统纪》作者志磐所首列的，如彼在《净土立教志》开头，列出莲社七祖后，作这样的交代说：“四明石芝晓法师，取异代同修净业，功德高盛者，立为七祖，今故遵之，以为净土教门之师法焉。”当然，堪称一代祖师者，必要具备为祖师的条件，最低限度，要“功德高盛”。可是我们要问：像昙鸾、道绰二大师那样的精进念佛，难道还没有高盛功德吗？为什么不列为祖师呢？我真有点想不通！②

这两段引文指出了四个要点：1.就法脉相承的立场而观，演培所云是正确的，善导师从道绰，道绰私淑昙鸾，这一法脉与庐山慧远无关，他们所主张的是持名念佛，跟慧远以禅观方式来修持弥陀法门，是截然不同的路数。2.依昙鸾此脉的认知，他们是上承于菩提留支，除上述昙鸾受教于菩提留支之事外，道绰《安乐集》列出六位师

① 参阅释演培：《昙鸾与道绰》，载张曼涛主编：《净土宗史论》，《现代佛教学术丛刊 65》，大乘文化出版社，1979 年，第 227~237 页，尤其第 227 页。

② 释演培：《昙鸾与道绰》，载张曼涛主编：《净土宗史论》，《现代佛教学术丛刊 65》，大乘文化出版社，1979 年，第 235 页。

承，第一位即为菩提留支①，清楚表明自己的法脉。3.从现今所确立的莲宗十三祖说而观，后面六位祖师是由各时代的大德所追尊，是有其代表性的；然而，前面七祖则是天台学派的观点所促成。它的随意性较强，并非取得教界的共同认可。4.昙鸾、道绰未被列入祖师，则可看出志磐在《净土立教志》所云“取异代同修净业，功德高盛者”，并未真实贯彻，因而无法令人信服。足见，直至现代，无论是宗晓《乐邦文类》所呈现的六位祖师，还是志磐《佛祖统纪》所列的七位祖师，都是站在自己宗派的立场来评骘，而不能以同情的理解来提出公评，亦有可能与天台学派集团的利益有关。印顺导师在演培法师此文“后记”中说明：

> 四明石芝晓法师，为一天台宗学者，虽弘扬净土，与昙鸾、道绰不同。昙鸾与道绰，判易行与难行，净土与圣道二门。以为念佛往生，持戒与犯戒，定心与散心，愚痴与智慧，并承佛悲愿而生。易言之，但须念佛，即得往生，犯戒等根机，不在简别之列也。净土与圣道之判，即信愿往生与戒定慧——圣道之别。故其弊，不重戒定慧之圣道，而以往生为纯由佛力，善导承其绪余，所作“观经四帖疏”，即有此意。日本学者唐代来华，传承此善导之法流，乃演出弁髦戒法，甚至专凭信愿，不重持名（盖以持名而至一心不乱，即由念佛而得三昧，等于圣道）之真宗。杨仁山老居士曾专书以弹真宗，即于善导之说，致其微词。日人每谓念佛法门，有慧远流，有善导流。然在中国，宋元明以来，渐融此二流，即不废圣道而特重信愿持名。于昙鸾、道绰等之极端说法，不加尊重。石芝晓法师之双取慧远与善导，不取昙鸾与道绰，殆有此意乎？②

---

① （唐）释道绰：《安乐集》卷二，《大正藏》第47册，第14页中。

② 释印顺：《昙鸾与道绰·阅后》，载张曼涛主编：《净土宗史论》，《现代佛教学术丛刊65》，第236页。此段文字，后又收入释印顺：《华雨集（五）》，正闻出版社，1993年，第127~128页。

印顺导师认为昙鸾与道绰仅强调念佛即得往生，对于戒定慧的修持未加以简别，因而在净土门与圣道门之间，产生愿往与戒定慧的对立张力，最后导致“纯由佛力”，善导传承昙鸾与道绰之余绪，又影响日本净土宗，乃至净土真宗，最后演变成亲鸾特举只重“信愿”，连“持名”之“行行”亦废弃不讲。① 印顺特举杨仁山在评破日本净土

① 印顺说：“善导大师有‘观经四帖疏’，重慈悲愿力，重散心，以为持戒、犯戒，皆可往生。‘普度众机，不择善恶’，这话并不错，经上也有十恶五逆可以成佛之说。这一派传到日本，发展为真宗，既然善人恶人皆可往生，念佛不分在家出家，所以索性娶妻食肉，主张弃戒定慧等圣道，而专取本愿。由于专重他力的阿弥陀佛愿力，所以进一步以为，只要信，当下即为阿弥陀佛所摄受。索性平时不要念佛，不需念到一心不乱；以为一信即得往生。……其实还是遵循中国传去的老路子，只是越走越远，越远越小，钻入牛角的顶尖而已。”（释印顺：《净土与禅》，《妙云集·下编之四》，正闻出版社，1992年，第119页）这段评述，清楚地表示日本净土真宗与中国佛教有密切关系，后来演变成只重信而不讲求戒律，索性娶妻食肉，废弃戒定慧等圣道门而专取本愿，不能说与善导系的影响无关。印顺又指出：“日本佛教，过去承受中国的佛教；一直到现在，真宗而外，大本山还过着素食的生活。从真宗开始，带妻食肉，其他的宗派也跟着学，这才渐与中国佛教脱节。日本佛教，虽有僧侣，但大都不曾受出家戒；实际上，可说是在家众的佛教。说日本佛教是超脱声闻乘的出家制，进入在家本位的菩萨乘，倒不如说是从出家的声闻制，退居一般的人乘。”（释印顺：《教制教典与教学》，《妙云集·下编之八》，正闻出版社，1992年，第106页）提出相同的评断，认为净土真宗的内涵已与中国佛教不同。

真宗时，亦对善导的教说有所微词①，甚至因此而认为善导是“他力论之极端者”，“盛唱散善持名，不必禅观即可往生”。② 然而，反观中国弘传净土教门之传统，自宋明以来，则有专重自力的慧远流与讲求他力的善导流的融合，亦即在圣道门与净土门之间取得平衡，在“不废圣道而特重信愿持名”，这对于昙鸾、道绰等之专主他力的极端说法，不为天台之石芝宗晓所青睐，因而被排除在祖师行列之外。

印顺导师其实未曾否定中国的弥陀法门，他曾说：“极乐世界，虽你我都没有见到，都没有去过，然据理而论，这是完全可能的。是可能的，是佛说的，为什么不信？”③这是对极乐世界到底有无的问题，给予肯定答案，跟禅宗人士驳斥西方极乐净土的存有，而非薄无净土的想法完全不同。印顺导师既然肯定极乐世界的存在，怎可能

---

① 印顺可能依据杨仁山《评日本僧一柳读观经眼》所云：“《观经》末云：佛告阿难：‘汝好持是语。’‘持是语’者，即是持无量寿佛名。‘好持是语’一句，嘱其持上文所说之观法，即是持无量寿佛名一句，明‘观想’与‘持名’互摄也。佛恐后人视‘观想’与‘持名’判然两途，故作此融摄之语以晓之。善导谓望佛本愿，意在专称佛名，若执此以为定判，则佛所说观法，翻成剩语。且佛傥专重‘持名’，而告韦提希以‘观想’之法，是心口相违也。凡夫且不出此，而况于佛乎？至于像观真身观之念佛三昧，即是结束本文之观法。如必欲判为称名之念佛，则与上文不贯，译经者断无如是之错谬也。”［（清）杨仁山：《评日本僧一柳读观经眼》，《等不等观杂录》卷四，《杨仁山居士遗著》，第 9 页下～10 页上］显然，对于善导判释《观经》以持名为宗，不能认同。杨仁山针对的是善导所云：“上来虽说定散两门之益，望佛本愿，意在众生，一向专称弥陀佛名。”［（唐）释善导：《观无量寿佛经疏》卷四，《大正藏》第 37 册，第 278 页上］往生之业以称佛名为最。不过，我们须知，善导判释《观经》，开列两种要旨，他说：“今此《观经》以观佛三昧为宗，亦以念佛三昧为宗，一心回愿往生净土为体。”［（唐）释善导：《观无量寿佛经疏》卷一，《大正藏》第 37 册，第 247 页上］述说了一经二宗之教旨。依善导的判释，最初的日想观到第十三杂想观是定善，属于“观佛三昧”，接续三辈九品往生的说明是散善，属于“念佛三昧”。（参阅坪井俊映：《净土三经概说》，收入张曼涛主编：（《现代佛教学术丛刊 68》，《净土典籍研究》，大乘文化出版社，1979 年，第 1～240 页，尤其第 130 页）非如杨仁山所云，只是以持名为宗，而忽视观想。印顺承继杨仁山的说法，也同样误解善导。

② 释印顺：《中国佛教史略》，《佛教史地考论》，《妙云集·下编之九》，正闻出版社，1992 年，第 49 页。

③ 释印顺：《念佛浅说》，《净土与禅》，第 84 页。

否定众生求生极乐世界呢？而且，他在对众生求生极乐世界这件事上，更强调的是念佛与发愿，认为想求生极乐净土便须“一心念佛，发愿往生，这是求生极乐净土的二大根本因，上中下三品，都是一样的”。“不念佛，不发愿，即不会往生极乐世界的。所说的念佛，经文但说‘专念’，‘忆念’，‘思惟’，‘常念’，‘一心念’。”①足证导师并未否定求生极乐净土，甚至劝进行者要发愿、念佛，强调庄严佛土的大乘利他之行。② 因此，说印顺导师不赞许净土法门则不对，说印顺导师不赞同称名念佛亦不对。③ 不过，他的情结可能在于对真常唯心系的宗门、学派不能有一种同情的理解，例如江灿腾早年即指出：“《净土新论》的批评传统西方净土思想，虽有其严谨的学术背景做基础……但是其对传统的批评是否完全吻合史实？是否太强调其黑暗面？又中国净土思想的发展，是否无积极性的一面？弥陀的思想难道不能会通？——这些都是可以再深思的。”因而，江先生下结论认为印顺导师“有时缺乏客观理解历史环境，和太强调传统中国佛教黑暗面，而不能同情传统佛教的主观成分”④。另外，江先生亦指出：“按经文的理路来判定史料，而非有明确的外在佐证来排比的。印老的研究，同样也无法克服这种史料缺陷。故一些推论，

---

① 释印顺：《净土新论》，《净土与禅》，第 47 页。

② 印顺导师说：“大乘学者……如得了无生法忍，菩萨所要做的利他工作，也就是：一、‘成就众生’；二、‘庄严净土’。使有五乘善根的众生，都能成就善法，或得清净解脱；并使所依的世间，也转化为清净：这是菩萨为他的二大任务。……众生有依报，佛也有依报，一切达到理想的圆满，才是真正成佛。了解此，就知净土思想与大乘佛教，实有不可分离的关系。净土的信仰，不可诽拨；离净土就无大乘，净土是契合乎大乘思想的。”（释印顺：《净土新论》，《净土与禅》，第 4~5 页）

③ 参阅释昭慧：《印顺导师对本生谈与西方净土思想的抉择》，释昭慧、江灿腾编著：《世纪新声——当代台湾佛教的入世与出世之争》（庆祝印顺导师九秩晋七嵩寿），第 247~282 页，尤其第 274~275 页；吴有能：《台湾人间佛教的两种净土观点——以印顺法师与李炳南居士为例》，《台大佛学研究》第十四期（2007 年 12 月），第 159~220 页，尤其第 174~175 页。

④ 江灿腾：《台湾当代净土思想的新动向》，《人间净土的追寻——中国近世佛教思想研究》，稻乡出版社，1989 年，第 187~220 页，尤其第 212~214 页。

只能是假定的，而非定论。”①任何学术研究都有其盲点，甚至下论断时会因时代、社会的集体观点而受到影响。印顺导师自言：“我讲的净土法门，多是依据印度的经论，并不以中国祖师的遗训为圣教量。照着经论的意趣说，不敢抹煞，也不敢强调。”②因而才会有对净土法门如此的批评：

> 中国的佛教，始终是走向偏锋，不是忽略此，就是忽略彼……净土行者的专事果德赞仰，少求福慧双修，不求自他兼利，只求离此世，往生净土。③ 有些念佛人，好走偏锋，以为生死事大，念佛都来不及，哪里还有功夫去修杂行。专持一句南无阿弥陀佛就得了。如告以“不可以少善根福德因缘得生彼国”的经文，他却巧辩地说：能听到阿弥陀佛的，就是宿植善根，广修福德因缘了。这是多大的误解！④

这样的评论并非无的放矢，告知修持净土法门的信众有关《阿弥陀经》所说：“不可以少善根、福德、因缘，得生彼国。”⑤竟然巧辩今生能遇到净土法门，能够称名念佛即是宿植善根、广修福德因缘，以此

---

① 江灿腾：《读印顺法师〈法海微波〉序的一些感想》，《人间净土的追寻——中国近世佛教思想研究》，第277～280页，尤其第280页。另外，汤用彤亦曾说：“佛法，亦宗教，亦哲学。宗教情绪，深存人心。往往以莫须有之史实为象征，发挥神妙之作用。故知仅凭陈迹之搜讨，而无同情之默应，必不能得其真。哲学精微，悟入实相，古哲慧发天真，慎思明辨，往往言约旨远，取譬虽近，而见道深弘。故如徒于文字考证上寻求，而乏心性之体会，则所获者其糟粕而已。”（汤用彤：《汉魏两晋南北朝佛教史·跋》，上海书店，1991年，第1页）如未能深切领悟，洞察前贤古哲的高明，对于深奥的意蕴或有瞎子摸象之讥。因而“仅凭陈迹之搜讨，而无同情之默应”“徒于文字考证上寻求，而乏心性之体会”，宜应避免。印顺导师有其悲心，不愿见到修净行者借“他力”“带业往生”等借口，而不能死尽偷心，全力专意念佛，以达往生之实效，故印顺之说，或有于末世下重药之用意。

② 释印顺：《念佛浅说》，《净土与禅》，第120页。

③ 释印顺：《净土新论》，《净土与禅》，第29～30页。

④ 释印顺：《念佛浅说》，《净土与禅》，第100～101页。

⑤ （姚秦）鸠摩罗什译：《佛说阿弥陀经》卷一，《大正藏》第12册，第347页中。

搪塞，逃避应有的人间责任。这即是上文印顺导师强调的不重戒定慧所产生的弊端，从此看出印顺反对，是出自悲心，并非否定往生弥陀净土。

不过，昙鸾与道绰如果未被列入祖师行列是因为未对戒定慧的修持加以简别，印顺的说法恐不能令人信服，因为三无漏学是佛法的基本要义，任何法义皆不能远离戒定慧三无漏学，否则即非佛教。昙鸾或道绰在其著作与弘演生涯中处处述及三无漏学，因此，对此共法的简别与否，难以作为判定为祖师的标准；此外，昙鸾与道绰主张仅强调念佛即得往生，这个说法亦有待商榷。通常认定中国净土教学的演化，以昙鸾、道绰、善导这一流派属他力派，强调弥陀本愿力，故有念佛即得往生的成说。这种看法不太正确，因为中国早期的净土教学在未建立体系时，修持净土法门的学人以大乘空观来诠释净土思想，换言之，净土思想在早期是涵容在大乘空观思想里的，这使净土法门有甚深的空观哲理，此哲理逐渐演化成一套思想系统，既而形成整套的净土教学法，昙鸾与道绰即是代表；但他们因被誉为中国净土宗的开创者，或被誉为奠基者，遂使他们带有浓厚空观哲理的净土思想被掩盖，反过来仅以他们所强调的他力救度及称名念佛的这个部分（或言成分），来认定他们的教学法属他力派之易行道，这种看法漠视思想演进的必然轨辙。①

六、结语

如上文所述，昙鸾深受帝王及朝野僧俗推崇，魏孝静帝尊他为“神鸾”、梁武帝尊其为“肉身菩萨”。但历来各家所追尊的祖师位，只有杨仁山将昙鸾列入其中。杨仁山个人的学佛宗旨是“教尊贤

① 参阅陈剑锽：《行脚走过净土法门——昙鸾、道绰与善导开展弥陀净土教门之轨辙》，商周出版，2009年，第二章《昙鸾的空观思想》，第37～67页；第四章《道绰、善导的忏悔观——以末法观念及念佛三昧为核心》，第103～144页；第五章《“称名念佛”与善导“十声”教法》，第145～177页。

首，行在弥陀”（或云“教演华严，行归净土”），对弥陀法门有深挚情感，虽然曾论辩日本净土真宗“纯他力”的不是，但他在力辩“纯他力”的同时，又确立昙鸾、道绰、善导为祖师，这些祖师序位跟日本的净土宗或净土真宗相似，因而令人极感吊诡，不过这正可看出他不是将昙鸾，乃至道绰、善导视为纯他力者，假若如是，他则不会立昙鸾、道绰、善导为莲宗祖师。反观印顺导师认为昙鸾、道绰过于强调他力救度，致使戒定慧三无漏学不受到重视。虽然他对昙鸾、道绰的判释有误解，甚至认为善导是“他力论之极端者”，亦不甚妥切，但他的用意是出于悲心，不忍修净行者忘失菩提心，不求自他兼利，常以“他力”及“带业往生”为借口，只求离此世，往生净土。另外，还有一个急需解决的问题，即昙鸾求长生仙术，他甚至使用道教的禁咒之术与弥陀名号相比附，倘若昙鸾始终未放弃道教仙术，那么，在立祖上恐怕难以令人首肯。

再者，志磐说取“功德高盛”者立为祖师，此言不诬，不过，由谁来认定谁具有“功德高盛”的资格？历代的立祖情况，大抵从莲池开始，是通过教界的认可而追尊。被追尊为祖师，不是一件容易的事。以印光为例，印光住世时，四众弟子便常将他与莲宗诸祖并论①，誉他为“当代净宗泰斗”②“净土宗匠”③，或尊他为省庵之后的第一人。④ 印光圆寂不久，福建的杨石荪旋及倡议尊印光为莲宗第十三祖⑤，此议获得绝大多数人的同意。但当时亦有不同的意见，曾有人向李炳南（1889～1986）提问：“印光大师往生后列为莲宗十三祖，

---

① 释印光著，释广定编：《印光大师全集》第二册，《复李德明居士书二》，第 962 页；《与魏梅荪居士书十六》，第 1036 页。

② 释印光著，释广定编：《印光大师全集》第三册（上），《复圣照居士书》，第 211 页。

③ 释印光著，释广定编：《印光大师全集》第二册，《复陈其昌居士书》，第 956 页。

④ 释印光著，释广定编：《印光大师全集》第三册（上），《复丁福保居士书（二）》，第 83 页。

⑤ 杨石荪：《拟尊灵岩大师为莲宗第十三祖议》，载释印光著，释广定编：《印光大师全集》第五册，第 2491～2492 页。

此事乃系暂时性，尚未确定，未确定之缘由，盖因福州鼓山涌泉寺住持高僧虚云大师，及圆瑛大师尚未圆寂，须俟二位高僧往生后，佛教会方能作最后之决定。”而李居士回答：“名分已定，人心已归，岂能朝三暮四，随意变更。况虚公为当代禅德，自有其本宗地位，瑛师禅净双修，如紫柏、憨山诸师相同，后人自然奉之为祖，但不必定以数字相承而别也。”①有此提问，表示当时尚有不同意见存在。从此我们可以理解为何近来提倡追尊第十四祖，而未能得到认可的原因。道源长老(1900~1988)曾于民国四十三年(1954)推举慈舟法师(1877~1958)为莲宗十四祖②，但此提议未能得到教界首肯。又毛凌云(1910~2000)居士亦曾呼吁净宗四众奉道源法师为莲宗第十四祖③，亦未被广泛认可。从以上两例得知，欲被立为祖师必经大众检证才会被接受。

近来讨论莲宗祖师的文章有渐多之情况，表示此议题渐受到重视，而被讨论的重点在于将昙鸾、道绰列入祖位。温金玉曾经在2004年所举办的第二届净土宗研讨会上提交《玄中寺在中国净土宗史上地位的再检讨》一文，提出“中国净土宗十五祖的排列，希望能够得到教界与学界的支援”。此十五祖为：

初祖庐山东林慧远大师

二祖石壁玄中昙鸾大师

三祖西河石壁道绰大师

四祖长安光明善导大师

五祖南岳般舟承远大师

六祖五台竹林法照大师

---

① 李炳南：《佛学问答类编》，收入《净土丛书(十五)》，台湾印经处，1981年，第624页。

② 参阅释道源：《净土宗与佛教之世界化》，载张曼涛主编：《净土思想论集(一)》，《现代佛教学术丛刊66》，大乘文化出版社，1978年，第329~336页，尤其第330~333页。

③ 参阅毛凌云：《莲宗十四祖道源大师传》，载《狮子吼》第27卷第8期(1988年8月)，第18~19页。

七祖新定乌龙少康大师

八祖杭州永明延寿大师

九祖杭州昭庆省常大师

十祖杭州云栖莲池大师

十一祖灵峰蕅益智旭大师

十二祖虞山截流行策大师

十三祖杭州梵天省庵大师

十四祖红螺资福际醒大师

十五祖苏州灵岩印光大师①

就此十五祖而观，是在原有的十三祖说，再安立昙鸾为二祖、道绰为三祖，置于初祖慧远与二祖善导之间，使得善导以降之各位祖师往后推移两个位序。在第二届净土宗文化研讨会上，山西省佛教协会会长根通法师（1928～　）亦于欢迎辞中表示："昙鸾、道绰并未能列入中国净土宗的十三祖之列，为缅怀祖师法乳深恩，还历史一个本来面目，我们倡议'中国净土宗十五祖'说，希望使昙鸾、道绰大名列祖位，不致使其功德湮没于历史尘埃之中。"②倡议"中国净土宗十五祖"说，是此次研讨会的主轴之一，冀望得到推展与认可。

此外，在台湾由李元松居士（1957～2003）所创之"现代禅教团"，现已转为由慧净法师（1950～2013）带领的弥陀净土道场，此道场亦主张十五位祖师说，在其所设网站，即以"中国净土宗·十五位祖师"为首页③，特将昙鸾、道绰、善导三位大师以红色标示，并在善导之下注明"宗祖"。由此可见，此道场弘传的净土理念是专弘日本净土宗教理，以偏依善导之立场弘传净土法门。姑且不论此道场所

---

① 温金玉：《玄中寺在中国净土宗史上地位的再检讨》，收入温金玉主编：《中国净土宗研究》，宗教文化出版社，2008年，第159～168页，尤其第161～164页。另可参阅温金玉：《昙鸾——道绰——善导系：宗派学意义辨析》，收入温金玉主编：《中国净土宗研究》，宗教文化出版社，2008年，第209～214页，尤其第211～214页。

② 释根通：《第二届净土宗研讨会欢迎辞》，收入温金玉主编：《中国净土宗研究》，第350页。

③ 净土宗网站：http://www.pureland-buddhism.org/，上网日期：2013/05/05。

推展之教理如何，然已明确主张昙鸾、道绰列入祖师位。这跟根通法师、温金玉教授所倡议的，或有不同理念，但主张昙鸾、道绰入祖师位，则为一致。

此番呼吁在未来，相信会渐渐受到中国修持弥陀净土法门人士的注意，并期待有一大师如印光者，重新衡定历代莲宗祖位，将此未了公案给予确诂，使中国弥陀净土法门之源流与发展的论述，能涵盖实有"功德高盛"之大德，成为莲宗祖师。

（陈剑锽，台湾屏东教育大学中国语文学系）

试析袁世凯政府的佛教保护政策[1]

许效正

1912年3月至1915年12月的袁世凯政府，是中国封建帝制结束后的第一个全国性民主共和政权。虽然它面临的挑战非常严峻，但保护佛教的力度却很大。在不到4年的时间内，袁世凯政府就颁布了数十个保护佛教的命令、法规和批示，最终形成了一部具有鲜明时代特征的法律——《管理寺庙条例》。那么，袁世凯政府为什么要保护佛教呢？长期以来，人们一直认为，佛教是封建统治阶级愚弄人民的精神鸦片，袁世凯政府保护佛教，就是为了复辟封建帝制。然而，这种观点是不符合历史事实的，袁世凯政府对佛教寺产的保护，有其复杂的时代原因。

一、袁世凯政府佛教保护政策的主要内容

1.制止强征佛教寺产行为

① 本文作者是国家社会科学基金项目《清末民初佛教社团研究(1895~1927)》(项目号:12BZJ012)的主持人，本文是该项目的系列成果之一。

甲午战争以后，为了解决兴办学堂和其他新政机关所需要的经费和场地问题，各地都在大肆征用各类民间庙产，史称庙产兴学。这场运动发端于戊戌变法期间，清末新政时期迅速遍及全国并形成高潮，辛亥革命后继续发展。在持续发展的庙产兴学中，佛教寺产一直是各地征用的重点，这就使佛教面临着空前严重的生存危机。民国建立以后，各地佛教人士和有志之士纷纷呼吁政府切实保护佛教财产。在这种形势下，袁世凯政府连续颁布命令，坚决制止各地抢占佛教寺产的行为。

1912年6月25日，袁世凯政府发出通告，要求各省切实制止大肆抢占佛教寺产的行为。这份通告的要求很具体："军兴各省其因临时占用者，仍应妥为清理，分别发还，俾佛教人民得享约法保障。至未占用各庙产，通由各该管长官按约法第六条切实保护。如有借端侵占，一经佛教徒提起诉讼，该管官厅应即秉公核断，一律退还，用示民国人民一律平等之至意。"①1912年11月，袁世凯政府再次发出通告，要求各地切实保护各类庙宇："现闻各省往往有营私罔利之徒，或借端侵夺祭产，或因事毁灭古迹，甚至孔庙重地，何等尊崇，亦有人觊觎改建者。若不设法保护，何以存国粹而固人心？为此，通咨各省都督民政长，凡祠庙所在，不论产业之公私，不记祀典之存废，不问庑宇之新旧，一经前人建设，均为古迹，例应保存，希即转饬所属，一律妥慎保护可也。"②在各类庙宇中，佛教寺院占有相当比例，这两份通告的颁布，无疑是佛教界的福音。

此后，袁世凯政府一直坚持保护佛教寺产的政策。1913年6月20日，袁世凯政府颁布了《寺院管理暂行规则》，第五条明确规定："不论何人不得抢夺寺院财产。"③1915年10月29日，袁世凯政府

---

① 《国务院咨内务部各省都督佛教财产为该教所保有，如有临时占用之处应清理发还以符约法文》，《政府公报》第56号，1912年6月25日。

② 《内务部通咨各省都督民政长请转饬所属切实保护祠庙文》，《政府公报》第194号，1912年11月11日。

③ 《寺院管理暂行规则》，《政府公报》第403号，1913年6月20日。

又颁布了《管理寺庙条例》,其第三条规定:“凡著名丛林及有关名胜或形胜之寺庙,由该管地方官特别保护。”第十一条规定:“寺庙财产不得借端侵占。”第二十七条规定:“违背第十一条规定侵占寺庙财产时,依刑法侵占罪处断。”①《寺院管理暂行规则》和《管理寺庙条例》是袁世凯政府颁布的两个法律性文件,它们都坚持了保护佛教寺产的政策,这表明袁世凯政府保护佛教寺产的态度是坚决的,也是一贯的。

2.规范佛教寺产所有权

在中国传统社会里,佛教寺院遍布全国各地,资产总规模达到了惊人的地步,但在近两千年的时间内,佛教寺产并没有明确的法律地位。官府将佛教寺产看作可以随时没入官府的国家公产,而僧尼则将佛教寺产看作可以世代相传的私有财产,“此寺彼庵,各自封执,传徒及孙,俨同世俗”②。正因如此,在清末民初的庙产兴学中,社会各界对佛教寺产的争夺非常激烈,由此引发的社会冲突也不断发生。③ 为了平息此起彼伏的佛教寺产冲突,袁世凯政府出台并逐步完善了“佛教寺产属于佛教公有”制度,具体原则有六个。

第一,寺产属于佛教。具体说法是:“佛教徒不过因所奉宗教别具名称,其实亦为人民之一,该教财产自应为该教所保有。”④由于传统寺产的来源比较复杂,袁世凯政府又规定了判断某处庙产是否属于佛教的唯一标准,即“以供奉神像见于各宗教之经典者为限。寺院神像设置多数时,以正殿主位之神像为断”⑤。

第二,僧尼对寺产只有管理权,没有处分权。1912 年 11 月,内

---

① 《管理寺庙条例》,《政府公报》第 1249 号,1915 年 10 月 30 日。

② 太虚:《上佛教总会全国支会联合会意见书》,《太虚大师全书》第 19 册,新文化彩色印书馆,1980 年,第 328 页。

③ 许效正在《试论清末民初(1901~1915)湖南的佛教寺产冲突》(《法音》2012 年第 12 期)中对发生在湖南的佛教寺产冲突及其影响进行了系统分析。

④ 《国务院咨内务部各省都督佛教财产为该教所保有,如有临时占用之处应清理发还以符约法文》,《政府公报》第 56 号,1912 年 6 月 25 日。

⑤ 《寺院管理暂行规则》,《政府公报》第 403 号,1913 年 6 月 20 日。

务部发出通告，宣布："凡各庙住持僧道等，除由该教祖宗遗产或该僧道自置私产准其自由处置外，对于官立公立各庙产均只有管理权，无所有权，不得以个人名义擅自转移及影射、抵押，暨已脱离宗教仍旧占据各情。其有曾经典当抵押者，所立契约概作无效，仍勒令该僧道等自行备价偿还。"①1913年1月，内务部再次强调："祠庙对于国家或宗教既均属公产，无论债务债权两方面均不能以私人资格指令抵押，或假其名义向人贷借物品。若有此事，则借者贷者均属违法。"②

第三，僧尼犯罪不能罪及寺庙。这个原则也是1913年1月出台的，具体规定是："查中国习惯，各项祠庙莫不以慈善为性质，公益为目的，无论对于国家对于宗教，均属纯粹正当公产。而祠庙既非自然人，自不能不借居住人代行其职务。若该居住人不本其性质，不遵其目的，而以己意妄自行动，则对于该祠庙已犯有违反职务之罪。该祠庙不惟不应代受其祸，且其职务名誉反因之而受大损失……以后如遇居住人不法者，即不能罪及祠庙，以符世界各国保护慈善公益之意。"③

第四，佛教社团是寺产所有权的主体。这个原则出现在《内务部咨浙江都督覆陈本部对于各项祠庙意见请酌量办理文》里边："佛教总会对于在会各庙之私有财产，自有代表佛教为所有权主体之资格，即有代负责任与督察举发之义务，除以该庙资格与外界交涉者，无论刑事上民事上均应由该会代负责任外，其各僧徒以私人资格犯罪者，应由该会随时送官惩办。如果知情不举，故意纵容，则责任所在，咎所难辞，该管官厅即应分别情节，按律处判，自未便以总会章

---

① 《内务部通饬各省都督民政长保护庙产办法文》，《政府公报》第188号，1912年11月5日。

② 《内务部咨浙江都督覆陈本部对于各项祠庙意见请酌量办理文》，《政府公报》第247号，1913年1月13日。

③ 《内务部咨浙江都督覆陈本部对于各项祠庙意见请酌量办理文》，《政府公报》第247号，1913年1月13日。

程置法律于不顾。”①

第五，寺产纳税。《管理寺庙条例》第七条规定：“凡寺庙财产须按照现行税则一体纳税。”②

第六，寺产注册。这项原则体现在《管理寺庙条例》里，其第六条规定：“凡寺庙之创兴、合并及改立名称并现存寺庙，须向该管地方官禀请注册。”第八条规定：“凡寺庙现有财产及将来取得财产时，须向该管地方官禀请注册。”第十九条规定：“业经注册之事项，该管地方官应即公布并发给注册证。”第二十条规定：“凡应注册之事项未经注册及公告，该管地方官不认保护之责。”第二十一条规定：“业经注册之事项如有变更或消灭时，须随时禀请该管官署注册。”③

3.废除僧官制度

在中国传统社会，佛教是信徒最多、社会影响最大的宗教。为了对佛教事务进行有效管理，早在北魏时期，封建统治者就设立了僧官机构。各级僧官均由僧人担任，代表官府处理本辖区内的佛教事务，这种做法一直延续到清朝灭亡。清代的僧官制度是在明代基础上形成的，中央设立僧录司（正六品衙门，属礼部），主要官员有正印、副印、左右善世、左右阐教、左右讲经、左右觉义等10人，负责全国的佛教事务，地方各级僧官是依托各级官府设立的，各府设僧纲司，主要官员有都纲一人，副都纲一人，各州设僧正司，主要官员有僧正一人，各县设僧会司，有僧会一人。各级僧官均由僧人担任，不支俸禄，不准迁转他途，“仍服方外衣冠，不得与职官并列”④。僧官制度的设立，适应了历届王朝管理佛教事务的需要，对协调佛教与世俗政权的关系发挥了重要作用。但随着封建制度的没落，僧官制

---

① 《内务部咨浙江都督覆陈本部对于各项祠庙意见请酌量办理文》，《政府公报》第247号，1913年1月13日。

② 《寺院管理暂行规则》，《政府公报》第403号，1913年6月20日。

③ 《寺院管理暂行规则》，《政府公报》第403号，1913年6月20日。

④ 《钦定大清会典》（乾隆朝），转引自杨健：《清王朝佛教事务管理》，社会科学文献出版社，2008年，第11页。

度也是百弊丛生,各级僧官“俨与官吏无异,对于教徒既以任意专横,肆行权力。对于社会抑或假威济恶,哄骗愚氓。甚者乃与用人行政之大端,亦须暗中干预”①。

袁世凯政府成立以后,为了适应民主共和的要求,决定废除北魏以来的僧官制度。1912 年 9 月,袁世凯政府颁布通告,宣布:“按查政教合一本为未开化时之习惯,文明各国皆不认教会团体有公法人之权,所以示平等而杜流弊,意至善也。中国古时虽有神道设教之说,亦仅有敬而远之之虚文,从未畀演教者以特别权力……国家改建共和,人民一律平等,凡属教徒均为民国普通人民之一,除关于教中规律由各该教自由遵守外,所有前清时由政府札付各教职官,及所颁正副各印,即应一律取消,以防流弊。”②至此,有一千多年历史的僧官制度就退出了历史舞台。

袁世凯政府在废除僧官制度的同时,还按照《临时约法》所确定的“人民有信教之自由”“人民有集会结社之自由”等精神,鼓励设立新式佛教社团。仅仅 1912 年 3 月到 1913 年 10 月,经袁世凯政府批准设立的全国性佛教社团宗教有 5 个,它们是:僧敬安、饶融等人发起的中华佛教总会(1912 年 12 月 4 日),谢震、僧谛闲等人发起的蒙藏佛教联合会(1912 年 10 月 11 日),谭光鉴、僧诚修等人发起的中华佛教公会(1913 年 5 月 17 日),王绮等人发起的中国佛教青年会(1913 年 7 月 31 日)和僧光大、顾瑗等人发起的蕃汉僧俗佛教联合会(1913 年 9 月 3 日)等。③ 这些佛教社团的设立,是中国佛教史上的重大事件,对佛教在民主共和时代的发展产生了深远影响。

---

① 《内务部通咨各省都督、民政长所有前清札付各教职官及所颁正副各印一律取消希转饬遵照文》,《政府公报》第 135 号,1912 年 9 月 12 日。

② 《内务部通咨各省都督、民政长所有前清札付各教职官及所颁正副各印一律取消希转饬遵照文》,《政府公报》第 135 号,1912 年 9 月 12 日。

③ 《内务部临时政府期内教会立案一览表》,《政府公报》第 615 号,1914 年 1 月 23 日。

二、袁世凯政府保护佛教的原因

以袁世凯为首的北洋集团是袁世凯政府主体，在清末新政期间，他们是庙产兴学运动的急先锋，民国建立后，他们却下大力气保护佛教，其中的原因是很复杂的，具体说来主要有以下四个因素：

1.社会进步的要求

清末新政时期，在北洋集团把持的地区，都坚决执行了清王朝的庙产兴学政策：束鹿县“督饬公务局绅董邀集各村正副公同复议，酌定暂行章程”，对境内不入祀典的庙宇“就地清查，悉归实用”①；天津县议事会拟定了《清理庙宇庙产办法六条》，明确规定“各项庙宇庙产既充做自治经费，此后即应统由董事会管理”②；袁世凯本人也承认“直隶学务经臣竭力经营，现始稍有规模，但终限于财力，赖有不入祀典之庙宇，通融修改，早日告成”③。在这样的背景下，直隶各地对佛教的迫害是非常残酷的。1908 年 9 月 25 日的《盛京时报》曾有这样一篇报道：“上月廿八日，达赖由晋入京。住宿阜平县时，有赵州等处僧人约百余名，环跪道旁求见活佛。闻禀单内直隶全省僧众悉皆列名。略谓直省庙产全被官家索去，无以为生，情愿随同活佛赴藏，归入喇嘛教，或于入京陛见时，向大皇帝前代为乞恩，将庙产全数发还云云。时阜平令纪云鹏亲自弹压，欲令解散，而僧众环跪不起，并有恶僧多名带有戒刀，势欲用武。幸达赖畏其纠缠，亦避不敢见。后经军队用强迫压力，始克解散云。”④从这份报

① 《束鹿县请将二月以前议提庙产拨充学费准照原议办理禀并批》，甘厚慈辑：《北洋公牍类纂》卷十一《学务二》，清光绪丁未年（1907）铅印本。

② 《天津县议事会禀督宪拟定清理庙宇庙产办法文》，甘厚慈辑：《北洋公牍类纂续编》卷一《自治一》，宣统二年（1910）刊本。

③ 袁世凯：《遵旨严禁刁绅蠹吏滋扰寺院并分别声明折》，廖一中、罗真容：《袁世凯奏议》（下），天津古籍出版社，1987 年，第 1154 页。

④ 《赵州僧众乞救于达赖奇闻》，《盛京时报》第 591 号，光绪三十四年九月一日，第 3 版。

道，我们不难看出，当时，袁世凯主政的直隶省，对佛教的迫害是何等残酷。

武昌起义后，我国的政治体制发生了根本性的变化，袁世凯由封建王朝的重臣，一跃而成为中华民国的临时大总统，他的旧部也纷纷成为中央各部或地方政府的官吏。尽管他们的思想作风都没有发生根本性改变，但还是顺应了民主共和制度的要求。袁世凯曾说："共和民国以人民为主体，而人民代表以国会为机关，政治不善，国会有监督之责，政府不良，国会有弹劾之例，大总统由国会选举，与君主时代子孙帝王万世之业迥不相同。"①在这样的形势下，袁世凯对佛教的态度发生了重大变化，他曾公开宣布："人民信教自由。举凡各教，均一视大同，毫无偏倚，不论其信教与否，亦不论其信仰何教，均须互相尊重，悉泯猜嫌，冀享幸福。"②1913 年以后，尽管袁世凯不断强化个人独裁，但"人民于法律范围内，有信教之自由"③的规定一直载于宪法，按照这个规定保护佛教，自然也成为袁世凯政府的必然选择。

2.保护弱势群体的需要

在清末民初的庙产兴学运动中，僧尼成为名副其实的弱势群体。一是社会舆论充斥着对僧尼的恶毒攻击。仅《申报》和《盛京时报》中关于僧尼负面的报道就有 40 起之多，内容涉及杀人、强奸、拐带人口、侵吞庙产、勾引妇女、吸毒、贩毒、嫖娼、盗窃等类。④ 以致有人说"今之所谓缁流者，无一非淫僧耳"⑤，"中国之贫弱，释教

---

① 《临时大总统令》，《政府公报》第 432 号，1913 年 7 月 19 日。

② 袁世凯：《莅参议院宣言》，《大总统书牍丛编》，广益书局，1914 年，第 3 页。

③ 《中华民国约法》（1914 年 5 月 1 日公布），夏新华、甘正气等整理：《中国近代宪政历程：史料荟萃》，中国政法大学出版社，2004 年，第 471~472 页。

④ 许效正：《清末民初庙产问题研究（1895~1916）》，陕西师范大学 2010 年博士学位论文，第 38~40 页。

⑤ 《拨寺观产业以开学堂说》，《申报》光绪二十八年四月初七（1902 年 5 月 12 日），第 1 版。

亦为一源”[1]。二是借故驱僧占庙的现象不断发生。光绪三十四年(1908)七月,营口士绅状告火神庙僧菩提“不守清规,奸淫民妇”,尽管“该僧堂执之时不认奸情……连词推询,坚不承认”,本夫王锡祥“亦竭力袒护”,当地绅士还是“联名具禀道署,拟将全营庙僧一律驱逐出坛(境),改设学堂,拨庙产充作经费”[2]。

辛亥革命后,激进人士成为中央和地方政府的主持者,在他们掀起的破除迷信运动中,佛教失去了一度存在的正当性,各地迫害僧尼的现象更加普遍。据中华佛教总会报告:“近据各省支分部报告,如奉天、吉林、黑龙江、直隶、山东、山西、四川、陕西、新疆、甘肃、两湖、两广、河南、福建、云南、贵州、安徽、江苏、浙江等省,均纷纷攘夺庙产。假以团体名义,毁像逐僧者有之,苛派捐项者有之,勒令还俗者有之,甚至各乡董率领团勇强行威逼,稍有违抗,即行禀报该管官厅严行拘捕。各僧道累讼经年,迄未得直。强半假托议会议决,莫不回护于抽提庙产者,益肆行无忌,仍欲继续勒捐,否则认为违(法)犯罪。凡有财产,均一律充公。去年湖南、奉天、安徽、吉林、河南、江苏、浙江各省僧徒,以此毙命者,均征诸事实。而各省僧徒流离失所,相丐于道者,亦实繁有徒。”[3]在此期间甚至发生了“逼嫁女僧致死”[4]的惨剧。

在这样的形势下,佛教人士成为名副其实的弱势群体,他们的财产被抢占,信仰被践踏,甚至生命安全也受到严重威胁。这种现象严重违背了“国民一律平等,无种族、阶级、宗教之区别”的宪法精神,严重侵害了佛教人士的合法权利,按照宪法对他们进行保护是完全正确的。

---

① 《论释教之害》,《东方杂志》第2卷第1期。

② 《绅董禀请驱逐庙僧》,《盛京时报》第530号,光绪三十四年七月四日,第5版。

③ 《中华佛教总会致国务院呈》,中国第二历史档案馆编:《中华民国史档案资料汇编·第三编·文化》,江苏古籍出版社,1991年,第691页。

④ 《上海世界宗教会陈芾等呈大总统电》,《政府公报》第203号,1912年11月20日。

3.恢复社会秩序的需要

在清末,各地大肆抢占佛教寺产的行为引发了大量的群体性暴力事件。[①] 这些群体性暴力事件发生的地点非常广泛,"浙江之慈溪、绍兴、严州、台州、处州、嵊县、奉化、长兴,江苏之太仓、东台、镇江、扬州、淮安、海州,或焚学十余校,或焚数十校,而直隶之易州、安徽之怀宁、广东之连州,无不有毁学之事"[②],僧俗冲突已成为清末民变的主要诱发因素。

民国初年,各地对僧尼的迫害更为普遍,由此引发的社会矛盾就更加尖锐。湖南祁阳县群众数百人砸毁了文明学堂和警察署[③],长沙军人也连续打毁了数所学堂,引起极大的恐慌。[④] 与此同时,非暴力的反抗也在迅速蔓延。湖南长沙的二百五十团总共七百余人齐集火宫殿,抗议政府拆毁城隍庙的决定[⑤];安徽安庆的商人集体罢市,抗议柏文蔚砸毁神像的做法[⑥]。而宗教社团的抗争更具有影响力。在民国初年的社团热之中,宗教人士也成立了17个全国性的社团,其中比较著名的是中华佛教总会,该会拥有22个省级支部,400多个县级分部。它宣称对全国佛寺拥有保护之责,多次上书国务院和内务部,强烈谴责各地"毁庙毁像,勒捐夺产,并驱逐还俗……种种违背人道之事",要求政府按照《临时约法》的有关规定,"饬行各省行政公署,罢除各项苛令",保护各寺院的合法权益。[⑦] 这就给袁世凯政府以很大的压力,迫使它采取有效措施,保护佛教利益,稳定社会秩序。

---

① 许效正:《清末民初庙产问题研究(1895~1916)》,陕西师范大学2010年博士学位论文,第100~114页。

② 蒋维乔:《宣统二年之教育》,《教育杂志》第三年第一期,上海商务印书馆印发。

③ 《祁阳仇警仇学之详情》,《申报》,1912年7月20第六版。

④ 《湘人误会毁学大风潮》,《申报》,1912年6月7日第七版。

⑤ 《湘人反对拆毁城隍庙》,《申报》,1913年1月5日第六版。

⑥ 《皖省毁像风潮续闻》,《申报》,1913年1月23日第六版。

⑦ 《中华佛教总会致国务院呈》,中国第二历史档案馆编:《中华民国史档案资料汇编·第三编·文化》,江苏古籍出版社,1991年,第690~691页。

4.统一思想的需要

辛亥革命的胜利，废除了延续了数千年的专制政体，此后通过大规模移植西方的法律制度，确立了资产阶级民主共和政体。这些都极大地推动了中国的早期现代化进程，但在当时却引起了严重的思想混乱：一方面，中国现代性政治的大规模构建，使人们的民主、共和、自由、平等和参政议政意识迅速觉醒；另一方面，数千年的传统思想不可能随着清政府的垮台而迅速退出历史舞台，皇权思想、等级思想、专制思想、神灵崇拜在社会精英中仍然有很大的市场，在普通民众中的影响更是根深蒂固。新旧思潮的撞击，各种政治势力之间的矛盾，西方的民主制度与我国社会的诸多不适应，都引起了人民思想的极度混乱。思想的混乱必然导致行动的失常，民国初年的社会因此陷入一种混乱无序的状态之中。在这种混乱无序的社会里，中央政府的权威也被严重削弱了。如何统一人们的思想，重塑中央政府的权威，是袁世凯政府所面临的一个棘手问题。为了统一思想，稳定社会，袁世凯在加强法制建设的同时，也注重道德教化。1913 年 10 月，袁世凯提出了“道德为体而法律为用”“借法律而辅道德之用”的主张。当时绝大多数人是文盲，而佛教供奉众多神灵又很多是苦己利人、谦虚忍让、孝敬父母、和睦乡邻、力行正义、抑恶扬善的楷模，在他们中有广泛的影响。借助佛教的神灵崇拜来加强道德教化，进而统一人民的思想，就成为袁世凯政府自然而然的选择。这也是它保护佛教、道教的一个主要原因。尽管此做法有待商榷，但这种重塑道德权威，强化中央政府威望的努力是符合中国社会发展的长远利益的。

三、结论

袁世凯政府是在封建专制制度的废墟上建立起来的，是中国第一个全国性民主共和政权，同时也是一个极度动荡的政府。在短短的四年时间内，它的组织形式就经历了从内阁制到总统制再到君主立宪制的巨大变化，发生了“二次革命”和护国战争两次大规模战争。政治体制的剧烈转型，新旧观念的激烈碰撞，北洋派、革命派、立宪派之间的尖锐斗争，就使袁世凯政府很难集中力量进行社会建设。但是，在这样严峻的形势下，在这样短暂的时间内，袁世凯政府却颁布了数十个文件，制止各地大肆抢占佛教寺产的行为，规范佛教寺产的所有权和佛教社团的活动，最终形成了既符合宪法精神，又具有鲜明时代特征的宗教管理法规，这种做法是应该给予肯定的。袁世凯政府下大力气保护佛教，是贯彻宪法精神的需要，是恢复社会秩序的需要，也是统一人们思想的需要。这些政策既符合“人民有信教之自由”和“人民有保有财产之自由”的宪法精神，又吸收了地方政府和佛教社团的意见，有力地推动了中国宗教政策的现代化进程，对后来的宗教法规产生了深远影响。

（许效正，河南安阳师范学院）

北方寺院研究

——峰峰水浴寺石窟宋端拱二年陀罗尼经幢题记初考

孙继民

张林堂主编的《响堂山石窟碑刻题记总录》(北京外文出版社2007年1月出版)第一册第99页刊登有北宋太宗端拱二年(989)十月十六日刻《佛说佛顶尊胜陀罗尼经》及其后附题记拓片的图版,第90页至第98页并有该经和题记的录文。据编者介绍,该经幢在邯郸市峰峰矿区俗有“小响堂”之称的水浴寺石窟外东南侧。从题记内容看,该经幢除由水浴寺所属附近昭德县各村信众参加捐建外,还涉及附近的磁县、武安等县及今山西长治地区等,内容异常丰富,史料价值颇高,值得专门研究,下面为研究方便,先将该书题记部分的录文转录如后。

第一排:

1.佛说佛顶尊胜陀罗尼经　　端拱二年岁次己丑十月十六日记

2.铜鞮县北董家庄维那董斌崔氏　　道兴村维那宋云妻董氏赵斌

北李村维那贾环妻赵氏

3.董通马氏武及张氏武赵海珣　　薄杲薄通王氏界姐任氏董氏

贾裔姜氏伴姐宋氏王钦

4.卫氏王澄宋氏任荣李氏李兴　　张氏可瘿儿张氏刘□王氏陈氏

王珂李氏姜氏申进郝氏

5.宋谦申氏宋美赵氏王氏赵氏　　郭氏任氏梁荣王氏张氏赵遇

赵氏申珂宋氏高氏申嗣

6.李颙宋氏李氏申思宋氏　　李氏鬲氏赵海王氏崔氏贾氏张氏

申旻连斌连贞唐小伴哥

7.……高嗣申氏　鬲村维那侯绍张氏　　吴珂崔贞郭氏崔钦王氏崔氏

倪绪孙氏孙氏徐氏李瓶哥

8.……赵氏白海张氏张氏王珂王氏　　王赟常氏李崇卢氏李□张氏

田进吕氏陈氏武荣哥赵海

9.……上官村甄建赵氏赵氏赵氏　　梁氏郭氏李进张氏李兴张氏

张氏　高荣王氏元澄陈氏

10.……营村维那□嗣　　毛氏邵钦王氏□氏李氏

土戗村张钦赵训刘氏赵氏

11.……氏史氏　　百延村维那成练妻于氏

焦寺村孙信宋言杜顺侯祚

12.……谦□□　　录事王伦母刘氏张颙王晖王澄

中军井维那盖宗王赞张祚

13.……氏王氏　　□□徐丰徐瑫刘氏张氏成嗣

郝训李贵李美马晖

14.……徐斌武氏张瀚　　张氏□氏□□孟均薛氏贾斌

耿美乇捣村维那许佺

15.……陈氏孙进胡氏　　成氏高超翟贵常氏孟氏

邑人李懿张海李谊刘荣

16.……传驿孟氏　　王澄孟氏王谦□福张千张氏

吕斌李斌李嗣李密李建

17.……男百凝　　崔钦王绍张氏刘氏吕氏王氏

张瑫程氏王氏安氏张氏李氏

18.……郝氏李晖　　戚凝戚颜魏□李氏翟遇

张氏马氏王氏崔氏刘氏李氏

19.……□回村维苗宾　　胡□村维那曹兴邑人王澄

大河村张子俨　王家庄戚海

20.……赵过□斌苗成赵昊　　李贞李莲李赞朱式张进

孙氏崔氏刘氏靳氏席氏

21.……氏李氏苗氏　高祚　管氏李氏赵氏李氏　　赵氏黄氏李氏□氏王氏

江氏曹氏孙□庄维那崔铎

22.贾氏焦氏胡氏□氏郭氏刘氏□氏　　马家庄维那史温李均赵□

崔斌孙氏王氏

23.郭懿马凝

（以上第93页）

24.故滏阳村乡贡三礼范裔母彭氏贾官赵千范氏范训　　落平县马方邑人赵立范建

侍贤村维那李勍张氏董氏

25.杨荣范氏王遇刘嗣高氏范宽赵嗣郝氏卢召　　刘超李美智进温荣槩进

杜氏徐习郝旻陈氏

26.侯训盖澄张业赵□刘珂柴美刘嗣崔有王氏卢勍　　石环马

德陈遇刘美韩环范玘

□泉村任进赵氏张氏吴美苗氏

27.安国军从职拥乔念七讼金刚金李训盖成李氏盖全侯茂郝进张遇郝威王氏赵氏冯氏

安仁村路贵王氏班氏傅氏

28.蒋村邑人维那刘荣录事李邵李简李训张岳魏铎　　张氏刘氏王氏王氏杜氏陈氏

路州襄□县刘渠村维那郭超韩氏

29.侯澄盖翱邢珂林遇魏氏王氏陈氏马氏任氏晏存　　张氏王氏赵氏江氏刘氏张氏郭氏　　郭敏郭升郭氏任氏杨韬郭氏刘廷

30.王氏马氏赵氏张斌张桂塌河赵煦母魏氏左梁村索嗣杨氏郭氏曹氏张氏连氏张氏

苗氏王远李氏王琼陈氏王氏李氏

31.白村邑人杜遇王瑫王训王嗣杜珪孙赟孙进辛贞　　李氏王氏赵氏齐氏张氏李氏李玫王氏　　李氏杜氏刘氏杨宝元氏张澄郭福

32.孙温黄超孙绍郑氏李氏左城村王莫王丕郝氏王崇　　西及村白衣邑维那李璔邑人赵遇　　任氏郭璔李氏韩赟王氏刘氏郭氏

33.乡贡三礼王则妻宋氏王谊母成氏靳晏辛嗣辛珂王京　　张遇赵兴王珂□福张让陈赟

荛山县米宋庄吴斌邑人朱赟

34.李兵庄维那葛遇　　李宝陶旻刘超郝训李荣许超

韩璘魏澄韩嗣康颙郝钦朱千

35.录事梁斌梁颙　　李进赵训张□赵练杨训杨赞李斌

梁崇许崇李万张翰爰能

36.葛柔葛诲张斌　　靳晖靳铎赵遇杨蕴杨能母王氏马颙张美张臬刘遂张训王渚李福

37.张珂王晖王美孙温　　冯俸村邑人赵旻辛旻且珪张斌

赵进赵祚张荣李悬李氏孙氏

38.孙敏葛旻王丰吴温　　窦赟任珂王训王氏尹丰张□刘氏

甄氏田氏李氏郝氏张氏张氏张氏

39.张交梁懿张德李环

里村周裔母范氏智化寺尼□□进

40.王超石召徐贞李德

东贺家庄维那范唐翰斌

41.郭贞张赛郭过王钦

妻杨氏武真张兴马威葛遇

42.□邑人吴氏马氏光氏

霍赟胡赞张遇霍旻胡□

43.皇氏侯氏李氏郭氏

张嗣武绪申进范祚武钦武□

44.王氏李氏辛氏侯氏王氏

刘氏王氏张氏张氏刘氏王氏

45.裴氏赵氏武氏王氏

张氏来氏里氏孙氏张氏李氏

46.康家庄孙氏张氏

朱氏牛氏马氏牛氏吴氏□氏

47.庄严村宋□马氏陈赞

……

48.赵氏刘氏

（以上第94页）

49.林李村维那李晖妻游氏　　任胜村维那李贵妻□

秦贵王□□氏……

50.任茂范氏郭贞王氏李氏　　侄李遇陈氏白氏辛钦杨氏

董人任氏陈氏……

51.张留王氏甄瀚王宜謀氏　　薄氏武氏杨氏王贞苗氏李信

……

52.覃村邑人陈张留宋氏　　崇赟王氏陈氏阎村维那王□

□家庄胡钦张铎赵宝王氏
53.刘氏阎氏陈氏　　宋氏王绪魏氏刘琛王觅
□县鹿头维那范谦刘晖郝赟
54.上智村维那牛遇妻韩氏　　李张王氏范氏谢八王畛张氏
尚赟尚澄白钦刘璝侯兴王进
55.郭氏李氏刘氏牛氏郭氏　　郭村维那马虔妻智氏张伦
韩遇□璝李美卢遇宋钦范赞
56.韩远路晏肖氏李氏　　张斌李氏常觅贾氏刘氏
王氏杜氏李氏孔氏富氏任氏尹氏
57.新任村史史张氏　　李谦宋氏刘氏韩氏赵氏
赵谷维那郭瑫录事郭澄
58.□□维那张氏吕氏　　东尧村女豪李氏王氏
郭虔郭璝崔栓乐进石澄范进
59.邢州完山县维那马丕　　武乡县固□村维那王赞李氏马仙
台村维那范崇江谦张威张美
60.兄马绪儿马顺马竘　　董氏郭留焦斌李氏焦绾焦习
江赞李美江美姚美薛进崔环
61.邑人王美李超刘进韩从　　陈氏史氏焦琛焦铎赵钦
赵训苏荣江益王澄范美杨均
62.高进申赞贾是贾荣　　胡氏陈晖严氏胡千李氏胡旻
刘□申珂王布村樊斌张氏
63.李钦梁谦渻温李进　　郭氏李熊李造曹晖陈嗣任氏
桃园村张买暴家庄维那
64.王益刘荣张理任信赵荣　　王壊赵琛马氏张氏
贾司高钦赵□张珣王玖
65.石钦朱瓒智斌田广江怒　　顺圣庄张皓薛村秦美
王赛薛遇郭谦翟遇杜赞张赟
66.李怒贾均思惠李人朱竣　　西皮村维那李惠乡贡三礼李峻
67.姜臾张斌路怒王人樊启米氏　　元氏姜氏韩氏程氏母□□

68.苏荣卫超李兴刘兴李嗣　　薛村秦顺妻宋氏秦□□

69.张顺郭瑫贾超刘氏胡氏田训　　维那邢超孙氏王□□□

70.刘氏王氏杨氏石氏王氏周氏

71.朱氏刘氏申氏郑氏赵氏

72.姜氏路氏何氏张氏赵氏

73.永安庄霍超母翟氏李□孔澄

（以上第 95 页）

74.长垣村郭珪郭遇田贵能张氏李氏□□　　苏村维那……

黎城县宋村

75.赵州隆平县显化寺维那张嗣曹斌许瞻　　吴氏□氏

维那刘伦邑人武贞

76.张替郭超冯铎蒯练冯卿高进赵遇王温　　董壁□□陈□□诲

谢凝谢□吴玟张湲

77.张均朝旻净超范美李钦杜仙杜晏伍人张□　　姜氏刘氏杨氏郭氏李氏

谢求吴忠李威张宝

78.卢美张进张荣　　南□村常海张斌宋遇李崇

张美王岳郭实女冢

79.武安坊内维那刘荣范超番训李进　　王氏鱼氏秦氏王氏李氏

焦氏刘氏李氏董氏

80.李训张超李赞李遂杨氏宋氏张氏　　白马店李氏王氏

史氏陈氏张氏范氏何氏

81.□氏李氏陈氏王氏贾氏盖氏纪氏　　路河路练李斌叚臻郭斌

虚桥村维那李进录事李偘

82.小章村张万史氏　　粟山村维那康顺　　张铎李诲赵□黄德村维那

邑人李实王颙李氏王氏

83.李密侯倖郭绪刘练樊□王远雷氏　　连威杨斌赵澄范弼郭能

赵氏吴氏马氏宋氏

84.同氏靳氏刘氏台氏秦氏　　李美□□王放贾谦任奂

王壁村邑人孙太孙斌李贵

85.马铺村范超范美马人牛美路奂王进王空　　赵珪王绪杨饶王颜

杨旻苗质孙过刘氏崔氏

86.宋霜王荣赵宝王瓒樊氏张氏王氏　　连丕董氏王氏赵氏牛氏

孙氏苗氏常氏李氏姚氏

87.温氏马氏刘氏陈氏张氏王氏路氏　　□氏杨氏郭氏高氏范氏

温氏冯氏刘氏武氏武氏

第二排:

1.北和村连兴连超连珂赵远　　尹鲍村维那李荣张氏高晖和氏

大阎村维那翟旻□□氏翟□

2.李超孙赞王斌王氏刘氏李氏　　高训母贾氏郭氏张训成氏

翟唐魏氏武氏周氏戚氏

3.曹□□河村李赞席氏姚铎　　孟超张氏孟嗣张氏郑威

□超母张氏张□王氏□因

4.□□王氏竩莞城庄维那郭竩　　李氏高荣李铎张氏彭赞

张蕴巨氏彭氏张谦张信

5.郭进传珣李斌牛练孙训　　张赟母靖氏曹氏魏氏张钊

张谏吴氏秦氏董氏翟氏

6.申赞杨让李绪柴召郭能牛赞　　苏氏李玢母彭氏彭节高氏

翟晏赵氏马琛孟氏王章

7.杨荣和荣孙意吴政宋贵吴人　　彭晖李氏韩钦刘氏张钦刘氏

孙氏　田嗣房氏田乐赵氏

8.程金张福任氏陈氏孔氏张氏　　张祚崔氏张深翟氏范斌元氏

董家庄董珂罗氏董训

9.北杨台维那王乂边氏　　王铎张氏刘段阳耿村张澄崔氏

董政　踈村朱伦朱峻

10.丁村庄李超张氏张谦张赛　　上寺庄维那申温　成超刘贵常珂

朱罕朱绍王美张氏张氏

11.母孙氏籍氏吴荣刘整母既氏　　李铎王温王氏张氏王氏

邵家庄李瑫苗氏邵福翟氏

12.长顺庄㝵荣周美郑唐王氏　　下寺庄荣颜张过连召牛氏□□

邵□任练□氏任□李氏孙氏

13.李贵左氏郝氏王氏王家庄邑人　　南和村郭瑶郭超温潜王氏李氏

王瑫侯遇侯璘刘景

14.王间王瞻刘氏徐丰吴氏　　韩通　政医西人赵舫李绪张氏

□□邵斌邵俊李颙李训

15.永谊庄马罕张氏

董□□氏赵六邵氏□□

（以上第96页）

16.野河村故张超戴氏张嗣韩斌　　故滏阳修经幢都维那范荣男仁钊仁铎母罗氏持郎磁州判史兼御使大夫上柱国

17.张凝李绪赵赞房氏张氏杨斌　　范旻侯氏　新妇孙氏李氏孙子审颙孙女大姐王氏　　新丰县开国子食邑五百户弥

18.北道村蔡惠周赞萧澄张顺王氏　　薛村修经幢副维那赵弁弟赵忠赵谨徐氏梁氏霍氏　　将仕郎守殿中录权知磁州事尹

19.周荣赵美李氏苏氏王氏郑氏　　殿前录时赵远弟赵煦赵遂赵美赵赞新妇张氏　　儒林郎守昭德县令　沈仁谅

20.城南坊内韩福赵造高诲杨□　　李氏刘氏翟氏

将仕郎权昭德县主薄张翥

21.王氏李氏王氏蔡五

将仕郎守昭德县尉董虚舟

22.城内解谦解信朱荣

23.故滏阳村　殿前录时张或母王氏

24.营内李威韩进富氏任氏

25.娄氏郝氏张氏韩氏董丰董嗣

26.木井村维那戚瓒赵建武章李超

27.李宽樊练安贞萧宝许斌

28.宋赞程美王进曾珣杨岳

29.刘赞李福韩颙刘铎鹿氏李氏

30.雁亭村霍兴母申氏福周守栗董氏

31.守信秦氏程氏赵氏霍温张氏

32.申兴山王氏申□李氏王进母盖氏

33.王珂张氏牛练王氏霍千翟氏

34.阎训王贵王超羌村王美霍氏

35.张珂申氏男思练思美母王氏

36.磁山村维那巩韬任遇翟顺张氏

37.张训张珂张氏东□王

38.安家庄安琪安秋安则安伦

（以上第 97 页）

39.住长顺庄　　沙门比丘僧讲百法论　法澄

西左城上生经邑颜董云

40.在州都料近申瑫　　沙门比丘僧讲维摩□□可柔

冯铎赵顺赵斌韩通张弁

41.弟近人申志李氏　　沙门比丘僧习上生经前寺主弁儒

韩诲梁练韩琮苏存孔训

42.近人李训妻郭氏　　沙门比丘僧习维摩经寺主法美

霍钦路诲李罕孔旻王能

43.近人张煦住雁亭　　在院小师习法花经令玖讲经僧令珪

张铎李斌王超栾铎朱钦

44.近人张煦信住丁村庄　　习法花经僧令玟令全令贞

朱钦□□□□

45.苻家店村攻叚西持戒人赵审渥书经幢记　　习法花经僧崇珍习法花经僧令环

殿直江南宣九州岛岛提举兵

46.僧令深僧令求僧令实僧令通

士刘象弟前摄冀州

47.僧令超僧令志僧令谨僧法坚

别驾刘升母胡氏王氏

48.僧智赟僧令仙僧古匹僧崇玄

小娘子彭氏学究丽正

49.张行者李行者僧留

学究丽贞崔家庄

50.阿含寺比丘尼妙眉丝仙丝宜

51.李晖逯超□美张氏

第三排：

1.府家店上生经邑颜赵滏　　上生经邑苏颙徐澄张可法

香山村张勋彭旻彭伦彭乐

2.三十□人同共立起经幢各具姓名　　韩翰阎珪成珪王嗣崔卿杨殷

彭郎彭训张柔张荣张忠王遇

3.邑人程均赵贵刘丕苗宝　　杨荣姜澄郭珂王凝成贵

张咢张赟张福张达杨真

4.程惠萧德刘赞张斌李遂任赞王□　　张祚王卿李宣王训段

茂马贞

李荣李岩张澄彭赟田进

5.程温赵远李贵赵祚刘嗣范钊刘珣　　赵兴杨赟韩瓒高温王珂贾绍

杨美李祚李澄母李氏张郎张朾

6.刘赟魏或侯均荆铎杨典遂嗣遂斌卢勍　　张丰程遇王旻王能王益

西及村杨伦宋氏范氏张氏马氏

7.田瓒田铎　翟伦张美□尚戴贞　　大奢村上经邑人田秘翟宣

靳贵董氏靳遂李氏杨遇

8.赵唐赵信赵人赵岳女篆柴氏程氏任氏　　晁景张干□□李丕张澄李美

耿旭杨氏吕美游氏

9.李氏程伦母李氏程铎赵氏李氏刘超刘斌　　王赞张练马□田美田兴王皓

左成村王训王铎王璘王练韩氏

10.刘崇马唐王礼侯氏郭氏李让李粤　　翟雅陈赞蔡能姜真懿王金

王荣张氏泉头村武训霍氏

11.赵伦郝氏戴氏□氏任□李氏张氏王氏　　□音□人

篆义庄张节杜氏张氏王辛张氏

12.刘韬赵荣李斌何氏任氏高氏段氏　　田善留田钦□铎李氏张氏

台村前授庄所捕央功臣故高俊妻王氏长男绖荣　道□绖和绖

13.席氏王氏胡氏张氏张氏麻氏常氏李□　　张通韩□邢□逯霜李泉

彭氏杨谦杜氏李氏临丰村维那徐荣徐升王宾□调冯

14.周氏李氏翟氏王氏王氏赵晏宋氏　　邵氏邵氏翟练田氏杨

兴郝氏

李进郭氏陈召晃荣八特村郭跃郭会郭湿

15.永兴庄西尹鲍村李惠母孙氏彭珪范氏李□□□氏

（以上第98页）

笔者所见《佛说佛顶尊胜陀罗尼经》和题记拓片的图版太小，且字迹模糊，加之以上题记录文原编者未加行号和说明，笔者无法根据现有图版确定录文在原经幢刻石上的位置和顺序，只能根据编者的顺序将录文分为三排，并在每行之上加以行号，以便于叙述和说明。这肯定与经幢原石题记布局和文字顺序不同，拟待以后有了清晰照片之后再行厘定。

首先，对《响堂山石窟碑刻题记总录》以上录文的明显错误加以简单校订。第97页有经幢拓片的局部特写图版，其内容与录文第二排第11行至第20行部分内容对应，据此可以校正部分录文的错误。例如第19行中段，原录文“殿前录时”，从图版看，“录时”两字有误，应为“承旨”，殿前承旨为宋代官名。第一排第85行上段“马人”应为“马乂”。第一排86行上段“王瓒”应为“王琼”。又，网络上有水浴寺佛说佛顶尊胜陀罗尼经幢的局部照片，其中有部分内容是第二排第39行至第45行内容。从照片看，录文中第二排第40行的“都料近”应为“都料匠”，第41行至第44行的“近人”均应为“匠人”。

其次，关于经幢捐建的组织情况。经幢的捐建时间比较明确，即第一排第1行所记的“端拱二年岁次己丑十月十六日记”。端拱是宋太宗年号，端拱二年即989年。经幢捐建的组织者在题记中有两处内容相关，一处是第二排第16行至第20行的中段录文，即如下数行内容：“故滏阳修经幢都维那范荣男仁钊仁铎母罗氏；范旻侯氏新妇孙氏李氏孙子审颙孙女大姐王氏；薛村修经幢副维那赵弁弟赵忠赵谨徐氏梁氏霍氏；殿前录时（“录时”应为“承旨”）赵远弟赵煦赵遂赵美赵赞新妇张氏；李氏刘氏翟氏。”另一处是第二排第16

行至第21行的下段录文，即如下数行内容："持郎磁州判史兼御使大夫上柱国(此行的录文有数处错误。"持郎"应为"持节"之误，"判史"应为"刺史"之误，"御使"应为"御史"之误)新丰县开国子食邑五百户弥；将仕郎守殿中录("录"字疑有误，应是"承"字，且该字下应脱"旨"字)权知磁州事尹；儒林郎守昭德县令沈仁谅；将仕郎权昭德县主簿张翥；将仕郎守昭德县尉董虚舟。"两处的内容反映了经幢捐建组织的两个层面的不同信息。"故滏阳修经幢都维那范荣男仁钊仁铎母罗氏；范旻侯氏新妇孙氏李氏孙子审颙孙女大姐王氏；薛村修经幢副维那赵弁弟赵忠赵谨徐氏梁氏霍氏；殿前录时赵远弟赵煦赵遂赵美赵赞新妇张氏；李氏刘氏翟氏"一段内容反映的是经幢捐建的具体组织情况。"故滏阳"应是指"故滏阳村"，"修经幢都维那"和"修经幢副维那"应是这次直接组织捐建经幢的正副负责人，即修经幢都维那亦即负责人是故滏阳村人范荣，修经幢副维那亦即范荣的副手是薛村赵弁，这次直接组织捐建经幢的正副负责人范荣和赵弁均不见官衔，而且其活动名称和负责人名称是"修经幢都维那"和"修经幢副维那"，说明这次捐建经幢是纯粹的民间行为，不是官方行为。但是"持节磁州刺史兼御史大夫上柱国新丰县开国子食邑五百户弥；将仕郎守殿中承旨权知磁州事尹；儒林郎守昭德县令沈仁谅；将仕郎权昭德县主簿张翥；将仕郎守昭德县尉董虚舟"列名经幢，又说明这次组织捐建经幢得到了知磁州、昭德县令、昭德县主簿和昭德县尉的允许和支持。可以这样说，这次捐建水浴寺经幢是在磁州和昭德县官府支持下，在昭德县民间组织修经幢都维那和修经幢副维那直接主持下，由昭德县内外广大信众参加进行的，是官方支持下的一次民间盛大佛事活动。

再次，关于参加经幢捐建信众的地域构成。题记录文可以直接反映信众来自的州军县名有十一处，一是第一排第2行上段的"铜鞮县"，二是第27行上段的"安国军"，三是第24行中段的"落平县"，四是第28行下段的"路州襄□县"，五是第33行下段的"荛山县"，六是第53行下段的"□县"，七是第59行上段的"邢州完山县”，八是第 75 行上段的“赵州隆平县”，九是第 59 行中段的“武乡县”，十是第 74 行下段的“黎城县”，十一是第 79 行上段的“武安”。以上第一处的“铜鞮县”，据《宋史》卷 86《地理志二》，铜鞮县在太平兴国年间之前属于河东路潞州，太平兴国三年（978）割隶威胜军。第二处的“安国军”，应是河北路邢州的军号，《宋史》卷 86《地理志二》称其源自“后唐安国军节度”。第三处的“落平县”，《宋史·地理志》不见“落平县”一名，估计此字或许录文有误，或许当地方言音读有误。据《宋史》卷 86《地理志二》，河北西路庆源府（本赵州）辖县有“隆平”，“隆”与“落”音相近，推测“落平县”应是“隆平县”音近而误。与第八处第 75 行上段的“赵州隆平县”应是同县。第四处的“路州襄□县”，“路”应为“潞”，“襄□县”应为“襄垣县”。据《宋史·地理志》，河东路隆德府（本潞州）条，“本潞州。建中靖国元年（1101），改为军。崇宁三年（1104），升为府”，辖县有襄垣县。第五处的“荛山县”，应是邢州的尧山县。《宋史》卷 86《地理志二》河北西路信德府（本邢州）辖县有尧山县，可证。第六处的“□县”，不详。第七处的“邢州完山县”，也不见于《宋史·地理志》，推测“完山”应是“尧山”的误写。第八处的“赵州隆平县”已见上述，不再赘述。第九处的“武乡县”，据《宋史》卷 86《地理志二》辽州条和威胜军条，武乡县在熙宁七年（1074）前属辽州，以后属威胜军，可见端拱二年修建京城时武乡县属河东路辽州。第十处是“黎城县”，据《宋史》卷 86《地理志二》隆德府（本称潞州）条，黎城县本为河东路潞州属县。第十一处的“武安”，据《宋史》卷 86《地理志二》河北西路磁州条，武安为磁州属县。以上十一处州军县名，除去重复的和因缺字而无法知晓的，可以确认至少包括了潞州的铜鞮县、襄垣县、黎城县，辽州的武乡县，邢州的安国军、尧山县，赵州的隆平县，磁州的武安县。再加上不言而喻的昭德县，则昭德县北宋端拱二年（989）十月的修建经幢活动，信众捐助的范围至少包括了以昭德县为中心涵盖相邻河北河东两路五州九县的范围，这也在一定程度上反映了北宋初年水浴寺佛教信众的地理空间分布范围。

以上水浴寺石窟陀罗尼经幢题记多达四千余字，内容非常丰富，在唐宋时期同类经幢中仅见，是反映今邯郸市峰峰矿区的北宋时期的历史、经济、社会、文化和宗教，尤其是佛教状况的珍贵资料，但由于笔者未见经幢实物和拓片清晰图版，以致对其非常重要的题记排列形式、分布顺序等原始信息暂时无法掌握，对题记村名、人名、姓氏所反映峰峰矿区周围地区行政区划、社区分布、文化交流、社会交往、人口状况等问题难以做更深入的探讨。笔者拟抽暇专门调研，然后再对上述问题另文探讨。不妥之处，敬请大家指正。

（孙继民，河北省社会科学院）

北响堂刻经洞的佛典、偈颂和佛名

张　总

一、引言

响堂山石窟主要分南、北两处，也称为滏山与鼓山石窟，附近亦称水浴寺的小响堂也属此石窟，皆有刻经。① 南北响堂的刻经早已得到不少考察与研究。自国内顾燮光首开踏查以后，日本学者常盘大定、樱井一郎②、水野清一等相续考察并出版专论著作③，北平研究院也有专门调查及拓本记录，1949 年以后又有考古调研。近年

① 水浴寺石窟有题记讲到《法华经》刻经，但《邯郸鼓山水浴寺石窟调查报告》（《文物》1987 年第 4 期）称未发现，一些文著相沿引用。但王振国《关于邯郸水浴寺石窟的几个问题》（《中原文物》2002 年第 2 期，第 69 页），查明其虽然模糊难辨，但确有刻经存在。

② 樱井幸三又名樱井一郎。现知他写有《响堂山石窟踏查记》，编入《远东》第四卷九号，1924 年出版。

③ 常盘大定、关野贞著：《支那文化史迹》，东京，佛教史迹研究会，1925～1928 年。水野清一、长广敏雄著：《河北磁县河南武安响堂山石窟》，京都，1937 年。曾布川宽：《响堂石窟考》，《东方学报》第 62 册，1990 年，第 165～207 页。

成果颇多，蒋人和、李裕群、谢振发都有宏文专论。[①] 河南文史馆《翰墨石影》刊发的拓本包括很多响堂内容，质量颇佳[②]；而响堂山石窟文管所也印出石窟内外全部佛经与题记铭刻。[③] 这些成果无疑都有助于推动响堂石窟北朝以来刻经事业的研究。但是刻经洞所刻仍有粗疏之处，如北响堂刻经洞券门廊柱所刻佛名经句、上方十二部经名与大圣十号后附部分，同时此窟还有新材料即观音经名刻铭的发现。所以，从刻经角度对此重要的刻经洞所有的经典、偈颂与佛名进行查考实有必要。

北响堂山刻经洞，是响堂山石窟南、北两处，甚至更大范围内最为重要的一处刻经。北响堂南部的刻经洞，形制本为“标准”的响堂塔形窟。主窟室中开华门，两侧设大龛雕力士，前有横廊，设四立柱，旁侧两柱连于墙，形成三开间。柱上顶檐枋瓦垅，均仿木雕成。再上为饰山花蕉叶大覆钵，钵中开小窟，内雕释迦多宝佛，称多宝窟。其顶上为莲花摩尼珠刹杆，三株三宝标式。这种塔形窟不仅为北响堂北齐三大窟共有，南响堂的窟形亦略如。但北响堂的中洞与北洞，内置中心柱开雕龛像。而此刻经洞则以三壁三坛，造法华经系三佛。窟内前壁，铭刻着《无量义经·德行品》中的赞佛偈。此为本窟特色。又窟外前廊铭《维摩诘经》全文，窟外的北崖侧壁继以《胜鬘经》《弥勒成佛经》，并于折角处刻铭《唐邕写经碑记》，说明刻经原委与年代而结束。唐邕所施刻的四部完整经文，使刻经洞名副其实甚至“名超其实”。在此窟之外庭及崖面，还有佛名与经偈铭刻等，有些为后代追施铭补。窟外南边与唐邕施刻的《弥勒成佛经》及《胜鬘经》开首部分对称的壁面，刻有《无量寿经·优婆提舍》的“愿

---

① 李裕群：《邺城地区的石窟与刻经》，《考古学报》1997年第4期。谢振发：《北响堂山石窟南洞北齐石经试论——唐邕刻经事的讨论》（以下简称谢振发《唐邕》），曾布川宽主编：《中国美术的图像学》，京都大学人文科学研究所，2006年，第361~409页。

② 李源河主编：《翰墨石影——河南文史馆所藏拓本》，广陵书社，2003年。

③ 张林堂、许培兰著：《响堂山石窟刻经题记总录》（以下简称张林堂《总录》），外文出版社，2007年。

生偈”。上方塔刹两边有狮子佛、明炎佛、弥勒佛及十二部经名等，再外侧崖边岩上有“大空王佛”“宝火佛”“无垢佛”双钩字，个别字已深镌。南侧实碑形旁、大业洞内新发现了《妙法莲花经观世音菩萨普门品第廿四》的经名。①

归纳而言，刻经洞中所刻经典有全文、偈颂与佛名三类。第一类即所谓唐邕刻经。有明确的施刻碑记，施主、施刻年代与所施经典全部清楚无误。所刻经文也绝大部分完好存留，尽管其中有不少风化残泐之处。第二类是偈颂。刻经洞主室内部，前壁门两侧铭有《无量义经》的《德行品·赞佛偈》。刻铭与造像应为完全布局统一施设，雕镌完美，大部分完好，唯有一破损之洞。而刻经洞外，清代石券门的南侧券门内，即石窟外的前壁南侧，镌有《无量寿经论》，即《无量寿经·优婆提舍》中的愿生偈。这两种都是佛典里的偈颂，而年代却不是同一年代，后者肯定要晚于前者，甚至更晚于唐邕刻经。第三类则是佛名。主要是刻铭在刻经洞前廊的柱上，还有塔刹两旁及附近的崖面。当然其中也夹有经文等，不过很少。此外刻经洞下方的路旁，还有一块北齐天统年间所刻的《大涅槃经·狮子吼品》节文。

响堂山的刻经早已得到关心与注意，但关注集中于唐邕刻经，如从早年日本学者的踏查，到近年谢振发对唐邕施刻四经次第及《孛经》与其宦海经历关系的探讨等。其他部分研考较少，但也有不错的成果，如李裕群对廊柱佛名及相关三阶教关系的研究。不过其廊柱所铭佛名及个别经句，有些内涵原未明确，典据没有比定。虽然文字不太多，但是将其内容全部考定以供研究，确有必要。本文即对北响堂此刻经洞中铭刻的经文、偈颂与佛名进行详细勘考。

---

① 桐谷征一：《中国法华经石刻补遗》，《冠贤一先生古稀记念论文集》刊布，2010年3月。赵立春2009年发现，笔者有介绍。Zhangzong，*Northern Qi Inscribed Sutra and Buddha Images：The Unique Case of the Inscribed - Sutra at Mount Zhonghuang*，Asia Major，2010，Part1，p.291.

二、北响堂刻经洞佛名铭刻

北响堂刻经洞原为四柱三开间的廊柱门面，可能因清代道光年间的地震而损圮，所以为乾隆年间所增修的厚石券门墙所掩压。刻经洞上多宝窟旁有乾隆元年(1736)《创修券阁志》碑，铭文说：

发石券叁间，盘石巩固。建楼阁一刹，鸟革翚飞。①

现在其楼阁已失，原应建于塔刹部分，无论窟上方或侧面石券顶仍皆有孔洞，必为木构窟檐所用。三间石券门至今不过两百多年，存留完好。券门对廊柱铭刻的掩压，依北而南观察，可知北端墙侧廊柱仅在砌石中露出正面(向西)一小条，柱面仍颇残损，可见的只有几个字。门北端廊柱全部残失；门南廊柱已断，下段留存部分露出铭刻；而南墙外廊柱显示最多，八面中约有三面，从底部至顶端的铭刻可见。现知三柱上的佛名，可能恰与三种佛名即五十三、三十五、二十五佛名有关，至少可以确证与三十五佛名、二十五佛名有关，而且还有更多的内容，此前并未比定。

1.北柱与中柱

前廊北端立柱：

被压在清代砌筑砖石中，可以见到的仅有在较低部位，高约几十厘米处的数个字的刻铭：

□无？佛，无垢佛。药王菩萨。药上[菩萨]。

此处佛名虽少②，不过确有“无垢佛”一名，其上一名尚不全。但又可见“药王菩萨”之名，再下又有残痕与“上”字，所以可以推定为“药王菩萨”与“药上菩萨”。这一菩萨名组合，必应与《佛说药王

① 此碑署为“大清乾隆元年，岁次丙辰，暑月拾玖日吉旦立”。张林堂《总录》，图179，第240页。

② 马忠理《邯郸鼓山滏山石窟北齐佛教刻经》(以下简称《鼓山滏山》)录为：“……佛、无垢佛、药日音佛……”《北朝摩崖刻经研究续》，香港天马图书出版公司，2003年。谢振发《唐邕》录为“佛无垢佛药王菩萨药上”。

药上菩萨经》有关。① 而佛名刻铭中应用极广的“五十三佛名”，正是出自此经。而“无垢佛”之名，在此窟的其他地方，既有佛名组合的缺失，也有另外多出的刻铭。

由此柱向南，构成中间入口的两柱之北柱已完全失去。

前廊中门断柱：

入口南柱尚存，可惜其上部已断。所存下部，连同莲花柱础，高143 厘米。其南边为清代所砌筑的石券墙所封堵。即石券墙中门南壁的伸延（由此向西边门外增出）。廊柱都是上有收分的八棱柱，此断柱于砌筑封堵后，仍有近乎五面露出，可以显示出铭刻经文与佛名。

现略列其铭如下：（“善女人”等字的南边贴近石砌，拓本只能显出半个字）

西南面：善女人等一切众生悉有佛性非是作（字径 6~9 厘米）

西面：毗舍首陀能断除者则见佛性成无上道。

西北面：贞元十八年七月一日李恒

北面：进军佛　精进喜佛　宝火佛　宝月光佛　现无愚佛/（字径 5 厘米）

……佛坚德佛　旃檀功德佛　无量究光佛

东北面：财功德佛　德念佛　善名称功德佛　弘颜幢王佛/

……步佛　宝莲花善住娑罗树王佛　出决定毗尼经

现可比定，除中间的唐代纪年刻铭外，此处铭刻的文句均出自《大涅槃经》，佛名则明确铭为“出《决定毗尼经》”。以下分述两种题刻的情况。

A.《大涅槃经》

铭刻中的这两行字的此句文字并不完整。我们从其中来看：

“毗舍、首陀，能断除者，即见佛性，成无上道”一句，应为《大涅

---

① （刘宋）畺良耶舍译：《佛说观药王药上二菩萨经》，《大正藏》第 20 册，第 660 页下。

槃经》卷八《如来性品》中重要之句。其全句如下：

> 所谓佛性，非是作法，但为烦恼客尘所覆。若刹利、婆罗门、毗舍、首陀，能断除者，即见佛性，成无上道。①

这里令人感到奇怪的是，其前“善女人等一切众生悉有佛性”，却几不见于经典原文。但后面却与经文符合，而且其最下边的三个字却与上段缺失原文相扣，即“非是作”可与“法”相接。由此可知，其铭刻是将此句起首“所谓佛性”，直接加以解释，改成对善男信女宣说、解释佛性定义，并连成一句：

> （善男子）善女人等，一切众生悉有佛性。非是作/法。但为烦恼客尘所覆。若刹利、婆罗门、毗舍、首陀，能断除者，则见佛性，成无上道。

此处柱上所存略有残泐的“非是作”非常重要。前此有些录文并不够准确②，包括谢振发文中，对此细节注重不够。③ 但从柱面所存，“非”字拓本右边有残失，较清楚，“作”稍浅仍较确定。联系佛典文句，这种可能性仍然非常大。读者可以比照扫描摄影拓本图版观察。总之，依如上判断，就是铭刻将佛典原文略有改动，加以提炼与阐说，强烈突出《大涅槃经》的最重要思想。

一般而言，刻经是将佛典原文刻出，并不能加以改动。上述对《大涅槃经》文句之变，似乎幅度也不太大，但是在佛典之中，已经近

---

① 《大般涅槃经》，《大正藏》第12册，第411页中~下。又南本《涅槃经》也有同样的内容。见《大正藏》第12册，第652页中。

② 马忠理《鼓山滏山》文将佛性后三个字录为“非是佛”。但“佛”应为“作”字。

③ 谢振发《唐邕》文已注意到此段文字出自《大涅槃经》。但关键是没有对“非是作”等字进行辨识排列。只将“善女人等……佛性□□□”一句作后残三字举出，再将原经典文字中的“所谓佛性非是作法……刹利婆罗门”列为残失。这样虽很近于石刻与原典之关系，但仍有一点欠缺。（见谢振发《唐邕》注32，第406页）

乎于“改头换面”之作了。当然，石刻佛经中，将佛典加以改动之例并非没有，就在此柱旁边南端廊柱上的佛名等处，也有体现。山东北朝刻经之中，亦有其证。如山东邹城尖山大佛岭《思益梵天所问经》之“六波罗蜜”节文段落，以及内容相同的一块小碑（图）。① 开首均为“佛言”，即非出自原典。如果不加佛言，则须刻很长一段话。如全省略，则不知此言是“佛言”。还有东平县司里山摩崖的《小品般若经》，将一些句子省略节并，即石刻中的“过去诸佛、未来诸佛、今世十方诸佛，亦因是咒，得阿辱多罗三藐三菩提”，原文中是过去、未来、现世诸佛每一种都详说由般若波罗蜜咒而得三昧。② 安阳小南海中窟之前的“华严经偈”，也有一句不同于原文，针对所在石窟所刻之句。③ 河南林州洪谷寺千佛洞初唐所刻《无量义经德行品赞佛偈》，七言偈句前有“大庄严菩萨摩诃萨八万法身大士等同声偈赞”，也是刻经者对偈句前经文的概括，而非经文本身。④ 不过比较而言，对佛经文句的改动程度，仍然没有刻经洞廊中此柱之大。

综合而言，石刻佛经较写本经籍，困难很多。有时采取一些变通，也是可以理解的。大涅槃经有无古本直接使用此说，尚不能断定，但“一切众生悉有佛性”是此经的要义，在全经中出现极多。再由经文中《如来性品》前后的联系来看，此文节文，确实还是将段落中的含义，十分概括地表达了出来。《大涅槃经》卷八《如来性品》的前面，有这样一段话：

> 若有善男子善女人。有能习学是大涅槃微妙经典。当知

---

① 此碑曾为平阴柳文金收藏，据说出自济宁，但赖非认为此碑出自兖州金口坝。

② “何以故？憍尸迦！过去诸佛，因是明咒，得阿耨多罗三藐三菩提。未来诸佛，亦因是咒，当得阿耨多罗三藐三菩提。今十方现在诸佛，亦因是咒，得阿耨多罗三藐三菩提。”《大正藏》第 8 册，第 543 页中～下。

③ “卢舍那佛惠无寻，此佛曾经来此室，是故此地最吉祥。”《华严经》原典中并无此句。

④ 王振国：《关于河南林州洪谷寺千佛洞造像与刻经》，《敦煌研究》2003 年第 5 期，第 28 页。

是人能报佛恩真佛弟子。迦叶菩萨白佛言。甚奇世尊。所言佛性甚深甚深难见难入。声闻缘觉所不能服(解)①。

这段话说明其中心要义,仍然是对善男子、善女人宣说佛性的真谛、实质、内核等。全品的论述从多个方面展开,最后还是回到了佛性就在平常人心中,只是为客尘烦恼所遮盖了。由“非是作法”,可将其上下文联系起来,此句前,只补入了 16 个字,较旁边佛名部分每行可补入 20 余字要少(佛名部分最多可补入 28 字,但佛名部分的字径要小一些)。总之对比来看,可知石刻还是很提炼地将大涅槃经所宣说的佛性阐释了出来。

B.三十五佛名

此柱上的佛名之后,清楚地标明“出《决定毗尼经》”。而《决定毗尼经》确列三十五佛以为忏悔之用。如若排出此经中此组佛名,可知对应无误。就此排列此经佛名(下画线并加重的字为石刻铭文所存之字。由此可以看出上面失去的字之情况):

南无释迦牟尼佛　南无金刚不坏佛　南无宝光佛　南无龙尊王佛　南无精**进军佛**　南无**精进喜佛**　南无**宝火佛**　南无**宝月光佛**　南无**现无愚佛**　南无宝月佛　南无无垢佛　南无离垢佛　南无勇施佛　南无清净佛　南无清净施佛　南无婆留那**佛**　南无水天佛　南无**坚德佛**　南无**栴檀功德佛**　南**无量掬光佛**　南无光德佛　南无无忧德佛　南无那罗延佛　南无功德华佛　南无莲华光游戏神通佛　南无**财功德佛**　南无**德念佛**　南无**善名称功德**如来　南无**红炎幢王如**来　南无善游步功德如来　南无斗战胜如来　南无善游步如来　南无周匝庄严功德如来　南无宝华游**步如来**　南无**宝莲华善住娑**

① 《大正藏》第 12 册,第 411 页下。同样的句子,在下面出现时,此“服”字变成了“解”。显然后者更为合理。

罗树王如来

由铭刻中的佛名，我们可以知道石刻第一行上缺4个、存5个佛名，第二行上缺6个、存5个佛名（前两个字字迹不清），第三行上缺5个、存4个佛名，第四行上缺4个、存2个佛名。虽然佛名字数长短不同，但可知所残去约为一半，即约20字。

中间棱面的贞元纪年，字体粗陋，刻画简率，显然不同于余刻，必为后代所补。

总之，由此廊柱，可见到《决定毗尼经》中三十五佛名、《大般涅槃经》中众生皆有佛性，佛性为烦恼客尘覆盖的要义。四种姓各阶层中无论何人，只要断除客尘，就能见到佛性成无上道、见性成佛了。

2.南柱

刻经洞南端廊柱外露三棱，从上到下铭刻佛名，完整无缺，十分珍贵。这些内容之中，我们至少可以看到三个部分，即此柱铭刻有三个可注意之点，即二十五佛名、千佛因缘经的佛名与灭罪文句，还有出自《胜鬘经》的赞佛偈。其棱面刻铭如下：

南棱面：（小字双行，字径5厘米）东方燃灯界　有佛名宝集　若人闻名者　超世六十劫　宝胜佛　成就卢舍那佛　卢□□□□象佛　卢舍那光明佛　不动佛　大光明佛/

阿弥陀佛　无量声佛　阿弥陀劬沙佛　大称佛　宝光明佛　得大无畏佛　燃灯火佛　宝声佛　无边无垢佛　月声佛　无边称佛/

东棱面：（大字，字径6~9厘米，其下双行小字。但文句不能与佛名连读）

南　无帝宝幢　摩　尼　胜　光　如　来

若有至心称名者，除七百万亿阿僧只劫生死之罪。

日月光明佛　无垢光明佛　清净光明佛/日光明佛　无边宝佛　华胜佛　妙身佛

东北面：如来妙色身　世间无与等　无比不思议　是故今敬礼　南无佛□□何等光□□无……①

A.二十五佛名

其柱上所铭从东方燃灯界宝集佛后的诸佛之名，与《佛名经》中分列的二十五佛名可谓一致，但也小有差别。因列表对照如下：

石柱铭刻与《佛名经》对照表（方框内属补字）

石柱铭刻	《佛名经》②
东方燃灯界，有佛名宝集。若人闻名者，超世六十劫。宝胜佛、成就卢舍那佛、卢[舍]那[镜]象佛、卢舍那光明佛、[不动]佛、大光明佛/阿弥陀佛、无量声佛、阿弥陀劬沙佛、大称佛、宝光明佛、得大无畏佛、燃灯火佛、宝声佛、无边无垢佛、[月声佛、无边称佛]/南无帝宝幢摩尼胜光如来，若有至心称名者，除七百万亿阿僧只劫生死之罪。 日月光明佛、无垢光明佛、清[净光明佛]、日光明佛、无边宝佛、[华胜佛、妙身佛]……	东方燃灯界，有佛名宝集。若人闻名者，超世六十劫……宝胜佛、成就卢舍那佛、卢舍那镜像佛、卢舍那光明佛、不动佛、大光明佛、无量声佛、阿弥陀劬沙佛、大称如来、宝光明佛、得大无畏佛、然灯火佛、实声佛、无边无垢佛、月声佛、无边称如来、日月光明佛、无垢光明佛、清净光明佛、日光明佛、无边宝佛、华胜佛、妙身佛、法光明清净开敷莲华佛

由两相对比清晰可见，这两组佛名可以对应。第一“宝集佛”具有偈赞：“东方燃灯界，有佛名宝集。若人闻名者，超世六十劫。”《佛名经》中此 25 佛的前两佛具有偈赞，此后均无，只具有其所居世

① 最后几个字模糊不清，属推测。

② 北魏菩提流支译《佛名经》中 25 佛，每一佛名皆具赞颂。见《大正藏》第 14 册，第 159 页下。并多卷本《佛名经》，见《大正藏》第 14 册，第 261 页上。

界之名及殊胜功德等。以下佛名基本可以对应比定，但是石刻中第7个“阿弥陀佛”却是多出来的，铭刻中最后几个佛名虽然风化泐损难辨，但“华胜佛”与“妙身佛”依稀可辨比定，而最后一佛的“法光明清净开敷莲华佛”，在此棱面似无位置。但是，再转一棱面的“如来妙色身偈”下，还有模糊的佛名字样。因而，石柱所刻25个佛名确可比定，唯最后一佛名“法光明清净开敷莲华佛”，或转刻在旁棱面，但其铭刻之中含有一个多出的“阿弥陀佛”。

此处“阿弥陀佛”的出现，不知是否与其旁的“无量寿经优婆提舍愿生偈”有关。因为这个《愿生偈》也称为《净土论》《往生论》，是净土信仰中相当重要的论作。净土宗根本经典的“三经一论”之论（《无量寿经》《观无量寿经》《阿弥陀经》与此论）。此“愿生偈”中就强调“愿见阿弥陀”，而《优波提舍愿生偈》中又讲五念门，赞叹门即称念阿弥陀佛。而中国净土宗初祖昙鸾曾为此论作过注①。其注分上、下卷，上卷就专注世亲所做愿生偈，下卷再注世亲所撰之论。他重视称名念佛，更将称颂阿弥陀佛之名提高到具有咒语的意义。② 李裕群早已分析过，此廊柱佛名等应与三阶教有关。但一般而言，净土信仰与三阶信向却是针锋相对的死对头。批驳三阶最力的就是净土僧人及其著作。如果从这一点推论，这个增出阿弥陀佛的25佛名组，就不应属于三阶教。但从此时代较早的情况而言，或许他们之间的矛盾还没有尖锐化吧。但是三阶教不唱颂一经一像，不赞同大乘佛教之中的倾向一论一经的做法。而净土宗也否定其他大小乘宗派，认为其他派别都是靠“自力”的“难行道”，唯独“净土”是依佛菩萨他力的“易行道”，所以两派的不调和性也是很明显

---

① 《无量寿经论注》，或称《无量寿经优婆提舍愿生偈注》，系婆薮槃头菩萨造并注，昙鸾作注解（《大正藏》第40册，第826页上）。昙鸾是中国净土念佛法的真正创始者。昙鸾逝世或说在东魏兴和四年（542），享年68岁，或说于北齐天保五年（554）以后。参见陈杨炯：《净土宗初祖昙鸾》，《中国净土宗通史》，江苏古籍出版社，2000年，第109～182页。

② 昙鸾：《往生论注》，《大正藏》第40册，第826页上。

的。当然,从实际上民众崇敬的造像等情况出发,可知阿弥陀与弥勒、卢舍那以及释迦等多种佛像都有组合。

B.《千佛因缘经》

又柱上以较大字迹刻出的“南无帝宝幢摩尼胜光如来”,其“帝宝幢”三字其实不存,石面已经残泐或被挖凿成一个小坑。之所以能补出来,是因为查得此佛名包括下附文字,出自鸠摩罗什译《佛说千佛因缘经》,可以比定出来:

> 佛告跋陀波罗:“彼二比丘善说法者……第二比丘久已成佛,号帝宝幢摩尼胜光如来,十号具足,若有四众闻彼佛名,五体投地,归依顶礼,即得超越七百万亿阿僧祇劫生死之罪。”①

此经中所讲说“若有四众闻彼佛名,五体投地,归依顶礼”,在石刻中省略或改动为“若有至心称名者”,但其后除“七百万亿阿僧只生死之罪”则依然同一。

《佛说千佛因缘经》中这个“帝宝幢摩尼胜光”佛名与超越七百万亿劫生死之罪的功效,虽然字数不多,但却颇为重要。其中省改之处,是将闻此佛名而皈依的四众,行五体投地的跪拜顶礼,省略或改动为“至心称名”。这里若非依照古文佛典文句(这种可能性并不太大),即是将礼敬方式改成了“念佛”。闻名拜佛变成了念佛法门,这个趋势是与西方净土法门相一致的。在此当然不一定是念弥陀佛的法门,而是念25佛等佛的法门。从念佛名得到灭罪的功效,正是佛名忏悔仪式所习用。这个特点当与其时流行的《七阶佛名经》或《礼忏文》相符。这里与三阶教七阶佛名忏悔文的关系很值得探讨。很重要的一点,是柱上所刻佛名呈现的模式。《七阶佛名经》中有一部分,在25佛后面,加有出自《十二佛名神咒经》的两个佛名,而且这类经本是较晚出现的。但此石刻年代较其早很多,虽

① 《大正藏》第14册,第70页下。

然《千佛因缘经》中此佛名与《十二佛名经》中的两佛名不同,但其模式却相近,都是增出一两个佛名,具有很强的灭罪功效。因而其中的关联很值得深入思考。

C.赞佛偈

南柱的内棱即近石墙侧西南面处,还刻有一行大字偈文:

> 如来妙色身,世间无与等。无比不思议,是故今敬礼。

其下有两行小字,但磨泐很甚,仅有“南无佛/无无? 何等光□□无? (南无法光明敷莲花王佛)”①。这一段偈句,李裕群论文中曾有论及②,查此偈于《七阶佛名经》中出现,为三阶教徒必颂。③此偈确实在《七阶佛名经》或《七阶礼忏文》中多有出现,但却不是创出于此或单独形成而流行。其源出经本,而且这个经本不是别的经,正是此窟之外所刻出的《胜鬘狮子吼一乘大方便方广经》(一称《胜鬘经》)。廊柱所摘引的偈句之属,为《胜鬘经》开首的《如来真实义功德第一章》,是胜鬘夫人向提罗所说的赞佛长偈中之一段。现将此偈与其前后偈句并引如下:

> 胜鬘及眷属,头面接足礼。咸以清净心,叹佛实功德。
> 如来妙色身,世间无与等。无比不思议,是故今敬礼。

---

① 前几字似有似无,括号内的字似无踪迹。

② 李裕群:《邺城地区的石窟与刻经》,《考古学报》1997 年第 4 期,注 20,第 475 页。文中说:“北响堂南洞廊柱刻《三十五佛》、《二十五佛》和《七阶礼忏文》中‘如来妙色身’偈语,后者尤为重要,三阶教徒行忏法时必颂此偈。因此,廊柱刻经无疑与三阶教有关。”其前还先举出,《七阶佛名》则要求僧众跪持香花供养,普诵“如来妙色身,世间无与等。无比不思议,是故今敬礼。如来色无尽,智慧亦复然,一切法常住,是故我归依”。

③ 马忠理:《邯郸鼓山滏山石窟北齐佛教刻经》,注 8、注 11,引此论因李裕群首次识出此为三阶教的偈颂。《北朝摩崖刻经研究续》,天马图书有限公司,2003 年,第 264 页。

如来色无尽，智慧亦复然。一切法常住，是故我归依。①

当然，此偈被收入“七阶佛名”是不错的，其年代或较晚。② 而且此偈连同上文列举出的其下一偈，得到了相当广泛的应用。

其实以“如来妙色身”开头的偈颂不少，但是文句都与此不同，也没有得到像此两偈的广泛应用。如北魏《究竟一乘宝性论》③、刘宋《央掘魔罗经》中数契④，东晋《华严经》卷四十五中，一段偈赞中连续出现三句“如来妙色身”⑤，唐译《华严》之中稍有变化⑥。

从上举《胜鬘经》中所引赞佛偈颂，就可以见到，紧接此偈又有文意相近的一偈。这两偈也可称为两契。唐代智严所译的《大乘修行菩萨行门诸经要集》中就有此两偈，而菩提流志译《大宝积经》也收入相同的两契。当然，这两个经都属于集成经或类聚经，其实两者的相关内容都出自《胜鬘经》。如《大乘修行菩萨行门诸经要集》内，就有“《胜鬘经》第四十一”的小标题，而且下注为“发十大受愿赞如来，如来则现”⑦。而《大宝积经》卷中有“胜鬘夫人会第四十

---

① 《大正藏》第12册，第217页上。

② 现存《七阶佛名经》经本没有一本能早至北齐，现存有此偈经本多唐本，远晚于此处石刻。

③ 勒那摩提译：《究竟一乘宝性论》，《大正藏》第31册，第816页下与第842页下：“如来妙色身，清净无垢体。远离诸烦恼，及一切习气。”

④ 求那跋陀罗译：《央掘魔罗经》，《大正藏》第2册，第520页下：“如来妙色身，功德无伦匹。我今少称叹，最胜天中天。”第523页上：“如来妙色身，譬如优钵罗。齿白拘牟头，目净千叶华。智慧无染污，净逾分陀利。”

⑤ 佛驮跋陀罗译：《华严经》卷四十五，《大正藏》第9册，第682页下~683页上：“如来妙色身，一切莫能思，无量劫谛观，其心无厌足。佛子善观察，如来妙色身，除灭一切障，究竟成菩提。如来妙色身，出生净妙音，无碍诸辩才，广开菩提门……”

⑥ 实叉难陀译：《华严经》卷六十，《大正藏》第10册，第326页中。文句稍有不同。般若译：《华严经》卷二，《大正藏》第10册，第670页上。此二经只出现两句“如来妙色身”。

⑦ （唐）智严译：《大乘修行菩萨行门诸经要集》卷三，《大正藏》第17册，第960页中。

八”之标题。[1] 诸经论疏就此而释的为数更多,如《观无量寿经疏妙宗钞》[2]等。从此偈所出的背景来看,胜鬘夫人颂赞佛陀,佛即现身其前,而后胜鬘夫人深受感动而唱出此两契偈颂。因而此偈颂有代表佛陀到来之意。

《胜鬘经》中此两契偈颂,不仅在经论中广引博取,更重要的是佛教仪式之中,采用其作为行梵——行香时伴唱梵呗、叹佛咒愿中唱颂梵音。智升《集诸经礼忏仪》卷上收入的此两偈,就是作为行香时出现的。就是说,这段偈颂不只是单独念诵,而是烧香供佛时念诵,代表着礼佛诵名中的一个程序。《七阶佛名经》有一些例证,如号中即在请佛后叹佛之前用此偈,最后的回向部分仍有此偈。不过,至唐以后逐渐演化成为了叹佛咒偈,在叹佛咒愿中出现,表叹佛德。这一点侯冲在《中国佛教仪式研究——以齐供仪式为中心》中已有考论。[3] 隋大住圣窟上方刻铭中有“叹三宝偈言”,分别赞叹佛法僧三宝。其内容比较少见,是隋代流行的形式。实际上的表叹佛德之偈,后来就用这个“妙色身”偈了。

既然“如来妙色身”出自《胜鬘经》,而且在佛教礼仪中得到广泛应用,那么,《七阶佛名经》应用此偈,只是其得到应用的一种。此偈绝非三阶教所专用,所以,由《七阶佛名经》中此偈来推断响堂南洞廊柱所刻的三阶教属性,就很难成立了。包括佛名组合在内的情况也是如此。廊柱被砌之外的所存已经明示,有 35 与 25 佛名,53 佛名可能也有。这个组合当然与《七阶佛名经》相关,但是《千佛因缘经》及涅槃经等内容有所不同,特别是加入“阿弥陀佛”佛名的情况,很难与三阶教相容。

此偈与三阶教《七阶佛名经》的关系,确实应注意。所谓《七阶佛名经》,实际上是七阶礼忏之文,采用此偈,也是叹佛或行香之用。

---

① (唐)菩提流志译:《大宝积经》卷一一九,《大正藏》第 11 册,第 672 页下。

② (宋)知礼述:《观无量寿佛经疏妙宗钞》卷四,《大正藏》第 37 册,第 215 页。

③ 侯冲:《中国佛教仪式研究——以齐供仪式为中心》,上海师范大学博士论文,2009 年。

但从时代先后而言，石刻较所有的《七阶佛名经》或礼忏文存本的年代都要早很多。其形态也不够完备。三阶教《七阶佛名经》有广略两种，现知敦煌相关写本，日本广川尧敏已查得逾百件。其中具有题记者及完整者并不太多。已知最早的不过两三件，都已是唐代之作了。汪娟在《七阶礼》研究①中，曾归纳题记反映的时代情况，可知此类《七阶礼》多在9世纪、10世纪，如矢吹所列举的写本已是北宋之作。早期写本只有两三件②，一为上元二年（675）的B8318（昆96）号，一为唐乾封末年（667）的B8326（河55）号，加上淳化金川湾初唐石刻本，也不过三件。但这两件写本前面均有残损，后面都没有此偈，刻本情况恐有类似。而此柱石刻早于敦煌本数百年之久，确是相当于三阶教形成与发展的初期。三阶教本身是由北朝佛教发展而形成，所以若将此廊柱铭刻，视为三阶教礼忏文的来源或同流，会较将其看作受三阶教影响而出现或成立合宜得多。实际上，宝山大住圣窟所刻“七阶佛名礼忏文”就是此忏文较早的形态，其中并无25佛，但P2849证明，信行的“七阶有缘佛”包含了宝集佛等25佛。这已证明《七阶佛名经》礼忏是经发展而形成的，有吸收也有演化。其中早期的《七阶礼忏文》或尚无此偈颂。因而，此偈并不是其受三阶教影响而出现的证据，反而是三阶教礼忏文中出现此偈颂的起源或缘出之证据。

总之，我们应知，南洞廊柱所刻的“如来妙色身”偈，出自此窟亦刻的《胜鬘经》。这个偈在佛典与实际仪礼中得到了很广泛的应用。主要是作为行香时所唱的梵呗、唱颂而用。这个流行的行梵一般都是此偈句连同下一四言偈句共同使用。此刻仅有单偈（如果其柱后面被砌的石面亦未刻），这实际上反映了此偈被实用的初始状态。

---

① 汪娟《敦煌礼忏文研究》一文，选择部分完整的《七阶礼》作了分析研究。收入《中华佛学研究所论丛18》，法鼓文化事业责任有限公司，1998年。

② 汪娟书中所举为三件。还有一件上海博物馆藏的16（3318）号西魏大统十七年（552）写本，即司马丰祖写本。但汪娟说自己仅从黄征《敦煌愿文集》读到题识材料，未曾目验。由《上海博物馆藏敦煌吐鲁番文献》所刊图版可知，此件不是《七阶佛名经》。

此柱石刻“如来妙色身”偈、《千佛因缘经》与加有阿弥陀佛的25佛名，连同另柱的《大涅槃经》节句与35佛名及药王菩萨等名，共同构成某种“七阶佛名礼忏”的形态。这个形式未必是信行或三阶教徒所创制，但应是三阶教或《七阶佛名礼忏》的源头之一。而且此偈或是从经中择出而实用为行香梵的最早实例之一。这都证明着此偈石刻的意义，不可忽视。

3.刻经洞上方佛名等

在刻经洞廊柱，本身就有佛名。刻经洞上方塔刹之旁，刻十二部佛名与三佛名。此镌刻非常醒目。磨平的长方形底面，上刻三佛名。隶书体大字，字径达到了29厘米。其下又刻以十二部佛名，最后以“归命真觉藏识海”结束。对称的一侧有“大圣十号”，但其字句较十号为多。十号是为：

> 如来、应供、正遍知、/明行足、善逝、世间解、/无上士、调御丈/夫、天人师、佛世尊。[1]

但石刻此后还有三行，残泐很重。由末行的“明咒无等等明咒”字迹，经查对，知其应为鸠摩罗什译《摩诃般若波罗蜜》（大品）中的般若咒赞：

> 般若波罗蜜/是大明咒无上/明咒无等等明咒

其最后一句则以“稽首常住□宝海”结束。[2] 以下就此佛名兼及所刻作些分析。

此三佛名即弥勒佛、师子佛、明炎佛。此三佛名，看起来似乎又

---

① 《别译杂阿含经》，《大正藏》第2册，第441页中。

② 此处文字，马忠理在《鼓山滏山》文中录为“是大大□□□□明无等□司稽首常信□宝海”，而且说明是根据17年前所能见到总数应为53，可见47个字的情况而录。

熟悉又陌生。“弥勒佛”当然是知名度最高的佛。弥勒是未来佛，仅以弥勒为名的佛经就有多种。但是“师(同狮)子佛”与“明炎佛”，就不那么常见了。其实在佛名经系统之中，师子佛还较常见，明炎佛则少一点。其实这个佛名组合来自《现在贤劫千佛名经》，缺译而被附入梁录。以后又为32卷本的《佛说佛名经》所收，列在其卷二十九。这个多卷本的《佛名经》实为疑伪经，而北魏菩提流志所译《佛名经》，只有12卷之多。

“南无弥勒佛、南无师子佛、南无明炎佛”，是这组佛名中的第5尊佛至第7尊佛。其四佛即为“南无拘那提佛(千佛为首)、南无拘那含牟尼佛、南无迦叶佛、南无释迦牟尼佛”。由此不难看出，这四个佛正是人们熟知的七佛中的后四佛。也就是现在贤劫的千佛中最先四佛。拘那提佛后面所括注的“为首千佛”，也正是说明这一点。此三佛名，是现在贤劫中的千佛，是释迦牟尼之后的佛。题刻于此，确有代表现在贤劫之千佛之意，虽然这是出自疑伪经的排列。而《现在贤劫千佛名经》之后的《佛名经》中，在此千佛之名排出列后，又有礼十二部尊经大藏法轮，还有敬礼请十方诸佛、十二部经、一切贤圣与天龙八部，并称弟子无始以来所造罪无边无等，今日要发露忏悔皈依佛的内容。

此处两块铭刻所附的“归命”句与“稽首”句，出处似乎不明，但所用的术语应有来历。藏识海即藏识之海，也简称识海，是佛教中譬喻之说，出自《楞伽经》所说的内容。称真如为如来藏识，真如随缘而起诸法，如海之波涛，故曰识海。《楞伽经》卷一曰：

> 譬如巨海浪，斯由猛风起。洪波鼓冥壑，无有断绝时。藏识海常住，境界风所动。种种诸识浪，腾跃而转生。①

“藏识海”约可比于真如，此句中表述为真觉。如果直接说为

① (刘宋)求那跋陀罗译:《楞伽阿跋多罗宝经》，《大正藏》第16册，第484页中。

"真如",似与如来藏学说或古唯识译师真谛等人等事联结较多一些。但句中明为"真觉"之说,使其学派宗派色彩不太浓厚。而下句的"宝海"也是譬喻之说,是指功德很多,为"功德之宝珠,甚多无数,不可测量,喻之以海"①。此处刻经所选的《无量寿经论愿生偈》即有曰:

观佛本愿力,遇无空过者,能令速满足,功德大宝海。

此偈所刻的缺字,有可能是"大宝海"。两句形成某种对称,或为一契偈句:稽首常住大宝海,归命真觉识藏海。② 由于这两句或一契偈,不见于大藏经之中,所以应为当时佛教礼仪实事中所用。

此塔刹顶上方,又刻有三佛名:

宝火佛(高 35 厘米、宽 18 厘米,双钩,"火"字深镌)。

无垢佛(高 60 厘米、宽 23 厘米,双钩)。

大空王佛(高 104 厘米、宽 39 厘米,双钩,"王"字深镌)。

这三个佛名原来都在塔刹顶部之上。"大空王佛"与"无垢佛"略偏向北侧,两者之间原有一些小字,因风化过甚已无法识读。而"宝火佛"则偏于南侧,对称而置。但是宝火佛所在的岩块向下跌落一米有余,至于塔刹覆钵部位近于崖边,形成上下错落的布局。这三佛名与上述几种佛名,无论是廊柱或塔刹边,镌刻方式均不相同,是在不加修整的崖面上,用双钩的方式刻成。但其"宝火佛"中的"火"字,却已加深镌出。其"火"字的捺笔特粗,而"佛"字的末竖划笔特长。③ 这种特点,全与山东摩崖相同。

"宝火佛"与"无垢佛"都在《决定毗尼经》的三十五佛之中。

---

① 丁福保《佛学大辞典》。

② "归命真觉识藏海",水野清一在著作中已辨明说清,但"稽首常住大宝海"却没有提及。

③ 此三佛名的位置与变化情况,马忠理有明确描述。见《鼓山滏山》,《北朝摩崖刻经研究续》,第 255 页。

“宝火佛”位列第七,而“无垢佛”位列第十一。由于三十五佛及忏悔文得到广泛应用,所以宝火佛出现在数种佛典之中,引述较广,如《慈悲道场忏法》,就有引述。① 确实,宝火佛并不止于此一三十五佛名组,尚有更多的出现。如宝火佛就在《佛名经》②中无论是现在劫、未来劫中都有出现③,而隋阇那崛多译《大法炬陀罗尼》卷十的六度品、卷十一的六度品之余,宝火佛的出现就不只是佛名,而是为菩萨们解证六度的佛陀了。总之,宝火佛是不同组合场所中多有出现的佛名。

无垢佛的情况,也有类似之处。《增一阿含经》讲七佛本末,就有无垢佛出现于世,记迦叶(佛)之本末说。北魏菩提流支《佛名经》卷一的西方诸佛中有“无垢佛”,卷三、卷六、卷十二又在不同大组合中出现。④《央掘魔罗经》中则有无垢琉璃佛,《大集大虚空藏菩萨所问经》中有:“亲近供养无垢佛,成就三世无碍智。”但此经已是唐代不空所译了。

“大空王佛”之名,除刻经洞外,响堂石窟所附老爷山——南响堂处滏阳河边的摩崖龛像中石刻还有两处。水野清一、长广敏雄1936年来此调查时,将此处造像命名为东方摩崖。至2002年峰峰矿区文管所与北京大学考古实习队的调查测绘,将此处摩崖编为南响堂石窟第19号,包括32个小龛,以后又将五处题记编为A~E号,但未给两处佛名刻铭编号。两处佛名均在诸小龛之中,但大小列处不同。一处为东方摩崖19-30号龛左侧(19-29号、19-30号均

① 《慈悲场忏法》,《大正藏》第45册,第926页下、935页上、954页上。

② 《佛名经》(十二卷本),《大正藏》第14册,第131页中、145页上、157页下、176页中。相应的三十卷本《佛名经》疑伪《佛名经》也有不少出现。

③ 《现在贤劫千佛名经》,《大正藏》第14册,第378页下。《未来星宿千佛名经》,《大正藏》第14册,第396页中。

④ 《大正藏》第14册,第114、130、157、180页。相应的三十卷本疑伪《佛名经》也有不少出现。

为无像空龛)①。其高140厘米、宽40厘米。也是双钩字,竖排四字,其“大”字的捺与横笔分开,“佛”字末字很长的特点都完全同于山东所刻。另一处为东方摩崖19-32号龛左上侧,高和宽都是32厘米,字径9厘米,方形排列,四字则都镌入,与前述几例的刻法不同,字体也不同。② 32号龛是此处最大的龛,其中刻一躯立菩萨之像。此处东方摩崖(老爷山)龛崖近年还发现了E号题铭具有“河清二年”的纪铭。其位置在19-5号与19-6号之间。由此题记更易证明此处摩崖是响堂石窟刻铭最早的龛像。水野清一曾认为此处19-22号为南响堂一带雕凿最早的龛像,由此题记则订正为铭刻周围的19-1号至19-6号等龛为最早,河清年间雕造。

“大空王佛”本是山东刻经刻铭中极多且最有代表性的佛名。其名不见于佛典,“空王佛”似有所据,但“大空王佛”乃为所创。从字体特点到刻法铭式,应与山东刻经僧团等所为有关,即为山东的僧人来此所刻,也不算奇怪。但其所据位置,包括“宝火”与“无垢”在内,非常明显,只在边角出现,没有占据主要位置。

此南、北响堂两处均有的“大空王佛”佛名,涉及山东僧人来河北刻经问题。不少学者在讨论山东僧安道一刻经集团时,都从刻经写法与内容等方面,认定僧安道一曾来此刻经。不过由于证据并不明显,所以具体看法差别也较大。如日本桐谷征一与赖非的讨论。③ 但笔者对此持保留态度。正如赖非在文中所指出的,很多人是将时代特征与个人书风的特点混为一谈了,这种态度已属清醒。从刻经手法、经文篇幅、佛名类型而言,其差别都非常明显。所据位

---

① 张林堂《总录》,图91说明为19-29号龛左侧,但据张林堂《南响堂山石窟新发现“大齐河清二年”造像铭文及龛像》一文图示,则在19-30号龛左侧。《敦煌研究》2005年第1期。

② 见张林堂《总录》,图91、92。

③ 日本学者桐谷征一对僧安道一刻经所涉范围的认定最为广泛。其论文主要根据“大”字的特殊写法,推定响堂山、涉县中皇刻经均为其所为。赖非《僧安刻经考述》认为僧安是北齐武平三年到五年之间来到邺城近畿响堂,在北响堂窟外留下几处佛名,参与了南响堂石窟第二窟中“文殊般若”与《般若经》节文的刊刻。

置等情况表明，山东风格特点的刻铭在此决非主流，只是非常边缘的涉入。仅就南洞上部佛名而言，大空王佛等三佛名确系山东风格特点。然而若依赖非说，将弥勒佛等三佛名及十二部经名、大圣十号等都归于僧安之手，亦属过当。两种刻铭一是在仔细磨平的崖面精刻细琢，笔画边角都清晰明锐，二是在自然崖面简易而作。虽然其隶书字体有些相似之处，而内容上也决不相同。东平洪顶山等处所刻佛名加入极为鲜明的自创特色，与佛名经典的联系不是很紧密。当然，山东刻经与河北响堂刻经的内容交涉不止于此。笔者曾经比定，南响堂石窟上层檐枋，“文殊般若”54 字段，同于山东数处所刻。而南响堂般若洞内，“文殊般若”98 字段等节文，也与山东刻经相同。两者的关系很值得考虑。不过将这些相同经文节段，以及南洞后壁的《般若经·法尚品》都归于僧安来到河北书写主持了这些刻经，这种看法仍然有肤浅之虞。即使两者在经文与书法方面都有相同之处，也有可能是山东受河北影响而成。北齐朝皇家近畿的石窟刻经，从刻经方面的思想观念乃至书法格调，都有可能影响于外，书法中写字与笔法的特点，时代特征也确有超过个人特点的可能，所以决不排除是河北皇家近畿的刻经，以方方面面影响于其他地区，而山东僧团所接受与宏扬，是侧重于般若类经典的节取小段文句，还有佛名方面的发挥。

总之，响堂石窟刻经蔚为主流，皇家、高僧、贵室、权臣无不具备。而山东刻经乡野气息浓厚，自由发挥度大，投入的磨砺岩崖施工较少，直以双钩法在石面刻字。虽然也有来自天竺的释法洪者，倡般若学说，但北齐时的山东虽有青州龙兴之甲寺，出土精美的佛像，但泰峄山区仍难离边地属性。归纳而言，响堂石窟刻经与山东刻经必有一些交涉相互影响①，但在北齐朝代，其间主次应该区别清楚。

---

① 北响堂南洞刻经洞之外庭前，也有一龛，铭曰：“山东东平郡人曹礼来此所造。”

三、北响堂刻经洞佛典偈颂

刻经洞所镌铭佛典中的偈颂，有两处壁面的两种颂偈，且非同时所刻。其一即主室内的“赞佛偈”，其二为窟外南侧的“愿生偈”。

1.《无量义经·赞佛偈》

刻经洞主室内前壁即东壁所刻的赞佛偈，出自《无量义经·德行品》，是歌颂佛陀的三十二相、八十种好等之词颂。其词为七言，共102句。

> 大哉大悟大圣主，无垢无染无所著。天人象马调御师，道风德香熏一切。
>
> 智恬情怕虑凝静，意灭识亡心亦寂。永断梦妄思想念，无复诸大阴界入……
>
> 净眼明照上下眴，眉睫绀舒方口颊。唇舌赤好若丹花①，白齿四十犹珂雪。
>
> 额广鼻修面门开，胸表卍字师子臆。手足斯②软具千辐，腋掌合缦内外握。
>
> 臂修肘长指直纤，皮肤细软毛右旋。踝膝不现阴马藏，细筋锁骨鹿膊长③。
>
> ……

此石壁面所刻上有一破洞。部分字迹失去。

赞佛偈在佛典中有不少，如《无量寿经》卷上有法藏比丘赞颂世自在王如来之偈。其词为四言，有81句。④ 但是我们注意到，石刻

① 现本中为“若丹果”。

② 现本中为“柔”。

③ 现本为“膊肠”。

④ 《大正藏》第12册，第267页上~中。

佛典偈赞的实例，确有完全相同的《德行品》赞佛偈，并且有多处。如河南安阳灵泉寺大住圣窟前的两块北齐刻经碑之一、题为“大乘妙偈碑”者，碑阴就刻铭着“德行品”的赞佛偈。而河北曲阳八会寺的刻经龛，隋代开皇年间所铭刻，其龛面也刻着此段“德行品”的赞佛偈。而再向北的北京房山云居寺雷音洞，也刻铭了此段赞佛偈。其中安阳灵泉寺前碑与响堂此刻应为北齐之作，而曲阳八会寺与云居雷音洞为隋代所铭，可见从北齐到隋代，北方很多地区都流行这一段赞佛偈。

安阳灵泉寺前的两碑，一为华严经碑，二为大乘妙偈碑。是北齐东安王娄睿施刻。华严经碑上有明确的题记。[①]《续高僧传》也说到东安王娄睿，对此灵泉寺“倾撒金贝”[②]。华严经碑主要刻《华严经》菩萨明难品第三，而大乘妙偈碑则主要刻《华严经》净行品第四，可见两碑之间确有一定联系。此两碑曾得到一些研考。[③] 此碑之阳，上部刻经《华严经》七处九会的纲要。是将该经中佛在七处九会的说法，每会摘择出数句偈文，集合而成全经的简明纲目。主要部分刻净行品第七，但是没有刻完。[④] 碑阴刻两种内容，一是《华严经》中十佛上宝殿，二是此《无量义经·德行品》赞佛偈。字径达观，隶书华美，但同样没有刻完。

其碑阴每行竖刻四句，句七言，共 10 行 40 句。转至碑侧，再接刻 25 句。起讫为：“大哉大悟大圣主……细筋锁骨鹿膊长（碑阴）。表里映彻净无垢……有闻或得须弥洹。”碑侧铭中有两点差别。“我等一切之等众”，其“一切”在响堂与《大正藏》中都作“八万”；而此

① 此碑碑阳与侧面相交处抹角有题记：寺檀越主司徒公使持节都督瀛冀光岐丰五州诸军事，瀛冀光岐丰五州刺史，食常山郡干，东安王娄睿、□东安郡君杨。

② 《大正藏》第 50 册，第 496 页上。

③ 张总：《石刻佛经中的新史料与新解读》，《中外关系史——新史料与新问题》，科学出版社，2003 年。《华严经偈略考》，未刊。李裕群：《安阳宝山东安王娄睿刻经碑研究》，海德堡学术院第二届中国佛教石经国际学术会议论文，2008 年。

④ 上注未刊之文已有考核统计。碑阳满刻 36 行，行 12 句，句四言。比较原文依此而推，其后还可刻 12 行文字，因知有四分之一的内容未刻。

碑与响堂都刻为“俱共稽首咸归命”,在今本《大正藏》中作“咸共稽首俱归命”。但其后仍有35句未刻,约占三分之一。

曲阳八会寺石柱上文已有介绍,隋代凿造。其东面龛开首,就有此《无量义经·德行品第一》中的赞佛偈。其所刻文辞,具体的词句差别不大,也显出石刻本的一致。

雷音洞上文也有介绍。此洞实如殿堂,四壁所贴经板中,南壁刻出《无量义经》的全文,西壁上层南端一经板上,又专刻此经德行品第一“赞佛偈”。雷音洞的刻经之配置,桐谷征一教授有过论述,雷德侯教授也有结合忏仪的论考。① 直至河南林州洪谷寺初唐所刻偈赞,也有此《无量义经·德行品赞佛偈》,且如上举具有先行概括总结之句。② 这些偈赞多与窟像结合。

2.《无量寿经论愿生偈》

刻经洞窟外南边,即前廊南边柱所接的南边石壁上,刻有《无量寿经论愿生偈》。此与刻经洞诸种石经不同,出自论而非经,虽然也是偈颂的文体形态。此刻经洞上方塔刹旁所刻、三佛名下十二部经名,就是佛典的十二种体裁。其最后一种“优婆提舍”,就是“论”。佛典分为经、律、论。三藏经是原典,论是对经的解说注疏。其第二种只夜、第四种伽陀,都是偈颂,只不过前者是重颂,重复长行中的内容,而后者是孤起,自叙新的内容。

由此可知,《无量寿经论》就是《无量寿经·优婆提舍》,即对《无量寿经》所做的解释。此论由印度所造,其中有偈有文,却是不同于一般的长行经文与重颂之偈,而是天亲菩萨读《无量寿经》,据此先造出一个“愿生偈”——愿生安乐净土的偈文。而后再对此偈加以阐释,明修五种念门,得生安乐国土,见阿弥陀佛。五念门为:一者礼拜、二者赞叹、三者作愿、四者观察、五者回向,成为一论。所以,此论即是《无量寿经论》,也可称为《无量寿经优婆提舍愿生

① 巫鸿主编:《汉唐之间的文化交流与互动》,文物出版社,2002年。

② 王振国:《林州洪谷寺千佛洞摩崖刻经》,《敦煌研究》2003年第5期。

偈》。北魏时菩提流支有译本,而且此后沙门昙鸾又对此加以注解。

石刻中的愿生偈,是北魏菩提流支所译天亲所造之偈,即《无量寿经论》的主体部分。其文竖刻五言四句,满刻25行。前面首行题写经题与原作者:"《无量寿经优婆提舍愿生偈》,婆薮盘豆(天亲)菩萨造。"所刻内容为:"世尊我一心,归命尽十方。无碍光如来,愿生安乐国…… 我作论说偈,愿见弥陀佛。普共诸众生,往生安乐国。"

天亲所造此偈,是《无量寿经论》的核心。此论亦名《净土论》《往生论》。此论在刻经洞的铭出,说明弥陀净土信仰的流行,展拓于刻经事业之中。《无量寿经论》与窟内前壁所刻《无量义经》,并不属一个体系。《无量义经》是法华三大部之一,属于《法华经》的信仰。窟中佛像也是法华三世佛之像。而此论所映现的,却是阿弥陀佛信仰。在此廊柱之上,宝集佛等25佛名之中,增入了"阿弥陀佛"之名,会不会与此有关呢?

南北朝以来,《无量寿经》就很流行,也受到很多高僧重视。北齐的灵裕,隋代净影慧远、三论宗吉藏,至唐代圆测,都对《无量寿经》加以注疏阐释。但是,《无量寿经论愿生偈》,是出自印度高僧——被视为天亲菩萨所造《无量寿经论》,其地位与一般中国高僧所做的注疏论作不同。净土高僧昙鸾为此论作注解,相当于一般高僧为经作论疏。此论在中古佛教中被尊为《净土论》或《往生论》,由于此论是先作偈文、提纲挈领,再作发挥展开理论,所以这个"愿生偈"就可以代表此论的精义。由此论在刻经洞壁的刻出,可以显示出是净土观念思想与行事念佛影响扩展增大的情况。

由此来看,《无量寿经·优婆提舍·愿生偈》与其旁廊柱上25佛名中的"阿弥陀佛"之名,似有一定关系。虽然两刻的字体很不相同,刻法颇不一致,但是一般情况下,宝集佛等25佛名中是不应该出现其他佛名,更不会出现净土佛名的。这一特殊情况必具有内中隐情。

"大圣十号"接有"般若咒赞"。般若咒赞非常流行,特别是在玄奘所译《般若波罗蜜多心经》以后。但是梵本基本同一的这个咒赞，在般若经系中有不同的译法。石刻所见“般若波罗蜜是大明咒、是无上咒、是无等等明咒”，为鸠摩罗什所译《摩诃般若波罗蜜经》即“大品般若”中所用。从此石刻可知，北朝时这一咒赞就流行了。其实我们上文所提(石刻经文改动部分)，山东省东平县司里山的摩崖所刻，也是关于这个般若波罗蜜咒赞，是出自同为鸠摩罗什所译《摩诃般若波罗蜜经》(小品般若)中。有趣的是，据载北齐武成帝高湛曾热衷于《大品般若经》：“大宁元年创营宝塔，脱珍御服并入檀财，转《大品经》月盈数遍。”①由此而观，此处《大品般若》中的“般若咒赞”铭刻，或与武成帝喜好《大品》有关。

这个咒赞，玄奘之前的几种译本，所译句式稍有不同。鸠摩罗什译本仅具“大明咒、无等等咒”之说，但是与玄奘所译句式对应，而稍繁复者，是中土所撰的《高王观世音经》。此经出现于东魏，每句赞语前保持着“般若波罗蜜”，而玄奘译本径直称为：

> 般若波罗蜜是大神咒、是大明咒、是无上咒、是无等等咒。②

现知《高王经》最早经本也是石刻，河南禹州市东魏武定八年(558)杜氏造像碑。此碑近年重新出土，但失去下段原刻经文与题记的大部分。河南文史馆存有较好拓本，美国芝加哥富地博物馆也有较好拓本。中国国家图书馆亦存，但将此拓误为西魏大统十三年

---

① 法琳：《辩正论·十代奉佛上篇》，《大正藏》第52册，第508页上。大品小品《般若经》在南北朝时都很流行。即《辩正论》此篇所列南朝宋明帝、齐高祖、齐武帝都口诵般若，梁简文帝则自刺血写般若经十部。梁武帝在华林园重云殿开般若讲席。(《大正藏》第52册，第503页)

② “南无摩诃般若波罗蜜是大神咒、南无摩诃般若波罗蜜是大明咒、南无摩诃般若波罗蜜是无上咒、南无摩诃般若波罗蜜是无等等咒。”(《大正藏》第85册，第1425页中)

碑(547)。[1] 总之,响堂山此刻所用的《大品般若经》的般若咒赞,与东平司里山《小品般若》般若咒赞之文,都是般若咒赞中最早的石刻存迹。虽然稍晚于《高王经》中的般若咒赞,但较随着玄奘所译《般若心经》而流行的般若咒赞要早很多年。而且铭刻着般若经中最为主流部分,可见《大品般若经》在此处石窟的影响。

四、北响堂刻经洞唐邕刻经

刻经洞中唐邕所施刻的四部佛经,以及著名的《唐邕写经碑》题记历来受到很多人注意。无论从刻经的内容、蕴含的意义、与施主本人的关联、刻经的次第、刻经与主窟的关系、与周旁刻铭的关系等方面,学者们都有不少探讨。这些文论一方面使不少问题得以澄清,但也有并未完全澄明之处,或者说随即也产生新的探讨余地。

唐邕施刻佛经,年代、内容清晰,对响堂刻经以至石窟的断代排年,具有重要的意义。唐邕所施四部佛经,都为全文,即《维摩》《胜鬘》《孛经》《弥勒成佛》,北齐天统至武平年间(565~576)铭出,是为一个整体。那么唐邕刻经与其他刻经的关系,就是一个重要的问题。李裕群的论著中,就此窟前廊的凿造,提出了看法。认为此窟的主室,原先已凿成。后来为了刻经,加以增凿改造,将四柱三开间的前廊内部,再向两边扩出,形成两个半封闭的袋状空间,用以刻铭《维摩诘所说经》。响堂石窟中塔形窟不在少数,无论彭山或是滏山即南北两处,均有此型。但一般都是外立面四柱斗拱枋额上顶仿木瓦檐,如南响堂第 7 窟的形态,即很明显。而且窟室外庭的北侧一壁,也是向内凿入半米左右,才把其余三部佛经刻出。李裕群的看法深入而具体,确有见地。谢振发对此则提出了不同的意见。他分析说应注意前廊的天井部分,实际正处在覆钵佛塔的仿木屋檐之

[1] 张总书评:《刘淑芬〈中古佛教与社会〉》,上海古籍出版社,2008 年。刊《唐研究》卷十五,2009 年。

下。所以南洞前廊的《维摩经》应该是原先营造计划的一部分。①

此次考古报告中的3D-扫描工作,发现前廊两侧并不对称。从窟门中心而计,南侧到顶边为506厘米,而北侧到顶边为466厘米,南侧较北侧要多出40厘米左右,这种情况很可能也是由镌刻佛经而造成的。而且前廊内部在半封闭的两端六壁面所刻的《维摩经》,结尾处铭明,共计27500余字。这是刻经之前,对所需壁面经过精细计算所得出。我们将六壁面满行101字,减去首尾较短的十行,得27929字,较其多出几百字。由此可见,这些字数不是依满行而计,而是从实际字数减去了经文中的不少空格而得,属于非常精确的统计。当然也必是先精确计算,然后才施以铭刻的,否则不能如此合宜。对比李裕群与谢振发的说法,我们发现,其实两者所列的根据是相同的,都是从仿木屋檐与前廊的对应来解析前廊的构造。李裕群说,前廊就应该对应在石檐之下,由此向外扩展是没有先例的。② 而谢振发认为这只是前廊的天井部分。以响堂山的塔形窟而言,确实都在此范围内。北响堂北齐窟都是塔形窟,只不过大佛洞不太明显罢了。不仅响堂的塔形窟没有,其他地方也没有。再从两边不对称,以及与外庭的关系,还有与主室内前壁刻经相较而言,前廊经扩建而施刻经的说法比较合理。由此可知,这些精心计量的施工,应是唐邕对刻经洞原窟进行预期加工所为。

窟外从外前壁的北侧至前庭北壁,刻有《胜鬘》等三部经。刻造年代从北齐天统四年到武平三年(568~572),四部经清楚有序,紧邻刻经的《唐邕写经碑》题记,叙述得非常明白:

> 于鼓山石窟之所,写《维摩经》一部、《胜鬘经》一部、《孛经》一部、《弥勒成佛经》一部。起天统四年三月一日、尽武平

① “前廊的天井其实是南洞上方佛塔形洞窟前方雕成屋檐部分的正下方……无论如何,前廊所刻写的《维摩经》,应该是作为当初南洞营造计划的一部分而展开的。”海德堡学术会提要。

② 李裕群:《邺城地区的石窟与刻经》,《北朝石窟寺研究》,第324页。

三年岁次壬辰，五月廿八日。

从前廊一部至此外檐三部，但是，碑中依次而叙的此四经，是否与实际刊刻的次序相同呢？谢振发对此提出问题并详加考察。由于中国古代书法是竖行由右向左而行，遇到转折就呈逆时针而旋，初看起来，四部经似乎是先《维摩》，继《弥勒》，再《胜鬘》，止《孛经》。但从《弥勒》所居位置，与前廊扩充前的壁面相应，透顶与屋顶瓦垅根相齐。其壁上方有余石块，致所刻每行字数较少。其壁面质量亦差，下部斜向石缝难以刻字因而空出。这些细节足以说明"写经碑"所云刻经序次，符合实际①，无误无差。不仅如此，谢文还专注于唐邕刻经与其政治生涯的关系，从更实际的人生遭际与佛教事业结合起来，使唐邕刻经背景得到深入的剖析。②

《唐邕写经碑》内容丰富翔实，得到研究者的高度重视。但是一般而言，学者们首先看到的是其中关于石刻刻经与末法背景的论述。碑文开首的北齐帝王崇佛情况也非常受重视。这些情况的确具有展示当时佛教特色与政治背景的意义。如北齐王室：

我大齐之君，器有义□不思。家传天帝之尊、世祚轮王之贵。一人示见，百辟应生……

末法观念与经石存缘：

以为缣缃有坏，简策非久，金牒难求，皮纸易灭。于是发七处之印，开七宝之函。访莲华之书，命银钩之迹。一音所说，尽勒名山……杀青有缺，韦编有绝。一托贞坚，永垂昭晰。

---

① 谢振发：《唐邕》，曾布川宽主编：《中国美术的图像学》，京都大学人文科学研究所，2006年，第375~377页。

② 同上。

石窟与刻经确与末法思想有关。沮渠蒙逊造凉州石窟，就因“国城寺塔终非云固……又用金宝终被盗毁。乃顾眄山宇，可以终天”，所以“于州南百里，连崖绵亘”，“就而斫窟，安设尊仪”。[①] 北朝时末法思想与当时的现实政治密切关联，从而使佛典之中的末法观念得到重视与强调。唐邕刻经中已流露出浓厚的末法忧虑之思，且于“一音所说，尽勒名山”的手段与方法，产生了较大的影响。此后不久北周武帝的灭佛政令、行为，更为此打上了烙印。北齐时山东尖山的大佛岭与河北涉县的中皇山，或多或少都与唐邕刻经事相关。而隋代灵裕的大住圣窟的末法面相、静琬的房山雷音洞的刻经事业，都是石刻佛经事业的重大延续。在北朝时摩崖刻经中，唐邕施刻史事清楚、题记鲜明。虽然河北涉县刻经亦为全经且字数更多，山东泰山经石峪刻《金刚经》字径更大且书法意蕴更大，但唐邕施刻之经，由于其人在北朝历史上的非凡地位，以及详赡的史料记载，再配合以鲜明的背景，更加衬托出其刻经事业的辉煌。

五、《法华经普门品经题》及《涅槃经》节文

响堂南洞经多年踏查研究，仍有新发现。窟外南贴崖的碑形之旁，刻有《观音经》经题。此碑之旁有一磨平的石面，上面刻有一行《妙法莲花经观世音菩萨普门品第二十四》，是为《观音经》的经题。因为《法华经》中“普门品”常常单独流行，所以称为《观音经》。经题之外没有刻铭经文，仍可见出是观音信仰盛行的反映。此铭虽然没有年代信息，但是从此经题的状态，就可知其必刻于隋代。因为鸠摩罗什所译《法华经》中，观世音菩萨普门品列为第二十五。[②] 而隋代阇那崛多所译《添品妙法莲花经》中，观世音菩萨普门品列为第

---

① 道宣：《集神州三宝感通录》卷二，《大正藏》第52册，第417页下。

② 《大正藏》第9册，第56页。

二十四。[1] 所以此铭可以定为隋代所刻。当然,此旁就是隋代的大业洞,大业洞实际上并不是一所窟,而是一个空间内凿有多个小佛龛,其中主要是大业年间所凿,因此而得名。因为诸多小龛为隋代所刻,所以此经题很明显与这些小龛的凿造有一定关联。

有趣的是,这一经题所示,可以证明南响堂第四窟所刻,也是这个《添品妙法莲花经》,而非鸠摩罗什译本,同时并可断定其为隋代所刻。因为曲阳八会寺的西龛之中,也有《妙法莲花经观世音菩萨普门品第廿四》。[2] 此刻当然也是隋代所译的《添品》,否则不会使用"第廿四品"的名称,虽然其中没有刻出偈颂,[3]但其中有两处文字与鸠摩罗什译本不同。其一即隋代《添品》有"应以执金刚神而得度者,即现执金刚神而为说法"。鸠摩罗什译本则为"应以执金刚身得度者,即现执金刚身而为说法"。其"金刚神"与"金刚身"明显不同。而且南响堂与曲阳的《观音经》刻,较现本《添品》失一"执"字,但两者的所错之处都是一致的,作"应以执金刚神得度者,即现金刚神身而为说法"[4]。足以证明当时经本的情况。再者即鸠摩罗什本与《添品》都作"汝等应当一心供养观世音菩萨",而南响堂与曲阳两石刻,都作"汝等当一心供养观世音菩萨"。这点差别足以说明,石刻皆为隋代的《添品法华经》。因为隋译本来就是参用鸠摩罗什译本而成的,所以文辞基本一致。虽然《添品》具有偈颂,但当时省略也是很自然的。而南响堂四窟的经题处,原来恰恰残去了品名的数字,只余"廿",呈现为"妙法莲花经观世音菩萨普门品第廿"[5],所以长期没有使其特征得到注意。此次借新发现经题而得以证明,

---

① 《大正藏》第9册,第191页。鸠摩罗什所译《法华经》原缺《提婆达多品》,至隋阇那崛多共达摩笈多补译出来,还有《药草喻品》中生育偈,因称为《添品妙法莲花经》。《添品》变更了罗什本的章品次序,所以两者不同。

② 赵洲论文将此与《大正藏》区别几字列出,但所依比定者为鸠摩罗什译本。

③ 佛经的基本文体是长行与偈颂。正如"十二部经"前三项所言,伽陀就是偈颂。重颂是将长行散文的意思再重申一次。孤起即独说一义,没有相应重复的长行。

④ 张林堂、许培兰《总录》本失录"执"字。但拓本上还有一些痕迹。

⑤ 张林堂、许培兰《总录》将此"廿"字录为"七"。

亦为幸事。

赵立春《响堂山石窟北朝刻经试论》曾提出南响堂第4窟所刻《观音经》为隋代,或隋至唐的推论。举出此窟旁有隋代碑刻具开皇十三年(593)之记并《续寰宇访碑目》与《畿辅碑目》,均将此刻列为隋代的旁证。同时也从《观音经》版本方面说及此事,但其虽说及《法华经》诸本译经,仍认为鸠摩罗什本最流行,以此刻为鸠摩罗什本。所以仅从刻字中“世”之缺笔等寻找旁据,将此刻时代推为隋到唐初,没有掌握列出此刻为隋的关键证据。或许从经文形态而言,此刻之中并无偈颂,而《添品妙法莲花经》似应有偈颂。但有无偈颂其实不是关键。由于佛经文体的特征是“只夜”与长行有重复性,如果不刻偈颂,也可以成立,内容并不缺少。① 其实品次就是最为重要的一条判断标准。首先,如果采用鸠摩罗什译本,那么此品不应是第廿四品,应是第廿五品;如果采用阇那崛多译本,则不应是第廿五品,而应是第廿四品。配合“金刚身”与“金刚神”的差别,就能断定两者的区别,即在相近的情况下,从品章次序及个别内容字句的微妙差别,就可以判断其属于何人译何种本。从上述情况可知,此刻所用为隋译版本,因而不可能是隋代之前所刻,开皇碑记与金石著作,都可以配合此证,确立其为隋刻。②

实际上,隋代阇那崛多与达摩笈多的《添品妙法莲花经》的应用,较一般想象要广泛很多。据笔者所知,从上述南响堂第4窟与曲阳八会寺隋刻、河南林州洪谷寺③、陕西淳化金川湾、北京房山孔水洞唐刻,都是《添品妙法莲花经》,虽然前者未刻偈颂、后者刻有偈颂,唐刻中后两者是全经。隋刻与林县唐刻是《普门品》即《观音经》。

---

① 这里的重复颂出的偈句与《无量寿经优婆提舍愿生偈》中的偈颂,性质完全不同。婆薮槃豆所造论时,首先是将对《无量寿经》的体悟感受,写成一偈。再根据此偈来对《无量寿经》作疏论。其偈是其论的核心。没有此愿生偈就没有此论,即此优婆提舍。

② 赵立春:《响堂山石窟北朝刻经试论》,《文物春秋》2003年第4期。

③ 张总、王保平:《陕西淳化金川湾三阶教刻经窟》,《文物》2003年第5期。

六、《大涅槃经·狮子吼品》节文

在北响堂南洞刻经之下方，还有一方《大涅槃经》节文。另外小响堂（水浴寺）中刻经《法华经》节文，曾被认为不存但实有焉。这两处刻经或距南洞很近，或被误为没有，所以介绍于此。

鼓山石窟的山腰间通向石窟的路边、山坡岩石上刻有北凉昙无忏译《大涅槃经·狮子吼品》节文。现存的刻经部分仅有 54 厘米高、164 厘米宽，刻经的外缘还有卷草纹的花边之饰。所存镌刻有 36 行，满行应为 31 或 32 个字①，共约 1100 字，字径约 2 厘米。书体仍为隶书，水准明显逊于石窟刻经。② 原说经末具有天统四年（568）的题记。此记在金石著作中有录，水野清一、常盘大定著作中有刊，但在北平研究院的调查中提到其已失，近年却又发现了，只是唯见"天统"二字了。③ 不过马忠理先生文中说及，他与日本学者近年曾目验此刻，认定其纪年题刻为"天统二年"之字，金石著录所录的天统四年不确。④ 果若如此，则此刻经早于唐邕在南洞所施刻诸经，或也早于窟中《无量义经》偈等，为北响堂石窟一带所刻最早者。

现存文字除第一行外，对应于《大涅槃经》卷廿八"狮子吼菩萨品第十一之二"中的两段节文。第一段大约起自"善男子，汝言众生若有佛性，云何有退有不退者。谛听谛听我当为汝分别解说"，止于"复有二法退菩提心。何等为二。一者贪乐五欲。二者不能恭敬尊重三

---

① 《响堂山石窟碑刻题记总录》中，此段《大涅槃经》的录文主要部分为每行 24~26 个字，残去有六七个字。所以满行应为 31 或 32 个字。见第 88~89 页。

② 其字形略显上小下大的矩形，石面似原为较平的坡崖，而并非像刻经洞内外磨平光滑。

③ 参见蒋人和《响堂山的历史与艺术》，指明北平研究院的目录中说其已失。而张林堂《总录》中刊出拓本，只能见到"天统"二字了。又马忠理《邺都近邑北齐刻经初探》中说到北平研究院载其为天统四年，而 1975 年文物普查以来始终未发现此经，推为"可能已荡然无存了"。

④ 马忠理：《鼓山滏山》，第 256 页。

宝。以如是等众因缘故退菩提心”。第二段起自“云何复名不退之心”，止于“善能护持无上正法，能得护持六波罗蜜。善男子，以是义故，不退之心不名佛性”①。《大涅槃经·狮子吼品》即狮子吼菩萨向佛请教“何为佛性、何名佛性、为何众生不见”等问题，佛为解答，包括了一切众生皆有佛性的原理。但现存经文的选刻，则集中于佛性退失与不退的问题。其上段中具体讲十三种退失佛性、又二种退失佛性事，其下段讲了，菩萨若发如是之愿，终不退失菩提之心。②

不过，刻经第一行情况似有不同。第一行仅存“佛言，世尊若一切众生”，却似为此经卷二十七中的内容。③ 全句应为：“迦叶菩萨白佛言，世尊！若一切众生悉有佛性，若金刚力士者，以何义故，一切众生不能得见。”其下为阐释悉有佛性。此处有不同段落经文接在一起的情况，不知古本如此，还是刻经时对经文有所改动，因为此行存字太少，还难以全部查清明了。还有一些小禅窟，也有经文，必须查证。

小结

本文对刻经洞所刻铭的佛名、佛典与偈颂加以考订。比定南端廊柱棱面上所刻“南无帝幢摩尼胜光明如来……除七百万亿阿僧只生死之罪”，是出自鸠摩罗什所译《千佛因缘经》。阐明此柱所刻“如来妙色身”偈，出自《胜鬘经》，及此偈后来在持梵唱导中的重要

---

① 这两段节文对应于《大正藏》第12册，第533页中~534页中。

② 而南朝宋慧严等译南本《大涅槃经》有完全相同的词句。由于南本只是在北本基础上分增品章，所以文句基本相同。见《大正藏》第12册，第778页。

③ 《大涅槃经》中与此近同的文句只有两处。一为《如来性品》中，迦叶菩萨问佛言：“世尊，若一切众生有佛性者，佛与众生有何差别?”佛为之解释。(《大正藏》第12册，第423页上)一为《狮子吼品》中，迦叶菩萨问佛说，一切众生悉有佛性，为何一切众生不能得见?(《大正藏》第12册，第525页)另外此品中还有一句为：“世尊，若一切众生有佛性者，即当定得阿耨多罗三藐三菩提，何须修习八圣道耶?”(《大正藏》第12册，第524页上)但这两处句前均无“佛言”两字，所以不能全部符合。《响堂山石窟碑刻题记总录》中“若”字错为“答”，见第88页。

作用。考订中柱棱面所刻《大般涅槃经》节名,并非摘引录出,而是将经中出现极多的核心观念"一切众生悉有佛性"结合于佛典中原句而成。整合廊柱所刻的25、35佛名及考订,可知将其思想简单归之于三阶教并不能说明其情况,应结合晋、豫、冀于隋代的相关刻经,阐明三阶教及佛名礼忏形成发展状况。

《无量义经·赞佛偈》与《无量寿优婆提舍愿生偈》虽同为偈颂,性质却有很大不同。赞颂佛陀相好的前者,在豫、冀等处多有铭出,唯此在窟中与佛像关系密切。后者则是有《净土论》的重要净土论说。本文还比定"大圣十号"后数行文句为《大品般若》中的般若咒赞,即"般若波罗蜜是大明咒、无上明咒、无等等明咒",并指出应重视此后与十二部经名的稽首敬礼仪式用句。

南洞外庭南侧碑旁新发现有《妙法莲花经观世音菩萨普门品第廿四》的经题。由于鸠摩罗什译本中普门品为第廿五,隋代阇那崛多译《添品妙法莲花经》中普门品为第廿四,所以可以确定此刻为隋代所为。通过考察,此经题与曲阳八会寺相同,而八会寺与南响堂第四窟中所刻普门品观音经中关键的"(执)金刚神"词句皆同于隋译本,不同于罗什译本的"执金刚身",所以,可比定南响堂第四窟的《观音经》也是隋代译本,必为隋代所刻。

唐邕刻经与题记历来研究最多。此前对关连主室、刻经次序及唐邕宦海沉浮都有揭示探讨,本文在此基础上深化讨论。由于主室前廊的不对称性,北侧较南侧多50厘米左右,所以唐邕施刻佛典应为接续主室之作。唐邕虽然有武平贬官事,此与刻经选择《孛经》起至关重要的作用,但他在武成与后主时期得到最高官职并得到文宣帝的段昭仪为妻等也是事实,唐邕降周与北齐的衰败趋势大有关系,并不能将唐邕与经中之孛简单视为相似。金石著作中所系唐邕造四经与造像三万的记载,也能丰富其佛教事业的内涵。

(张总,中国社会科学院世界宗教研究所宗教文化艺术室研究员)

响堂山石窟的斋供

侯　冲

响堂山石窟始创于北齐，是中国早期重要的佛教石窟之一。由于受资料限制，关于响堂山石窟的研究，此前主要以考古学和佛教美术、美术史的研究为重点，对于石窟与信众宗教生活的关注则不多。本文主要以响堂山石窟碑刻题记为主要依据，对响堂山石窟佛教斋供情况进行初步探讨。需要指出的是，赖以研究的材料主要是《响堂山石窟碑刻题记总录》。[①] 由于所见有限，疏漏错误之处难免，盼识者赐教。

一、什么是斋供

所谓斋供，又作斋僧，是指施主设斋供僧。用今天的话来说，就是施主出于某种目的请僧人吃饭。对于了解佛教仪式来说，斋供是一个可以提供理解其背景和展演其程序的平台。

---

① 张林堂主编：《响堂山石窟碑刻题记总录》，外文出版社，2007 年。衷心感谢屈涛先生提供此书的清晰电子版文档。

根据唐代僧人义净的记载，斋僧的过程是，僧人接受信众之邀，应赴施主斋食，僧人应施主之请，通过讲经、说法、授戒、举行开光仪式，以及施食、行傢前后的咒愿，满足信众各种各样的愿望。斋僧在佛教所及之处几乎都存在，包括印度、南海诸国、中国和北方诸胡，斋僧都是存在的。当然，由于不同的地理条件、文化背景和经济基础，施主们斋僧的情况往往各不相同。①

义净对斋僧的记载透露出这样一条重要信息：斋僧名义上是请僧人来吃饭，实际上还包括食后以诸物供养僧人，僧人为施主诵经、咒愿等一系列活动，是以斋僧为基本要素，由僧人参与完成的以满足信众需要为目的的复杂的佛教仪式。所以斋僧既是请僧人吃饭，同时也是施主向僧人施食，请僧人礼佛、诵经、讲经和授戒等仪式活动。僧人的应请赴斋，与僧人为满足施主需要而举行的佛教仪式，在仪式程序上并无二致。如果以咒愿作为沟通施主与僧人的媒介来说，斋僧本身就是一个完整的斋供仪式。

以此，本文所说响堂山斋供，指的就是古代响堂山与设斋供僧有关的宗教活动。

二、响堂山石窟斋供的种类

虽然相关记载不多（同时也限于笔者所见），但仍可看出响堂山斋供至少包括三种情况。

（一）庆赞

隋佛龙洞左洞下方有题记，文字残破较甚。其中较完整文字中，有这样的说法："……为供养□也。有都维那杨绪与合……义□命工造此七佛壁及装彩庆赞毕，故书……此记耳。时大宋天圣二年

① 王邦维：《南海寄归内法传校注》，中华书局，1995年，第48~73页。

(1024)□月四日记。”①

根据残存文字内容，现在一般称此题记为“大宋天圣二年造七佛”。那么，什么是庆赞呢？

丁福保《佛学大辞典》解释说：“庆赞，（术语）新调佛像经卷及堂塔等时之法事也。庆喜成功，赞善根之义。安像三昧仪轨经曰：‘从三昧起，说彼塑像画雕庄严，一切佛及诸贤圣之众，安像庆赞仪轨之法。’”这个解释略显冗繁，意思不够明晰。

义净《南海寄归内法传》记南海斋僧情况说：“次请一僧，座前长跪，赞叹佛德。次复别请两僧，各升佛边一座，略诵小经半纸一纸。或庆形像，共点佛睛，以求胜福。”②所谓“庆形像，共点佛睛”，就是佛像造好后，出于对施主善行的赞扬和对法像庄严的称赞，举行开光庆赞仪式。所以又被称为“庆赞良因”“庆赞良缘”。义净所记南海开光仪式在斋僧的第三天举行，说明它是附属于斋僧仪式之中。“庆形像”可以略称“庆像”“庆扬”。S.5574《佛堂内开光明文》称举行的斋供仪式为“庆像设供诸（之）福会也”，S.5638、S.6048《庆像文》称“奉为庆扬诸（之）所施也”，都使用了这一略称。

庆赞往往有相应的斋文，根据古代斋文范本的内容，可以对庆赞的内容有更进一步的了解。敦煌遗书中的《斋琬文》第八“述功德”，包括造绣像、织成、镌石、彩画、雕檀、金铜、造幡、造堂、造浮图等斋文，表明它们都是在造像、造塔庙等举行开光庆赞仪式上用的。这样的斋文在现存各《斋琬文》抄本中残缺，但见于 BD04456v 的有金铜像、绣像、素像、画像等的斋文；见于北大 D192《诸文要集》的有以“金铜像”“画像”“佛堂”“庆经”“庆幡”“庆佛”“庆菩萨”“浮图”等为题的斋文。说明庆赞的对象包括金铜像、绣像、素像、画像、佛堂、经、幡、佛、菩萨、浮图等。当然，从目前保存的内容来看，

---

① 张林堂主编：《响堂山石窟碑刻题记总录》，第 155 页。录文根据拓片作了个别删改或增益。为避文繁，下文不一一出注说明。

② 王邦维：《南海寄归内法传校注》，第 63~64 页。

BD04456v 和北大 D192 中的功德类斋文，由于属于《斋琬文》，故都不是完整的斋文，只是保存了其中的号头、号尾及叹德部分。

石窟造像中举行庆赞仪式并非响堂山所独有。唐宋时期的大足石窟造像铭文中的"修斋表赞""设斋表庆""庆赞"①，往往通过举行水陆会、圆通会等法会作为佛教开光仪式，说明它们与响堂山并无二致。

除初次造像等要开光外，重装、彩塑佛像同样要开光，所以在响堂山石窟斋供仪式中，庆赞当较常见。

（二）八关斋

宋康定二年（1041）宋洞窟内右壁有石刻题记："宣律师转金字藏经内，有七佛名号，念者灭罪。"②

七佛及念佛后可灭罪是：（1）□……□佛，念一声，灭破斋犯戒罪；（2）南无宝胜藏佛，念一声，灭骑驴马罪③；（3）南无一切香花自在力王佛，念一声，灭侵损常住罪；（4）南无百亿恒沙决定佛，念一声，灭杀害众生罪④；（5）南无振威德佛，念一声，灭邪淫妄语罪；（6）南无宝光月殿妙音尊王佛，念一声，如转十二部经⑤；（7）南无金刚坚强消伏坏散佛，念一声，灭阿鼻地狱罪⑥。

响堂石窟题记中的这七佛名号，除第一个失名外，其他六个佛

---

① 在重庆大足区北山石窟时间跨度为唐、前后蜀至两宋的 70 件造像龛刻铭文中，可辨有设（修）斋表赞、设斋表庆、百日斋表赞、追斋、终七斋表赞、修斋表庆、修挂幡斋表白、命僧看经表庆、修设圆通妙斋施献寿幡以伸庆赞、仗僧庆赞、斋僧庆赞、表庆的铭文达 30 余处。北湾宋代培修、装绚记铭文 10 件，可辨有斋供表赞、修斋表赞、修水陆斋表庆、修□表庆、表赞、命僧庆题、斋僧十位看经□□庆的铭文即有 7 件。石壁寺、石篆山宋代造像镌记、题刻和宋代培修、装绚记铭文 9 件，可辨有修斋表庆、设水陆会庆赞、修水陆斋庆赞、思作佛事、开建道场修设三碑水陆法施大斋，看经燃灯准仪法事的铭文 5 件。参见重庆大足石刻艺术博物馆等编《大足石刻铭文录》（重庆出版社，1999 年）第 12~330 页。

② 张林堂主编：《响堂山石窟碑刻题记总录》，第 146 页。

③ 张林堂主编：《响堂山石窟碑刻题记总录》，第 147 页。

④ 张林堂主编：《响堂山石窟碑刻题记总录》，第 148 页。

⑤ 张林堂主编：《响堂山石窟碑刻题记总录》，第 149 页。

⑥ 张林堂主编：《响堂山石窟碑刻题记总录》，第 150 页。

名基本保存完整。残存的六佛名字，与唐玄奘译《受持七佛名号所生功德经》以及一般七佛名号中的佛名基本都不一样。不过，这六佛名号，在元人王子成集《礼念弥陀道场忏法》卷六中都出现过。如果结合七佛名号旁另刻有“南无五百罗汉贤圣僧”“南无观世音菩萨摩诃萨”①两个圣号，可知响堂石窟题记中的“宣律师转金字藏经内，有七佛名号，念者灭罪”，即通过念佛名达到灭罪的目的，与佛名经通过念佛修功德有相近之处，尤其是七佛名号能在元代的礼忏仪中发现，说明它有两种可能，一是出自礼忏仪，二是本身就是用于宗教活动的礼忏仪。

需要补充说明的，是念第一个佛名号所灭罪。《响堂山石窟碑刻题记总录》释作“念□□□灭破斋犯灭罪”②，有缺误。参照念其他六佛名能达到效果的题刻，“念□□”应该是“念一声”，“灭破斋犯灭罪”当作“灭破斋犯戒罪”。

那么，什么是破斋犯戒呢？《佛光大辞典》“破斋”条说：“八斋戒以不过中食之斋法为主，若受持此戒而复违犯，即称破斋。破斋之罪，必堕于地狱，或沦为龙畜。据《盂兰盆经疏记》卷下载，针咽之鬼，其腹大如山，然咽如针孔，即因破斋夜食，盗窃众僧之食故。”八斋戒即八关斋戒。指在家居士像僧人一样过一日一夜的出家生活。其核心内容，是像僧人一样过午不食。如果有受八关斋的人过午后进食，就是破斋。八关斋又称八关斋戒，故破斋就是犯戒。“破斋犯戒”是指因过午后进食而破斋，犯了八关斋戒。

戒的授受要由僧人来完成。不存在自己或非僧人授八关斋戒的情况。因此，授八关斋戒，意味着斋僧，即请僧人来为施主授八戒。宋洞窟内右壁题记中的“灭破斋犯戒罪”，意味着如果当时无人举行授八关斋戒仪式，这个说法就没有出现的背景。“破斋犯戒”出现在响堂山石窟的题刻中，从一个侧面说明当时仍然举行授八关斋

① 张林堂主编：《响堂山石窟碑刻题记总录》，第 150 页。
② 张林堂主编：《响堂山石窟碑刻题记总录》，第 147 页。

仪式。换句话说,至少在宋代及其以前,斋供仪式中的授八关斋戒仪式,在响堂山等地仍然流行。

(三)香会

弘治十七年(1504)《创建北堂记》有文称:

> 惟自我朝大明圣治宽洪,天下太平之祥,民咸善政。由是往来士夫冢宰,一应僧俗,前到此山游观古景,喜玩清幽。至期交年上元之辰,肆处献香大会,人有千万之众,为求生死,报应明彰,不可胜言。①

嘉靖三年(1524)《敕建常乐寺重修殿宇记》也有文称:

> 至圣皇改元,嘉靖元年太岁壬午正月十五,上元香会,人员众集。②

这里提到的只是只言片语,对香会的具体内容并未展示。在我们所见佛教科仪文本中,多有《朝山科》《朝山科仪》《朝山书(集)》《朝山拜佛书》,收录各种仪式用偈语。有《朝山书》又名《拜香灯书》,说明朝山与拜香等有密切关系,《朝山科》即用于朝山进香。鉴于这类材料此前未见介绍,拟专文讨论。这里只是指出,上述两条响堂山明代材料中提到的"献香大会""上元香会",证明香会同样是响堂山斋供仪式之一。

三、逆修及其展开

响堂山石窟题记中还有一种斋供,就是逆修。但逆修的情况较

---

① 张林堂主编:《响堂山石窟碑刻题记总录》,第206页。
② 张林堂主编:《响堂山石窟碑刻题记总录》,第174页。

为复杂，并非单纯的斋供，故本节作专门讨论。

北齐造北响堂刻经洞窟门口，在唐高宗龙朔二年(672)补凿两小龛，有石刻造龛题记说：

> 窃以语极推极，寂灭无为之境；因空言空，眇邈大千之界。蒋王内人刘媚儿、崔磨吉等，敬想神仪，逆修来果。于此山所，造弥勒像一铺。上答皇恩，下沾僚庶。师僧、父母，三彰痾蠲。又愿当来，幼涉缁门，精修梵行，十方众圣，普供三身，十二部经，受无遗漏。愿法界含生，咸登实际。龙朔二年七月十五日建。①

竊以語極推極寂滅無為之境因空言空眇邈大千之界蔣王內人劉媚兒崔磨吉等敬想神儀逆修來果於此山所造彌勒像一鋪上荅皇恩下沾僚庶師僧父母三彰痾蠲又願當來幼涉緇門精修梵行十方眾聖普供三身十二部經受無遺漏願法界含生咸登實際龍朔二年七月十五日建

(采自《响堂山石窟碑刻题记总录》)

题记中称“敬想神仪，逆修来果。于此山所，造弥勒像一铺”，那么，什么是逆修呢？

《汉语大词典》解释说：“逆修，佛教谓预修佛事以求死后之福。”《佛光大词典》说：“逆修，又作预修。即生前预先举行祈求死后冥福之佛事，或生前预修善根功德，以作为死后往生菩提之资粮。”说明逆修就是预修。刘媚儿、崔磨吉等“逆修来果”造弥勒像，就是通过造弥勒像，预先为自己将来修福果。

不过，在中国古代佛教典籍中，逆修往往不仅只是简单的预修

① 张林堂主编：《响堂山石窟碑刻题记总录》，第110页；张总：《敦煌丧葬文献十王斋初探》，黄正建主编：《中国社会科学院敦煌学回顾与前瞻学术研究论文集》，上海古籍出版社，2012年，第340页。

来果，而是与七七斋有关的斋供仪式，而且这个斋供仪式有从逆修三七到预修生七的演变。下面试作论述。

（一）七七斋

七七斋的出现与佛教的中阴观有关。宋释道诚《释氏要览》卷下“累七斋”条解释其原因说：

> 《瑜伽论》云：人死中有身，冥间化起一相，似身传识，谓之中有。若未得生缘，极七日住；《中阴经》云中有极寿七日。若有生缘，即不定。若极七日，必死而复生，如是展转生死，乃至七七日住。自此已后，决定得生。又此中有七日死已，或于此类，由余业可转中有种子，便于余类中有生。今寻经旨，极善恶无中有。既受中有身，即中下品善恶业也。故论云：余业可转也。如世七日，七日斋福，是中有身死生之际，以善追助，令中有种子不转生恶趣。故由是，此日之福不可阙怠也。①

“中有”又称“中阴”“中蕴”“中阴有”。指人自死亡至再次受生期间的五蕴身。② 在道诚看来，人死后至再次受生期间被称为中有阶段。中有阶段的寿命是七天，如果没有得生缘，就会死而复生，直至四十九天以后，才决定投生何处。如果这期间亲属为亡者举行斋供仪式，就可以替亡者积福助善，得善生而不投转三恶趣。

释道诚的解释有其经典依据。帛尸梨蜜多罗译《灌顶经》卷十一《佛说灌顶随愿往生十方净土经》说：

> 普广菩萨语四辈言：……命终之人，在中阴中，身如小儿，罪福未定，应为修福。愿亡者神，使生十方无量刹土，承此功

---

① 《大正藏》第54册，第305页中~下。

② 在《阿毗昙毗婆沙论》卷三十六、《鞞婆沙论》卷十四、《杂阿毗昙心论》卷十、《阿毗达磨俱舍论》卷九、《阿毗达磨俱舍释论》卷六、《瑜伽师地论》卷一等经论中均有论述，由于内容较为丰富，当另文详细讨论。

德，必得往生。①

为中阴亡者神举行修福斋供仪式，每七天一次，四十九天共七次，称为七七斋。在佛教传入中国后，七七斋一直是中国佛教最流行的超度仪式。敦煌遗书中荐亡斋文往往有“俄经厶七”“某七将至”“某七俄临”“某七斯临”“某七俄届”“某七追念”“某七追福”等文字，而且出现的频率极高，均能说明这一点。

三七斋是七七斋的简式，是较早流行的七七斋。南北朝时，刘宋沙门慧远孝建二年(455)死后，“阖境为设三七斋，起塔，塔今犹存”②。到了唐代，麟德二年(665)司元大夫崔义起妻身亡后，“家内为夫人设三七日斋”③。均说明在唐初以前，三七斋作为七七斋的一种形式，被用于荐亡仪式。

中限修福，一七一斋，只有七斋。后来佛教引入儒家的祭祀观念，在七七斋之外还举行百日斋、小祥(周年)斋和大祥(三年)斋，加成十斋。宋宗鉴《释门正统》卷四云：“若百日与夫大、小祥之类，皆托儒礼，因修出世之法耳。”④志磐《佛祖统纪》卷三十三“七七斋”条云：“孔子曰：‘子生三年，然后免于父母之怀，故报以三年之丧。’佛经云：‘人死七七，然后免于中阴之趣，故备乎斋七之法。’至于今人百日、小祥、大祥有举行佛事者，虽因儒家丧制之文，而能修释门奉严之福，可不信哉！”⑤均证明了七斋之外的三斋与儒家丧制有关。尽管已超出七次，但仍称七七斋。

七七斋当与三七斋一样，在南北朝时已流行。据《北史》卷八十记载，信佛的胡国珍死后，“诏自始薨至七七，皆为设千僧斋，斋令七

---

① 《大正藏》第21册，第529页下。

② 周叔迦等：《法苑珠林校注》，中华书局，2003年，第2808页。

③ 周叔迦等：《法苑珠林校注》，第2455~2456页。按：道宣《集神州三宝感通录》卷下将此事系于龙朔三年(663)。参见《大正藏》第52册，第430页中。

④ 《续藏经》第75册，第307页上。

⑤ 《大正藏》第49册，第320页下。

人出家；百日设万人斋，二七人出家”①。这是目前中国古代史籍中有关七七斋较早的记载，而且当时已经在百日设七七斋。

七七斋追荐的对象既包括俗人，亦包括僧人。《续高僧传》卷二十五“法安传”说：

> 时有释法济者，通微知异僧也。……大业四年，忽辞上曰：天命不常，复须后世。惟愿弘护，荷负含生。便尔坐卒。剃发将殓，须臾发生，长半寸许。帝曰：“禅师灭定，何得理之。”索大钟打之一月余日，既不出定，身相如生。天子废朝，百官素服，敕送于蒋州。吏力官给，行到设斋，物出所在。东都王公以下，为造大幡四十万口，日斋百僧。至于七七，人别日傺二十五段，通计十余万匹。斯并荷其福力故，各倾散家珍云。②

在隋唐时期，这一情况继续存在。如僧人玄琬（562～636）圆寂后，“暨于百日，特进萧瑀、太府萧璟、宗正李百药、詹事杜正伦等，并亲奉戒约，躬尽哀礼”③，圆仁的弟子惟晓会昌三年（843）死后，圆仁为他先后举行过三七、五七、七七和百日斋④，都是明证。

（二）佛经中的七七斋与预修

虽然七七斋在大部分中国古代文献记载中都是以荐亡仪式的面目出现，但在佛经中，七七斋并不完全用于荐亡。而且，生前预修七七斋的功德得到较高的评价，荐亡斋的功德则不被看好。

目前最早提到七七斋的，当推东晋帛尸梨蜜多罗译《灌顶经》。该经卷十二《佛说灌顶拔除过罪生死得度经》有文说：

---

① 李延寿：《北史》，中华书局，1974年，第2688页。

② 《大正藏》第50册，第652页上～中。

③ 《大正藏》第50册，第617页中。

④ 白化文等：《入唐巡礼求法行记校注》，花山文艺出版社，1992年，第424～433页。

救脱菩萨语阿难言：阎罗王者，主领世间名籍之记。若人为恶，作诸非法，无孝顺心，造作五逆，破灭三宝，无君臣法。又有众生，不持五戒，不信正法，设有受者，多所毁犯。于是地下鬼神及伺候者，奏上五官，五官料简，除死定生。或注录精神，未判是非。若已定者，奏上阎罗，阎罗监察，随罪轻重，考而治之。世间痿黄之病，困笃不死，一绝一生，由其罪福未得料简。录其精神在彼王所，或七日，二、三七日，乃至七七日，名籍定者，放其精神还其身中，如从梦中见其善恶。其人若明了者，信验罪福。是故我今劝诸四辈，造续命神旛，然四十九灯，放诸生命。以此旛灯放生功德，拔彼精神，令得度苦，今世后世，不遭厄难。①

这里主张七七日造幡燃灯，以其功德度众生苦，让其今世后生没有厄难。姚秦时译为汉文的《梵网经》亦说：

若疾病、国难、贼难，父母、兄弟、和上阿阇梨亡灭之日，及三七日乃至七七日，亦应读诵讲说大乘经律。斋会求福，行来治生。②

意在劝人于七七日举行读诵经律斋供仪式，目的是求福报，以利来生。

值得注意的是，上引经提到的修三七或修七七的背景，一是生时，如疾病、国难、贼难时，二是父母等新亡。七七斋在生时举行，亦见于《佛说灌顶随愿往生十方净土经》。该经称：

普广菩萨复白佛言：若四辈男女善解法戒，知身如幻，精勤

① 《大正藏》第 21 册，第 535 页下~536 页上。

② 《大正藏》第 24 册，第 1008 页中。

修习，行菩提道，未终之时，逆修三七，然灯续明，悬缯旛盖，请召众僧转读尊经，修诸福业，得福多不？佛言：普广，其福无量，不可度量。随心所愿，获其果实。①

明确了“逆修三七”是在未终之时的修斋建福。该经又说：

普广菩萨语四辈言：若人临终未终之日，当为烧香然灯续明，于塔寺中表刹之上，悬命过幡，转读尊经，竟三七日。所以然者，命终之人，在中阴中，身如小儿，罪福未定，应为修福。愿亡者神，使生十方无量刹土，承此功德，必得往生。亡者在世若有罪业，应堕八难，幡灯功德必得解脱。若善愿应生，父母在异方，不得疾生，以幡灯功德，皆得疾生，无复留难。若得生已，当为人作福德之子，不为邪鬼之所得，便种族豪强，是故应修幡灯功德。②

意即在人临死未死之时，如果为他烧香燃灯，悬命过幡，诵读佛经，举行“逆修三七”二十一天的斋供仪式，其功德众多：一是能让在中阴的亡者往生；二是解除亡者在世所作罪业，不堕八难；三是亡者能很快到异方投生；四是亡者投生后，有福德，种族豪强。

总之，从佛经有关“逆修三七”的记述来看，七七斋既在“人临终未终之日”举行，亦在有人亡没之时举行。逆修功德在经中得到充分肯定。但一般所说逆修，都是举行烧香转经的斋供仪式。

（三）逆修生七与预修生七

大致在宋代以前，《佛说灌顶随愿往生十方净土经》中最先出现的“逆修三七”被改称为“逆修生七”。宋道诚《释氏要览》卷下“预修斋七”条说：

---

① 《大正藏》第21册，第530页上~中。

② 《大正藏》第21册，第529页下。

《灌顶经》：普广菩萨白佛言：若善男女善解法戒，知身如幻，未终之时，逆修生七，然灯悬幡盖，请僧转念尊经，得福多否？佛言：其福无量。①

这段文字并为宗鉴《释门正统》卷四和志磐《佛祖统纪》卷三十三所引。②

按照道诚、宗鉴等人的说法，"逆修生七"一词最先见于《灌顶经》卷十一《佛说灌顶随愿往生净土经》。不过，如上文所引，《灌顶经》中最先出现的是"逆修三七"而不是"逆修生七"。最先提出"逆修生七"的，是上文提到的《阎罗王授记经》。一则《阎罗王授记经》首题中，明确出现"修生七"或"逆修生七"。二则《阎罗王授记经》有文称："尔时普广菩萨言：若有善男子、善女人等，能修此十王逆修生七及亡人斋，得善神下来，礼敬凡夫。"这是佛经中唯一提到"逆修生七"的经文。

"逆修生七"就是预修生七。俄藏敦煌遗书Дx06099《阎罗王授记经》有文称：

逆修斋者，在生之日，请佛延僧，设斋功德，无量无边。亦请十王，请僧七七四十九人，俱在佛会，饮食供养及施所爱财物者，命终之日，十方诸佛，四十九僧作何证明。□罪生福，善恶童子悉皆欢喜，□便得生三十三天。③

说明逆修是生世预先举行七七斋供仪式，是预修。在敦煌遗书S.5639+S.5640中，有"先修十王会""先修意"的斋文。从其内容为"预作前由"来看，"先修"即"预修"。则逆修有预修、先修等异名。

---

① 《大正藏》第54册，第305页下。

② 《续藏经》第75册，第306页下；《大正藏》第49册，第320页下。

③ 据笔者所知，此段文字最先由党燕妮女史披揭。但此处录文和标点，与她所录略异。

关于“预修生七”,《阎罗王授记经》解释说:

> 预修生七斋者,每月二时……供养三宝,祈设十王,唱名纳状,奏上六曹官。善恶童子奏上天曹地府冥官等,记在名案。身到日时,当便配生快乐之处,不住中阴四十九日。身死已后,若待男女六亲眷属追救,命过十王。若阙一斋,乖在一王,并新死亡人,留连受苦,不得出生,迟滞一劫。是故劝汝,作此斋事。

说明预修生七斋,就是活着的时候,按一七至七七的顺序修斋,加上百日、一年、三年,共修十次斋。修完此斋,命终后既可以不住中阴四十九天,亦可以不需要其他人举行追荐斋供仪式,就能不住十王殿就往生。

尽管有“逆修生七”和“预修生七”的不同叫法,但它们的所指相同,而且都强调预修七七斋。

综上可以看出,响堂山石窟题记中提到刘媚儿、崔磨吉等“逆修来果”造弥勒像,是通过造弥勒像,预先为自己的将来修福果。但与七七斋有关的逆修,则是偏指斋供仪式。在中国古代佛教典籍中,这个斋供仪式有从逆修三七到预修生七的演变。

四、结论

此前有关响堂山石窟的研究,对其宗教活动讨论较少。本文从斋供的角度进行了初步的探讨。施主设斋供僧,僧人为了满足施主愿望而举行各种佛教宗教仪式,为我们理解佛教宗教活动提供了一个立体的平台。因此,尽管响堂山石窟题记中的相关资料不多,但由于斋供仪式为零散的资料提供了理解的背景,所以可以看出,响堂山石窟斋供至少包括庆赞、八关斋戒和朝山进香三种类型。出现在响堂山石窟题记中的“逆修”,由于往往不仅只是像刘媚儿、崔磨吉等人一样造弥勒像“逆修来果”,而是一种与七七斋有关的斋供仪式，而且这个斋供仪式有从逆修三七到预修生七的演变，故本文对之作了较详细的探讨。相信随着对相关资料的进一步了解，关于响堂山石窟斋供的探讨，将会更全面、更深入。

（侯冲，上海师范大学哲学学院教授）

河北威县王宗庆寺故址发现的佛造像及其初步研究

邱忠鸣

一、概况

2006年3月,河北省邢台市威县常屯乡横河村村民在拆除旧房时,发现5件佛造像。其中汉白玉造像4件(编号二至五),泥质灰陶像1件(编号一)。汉白玉造像上均有题刻,并包含纪年信息,其中东魏武定三年(545)1件,北齐皇建元年(560)2件、河清二年(563)1件。其体量最大者高48厘米,最小者残高20厘米,皆属东魏、北齐时期流行于河北地区的小型白石佛造像。

横河村属邢台市威县辖区,地处河北省东南部,西距清河县16公里,地势平坦,土层深厚,垦殖历史悠久,因老沙河在其村东西流向而得名。(图一)该地史志缺载,有当地传说唐末黄巢起义时,在横河有一场血战,因而有"黄巢杀人八百万,血流横河村"的民谣。

为便于排印,佛像背后镌刻的发愿文一般依照原刻改写为相应的通行简体正字,异体字即改写为正字。部分漫漶湮灭文字以方框代替。有残泐未能完全确定者，正字后加问号表示。现将这批佛像介绍如下。

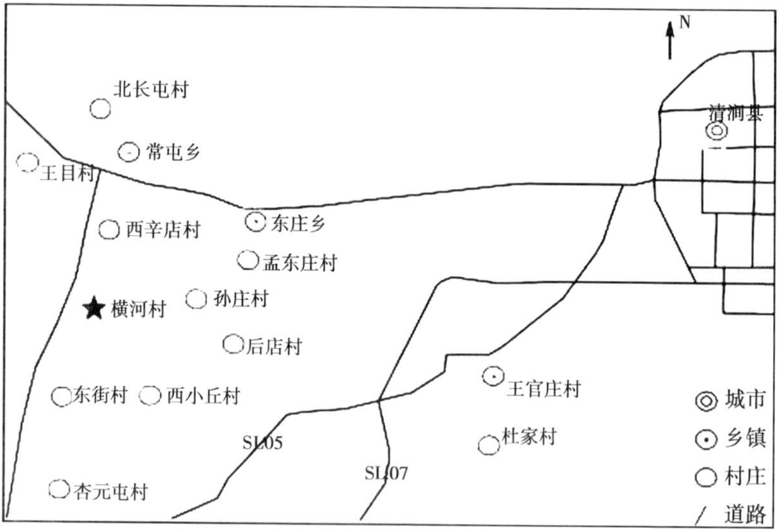

图一　横河村位置示意图

二、佛像情况

1.泥质灰陶佛坐像1件

标本一　坐佛头微伏，细目半启，鼻翼丰满，嘴角微上翘，呈现凝神垂视状。肉髻高大，呈磨光馒头状，短颈，溜肩，外着通肩袈裟，袈裟厚重，敷搭双肩，最后自左肩后部垂至身后。衣纹左右对称，在胸前呈"U"形下垂，袈裟下沿垂于双腿之间，不覆座。双手交叠于腹前，结跏趺坐于半椭圆形台座上，台座应为简化的仰覆莲式。舟形背光，模

图二　标本一

印圆形头光。全像艺术手法较为简单，佛的头发与肉髻、头光和身光均为素面，没有纹饰，仰覆莲台座亦未刻画出莲瓣。全像通高17.5厘米。(图二)

2.汉白玉造像4件

标本二　北齐河清二年(563)释迦五尊像。汉白玉质。方形基座上承舟形背光，一铺五尊式。主尊佛及二弟子、二胁侍菩萨肩部或胸部以上残缺。主尊圆肩，右手抬至胸前，右手部分残损，印式无可辨识，左手施无畏印，内着僧祇支，外罩袈裟，袈裟衣角自身体右侧绕过下腹部，至左前臂外侧敷搭垂下。结跏趺坐于束腰仰覆莲台座之上。盘于左腿上的右足露于袈裟之外。此件台座雕刻出莲瓣，且束腰部分有竖向平行阴线刻。佛两侧的弟子、胁侍衣纹简单，仅用阴线刻出粗简的线条来表现，均跣足立于由主尊莲台下生长出来的莲蓬之上。弟子内着僧祇支，外罩袈裟，双臂曲抱于胸前，右手握衣角；胁侍菩萨着裙，腰间束带，于腹前垂下至膝部，一手提“心”形小包饰物。莲台两侧护法蹲狮分视左右前方。长方形基座。标本残高20厘米。基座长24厘米、宽7.6厘米、高6.4厘米。(图三)

图三　标本二

基座背面镌刻发愿文：“大齐河/清二年/九月十/六日佛/弟子/阖众敬/造释迦/像一区(躯)/上为皇/帝陛下/臣辽(僚)伯(百)/官

后为/□父母/所生父/母为边/地受苦/众生□/寿袍□/有形之/类居□/时成/佛。”(图四)

图四　标本二镌刻

标本三　东魏武定三年(545)观世音像。汉白玉石质。菩萨广额,圆腮,丰颌,修眉。头戴花冠,双辫发与双缯间次自双肩搭至双臂侧。颈饰项圈,下着裙,披帛于腹前并交叉穿结于璧,呈“X”形。另有披帛于双肩自然垂于身侧。服饰整体显得较为厚重。菩萨右手持莲苞,跣足立于重瓣覆莲座之上。舟形背光,其上彩绘大多脱落,正面仅余少量墨线,背面彩绘依稀可辨,即在菩提树下有一菩萨。长方形基座。全像通高 48 厘米。基座长 18.4 厘米、宽 14.2 厘米、高 10.6 厘米。(图五)

图五　标本三

基座背面镌刻发愿文："武定三年六月十/五日王宗庆寺/僧比丘法会敬/造玉石观世音像/一区(躯)上为皇帝/陛下有为一切众/生皆蒙此益一时/成佛。"(图六)

图六　标本三镌刻

标本四　北齐皇建元年(560)思维菩萨像。三尊式。主尊长卵形面相,弯眉高挑,细长鼻,闭目,抿嘴,作沉思状。右臂曲肘上举,四指收拢,食指点腮,肘部支于右膝上,右腿盘压左腿,左手扶右足,左腿屈膝自然下垂,一莲托足,呈舒相式坐于圆墩上,圆形头光。菩萨头戴宝冠,宽肩细腰,斜披帛,着裙。菩萨披帛部分透雕。右侧弟子残,左侧弟子光头,弯眉闭目,着袈裟,双手合十,站立在圆形台座上,圆形头光。长方形基座。全像通高 42.8 厘米。基座长 30 厘米、宽 10 厘米、高 8.4 厘米。(图七)

图七　标本四

基座镌刻发愿文："(右)皇建元/年十一月六日/大像主比丘/(后)惠元敬/造白玉像/一区(躯)上为/国家师僧/父母法界/众生

俱时/成佛。(左)师僧眷属/侍佛时。”(图八)

图八　标本四镌刻

标本五　北齐皇建元年菩萨思维像。大体同标本四。基座正面有彩绘痕迹,仅余少量墨线。全像通高 41 厘米。基座长19.5厘米、宽 7.5~8.65 厘米、高 8 厘米。(图九)

图九　标本五

基座镌刻发愿文:“(右)大像主比丘/惠□(绦)供养/比丘惠奉/供养/(后)皇建元/年□□□/日比丘惠绦/敬造白玉/像上为国/家师僧父/□□□众/……(左)比丘惠□(进?)/供养。”(图十)

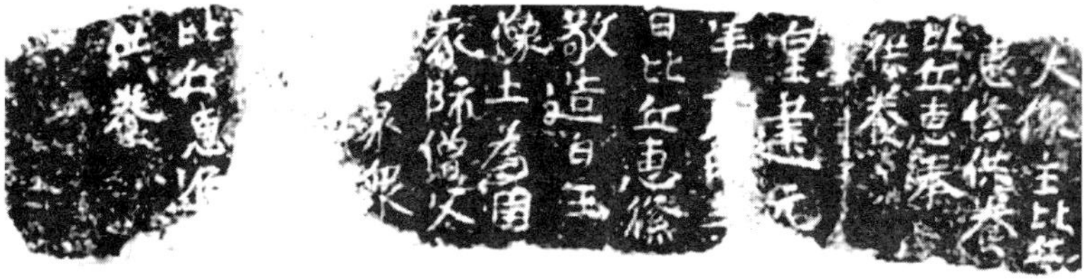

图十　标本五镌刻

三、结语

横河村出土的这批佛像数量虽然不多,但五件中的四件刻有铭文,纪年、寺院名称、像主、尊格、所发何愿等信息完整,因此颇具价值。另一件陶质佛像虽无题铭,但也蕴含着丰富的信息。从这批造像,我们大致可得到如下基本结论:

1.陶佛像似为北魏中后期作品,原应为为寺院某次活动所烧制的供养佛像。此尊陶佛着通肩袈裟,衣角自身后绕至右肩,至左肩后垂下,在双肩与胸颈之间形成较厚的堆叠,呈三道横向平行阴线刻。袈裟衣纹在胸部略呈"U"形,左右对称分布,臂部及袖口宽大,垂至膝部。袈裟不覆座。衣角敷搭左肩,符合律典对"通肩式"着衣的规定,可见于贵霜时期摩陀罗佛像。此类着衣方式4世纪就已出现在中土,南朝金铜佛延续此传统。例如旧金山亚洲艺术博物馆藏后赵建武四年(338)金铜坐佛、日本永嘉文库藏刘宋元嘉十四年(437)韩谦造佛、华盛顿弗利尔美术馆藏元嘉二十八年(451)刘国之造佛等。此类佛像一般肉髻较高,头发和肉髻上有平行线刻纹饰或呈磨光无纹饰状;双手结定印,舟形背光。此类造像延续时间很长,地域分布也很广,但不同时期和地域的造像在细部表现上仍有差异。从此件佛像的磨光高肉髻、童颜般的面相等来看,为北朝作品无疑。而在河北地区,此种袈裟披着方式,最常见于北魏前期,河北亦有少量遗品[①];另外在6世纪中期以后"褒衣博带式"袈裟式微,再次出现"通肩式"袈裟,这次"天竺式"佛衣样式的重兴波及范围极广,从南京、青州到成都、麦积山、莫高窟等地。[②] 其中着通肩袈裟、结定印的坐佛在河北有北响堂山北洞中心柱正壁主尊、北响堂中洞中心柱正壁主尊,在河南地区小型像则有巩义市石窟北齐摩崖佛龛群,如天保二年(551)第四窟外壁第154龛左比丘道成造像、天统二年(566)后坑崖第249龛造像等。[③] 但结合其造型特征进行综合考量,横河村此件陶佛像似应为北魏中后期作品。[④]

另,从材质来看,此件佛像为模印素烧陶。此类像大致可称为"脱佛"。[⑤] 其特点是体量小,模印而成,一般集中大规模制作,数量通常很多[⑥],用途一为石窟或寺院的建筑构件,另一用途则为供奉于台案之上的小型佛像。作后者之用者多与寺院的某项重大活动有关,造像目的多为个人修行或做功德。[⑦]

此类"脱佛"目前发现的早期纪年实物有北魏孝昌元年(525)造像和西魏大统八年(542)扈郑兴造像,为单尊或一铺三尊龛式像。北朝晚期至隋以山东博兴和陕西高陵出土品数量最大,唐代剧增,以长安京畿地区最为流行,晚唐至元流行于敦煌等地,元以后盛行

---

① 如2012年春节期间社科院考古所在河北临彰发掘出土的2000余件、块佛像中,亦有北魏早期像。可资比较的同期作品如云冈第17窟主尊左侧坐佛等。

② 费泳:《佛衣样式中的"褒衣博带式"及其在南北方的演绎》,《故宫博物院院刊》2009年第2期。

③ 周国卿编著:《巩县石窟北朝造像全拓》,国家图书馆出版社,2008年,第58、78页。

④ 造型类似的例如莫高窟第259窟北壁禅定坐佛。此窟年代为北魏中期,参见樊锦诗、马世长、关友惠:《敦煌莫高窟北朝洞窟的分期》,《中国石窟·敦煌莫高窟》,文物出版社、[日]平凡社,1982年,第185~197页。

⑤ 谭蝉雪:《印沙、脱佛、脱塔》,《敦煌研究》1989年第1期,第19~29页。

⑥ 今仍见唐代文献记载"造十俱胝像,百万为一俱胝","又造素像十俱胝,供养悲敬"。《大唐大慈恩寺三藏法师传》卷十,《大正藏》第50册,第275页下;《大唐三藏大遍觉法师塔铭(并序)》,《全唐文》卷七四二,中华书局,1983年,第7681页。

⑦ 肖贵田:《白陶佛与脱佛考》,张淑敏、肖贵田主编:《山东白陶佛教造像》,文物出版社,2011年,第36~49页。

于藏地，即今之“擦擦”或“巴擦”。[1]

威县横河村位于河北省东南部，东临清河，近山东西部，向西则有著名的邢窑遗址[2]，正好位于北朝至隋山东西北至河北这一大的范围之内。山东地区较早的“脱佛”遗例为东魏，如博兴225-46，高青III号基址-3等白陶像。[3] 由于横河村离邢窑遗址不太远，因此对于我们认识邢窑的早期烧制状况或有助益。

如果此件陶佛像确为北魏中期所作，则为此类“脱佛”中年代相当早者，对我们认识此类佛像开始兴起的时间和地域均有重要意义。综合以上因素，笔者初步判定横河村此件陶佛像为北魏中后期作品，原应为为寺院某次活动所烧制的供养佛像。

2.四件白石像均含有纪年、像主、发愿文等信息。其中释迦坐佛一铺五尊像（北齐河清二年，563年）一件，观世音菩萨像一件（东魏武定三年，545年）、半跏思维菩萨像两件（北齐皇建元年，560年）。陶佛为高不足20厘米的小像，余四件白石造像原多为高40厘米左右的小型石像，此次没有发现大像。像主或主导者几乎全为寺院僧人。

汉白玉石质的造像流行于北朝晚期至唐朝的河北地区，如定州系佛像，以及近年来发现的邺城附近的造像，临近河北的山东地区亦有少量发现。[4] 定州系佛像最大量的发现应属曲阳修德寺出土品，另定县北齐永孝寺旧址和行唐县、望都等地均有出土，有明确纪

---

① 李翎：《擦擦名称考》，《寻根》2005年第1期，第79~82页。

② 河北邢窑遗址和后底阁（寺院）遗址均出土过龛式素烧佛像，颜色以浅褐为主，少数灰白色。肖贵田：《白陶佛与脱佛考》，张淑敏、肖贵田主编：《山东白陶佛教造像》，文物出版社，2011年，第36~49页。

③ 张淑敏、肖贵田主编：《山东白陶佛教造像》，文物出版社，2011年，图版66。

④ 罗福颐：《河北省曲阳县出土石像清理简报》，《考古通讯》1955年第3期；杨伯达：《曲阳修德寺出土纪年造像的艺术风格与特征》，《故宫博物院院刊》1960年第2期；王巧莲、刘友恒：《正定收藏的部分北朝佛造像》，《文物》1998年第5期；河北临漳县文物保管所：《河北邺南城附近出土北朝石造像》，《文物》1980年第9期；《山东博兴县出土一批北朝造像》，《文物》1983年第7期；《山东博兴县出土北朝造像等佛教遗物》，《考古》1997年第7期。

年者多为东魏以后。北魏时期主要为弥勒菩萨、观世音以及释迦佛像，东魏时期观世音像的数量大为增加，并出现半跏思维像；北齐时期出现无量寿佛和阿弥陀佛，并有各种题材的双尊像，如双释迦像、双观世音像、双思维菩萨像等。横河村此次出土的观音像纪年为东魏武定三年，与定州系白石观世音像大盛于东魏一致；但北齐时期为一件释迦佛像、两件半跏思维像，并未发现盛行于北齐定州地区的双尊像。这表明该地信仰和造像与定州系造像既有相通之处，也有差异。

此次王宗庆寺遗址出土的造像中，除白玉石像外，还有一件陶佛像。北朝后期至唐朝，白玉石像与陶佛像同时兼有者，还有临近河北的山东地区，如高青、博兴等地。[①] 这表明上述两大地区在佛教信仰、艺术与文化上有着相当的联系。

3.鉴于“脱佛”多为寺院所用，而另四件白石造像均为僧人发愿所造，因此笔者推测其出土地应为一座寺院遗址。进一步，武定三年观世音像的铭文中指明像主是王宗庆寺寺僧。因此这批造像的出土地似原应为王宗庆寺，至少在东魏时该寺院领有此名。换言之，今威县横河村在中古时期曾有一座寺院名为王宗庆寺，并有“脱佛”、释迦佛、观世音菩萨、半迦思维菩萨等佛像信仰，可补史志之缺。

（邱忠鸣，北京服装学院副教授）

① 《山东博兴县出土一批北朝造像》，《文物》1983 年第 7 期；《山东博兴县出土北朝造像等佛教遗物》，《考古》1997 年第 7 期。